KU-268-063

UNIVERSALE
ECONOMICA
FELTRINELLI

Roberto Saviano è nato a Napoli nel 1979. È autore del bestseller internazionale *Gomorra* (Mondadori, 2006), che è stato tradotto in più di cinquanta Paesi e ha venduto dieci milioni di copie in Italia e nel mondo. Dal libro sono stati tratti uno spettacolo teatrale premiato agli Olimpici del Teatro 2008 e l'omonimo film, Gran Premio della Giuria al Festival di Cannes 2008. Ha pubblicato anche *La bellezza e l'inferno* (Mondadori, 2009) e *La parola contro la camorra* (Einaudi, 2010). In Italia collabora con "la Repubblica" e "l'Espresso", negli Stati Uniti con il "Washington Post" e il "New York Times", in Spagna con "El País", in Germania con "Die Zeit", in Svezia con "Expressen" e "Dagens Nyheter", in Inghilterra con "The Times". Per la sua attività di autore e per l'impegno civile, gli sono stati conferiti il Premio Viareggio "Opera prima", il Premio Nazionale Enzo Biagi, il Geschwister-Scholl Preis, il Premio Giornalistico di Lipsia, il Premio Manuel Vázquez Montalbán, l'European Book Prize, il David di Donatello e il Nastro d'Argento per la sceneggiatura di *Gomorra*. Dall'ottobre 2006 vive sotto scorta in seguito alle minacce ricevute dai clan che ha denunciato. Nel 2008 ha ricevuto la solidarietà di diversi premi Nobel e a novembre dello stesso anno è stato invitato in Svezia a tenere un discorso sulla libertà di espressione all'Accademia dei Nobel. Oltre a *Vieni via con me* Roberto Saviano ha ideato e condotto sempre con Fabio Fazio lo show *Quello che (non) ho*. Feltrinelli ha pubblicato la prefazione a *Qui ho conosciuto purgatorio inferno e paradiso* (2011) di Giacomo Panizza e Goffredo Fofi, *Vieni via con me* (2011), *Super Santos* (nella collana digitale Zoom, 2012) e *ZeroZeroZero* (2013; audiolibro Emons-Feltrinelli, 2014).

saviano.feltrinelli.it

ROBERTO
SAVIANO
ZeroZeroZero

Copyright © 2013, Roberto Saviano
All rights reserved

© Giangiacomo Feltrinelli Editore Milano
Prima edizione ne "I Narratori" aprile 2013
Prima edizione nell'"Universale Economica" settembre 2014
Quinta edizione giugno 2016

Stampa Nuovo Istituto Italiano d'Arti Grafiche - BG

www.feltrinellieditore.it
Libri in uscita, interviste, reading,
commenti e percorsi di lettura.
Aggiornamenti quotidiani

razzismobruttastoria.net

*Questo libro lo dedico a tutti i carabinieri
della mia scorta.
Alle 38.000 ore trascorse insieme.
E a quelle ancora da trascorrere.
Ovunque.*

Nessuna paura che mi calpestino.
Calpestata, l'erba diventa un sentiero.

BLAGA DIMITROVA

Coca # 1

La coca la sta usando chi è seduto accanto a te ora in treno e l'ha presa per svegliarsi stamattina o l'autista al volante dell'autobus che ti porta a casa, perché vuole fare gli straordinari senza sentire i crampi alla cervicale. Fa uso di coca chi ti è più vicino. Se non è tuo padre o tua madre, se non è tuo fratello, allora è tuo figlio. Se non è tuo figlio, è il tuo capoufficio. O la sua segretaria che tira solo il sabato per divertirsi. Se non è il tuo capo, è sua moglie che lo fa per lasciarsi andare. Se non è sua moglie è la sua amante, a cui la regala lui al posto degli orecchini e meglio dei diamanti. Se non sono loro, è il camionista che fa arrivare tonnellate di caffè nei bar della tua città e non riuscirebbe a reggere tutte quelle ore di autostrada senza coca. Se non è lui, è l'infermiera che sta cambiando il catetere di tuo nonno e la coca le fa sembrare tutto più leggero, persino le notti. Se non è lei, è l'imbianchino che sta ritinteggiando la stanza della tua ragazza, che ha iniziato per curiosità e poi si è trovato a fare debiti. Chi la usa è lì con te. È il poliziotto che sta per fermarti, che tira da anni e ormai tutti se ne sono accorti e lo scrivono in lettere anonime che mandano agli ufficiali sperando che lo sospendano prima che faccia cazzate. Se non è lui, è il chirurgo che si sta svegliando ora per operare tua zia e con la coca riesce ad aprire anche sei persone in un giorno, o l'avvocato da cui devi andare per divorziare. È il giudice che si pronuncerà sulla tua causa civile e non ritiene questo un vizio, ma solo un aiuto a godersi la vita. È la cassiera che ti sta dando il biglietto della lotteria che speri possa cambiare il tuo destino. È l'ebanista che ti sta montando un mobile che ti è costato lo stipendio di un mese. Se non è lui, a usarla è il montatore venuto a casa tua a metter su l'armadio Ikea che da solo non sapresti assemblare. Se non è lui, è l'amministratore di condominio del tuo palazzo che sta per citofonarti. È l'elettricista, proprio quello che ora sta cercando di spostarti la presa nella stanza da letto. O il cantautore che stai ascoltando per rilassarti. Usa coca il parroco da cui stai andando per chiedere se puoi cresimarti perché devi battezzare tuo nipote, ed è stupito che tu non l'abbia ancora preso, quel sacramento. Sono i camerieri che ti serviranno al matrimonio di sabato prossimo, se non sniffassero non riuscirebbero ad avere in quelle gambe così tanta energia per ore. Se non sono loro, è l'assessore che ha appena deliberato le nuove isole pedonali, e la coca gliela danno gratis in cambio di favori. La usa il parcheggiatore, che ormai sente l'allegria solo quando tira. È l'architetto che ha messo a nuovo la tua villetta delle vacanze, ne fa uso il postino che ti ha recapitato la lettera con il tuo nuovo bancomat. Se non è lui, è la ragazza del call center, che ti risponde con la voce squillante e chiede in cosa può esserti utile. Quell'allegria, uguale a ogni telefonata, è effetto della polvere bianca. Se non è lei, è il ricercatore che sta seduto ora a destra del professore e aspetta di farti l'esame. La coca l'ha innervosito. È il fisioterapista che sta cercando di metterti a posto il ginocchio, a lui invece la coca lo rende socievole. È l'attaccante che ne fa uso, quello che ha segnato un gol rovinandoti la scommessa che stavi vincendo a pochi minuti dalla fine della partita. Usa coca la prostituta da cui vai prima di tornare a casa, quando devi sfogarti perché non ne puoi più. Lei la coca la prende per non vedere più chi le è davanti, dietro, sopra, sotto. La prende il gigolo che ti sei regalata per i tuoi cinquant'anni. Tu e lui. La coca gli dà la sensazione di essere il più maschio di tutti. Usa coca lo sparring partner con cui ti alleni sul ring, per cercare di dimagrire. Se non è lui che ne fa uso, è l'istruttore di equitazione di tua figlia, la psicologa da cui va tua moglie. Usa coca il migliore amico di tuo marito, quello che ti corteggia da anni e che non t'è mai piaciuto. Se non è lui, è il preside della tua scuola. Tira coca il bidello. L'agente immobiliare che sta facendo ritardo proprio ora che eri riuscito a liberarti per vedere l'appartamento. Ne fa uso la guardia giurata, quella che ha ancora il riporto quando ormai tutti si rasano i capelli. Se non lui, il notaio da cui non vorresti mai più tornare, che usa coca per non pensare agli alimenti da pagare alle mogli che ha lasciato. Se non è lui, è il taxista che impreca contro il traffico ma poi torna allegro. Se non è lui, la usa l'ingegnere che sei costretto a invitare a casa perché forse ti aiuta a fare uno scatto di carriera. È il vigile urbano che ti sta facendo una multa e mentre parla suda moltissimo anche se è inverno. Oppure è il lavavetri con gli occhi scavati, che riesce a comprarla chiedendo prestiti, o è quel ragazzo che rimpinza di volantini le auto cinque alla volta. È il politico che ti ha promesso una licenza commerciale, quello che hai mandato in parlamento con i voti tuoi e della tua famiglia ed è sempre nervoso. È il professore che ti ha cacciato da un esame alla prima esitazione. O è l'oncologo da cui stai andando a parlare, ti hanno detto essere il migliore e speri ti possa salvare. Lui, quando tira, si sente onnipotente. O è il ginecologo che sta dimenticando di buttare la sigaretta prima di entrare in stanza e visitare tua moglie che ha le prime doglie. È tuo cognato che non è mai allegro, è il ragazzo di tua figlia che invece lo è sempre. Se non sono loro, allora è il pescivendolo che sistema il pesce spada in bella mostra, o è il benzinaio che sbrodola la benzina fuori dalle auto. Tira per sentirsi giovane, ma non riesce ormai a inserire al suo posto neanche la pistola del distributore. O è il medico della mutua che conosci da anni e ti fa entrare prima senza fare la fila perché a Natale sai cosa regalargli. La usa il portiere del tuo palazzo, ma se non la usa lui allora la sta usando la professoressa che dà ripetizioni ai tuoi figli, l'insegnante di piano di tuo nipote, il costumista della compagnia di teatro che andrai a vedere stasera, il veterinario che cura il tuo gatto. Il sindaco da cui sei andato a cena. Il costruttore della casa in cui vivi, lo scrittore che leggi prima di dormire, la giornalista che ascolterai al telegiornale. Ma se, pensandoci bene, ritieni che nessuna di queste persone possa tirare cocaina, o sei incapace di vedere o stai mentendo. Oppure, semplicemente, la persona che ne fa uso sei tu.

1.

La lezione

"Erano tutti intorno a un tavolo, proprio a New York, non lontano da qui."

"Dove?" chiesi d'istinto.

Mi guardò come a dire che non credeva fossi tanto idiota da fare simili domande. Le parole che stavo per sentire erano uno scambio di favori. La polizia, qualche anno prima, aveva arrestato un ragazzo in Europa. Un messicano con passaporto statunitense. Spedito a New York, l'avevano lasciato a bagnomaria, immerso nelle acque dei traffici della città evitandogli la galera. Ogni tanto spifferava qualcosa, in cambio non lo arrestavano. Non proprio un confidente, piuttosto qualcosa di molto vicino che non lo facesse sentire un infame ma nemmeno un silenzioso e omertoso affiliato di granito. I poliziotti gli chiedevano cose generiche, non circostanziate al punto da poterlo esporre con il suo gruppo. Serviva che riportasse un vento, un umore, voci di riunioni o di guerre. Non prove, non indizi: voci. Gli indizi sarebbero andati a cercarseli in un secondo momento. Ma ora questo non bastava più, il ragazzo aveva registrato sul suo iPhone un discorso durante una riunione a cui aveva partecipato. E i poliziotti erano inquieti. Alcuni di loro, con cui avevo un rapporto da anni, volevano che ne scrivessi. Che ne scrivessi da qualche parte, facendo rumore, per testare le reazioni, per capire se la storia che stavo per ascoltare fosse davvero andata come diceva il ragazzo o non fosse invece una messa in scena, un teatrino costruito da qualcuno per adescare chicani e italiani. Dovevo scriverne per creare movimento negli ambienti dove quelle parole erano state dette, dove erano state ascoltate.

Il poliziotto mi aspettò a Battery Park su un piccolo molo, senza cappellini impermeabili o occhiali da sole. Nessun ridicolo camuffamento: arrivò vestito con una T-shirt coloratissima, ciabatte e il sorriso di chi non vede l'ora di raccontare un segreto. Parlava un italiano pieno di inflessioni dialettali, ma comprensibile. Non cercò nessuna forma di complicità, aveva ricevuto ordini di raccontarmi quel fatto e lo fece senza troppe mediazioni. Me lo ricordo perfettamente. Quel racconto m'è rimasto dentro. Col tempo mi sono convinto che le cose che ricordiamo non le conserviamo solo in testa, non stanno tutte nella stessa zona del cervello: mi sono convinto che anche altri organi hanno una memoria. Il fegato, i testicoli, le unghie, il costato. Quando ascolti parole finali, rimangono impigliate lì. E quando queste parti ricordano, spediscono quello che hanno registrato al cervello. Più spesso mi accorgo di ricordare con lo stomaco, che immagazzina il bello e l'orrendo. Lo so che sono lì, certi ricordi, lo so perché lo stomaco si muove. E a volte a muoversi è anche la pancia. È il diaframma che crea onde: una lamina sottile, una membrana piantata lì, con le radici al centro del nostro corpo. È da lì che parte tutto. Il diaframma fa ansimare, rabbrividire, ma anche pisciare, defecare, vomitare. È da lì che parte la spinta durante il parto. E sono anche certo che ci sono posti che raccolgono il peggio: conservano lo scarto. Io quel posto lì dentro di me non so dove sia, ma è pieno. E ora è saturo, talmente colmo che non ci sta più niente. Il mio luogo dei ricordi, o meglio degli scarti, è satollo. Sembrerebbe una buona notizia: non c'è più spazio per il dolore. Ma non lo è. Se gli scarti non hanno più un posto dove andare, iniziano a infilarsi anche dove non devono. Si ficcano nei posti che raccolgono memorie diverse. Il racconto di quel poliziotto ha colmato definitivamente la parte di me che ricorda le cose peggiori. Quelle cose che riaffiorano quando pensi che tutto sta andando meglio, quando ti si apre una mattina luminosa, quando torni a casa, quando pensi che in fondo ne valeva la pena. In questi momenti, come un rigurgito, come un'esalazione, da qualche parte risalgono ricordi scuri, come i rifiuti in una discarica, sepolti da terra, coperti di plastica, trovano comunque la loro strada per venire a galla e avvelenare tutto. Ecco, proprio in questa zona del corpo conservo la memoria di quelle parole. Ed è inutile cercarne la latitudine esatta, perché se anche trovassi quel posto, non servirebbe a nulla prenderlo a pugni, accoltellarlo, strizzarlo per farne uscire parole come pus da una vescica. È tutto lì. Tutto deve restare lì. Punto e basta.

Il poliziotto mi raccontava che il ragazzo, il suo informatore, aveva ascoltato l'unica lezione che vale la pena di ascoltare e l'aveva registrata di nascosto. Non per tradire, ma per riascoltarsela lui. Una lezione su come si sta al mondo. E gliel'aveva fatta sentire tutta: una cuffia nel suo orecchio, l'altra in quella del ragazzo, che con il cuore a mille aveva fatto partire l'audio del discorso.

"Ora tu ne scrivi, vediamo se qualcuno si incazza... Così significa che questa storia è vera e abbiamo conferma. Se ne scrivi e nessuno fa niente, allora o è una gran balla di qualche attore di serie B e il nostro chicano ci ha presi in giro oppure... nessuno crede alle cazzate che scrivi e in quel caso ci hanno fregato."

E iniziò a ridere. Io annuivo. Non promettevo, cercavo di capire. A farla, quella presunta lezione, sarebbe stato un vecchio boss italiano, davanti a un consesso di chicani, italiani, italoamericani, albanesi ed ex combattenti dei Kaibiles, i legionari guatemaltechi. Almeno questo diceva il ragazzo. Non informazioni, cifre e dettagli. Non qualcosa da imparare controvoglia. Entri in una stanza in un modo e ne esci in un altro. Hai gli stessi vestiti, hai lo stesso taglio di capelli, hai i peli della barba della stessa lunghezza. Non hai segni d'addestramento, tagli sulle arcate sopracciliari o naso rotto, non hai la testa lavata da sermoni. Entri, ed esci a prima vista uguale a come sei stato spinto dentro. Ma uguale solo fuori. Dentro è tutto diverso. Non ti hanno svelato la verità ultima, ma semplicemente messo al posto giusto un po' di cose. Cose che prima di quel momento non avevi capito come utilizzare, che non avevi avuto il coraggio di aprire, sistemare, osservare.

Il poliziotto mi leggeva da un'agenda la trascrizione che si era fatto del discorso. Si erano riuniti in una stanza, non troppo lontano da dove siamo ora. Seduti a caso, senza nessun ordine, non a ferro di cavallo come nelle funzioni rituali di affiliazione. Seduti come si sta seduti nei circoli ricreativi dei paesi di provincia del Sud Italia o nei ristoranti di Arthur Avenue, a vedere una partita di calcio in tv. Ma in quella stanza non c'era nessuna partita di calcio e nessuna riunione tra amici, era tutta gente affiliata con gradi diversi alle organizzazioni criminali. Ad alzarsi fu il vecchio italiano. Sapevano che era uomo d'onore e che era venuto negli Stati Uniti dopo aver vissuto molto tempo in Canada. Iniziò a parlare senza presentarsi, non c'era motivo. Parlava una lingua spuria, italiano misto a inglese e spagnolo, a volte usava il dialetto. Avrei voluto sapere il suo nome e così provavo a chiederlo al poliziotto fingendo una curiosità momentanea e casuale. Il poliziotto non provava nemmeno a rispondermi. C'erano solo le parole del boss.

"U munnu de chiri ca cridanu de putì campà cu ra giustizia, con le leggi uguali pe tutti, cu na bona fatiga, la dignità, le strade pulite, le fimmine uguali agli uomini, è solo un mondo di finocchi che credono di poter prendere in giro se stessi. E anche chi gli gira attorno. Le cazzate sul mondo migliore lasciamole agli idioti. Gli idioti ricchi che si comprano questo lusso. Il lusso di credere al mondo felice, al mondo giusto. Ricchi col senso di colpa o con qualcosa da nascondere. Who rules just does it, and that's it. Chi comanda lo fa e basta. Oppure può dire che invece comanda per il bene, per la giustizia, per la libertà. Ma queste sono cose da fimmine, lasciamole ai ricchi, agli idioti. Chi comanda, comanda. Punto e basta."

Cercavo di chiedere com'era vestito, quanti anni avesse. Domande da sbirro, da cronista, da curioso, da ossessivo, che con quei dettagli crede di poter risalire alla tipologia di capo che pronuncia quel genere di discorsi. Il mio interlocutore mi ignorava e continuava. Io lo ascoltavo e setacciavo le parole come fossero sabbia per trovare la pepita, il nome. Ascoltavo quelle parole, ma cercando altro. Cercando indizi.

"Voleva spiegargli le regole, capisci?" mi disse il poliziotto. "Voleva che gli entrassero proprio dentro. Io sono sicuro che questo non ha mentito. Garantisco io che non è un cazzaro, il messicano. Giuro sull'anima mia per la sua, anche se nessuno mi crede."

Ricacciò lo sguardo nell'agenda e continuò a leggere.

"Le regole dell'organizzazione sono le regole della vita. Le leggi dello Stato sono le regole di una parte che vuole fottere l'altra. E nui nun cci facimu futte e nessunu. Ci sta chi fa soldi senza rischi, e questi signori avranno sempre paura di chi invece i soldi li fa rischiando tutto. If you risk all, you have all, capito? Se pensi invece che ti devi salvare o che puoi farcela senza carcere, senza scappare, senza nasconderti, allora è meglio chiarire subito: non sei un uomo. E se non siete uomini, uscite subito da questa stanza e non ci sperate nemmeno, ca cchiu diventati uamini, mai e poi mai sarete uomini d'onore."

Il poliziotto mi guardava. I suoi occhi erano due fessure, strizzati come per mettere a fuoco quello che ricordava benissimo. Aveva letto e ascoltato quella testimonianza decine di volte.

"Crees en el amor? El amor se acaba. Crees en tu corazón? El corazón se detiene. No? No amor y no corazón? Entonces crees en el coño? Ma pure la fica dopo un po' si secca. Credi in tua moglie? Appena finisci i soldi ti dirà che la trascuri. Credi nei figli? Appena non gli dai danaro diranno che non li ami. Credi in tua madre? Se non le fai da balia dirà che sei un figlio ingrato. Escucha lo que digo: tienes que vivir. Si deve vivere per se stessi. È per se stessi che bisogna saper essere rispettati e poi rispettare. La famiglia. Rispettare chi vi serve e disprezzare chi non serve. Il rispetto lo conquista chi può darvi qualcosa, lo perde chi è inutile. Non siete rispettati forse da chi vuole qualcosa da voi? Da chi ha paura di voi? E quando non potete dare niente? Quando non avete più niente? Quando non servite più? Siete considerati come basura. Quando non potete dare nulla, non siete nulla."

"Io," mi diceva il poliziotto, "lì ho capito che il boss, l'italiano, era uno che contava, uno che conosceva la vita. Che la conosceva veramente. Quel discorso il messicano non può averlo registrato da solo. Il chicano è andato a scuola fino a sedici anni e a Barcellona l'hanno pescato in una bisca. E il calabrese di questo tizio come faceva a inventarselo un attore o un millantatore? Che se non era per la nonna di mia moglie non avrei capito nemmeno io queste parole."

Discorsi di filosofia morale mafiosa ne avevo sentiti a decine nelle dichiarazioni dei pentiti, nelle intercettazioni. Ma questo aveva una caratteristica insolita, si presentava come un addestramento dell'anima. Era una critica della ragion pratica mafiosa.

"Io vi parlo, e qualcuno di voi mi sta pure simpatico. A qualcun altro invece cci spaccarìa a faccia. Ma anche il più simpatico di voi, se ha più fica e danaro di me, io lo voglio morto. Se uno di voi mi diventa fratello e io lo eleggo nell'organizzazione mio pari, il destino è certo, cercherà e me futte. Don't think a friend will be forever a friend. Io sarò ucciso da qualcuno con cui ho condiviso cibo, sonno, tutto. Io sarò ucciso da chi mi ha dato riciettu, da cu me fici ammucciari. Non so chi sia, altrimenti l'avrei già eliminato. Ma succederà. E se non mi ucciderà, mi tradirà. La regola è regola. E le regole non sono le leggi. Le leggi sono per i codardi. Le regole sono per gli uomini. Per questo noi abbiamo regole d'onore. Le regole d'onore non ti dicono che devi essere giusto, buono, corretto. Le regole d'onore ti dicono come si comanda. Cosa devi fare per gestire gente, soldi, potere. Le regole d'onore ti dicono come fare se vuoi comandare, se vuoi fottere chi ti sta sopra, se non vuoi farti fottere da chi sta sotto. Le regole d'onore non serve spiegarle. Sono e basta. Si sono fatte da sole sul sangue e nel sangue di ogni uomo d'onore. Come puoi scegliere?"

Quella domanda era per me? Cercavo la risposta più giusta. Ma aspettai prudente prima di parlare, pensando che forse il poliziotto stava ancora riportando le parole del boss.

"Come puoi scegliere in pochi secondi, in pochi minuti, in poche ore quello che devi fare? Se scegli male, paghi per anni una scelta presa in niente. Le regole ci sono, ci sono sempre, ma le devi saper riconoscere e devi capire quando valgono. E poi le leggi di Dio. Le leggi di Dio sono dentro le regole. Le leggi di Dio: quelle vere, però, non quelle usate pe' fa' trema' nu povaru cristu. Ma ricordatevi questo: possono esistere tutte le regole d'onore che vuoi, però ci sta solo una certezza. Siete uamini se dentro di voi sapete qual è il vostro destino. U povaru cristu striscia per stare comodo. Gli uomini d'onore sanno che ogni cosa muore, che ogni cosa passa, che nulla resta. I giornalisti iniziano con la voglia di cambiare il mondo e finiscono con la voglia di diventare direttori. È più facile condizionarli che corromperli. Ognuno vale solo per sé e per l'Onorata Società. E l'Onorata Società ti dice che conti solo se comandi. Despues, puedes elegir la forma. Puedes controlar con dureza o puedes comprar el consentimiento. Puoi comandare togliendo sangue o dandolo. L'Onorata Società sa che ogni uomo è debole, vizioso, vanitoso. Sa che l'uomo non cambia, ecco perché la regola è tutto. I legami fondati sull'amicizia senza la regola non sono niente. Tutti i problemi hanno una soluzione, da tua moglie che ti lascia al tuo gruppo che si divide. E questa soluzione dipende solo da quanto offri. Se vi va male avete soltanto offerto poco, non abbastanza, non cercate altre motivazioni."

Sembrava un seminario per aspiranti boss. Ma com'era possibile?

"Si tratta di capire chi vuoi essere. Se rapini, spari, stupri, spacci, guadagnerai per un po', poi ti prenderanno e ti maciulleranno. Puoi farlo. Sì, puoi farlo. Ma non per molto, perché non sai cosa ti può accadere, le persone ti temeranno solo se gli metti la pistola in bocca. Ma appena giri le spalle? Appena una rapina va male? Se sei dell'organizzazione, sai invece che ogni cosa ha una regola. Se vuoi guadagnare ci sono modi per farlo, se vuoi uccidere ci sono motivi e metodi, se vuoi farti strada puoi, ma devi guadagnarti rispetto, fiducia e renderti indispensabile. Ci sono regole persino se vuoi cambiare le regole. Qualunque cosa tu faccia al di fuori delle regole, non puoi sapere come andrà a finire. Qualunque cosa tu faccia che segua le regole d'onore, sai invece esattamente a cosa ti porterà. E sai esattamente quali saranno le reazioni di chi ti sta intorno. Se volete fare gli uomini qualunque continuate pure. Se volete diventare uomini d'onore dovete avere regole. E la differenza tra un uomo qualunque e un uomo d'onore è che l'uomo d'onore sa sempre cosa accade, l'uomo qualunque viene inculato dal caso, dalla sfortuna, dall'idiozia. Gli capitano cose. L'uomo d'onore invece sa che quelle cose accadono e prevede quando. Sai esattamente cosa ti appartiene e cosa no, saprai esattamente fin dove potrai spingerti anche se vuoi spingerti oltre ogni regola. Tutti vogliono tre cose: potere, pussy e dinero. Pure il giudice quando condanna i cattivi e anche i politici, che vogliono dinero, pussy e potere, ma li vogliono ottenere mostrandosi indispensabili, difensori dell'ordine o dei poveri o di chissà cos'altro. Tutti vogliono money dicendo di volere altro o facendo cose per gli altri. Le regole dell'Onorata Società sono regole per comandare su tutti. L'Onorata Società sa che puoi avere potere, pussy e dinero, ma sa che l'uomo che sa rinunciare a tutto è quello che decide della vita di tutti. La cocaina. La cocaina è questo: all you can see, you can have it. Senza cocaina non sei nessuno. Con la cocaina puoi essere come vuoi. Se tiri cocaina ti fotti con le tue mani. Se non sei nell'organizzazione nulla del mondo esiste. L'organizzazione ti dà le regole per salire nel mondo. Ti dà le regole per uccidere e ti dà anche quelle che ti dicono come sarai ucciso. Vuoi fare una vita normale? Vuoi non contare niente? Puoi. Basta non vedere, non sentire. Ma ricordati una cosa: in Messico, dove puoi fare quello che vuoi, drogarti, scoparti bambine, salire su una macchina e correre forte quanto ti pare, comanda veramente solo chi ha regole. Se fate stronzate non avete onore e se non avete onore non avete potere. Siete come tutti."

Il poliziotto poi indicava con il dito: "Vedi, vedi qui...", una pagina della sua agenda particolarmente maltrattata. "Questo voleva proprio spiegare tutto. Come si vive, non come si fa il mafioso. Come si vive."

"Lavori e molto. You have some money, algo dinero. Magari avrai belle donne. Poi però le fimmine ti lasciano, per uno più bello e con più dinero di te. Potrai avere una vita decente, poco probabile. O forse una vita schifosa, come tutti. Quando finirai in galera quelli fuori ti insulteranno, quelli che si considerano puliti, ma avrai comandato. Ti odieranno, ma ti sarai comprato il bene e tutto quello che volevi. Avrai l'organizzazione con te. Può succedere che per un po' soffri e magari ti uccidono. È evidente che l'organizzazione sta con chi è più forte. Potete scalare montagne con regole di carne, sangue e danaro. Se diventate deboli, se sbagliate, veniti futtuti. Se fate bene, ricompensati. Se sbagliate ad allearvi veniti futtuti, se sbagliate a fare guerra veniti futtuti, se non sapete tenervi il potere veniti futtuti. Ma queste guerre sono lecite, are allowed. Sono le nostre guerre. Potete vincere e potete perdere. Ma in un caso solo perderete sempre e nel modo più doloroso possibile. Se tradite. Chi cerca di mettersi contro l'organizzazione non ha speranza di vita. Si può scappare dalla legge, ma non dall'organizzazione. Si può persino scappare da Dio, ca tantu Dio u figghiu fujuto lo aspetta sempre. Ma non si può scappare dall'organizzazione. Se tradisci e scappi, se ti fottono e scappi, se non rispetti le regole e scappi, qualcuno pagherà per te. They will look for you. They will go to your family, to your allies. Sarai per sempre sulla lista. E niente potrà mai cancellare il tuo nome. Nor time, nor money. Sei fottuto in eterno tu e la tua discendenza."

Il poliziotto chiuse l'agenda. "Il ragazzo uscì come da una trance," disse. Ricordava a memoria le ultime parole del messicano: "E io ora sto tradendo facendo ascoltare a te queste parole?".

"Scrivine," aggiunse il poliziotto. "Noi lo teniamo d'occhio. Gli metto tre uomini dietro al culo, ventiquattr'ore al giorno. Se qualcuno prova ad avvicinarlo capiamo che non ha raccontato fesserie, che 'sta storia non era una pagliacciata, che quello che parlava era un capo vero."

Quel racconto mi aveva stupito. Dalle mie parti hanno sempre fatto così. Ma era strano per me sentire quelle stesse parole a New York. Dalle mie parti non ti affili solo per soldi, ti affili soprattutto per far parte di una struttura, per agire come su una scacchiera. Per sapere esattamente quale pedone muovere e in quale momento. Per riconoscere quando sei sotto scacco. O quando sei alfiere e tu e il tuo cavallo avete fottuto il re.

"Penso sia rischioso," gli dissi.

"Fallo," insisté lui.

"Non credo," risposi.

Mi giravo e rigiravo nel letto. Non prendevo sonno. Non mi aveva impressionato il racconto in sé. Era tutta la catena che mi lasciava perplesso. Ero stato contattato perché scrivessi il racconto di un racconto di un racconto. La fonte, intendo proprio il vecchio boss italiano, d'istinto mi sembrava affidabile. Un po' perché quando si è lontani dal proprio paese chi parla la tua lingua, intendo proprio la tua lingua, con gli stessi codici, le stesse locuzioni, gli stessi vocaboli, le stesse omissioni, lo riconosci immediatamente come uno dei tuoi, come uno a cui puoi prestare ascolto. Poi perché quel discorso era avvenuto nel momento giusto, proprio davanti alla gente che doveva ascoltarlo. Se vere, quelle parole avrebbero segnato la più temibile delle svolte possibili. Per la prima volta i boss italiani, gli ultimi calvinisti d'Occidente, starebbero addestrando le nuove generazioni di messicani e latinoamericani, la borghesia criminale nata dal narcotraffico, la leva più feroce e affamata del mondo. Una miscela pronta a comandare i mercati, a dettare legge nella finanza, a dominare gli investimenti. Estrattori di danaro, costruttori di ricchezze.

Mi saliva un'ansia che non sapevo come gestire. Non riuscivo a stare fermo, il letto sembrava un'asse di legno, la stanza sembrava una tana. Volevo acchiappare il telefono e chiamare il poliziotto, ma erano le due di notte e temetti che mi prendesse per matto. Andai alla scrivania e iniziai una mail. Ne avrei scritto ma dovevo capire di più, volevo ascoltare direttamente l'audio. Quelle parole d'addestramento erano il modo di stare al mondo non solo di un affiliato di mafia ma di chiunque voglia decidere di comandare su questa Terra.

Parole che nessuno pronuncerebbe con tale chiarezza a meno che non voglia addestrare. Quando parli in pubblico di un soldato dici che vuole la pace e odia la guerra, quando sei solo con il soldato lo addestri a sparare. Quelle parole volevano portare la tradizione delle organizzazioni italiane dentro le organizzazioni latinoamericane. Quel ragazzo non aveva millantato nulla. Mi giunse un sms. Il ragazzo, l'informatore, si era impastato contro un albero mentre correva in auto. Nessuna vendetta. Una gran bella macchina italiana che non sapeva guidare. Contro un albero. Chiuso.

2.

Big Bang

Don Arturo è un vecchissimo signore che ricorda tutto. E ne parla con chiunque voglia ascoltarlo. I suoi nipoti sono troppo grandi, è già bisnonno, e ai piccoli preferisce raccontare altre storie. Arturo racconta che un giorno arrivò un generale, scese da un cavallo che a tutti sembrò altissimo ma era semplicemente sano in una terra di cavalli magri e dalle zampe artritiche, e obbligò a raccolta tutti i *gomeros*, i contadini che coltivavano i papaveri da oppio. L'ordine fu imperativo: bruciare tutte le terre. È così che arriva lo Stato, solo con ordini imperativi. O accettavano o ci sarebbe stata la prigione. Dieci anni. Il pensiero di tutti i *gomeros* fu carcere, e subito. Tornare ai cereali era peggio che la galera. Ma nei dieci anni di prigione i figli non avrebbero potuto coltivare papavero, la terra sarebbe stata confiscata o nel migliore dei casi costretta alla siccità. I *gomeros* non risposero che abbassando gli occhi. Le loro terre e i papaveri sarebbero stati tutti bruciati. Arrivarono i soldati e scaricarono gasolio sulle terre, sui fiori, sulle mulattiere, sui sentieri che portavano da un latifondo all'altro. Arturo raccontava di come le terre rosse di papaveri si macchiarono di nero, di un unguento denso e scuro. Secchiate che inzuppavano l'aria di un puzzo disgustoso. A quei tempi tutto il lavoro era fatto a mano, le grandi pompe di veleni non c'erano ancora. Secchiate e puzza. Ma non è per questo che il vecchio Arturo ricorda tutto. Ricorda perché è lì che ha imparato come si riconosce il coraggio e come la codardia sappia di carne umana. I campi presero fuoco, lentamente. Non una vampata, ma striscia per striscia, fuoco che contamina fuoco. Migliaia di fiori, di steli, di radici presero fuoco. Tutti i contadini guardavano, e guardavano anche i gendarmi e il sindaco e i bambini e le donne. Uno spettacolo doloroso. Poi d'improvviso videro non troppo distante uscire delle palle urlanti dai rovi infuocati. Sembravano come fiamme vive che saltellavano e poi rantolavano. Non erano fiamme divenute d'improvviso piene di spirito e movimento. Erano le bestie che si erano appisolate nascoste tra i papaveri e non avevano sentito il rumore dei secchi e il puzzo del gasolio che non conoscevano. Conigli infuocati, cani randagi, persino un piccolo mulo. Prendevano fuoco. Non c'era nulla da fare. Il gasolio che brucia le carni nessuna acqua può spegnerlo e la terra d'intorno ardeva. Urlavano e si consumavano davanti a tutti. Non fu l'unico dramma. Prendevano fuoco anche i *gomeros* che ubriachi si erano assopiti mentre versavano il gasolio. Davano gasolio e bevevano *cerveza*. Poi si erano addormentati tra le piante. Il fuoco aveva preso anche loro. Urlavano assai meno degli animali e si muovevano barcollando come se l'alcol nel sangue alimentasse le fiamme da dentro. Nessuno andò a spegnerli, nessuno corse con una coperta. Le vampe erano troppo alte.

È lì che Don Arturo ha iniziato a imparare. Ricorda di una cagna pelle e ossa che corre verso il fuoco vivo. Entra ed esce da quei rovi d'inferno e tira fuori due, tre, poi sei cuccioli, ognuno lo impana nella terra per spegnerlo. Bruciacchiati ma vivi, tossivano fumo e cenere. Erano piagati ma vivi. Camminavano sulle loro zampette dietro di lei, che passò davanti agli spettatori del fuoco. Sembrava guardare tutti i presenti. I suoi occhi inchiodarono i *gomeros*, i soldati e qualsiasi essere umano stesse lì impalato e misero. La codardia un animale la sa sentire. La paura un animale la rispetta. La paura è l'istinto più vitale, quello più da rispettare. La codardia è una scelta, la paura uno stato. Quella cagna aveva paura ma si era tuffata nelle fiamme per salvare i cuccioli. Nessun uomo aveva salvato un uomo. Li avevano lasciati bruciare tutti. Così raccontava il vecchio. Non c'è un'età per capire. A lui era capitato subito, a otto anni. E sino ai novant'anni ha conservato questa verità: le bestie hanno coraggio e sanno cosa significa difendere la vita. Gli uomini millantano coraggio ma non sanno fare altro che obbedire, strisciare, tirare a campare.

Per vent'anni ci fu solo cenere al posto dei fiori di papavero. Poi Arturo ricorda che venne un generale. Un'altra volta. Nei latifondi dei paesi in ogni angolo della terra c'è sempre qualcuno che si presenta a nome di un potente con una divisa, degli stivali e un cavallo – o un fuoristrada, dipende dall'epoca in cui avviene il fatto. Ordinò ai contadini di tornare *gomeros*, questo ricorda Arturo. Basta cereali, di nuovo papavero. Di nuovo droga. Gli Stati Uniti si stavano preparando alla guerra e prima dei cannoni, prima dei proiettili, prima dei tank, prima degli aerei e delle portaerei, prima delle divise e degli stivali, prima di tutto ci vuole la morfina. Senza morfina non si fa la guerra. Chi mi legge, se è stato male, molto male, sa cosa sia la morfina: pace dal dolore. Senza morfina non si fa la guerra, perché la guerra è dolore di ossa rotte e carni lacere ancor prima di anime che si indignano per la violenza. Per l'indignazione ci sono i trattati e le manifestazioni e le candele e i picchetti. Per la carne che brucia solo una cosa: la morfina. Chi legge appartiene forse a quella parte di mondo che vive ancora tranquilla. Conosce le urla degli ospedali, di partorienti e malati, di bimbi che strillano e ossa che si lussano. Ma non avrà mai sentito le urla di un uomo colpito da un proiettile, con le ossa spaccate da un mitra o le schegge di un'esplosione che l'hanno trafitto strappandogli un braccio o mezza faccia. Quelle sono urla, le uniche che la memoria non dimentica. La memoria dei suoni è labile. Si lega alle azioni, ai contesti. Ma le urla di guerra non vanno via. Si svegliano con quelle urla reduci e reporter, medici e soldati in carriera. Se hai sentito le urla di un uomo che sta morendo o è ferito al fronte, è inutile che spendi soldi con psicoanalisti o che cerchi carezze. Quelle sono urla che non dimenticherai mai più. Quelle urla solo la chimica le può fermare, attutire, ottenebrare. Quando sento quelle urla, tutti i commilitoni del ferito si pietrificano. Nulla è più antimilitarista dell'urlo di un ferito di guerra. Solo la morfina può spegnere quelle urla e lasciare gli altri convinti che la faranno franca e vinceranno indenni la battaglia. E così gli Stati Uniti, che avevano bisogno di morfina per la guerra, chiesero al Messico di incrementare la produzione di oppio e costruirono addirittura tratti di ferrovia per agevolarne il trasporto. Quanto ne serviva? Tanto. Il più possibile. Il vecchio Arturo era cresciuto. Aveva quasi trent'anni e già quattro figli. Non avrebbe ridato fuoco come suo padre alle terre che stava lavorando. Sapeva che sarebbe successo, che glielo avrebbero chiesto, che glielo avrebbero ordinato prima o poi. E quando il generale andò via, Arturo prese la via della campagna e lo raggiunse. Fermò la carovana e contrattò. Avrebbe fatto contrabbando di una parte del suo oppio: il grosso sarebbe andato allo Stato, che lo avrebbe venduto poi all'esercito degli Stati Uniti, il resto era per il contrabbando, per gli yankee che avevano voglia di godere di oppio e morfina. Il generale accettò in cambio di una percentuale seria e a una condizione: "Lo porti tu l'oppio di là dal confine".

Arturo il vecchio è come una sfinge. Nessun suo figlio è narco. Nessun suo nipote è narco. Nessuna delle loro mogli è narco. Ma i narcos lo rispettano perché è stato il più vecchio contrabbandiere di oppio della zona. Da *gomero*, Arturo era diventato mediatore. Non coltivava soltanto, mediava tra produttori e trafficanti. Così andò avanti sino agli anni ottanta e fu solo l'inizio, perché in quegli anni gran parte dell'eroina che arrivava in America la gestivano i messicani. Arturo era diventato potente e benestante. Ma qualcosa fermò la sua attività di mediatore d'oppio. E fu la storia di Kiki. Dopo la vicenda di Kiki, Arturo decise di tornare a coltivare frumento, abbandonando l'oppio e gli uomini dell'eroina e della morfina. Storia vecchia, quella di Kiki. Di molti anni fa. Storia che non ha mai più dimenticato. E quando i suoi figli dissero di voler trafficare in coca così come lui un tempo aveva trafficato in oppio, Arturo capì che era arrivato il momento di raccontare la storia di Kiki, una storia che chi non sa è bene conosca. Portò i suoi figli fuori città e mostrò loro una buca ora piena di fiori, quasi sempre secchi. Ma profonda. E raccontò. Io questa storia l'avevo letta ma non avevo mai capito quanto fosse stata determinante prima di conoscere Sinaloa, una lingua di terra, un paradiso dove si scontano pene degne del peggior inferno.

La storia di Kiki è legata a quella di Miguel Ángel Félix Gallardo, che tutti conoscono come "El Padrino". Félix Gallardo lavorava alla Polizia giudiziaria federale del Messico. Per anni aveva arrestato contrabbandieri, li aveva inseguiti, aveva studiato i loro metodi, scoperto i loro percorsi. Sapeva tutto. Era il loro cacciatore. Un giorno andò dai capi del contrabbando e propose loro di organizzarsi, ma a una sola condizione. Scegliere lui come capo. Chi accettò fece parte dell'organizzazione, chi preferì continuare ad agire da solo fu lasciato libero di farlo. E successivamente ucciso. Anche Arturo accettò di mettersi alle dipendenze. Per Félix Gallardo era finito il tempo della divisa ed era cominciato quello del trasporto di marijuana e oppio. Iniziò a conoscere personalmente tutte le strade d'accesso agli Stati Uniti. Palmo per palmo, dove far arrampicare e dove far sgusciar fuori cavalli e camion. A quel tempo in Messico non c'erano i cartelli. È Félix Gallardo che li crea. Cartelli. Ormai tutti li chiamano così, persino i ragazzini che non sanno bene cosa descrive questa parola. Eppure nella maggior parte dei casi è proprio la parola giusta. Gruppi che gestiscono coca e capitali della coca e prezzi della coca e distribuzione della coca. Questo sono i cartelli. Cartello, del resto, è termine economico che descrive i produttori che si mettono d'accordo e insieme decidono i prezzi, quanto produrre, come, dove e quando distribuire. Questo vale per l'economia legale e quindi anche per l'economia illegale. I prezzi in Messico, tra i cartelli del narcotraffico, li decidevano in pochi. El Padrino era considerato lo zar messicano della cocaina. Sotto di lui c'erano Rafael Caro Quintero ed Ernesto Fonseca Carrillo, detto "Don Neto". In Colombia i cartelli rivali di Cali e Medellín erano in piena lotta per il controllo del traffico di coca e delle rotte. Massacri. Ma Pablito Escobar, signore di Medellín, aveva anche un problema esterno alla Colombia: la polizia statunitense che non riusciva a corrompere gli sequestrava troppi carichi, sulle coste della Florida e nei Caraibi, lui ci rimetteva chili e chili di coca. Gli aeroporti diventavano dogane cui pagare prezzi troppo alti, e lui ci perdeva un sacco di soldi. Escobar decise così di chiedere aiuto a Félix Gallardo. Si capirono subito, Escobar "El Mágico" e Félix Gallardo, El Padrino. E trovarono l'accordo. I messicani avrebbero trasportato coca negli Stati Uniti: Félix Gallardo conosceva i confini, e i canali per lui erano aperti. Conosceva le rotte della marijuana: erano state quelle dell'oppio e sarebbero diventate quelle della cocaina. El Padrino si fidava di Escobar, sapeva che non gli avrebbe opposto alcun rivale, perché il boss colombiano non aveva la forza di costruirsi un suo uomo in Messico. Félix Gallardo non gli aveva garantito l'esclusiva. Avrebbe dato la priorità a Medellín, ma se Cali o altri cartelli più piccoli gli avessero chiesto di gestire il trasporto per i loro carichi avrebbe di certo accettato anche quelli. Guadagnare con tutti senza diventar nemico di nessuno: difficile prassi di vita, ma almeno in una fase in cui in molti avevano bisogno di quel passaggio era possibile spremere danaro da tutti. Sempre più danaro.

I colombiani avevano l'abitudine di pagare ogni carico in contanti. Medellín pagava e i messicani trasportavano negli Stati Uniti in cambio di pesos. Poi i dollari. El Padrino, però, dopo un po' intuì che il danaro poteva svalutarsi e che la cocaina era più conveniente: distribuirla direttamente sul mercato nordamericano sarebbe stato un colpaccio. Quando il cartello colombiano iniziò a commissionare più carichi, El Padrino pretese di essere pagato in merce. Escobar accettò, gli sembrò persino conveniente. E in ogni caso non poteva non accettare. Se il carico era facile da trasportare e si poteva nascondere nei camion o nei treni, il 35 per cento della coca era dei messicani. Se il carico era complicato e bisognava passare nelle gallerie sotterranee, ai messicani andava il 50 per cento del carico. Quelle rotte impervie, quel confine, quei tremila chilometri di Messico suturati agli Stati Uniti, diventarono la più grande risorsa del Padrino. I messicani divennero veri e propri distributori e non solo trasportatori. Ora la coca l'avrebbero piazzata loro ai boss, ai capizona, ai pusher, alle organizzazioni statunitensi. Non c'erano solo i colombiani. Ora anche i messicani potevano aspirare a sedersi ai tavoli del business. E da lì molto di più. Infinitamente di più. Funziona così anche per le grandi aziende, il distributore diventa spesso il maggiore concorrente del produttore, i proventi dell'indotto superano quelli della casa madre.

Ma El Padrino è abile e capisce che è fondamentale mantenere un basso profilo. Soprattutto in quegli anni in cui gli occhi del mondo sono tutti puntati su Escobar "El Mágico" e sulla Colombia. Cerca quindi di essere prudente. Di avere una vita normale. Da capo, non da imperatore. Ed è attento a ogni passaggio, sa che ogni singola mossa deve essere oliata. Che bisogna pagare ogni posto di blocco. Ogni ufficiale responsabile di zona. Ogni sindaco di ogni villaggio che si attraversa. El Padrino sa che bisogna pagare. Pagare sempre, così che la tua fortuna sia concepita come fortuna di tutti. E soprattutto che bisogna pagare prima che qualcuno possa parlare, tradire, cantare o offrire di più. Prima che ci si possa vendere a un gruppo rivale o alla polizia. La polizia era fondamentale. Lui stesso era stato poliziotto. Per questo avevano trovato una persona che garantiva tranquillità sui trasporti: Kiki. Kiki era uno sbirro che garantiva impunità dallo stato di Guerrero a quello della Baja California. L'entrata negli Stati Uniti, poi, andava liscia. Caro Quintero nutriva per Kiki una vera e propria venerazione, spesso lo ospitava a casa sua. Gli raccontava come doveva vivere un capo, quale dovesse essere il suo stile di vita, cosa dovesse mostrare ai suoi uomini. Ricco, benestante, ma senza ostentare. Devi far credere che se tu stai bene anche i tuoi uomini staranno bene. Anche la gente che lavora intorno a te starà bene. Devi fare in modo che loro sperino che le tue attività crescano, che i tuoi affari migliorino. Se mostri invece di avere tutto, di poter avere tutto, vorranno toglierti qualcosa, perché penseranno che oltre quello non si può andare, che più di quello non si può avere. È un equilibrio sottile e il successo sta nel non oltrepassare mai questa linea, nel non cedere mai alle lusinghe di una vita fatta di lussi.

Kiki faceva passare la droga ovunque, con estrema facilità, e il clan del Padrino pagava volentieri. Caro Quintero nutriva verso Kiki una vera e propria venerazione. Sembrava che riuscisse a corrompere tutti, a far filare liscio tutto ciò che doveva passare il confine americano. Fu per questa fiducia massima che con il tempo si era conquistato che a Kiki iniziarono a parlare di qualcosa che a nessuno veniva raccontato. Quella cosa era El Búfalo. Dopo l'ennesimo autotreno zeppo di coca colombiana ed erba messicana passato negli Stati Uniti, Kiki fu portato nel Chihuahua. Aveva sentito parlare mille volte di El Búfalo ma non si capiva cosa fosse, un nome in codice, un'operazione particolare, un soprannome. El Búfalo non era il capo dei capi, non era un animale sacro e venerabile, anche se quando lo si nominava spesso l'atteggiamento era di riverenza, commozione e sacralità. Niente di tutto questo, anzi più di tutto questo: El Búfalo era una delle più grandi piantagioni di marijuana del mondo. Oltre milletrecento acri di terra e qualcosa come diecimila contadini a lavorarci. Ogni movimento di protesta nel mondo da New York ad Atene, da Roma a Los Angeles, era sempre caratterizzato dal consumo di marijuana. Feste senza canne? Manifestazioni senza canne? Impossibile. L'erba, simbolo di sballo leggero, dello star bene in compagnia, di dolce distensione e di amicizia. Tutta l'erba o quasi che fumavano gli americani, tutta l'erba venduta e consumata nelle università romane e parigine, tutta l'erba delle manifestazioni svedesi, dei picchetti tedeschi, tutta l'erba dei party, per un lungo periodo di tempo era figlia di El Búfalo, proveniva da lì prima di essere trasportata dalle mafie di mezzo mondo. Kiki avrebbe dovuto far passare nuovi camion, nuovi treni pieni dell'oro prodotto a El Búfalo. E Kiki acconsentì.

La mattina del 6 novembre 1984, quattrocentocinquanta soldati messicani invadono El Búfalo. Elicotteri iniziano a catapultare militari che strappano piante e sequestrano marijuana già raccolta, intere balle pronte per l'essiccazione e la triturazione. Con le diverse migliaia di tonnellate sequestrate e bruciate, a El Búfalo andarono in fumo otto miliardi di dollari. El Búfalo e tutte le sue coltivazioni erano sotto il controllo del clan del boss Rafael Caro Quintero. Il campo funzionava sotto la protezione di tutte le forze di polizia e dell'esercito: era enorme e costituiva la principale risorsa economica della zona. Tutti ci guadagnavano. Caro Quintero non poteva credere che con tutto il danaro investito per oliare l'intera macchina, per corrompere polizia ed esercito, gli potesse essere sfuggita un'operazione militare di tali dimensioni. Persino gli aerei militari che si alzavano su quel territorio prima di farlo lo avvertivano, chiedevano a lui l'autorizzazione. Nessuno riusciva a comprendere cosa fosse accaduto. I messicani dovevano essere stati pressati dagli americani. La Dea, la Polizia antidroga statunitense, doveva aver ficcato il naso nell'operazione.

Caro Quintero e El Padrino erano preoccupati. Tra i due c'era un rapporto di grande fiducia, erano loro i cofondatori dell'organizzazione che aveva il monopolio del narcotraffico in Messico. Chiesero a tutti quelli che lavoravano per loro, a ogni livello di responsabilità, di fare indagini su chiunque avessero a libro paga. Perché quello che era successo avrebbero dovuto saperlo in anticipo. In genere se c'era da fare un sequestro venivano avvertiti, e loro stessi facevano trovare un po' di droga. Un bel po', se il poliziotto che avrebbe dovuto fare il sequestro aveva a disposizione le telecamere del telegiornale o doveva fare carriera. Un po' di meno se non era un loro uomo. Kiki parlò con tutti, parlò con Don Neto, parlò con i referenti politici del Padrino, si catapultò a Guadalajara, dove s'erano riuniti tutti i capi. Voleva sondare gli umori, capire quali sarebbero state le prossime mosse del gotha del cartello. Un giorno stava raggiungendo sua moglie Mika: non capitava spesso che si incontrassero per pranzo, solo quando Kiki era tranquillo e il lavoro non lo assediava troppo. Si vedevano in un posto distante dall'ufficio, in uno dei quartieri più belli di Guadalajara.

Kiki uscì dalla stanza, lasciò badge e pistola nel cassetto e scese in strada. Si avvicinò al suo pick-up e cinque uomini, tre davanti al motore e due posizionati vicino al portabagagli, gli puntarono le pistole addosso. Kiki alzò le mani, cercò di riconoscere i volti di chi lo stava minacciando. Avrà cercato di capire se erano killer che conosceva o se era qualche capo a cui in passato aveva fatto torti o favori. Probabilmente con le mani sulla nuca venne caricato su una Volkswagen Atlantic beige. La moglie continuò ad aspettarlo e non vedendolo arrivare chiamò in ufficio. Kiki venne portato in calle Lope de Vega. Conosceva bene quella casa, un edificio a due piani con veranda e campo da tennis. Era una delle tenute degli uomini del Padrino. L'avevano scoperto. Perché Kiki non era l'ennesimo poliziotto messicano al soldo dei narcos, non era lo sbirro corrotto e capacissimo diventato l'alchimista del Padrino. Kiki era un uomo della Dea, la Drug Enforcement Administration.

Il suo vero nome era Enrique Camarena Salazar. Statunitense di origini messicane, era entrato a far parte della Dea nel 1974. Aveva iniziato a lavorare in California, poi fu spedito nella sede di Guadalajara. Per quattro anni Kiki Camarena mappò la rete dei grandi trafficanti di cocaina e marijuana del paese. Iniziò a pensare all'ipotesi di infiltrarsi perché le operazioni di polizia portavano all'arresto di *campesinos*, spacciatori, autisti, killer, quando il problema era altrove. Voleva superare il meccanismo dei grandi arresti, degli arresti spettacolari per numero ma insignificanti per importanza. Tra il 1974 e il 1976, quando era stata istituita una task force tra governo messicano e Dea per sradicare la produzione di oppio dalle montagne del Sinaloa, c'erano stati quattromila arresti, ma erano tutti coltivatori e trasportatori. Se non si arrestavano i capi trafficanti, se non si arrestava chi muoveva le fila di tutto, l'organizzazione era destinata a durare per sempre, a rigenerarsi continuamente. Kiki stava cercando di infiltrarsi sempre più nel narcotraffico del Triangolo d'oro, cioè il territorio compreso tra gli stati di Sinaloa, Durango e Chihuahua, zona di grande produzione di marijuana e oppio. La madre di Kiki era preoccupata e contraria, non era d'accordo con quel lavoro, non voleva che suo figlio, da solo, si mettesse contro i re del narcotraffico mondiale. Ma Kiki le rispose semplicemente così: "Anche se sono una persona sola, posso fare la differenza". Era la sua filosofia. E fu vero. L'avevano tradito, Kiki. Pochissimi sapevano dell'operazione e tra questi pochissimi qualcuno aveva parlato. I sequestratori lo portarono in una stanza e iniziarono a torturarlo. Bisognava fare un servizio esemplare. Nessuno avrebbe mai dovuto dimenticare come Kiki Camarena era stato punito per aver tradito. Accesero un registratore e registrarono tutto, perché dovevano dimostrare al Padrino che avevano fatto l'impossibile per far dire a Kiki tutto ciò che sapeva. Perché durante i pestaggi e le torture volevano che ogni cosa detta da lui fosse registrata per cogliere ogni cedimento, anche la più insignificante delle informazioni. In quel momento tutto era utile. Volevano sapere quanto Kiki avesse già detto e chi erano gli altri della sua squadra di infiltrati. Iniziarono con schiaffi in viso e pugni sul pomo d'Adamo per togliergli il fiato. Gli ruppero il naso e le arcate sopracciliari mentre era legato, con gli occhi bendati. Kiki perse i sensi, e i suoi torturatori chiamarono un medico. Lo fecero riprendere con l'acqua ghiacciata, gli lavarono via il sangue. Kiki piangeva dal dolore. Non rispondeva. Chiedevano come la Dea riuscisse a ottenere informazioni, chi gliele passasse. Volevano sapere gli altri nomi. Ma non c'erano altri nomi. Non gli credevano. Gli legarono dei fili elettrici ai testicoli e iniziarono a dare scosse. Nel nastro registrato ci sono urla e tonfi. Il suo corpo era come lanciato in aria dalla corrente elettrica. Poi, mentre era legato mani e piedi a una sedia, uno dei torturatori puntò una vite sul cranio e iniziò ad avvitare. La vite entrava nella testa spanando carne e ossa, provocando un dolore lancinante. Kiki ripeteva soltanto: "Lasciate stare la mia famiglia". "Vi prego, non fate male alla mia famiglia." Per ogni schiaffo, per ogni dente che saltava, per ogni scossa elettrica, il dolore era reso insopportabile al pensiero che potesse moltiplicarsi su Mika, Enrique, Daniel ed Erik. Sua moglie e i loro tre figli. Nelle registrazioni è la cosa che ripete più spesso. Puoi avere qualsiasi tipo di rapporto con la tua famiglia, ma quando sai che potrebbe pagare per responsabilità tue, il dolore diventa insopportabile e insopportabile è l'idea che qualcun altro lo proverà per tua colpa, per una tua scelta.

Quando il dolore si impadronisce del corpo genera reazioni inaspettate, impensabili. Non dichiari la più grande menzogna sperando che possa terminare, perché temi poi di essere scoperto e che quel dolore tornerà, se possibile, ancora più lancinante. Il dolore ti fa dire esattamente ciò che il torturatore vuole sapere. Ma la cosa più insopportabile che ti accade, quando provi un dolore che non riesci a sostenere, è la perdita totale di orientamento psicologico. Ti trovi a terra nel tuo sangue, nel tuo piscio, nella tua bava, con le ossa rotte. E nonostante questo non hai scelta, continui ad affidarti a loro. Alla loro ragione, alla loro inesistente pietà. Il dolore della tortura ti fa perdere la cognizione e ti fa buttare fuori senza mediazione le paure finali. Ti fa implorare pietà, pietà soprattutto per la tua famiglia. Come si può pensare che chi è capace di bruciarti i testicoli e piantarti una vite nel cranio possa ascoltare le preghiere di risparmiare la tua famiglia? Kiki implorava e basta, il resto non lo valutava. Come si può pensare che non fossero proprio le sue preghiere, invece, un modo per alimentare la loro fame di vendetta, la loro ferocia?

Gli spaccarono le costole. "Vi prego, potete fasciarmele?" si sente a un certo punto nella registrazione. Gli avevano forato i polmoni ed era come se avesse delle lame di cristallo che gli bucavano la carne. Uno di loro preparò una brace come se dovessero cuocere bistecche. Arroventarono un bastone e lo infilarono nel retto di Kiki. Lo stuprarono con un bastone rovente. Le urla registrate sono inascoltabili, nessuno è riuscito a non spegnere il registratore. Nessuno è riuscito a non uscire dalla stanza dove il nastro veniva ascoltato. Quando la storia di Kiki viene raccontata, c'è sempre qualcuno che ricorda come i giudici che sentirono l'audio di quelle cassette persero il sonno per settimane. Si racconta di poliziotti che vomitavano mentre stilavano il rapporto di quelle nove ore di registrazione. Alcuni trascrivevano quello che sentivano piangendo, altri si tappavano le orecchie e urlavano: "Bastaaaa!". Kiki venne martoriato mentre gli si chiedeva come avesse fatto a gestire tutto. Mentre gli si chiedevano nomi, indirizzi, conti correnti. Ma era solo lui l'infiltrato. Aveva organizzato tutto da solo, con l'accordo di alcuni suoi superiori e l'appoggio di una piccola struttura in Messico. La forza della sua operazione sotto copertura era stata proprio il suo agire solitario. Ma quei pochi poliziotti messicani, i pochissimi che sapevano della sua operazione, testati e provati in anni d'esperienza, si erano venduti. E avevano dato l'informazione a Caro Quintero.

Sembrò subito che la polizia messicana fosse coinvolta nell'accaduto. Dalle testimonianze risultò che il rapimento era stato effettuato con l'aiuto di poliziotti corrotti sul libro paga del cartello di Guadalajara. Ma Los Pinos, la residenza presidenziale messicana, non faceva niente, non faceva indagini, non forniva risposte. Ogni sforzo veniva fermato dal governo, che sminuiva la vicenda dicendo: "Avete semplicemente perso una persona. Potrebbe essere a Guadalajara, a prendere il sole. Questa non è una priorità". Non ammettevano il rapimento. Anche Washington consigliò alla Dea di lasciar perdere e accettare quello che era accaduto, poiché i rapporti politici tra Messico e Stati Uniti erano troppo importanti per essere compromessi dalla scomparsa di un agente. Ma la Dea non poteva accettare una sconfitta del genere e inviò a Guadalajara venticinque uomini per fare ricerche. Quel che seguì fu una grande caccia all'uomo per trovare Kiki Camarena. El Padrino sentiva che l'aria era asfittica. Aver toccato Kiki era stato probabilmente un passo falso. Ma quando hai un'intera classe politica alleata e soprattutto quando credi di aver previsto tutto nei minimi dettagli, hai la tracotanza della forza. E la forza del danaro. Con Kiki bisognava essere esemplari. La fiducia riposta in lui era stata massima e la punizione doveva essere indimenticabile. Doveva restare nella storia a futura memoria.

Un mese dopo il rapimento, il corpo di Kiki fu trovato nei pressi del piccolo villaggio di La Angostura, nello stato di Michoacán, un centinaio di chilometri a sud di Guadalajara. Scaricato ai lati di una strada di campagna. Era ancora legato, imbavagliato e con gli occhi bendati. Il cadavere era martoriato. Il governo messicano mentì dichiarando che il corpo era stato trovato da un contadino in quel luogo, avvolto in un sacco di plastica. Le indagini dell'Fbi sulle tracce di terra sulla pelle confermarono invece che il corpo era stato sepolto da un'altra parte e messo lì solo in un secondo momento. Proprio nella fossa dov'era stato sepolto il corpo di Kiki, Don Arturo, il vecchio contrabbandiere di oppio, portava i figli e deponeva fiori. E quando i nipoti e i figli dei nipoti gli chiedevano il permesso di entrare nei cartelli dei narcos, di lavorare per i narcos, di dare terre ai narcos, Arturo non parlava. Lui, un tempo rispettato capo dell'oppio, aveva rinunciato a tutto, ma i suoi discendenti se ne rammaricavano e non capivano il perché. Non capivano fin quando il vecchio non li portava tutti dinanzi a quel buco. E raccontava di Kiki e di quella cagna vista quando era ragazzino. Raccontava la storia e mostrava così di che materia fosse composto quel suo divieto. Era il suo modo di entrare nel fuoco e di portare via i cuccioli. Don Arturo sapeva di dover avere il coraggio di quell'animale.

La storia di Kiki Camarena non dovrebbe più far male, forse persino non dovrebbe essere più raccontata perché ormai nota. Storia straziante. Storia che si crederà marginale, accaduta in un lembo di terra ignoto e trascurabile. E invece è centrale. È l'origine del mondo, avrei voglia di dire. Bisogna capire dove nascono i gemiti del pianeta Terra contemporaneo, le sue rotazioni, i suoi flussi, il suo sangue, la sua ferocia, il suo percorso primo. Ciò che viviamo oggi, l'economia che regola le nostre vite, le nostre scelte, è determinato più da quello che Félix Gallardo "El Padrino" e Pablo Escobar "El Mágico" decisero e fecero negli anni ottanta che da ciò che decisero e fecero Reagan e Gorbaciov. O almeno io la penso così.

Diverse testimonianze riferiscono che nel 1989 El Padrino convocò in un resort di Acapulco tutti i più potenti narcos messicani dell'epoca. Mentre il mondo si preparava alla caduta del Muro di Berlino, mentre si seppelliva un passato fatto di fratelli divisi e sofferenze, di Guerra fredda, cortine di ferro e confini invalicabili, in questa cittadina del Sudovest messicano, senza far rumore, si stava pianificando il futuro del pianeta. El Padrino decise di suddividere l'attività che controllava e di assegnarne i vari segmenti ai trafficanti su cui la Dea non aveva ancora messo gli occhi. Strutturò il territorio in zone o *plazas*, ciascuna affidata a uomini che avevano il diritto esclusivo di amministrare i traffici sui territori loro assegnati. Chiunque transitasse su un territorio fuori dal proprio controllo doveva pagare una somma di danaro al cartello egemone. In questo modo i narcotrafficanti non sarebbero più entrati in conflitto per il controllo delle zone strategiche. Ciò che Félix Gallardo creò fu un modello di convivenza tra cartelli.

Ma suddividere il territorio avrebbe portato anche altri vantaggi. Erano trascorsi quattro anni dalla storia di Kiki e per El Padrino quella era ancora una ferita aperta. Non credeva che fosse possibile fregarlo a quel modo, ecco perché era fondamentale fortificare la filiera, evitare che un anello debole potesse mettere in ginocchio l'intera organizzazione. Che non era più unica e quindi non poteva essere distrutta in un sol colpo dalle forze dell'ordine, né compromessa qualora i politici avessero tradito la loro protezione o fossero mutati i venti. La gestione autonoma delle zone permetteva inoltre una maggiore capacità d'impresa di ogni gruppo e i capi potevano controllare da vicino le proprie *plazas*. Investimenti, ricerche di mercato, concorrenza: tutto questo creava più opportunità e lavoro. In poche parole, El Padrino stava compiendo una rivoluzione della cui portata ben presto il mondo intero si sarebbe accorto: stava privatizzando il mercato della droga in Messico e lo stava aprendo alla concorrenza.

Raccontano che al resort la riunione non fu chiassosa, nessuna piazzata, nessun melodramma o commedia. Arrivarono, parcheggiarono e presero posto ai tavoli. Pochi guardaspalle, un menu da ricevimento importante, da battesimo. Il battesimo del nuovo potere narco. El Padrino arrivò mentre gli altri stavano già mangiando. Prese posto e brindò. Un brindisi con diversi bicchieri, uno per ogni territorio da assegnare. Si alzò con un calice di vino in mano e chiese a Miguel Caro Quintero di fare lo stesso: gli fu affidata la zona di Sonora. Dopo gli applausi bevvero. Il secondo bicchiere fu per la famiglia Carrillo Fuentes: "A voi Ciudad Juárez". Poi alzò un nuovo bicchiere e questa volta si rivolse a Juan García Ábrego, cui affidò la rotta di Matamoros. Arrivò il turno dei fratelli Arellano Félix: "A voi Tijuana". L'ultimo bicchiere fu per la costa del Pacifico. Joaquín Guzmán Loera, detto "El Chapo", e Ismael Zambada García, "El Mayo", si alzarono prima di essere chiamati: pretendevano quei territori, lì erano stati viceré e ora, finalmente, venivano eletti regnanti. La spartizione era fatta, il nuovo mondo creato. Forse il racconto è una leggenda, ma ho sempre pensato che solo una simile leggenda potesse contenere la forza simbolica necessaria a dar vita a un vero e proprio mito di fondazione. Come un antico imperatore romano che convoca la sua discendenza e assegna a ciascuno dei figli una porzione dei suoi possedimenti, El Padrino doveva inaugurare con un gesto sovrano la nuova era, o almeno far sì che un racconto del genere si diffondesse, al tempo stesso garantendo per sé una specie di assicurazione sulla vita.

Nascevano in quel momento i cartelli del narcotraffico, proprio come esistono oggi a più di vent'anni di distanza. Nascevano organizzazioni criminali che non avevano più niente a che fare con il passato. Nascevano istituzioni con un territorio di competenza su cui imporre tariffe e condizioni di vendita, misure di protezione e intermediazione tra produttori e consumatori finali. I cartelli del narcotraffico hanno facoltà e potere di decidere prezzi e influenze con un accordo, seduti a un tavolo, con una nuova regola o una legge. Oppure possono farlo con il tritolo, con migliaia di morti. Non esiste un unico modo per decidere prezzo e distribuzione della coca: dipende dalle condizioni, dal momento, dalle persone coinvolte, dalle alleanze, dai tradimenti, dalle ambizioni dei capi, dai flussi economici.

El Padrino avrebbe mantenuto la supervisione delle operazioni: era lui l'ex sbirro, era lui ad avere i contatti, quindi sarebbe rimasto lui l'uomo di punta. Ma non ebbe il tempo di vedere attuato il suo piano. Dopo il ritrovamento del cadavere di Kiki, quasi quattro anni prima, fu subito chiaro che i suoi colleghi della Dea non avrebbero avuto pace fino a che non avessero fatto giustizia per l'orrore subìto da uno di loro, da quello che per molti era il migliore. Per l'orrore subìto da Kiki. I rapporti tra governo statunitense e Messico si erano fatti sempre più tesi. Gli oltre tremila chilometri che uniscono il Messico agli Stati Uniti, quella lunga lingua di terra che come dicono i trasportatori lecca il culo all'America, e a forza di leccare riesce a introdurre quel che vuole, erano presidiati giorno e notte, con un rigore e un'intensità mai visti prima. Un socio di Rafael Caro Quintero aveva confessato che il corpo di Kiki era stato inizialmente seppellito nel Parco La Primavera, a ovest di Guadalajara, non dove era stato ritrovato. I campioni di terra corrispondevano a quelli trovati sulla pelle della vittima. I vestiti di Kiki erano stati distrutti, la scusa fu che erano putridi, ma evidentemente si intendeva cancellare le prove. A quel punto la Dea aveva dato vita alla più vasta indagine su un omicidio che fosse mai stata intrapresa dagli Stati Uniti sino ad allora. Fu battezzata "Operazione Leyenda". La ricerca degli assassini si trasformò in una caccia. Gli agenti statunitensi seguirono ogni pista possibile. Vennero arrestati cinque poliziotti che ammisero di aver partecipato allo smascheramento di Camarena. Tutti indicarono come mandanti Rafael Caro Quintero ed Ernesto "Don Neto" Fonseca Carrillo, che vennero arrestati.

Caro Quintero provò a scappare. Non poteva immaginare che il Messico, il suo regno, lo consegnasse alla Dea. Aveva sempre comprato tutti e infatti pagò una tangente da sessanta milioni di pesos a un comandante della Polizia giudiziaria messicana. Riuscì a raggiungere la Costa Rica. Ma quando si scappa non bisogna mai pensare di potersi portare dietro la vecchia vita. Si scappa e basta. Ossia in qualche modo si muore. Caro Quintero invece aveva portato con sé una persona, la sua fidanzata, Sara Cristina Cosío Vidaurri Martínez. Sara non era un boss. Non sapeva vivere nascosta. Sembra facile poter vivere lontano, ricostruire un'identità, in fondo credi che basti poco, che bastino i soldi. Vivere nascosti o fingere sempre è una tortura che ti infligge una pressione psicologica che solo pochi possono sostenere. Dopo mesi di lontananza Sara non ce la fece più e chiamò sua madre in Messico. La polizia sapeva che prima o poi l'avrebbe fatto e monitorava il telefono. Fu questo l'errore che consentì alla Dea di individuare il boss, la sua casa, la sua nuova vita. Andarono a prenderlo. Caro Quintero e Don Neto si rifiutarono di collaborare con la giustizia e scaricarono la responsabilità dell'omicidio di Kiki sul capo, sul Padrino. Loro, ammisero, si erano occupati solo del sequestro. Si trattava probabilmente di un accordo preso con El Padrino, che in Messico godeva dell'appoggio politico di alti ufficiali. Ma le organizzazioni insegnano che esiste solo una regola: chi offre di più. E nei quattro anni che seguirono la morte di Kiki la polizia statunitense iniziò ad avvicinare e a far cadere ogni protezione di Félix Gallardo. Per arrivare al Padrino bisognava isolare tutta la rete che lo difendeva. In politica, tra i giudici, tra la polizia, tra i giornalisti. Molte delle persone che erano state pagate dagli uomini del clan di Guadalajara, per offrire protezione al Padrino e ai suoi, vennero arrestate o licenziate. Tra gli accusati ci fu anche il capo dell'ufficio messicano dell'Interpol, Miguel Aldana Ibarra, depositario di molte informazioni sulle indagini e sui traffici di coca. Anche lui era sul libro paga del Padrino: passava le informazioni prima ai narcos e poi ai suoi superiori. El Padrino fu arrestato l'8 aprile 1989. Dopo qualche anno fu trasferito nel carcere di massima sicurezza di El Altiplano, dove sta ancora scontando una condanna a quarant'anni.

L'omicidio di Camarena e gli eventi che seguirono rappresentano un punto di svolta nella lotta al narcotraffico messicano. Emerse chiaramente il livello di impunità di cui godevano i cartelli: rapire un agente della Dea in pieno giorno, proprio fuori dal consolato statunitense, per poi torturarlo e ucciderlo, aveva superato di gran lunga tutto ciò che avevano osato fare fino a quel momento. Camarena aveva avuto una grande intuizione: aveva compreso prima di altri che la struttura era cambiata, che era diventata molto più di un gruppo di gangster e contrabbandieri. Comprese che si trovava a combattere veri e propri manager della droga. Comprese che il punto di partenza era rompere i rapporti tra istituzioni e trafficanti. Comprese che gli arresti in massa della manovalanza erano in fondo inutili se non si decapitavano le dinamiche che permettevano di irrorare di danaro i mercati e di rafforzare i capi. Kiki guardava alla nascita di questa borghesia criminale inarrestabile. Gli interessavano più questi flussi di danaro che i killer o gli spacciatori da bloccare. Aveva capito quello che persino oggi gli Stati Uniti fanno fatica a capire: bisognava colpire alla testa, bisognava colpire i boss, i grandi capi, gli arti erano meri esecutori. E aveva capito anche che il mondo dei produttori si stava indebolendo rispetto ai distributori. È una legge dell'economia, e quindi anche una legge del narcotraffico, che rappresenta l'essenza stessa del commercio e delle regole del mercato. I produttori colombiani stavano entrando in crisi, stavano entrando in crisi i cartelli di Medellín e Cali così come i gruppi guerriglieri delle Farc, le Forze armate rivoluzionarie della Colombia.

La morte di Kiki risvegliò l'opinione pubblica statunitense sul problema droga come mai era accaduto prima. Dopo il ritrovamento del suo corpo molti americani, a partire da Calexico, California, città natale di Kiki, cominciarono a indossare nastri rossi, simbolo di dolore, di profanazione della carne. E chiesero alla gente di smettere di drogarsi in nome del sacrificio compiuto da Camarena per combattere la droga. In California e poi in tutti gli Stati Uniti fu organizzata la Red Ribbon Week, la "Settimana del nastro rosso", che tuttora viene celebrata ogni anno a ottobre come campagna di prevenzione contro le droghe. E la storia di Kiki finì in tv e al cinema.

Prima di essere arrestato, El Padrino era riuscito a convincere i boss a rinunciare all'oppio per concentrarsi sulla cocaina proveniente dal Sudamerica e destinata agli Stati Uniti. Non per questo le coltivazioni di marijuana e di papavero da oppio sono scomparse dal Messico. Restano, così come restano il commercio e l'esportazione. Hanno però perso importanza, soppiantate dalla cocaina e successivamente dallo *hielo*, il ghiaccio, ovvero la metanfetamina. Le decisioni prese durante la riunione di Acapulco, pochi mesi prima che El Padrino fosse arrestato, fecero crescere le organizzazioni, ma senza la guida e l'autorità riconosciuta del capo cominciò una disputa territoriale ferocissima tra chi era rimasto libero. I cartelli iniziarono a farsi guerra già all'inizio degli anni novanta. Una guerra scoppiata lontano dagli echi mediatici, poiché in pochissimi credevano all'esistenza di cartelli del narcotraffico. Ma via via che il conflitto si faceva più sanguinario, i nomi dei suoi protagonisti conquistavano fama e popolarità. Squali. Squali che, per dominare il mercato delle droghe, un mercato che oggi solo in Messico vale tra i venticinque e i cinquanta miliardi di dollari all'anno, stanno corrodendo l'America Latina dalle fondamenta. La crisi economica, la finanza divorata dai derivati e dai capitali tossici, l'impazzimento delle Borse: quasi ovunque stanno distruggendo le democrazie, distruggono il lavoro e le speranze, distruggono crediti e distruggono vite. Ma quello che la crisi non distrugge, anzi fortifica, sono le economie criminali. Il mondo contemporaneo inizia lì, da quel Big Bang moderno, origine dei flussi finanziari immediati. Scontro fra ideologie, scontro fra civiltà, conflitti religiosi e culturali: sono soltanto capitoli del mondo. Ma se si guarda attraverso la ferita dei capitali criminali, tutti i vettori e i movimenti diventano altro. Se si ignora il potere criminale dei cartelli, tutti i commenti e le interpretazioni sulla crisi sembrano basarsi su un equivoco. Quel potere bisogna guardarlo, fissarlo bene in volto, negli occhi, per capirlo. Ha costruito il mondo moderno, ha generato un nuovo cosmo. Il Big Bang è partito da qui.

Coca # 2

Non è l'eroina, che ti rende uno zombie. Non è la canna, che ti rilassa e ti inietta gli occhi di sangue. La coca è la droga performativa. Con la coca puoi fare qualsiasi cosa. Prima che ti faccia esplodere il cuore, prima che il cervello ti vada in pappa, prima che il cazzo ti si ammosci per sempre, prima che lo stomaco diventi una piaga suppurosa, prima di tutto questo lavorerai di più, ti divertirai di più, scoperai di più. La coca è la risposta esaustiva al bisogno più impellente dell'epoca attuale: l'assenza di limiti. Con la coca vivrai di più. Comunicherai di più, primo comandamento della vita moderna. Più comunichi più sei felice, più comunichi più te la godi, più comunichi più commerci in sentimenti, più vendi, vendi di più qualsiasi cosa. Più. Sempre di più. Ma il nostro corpo non funziona con i "più". A un certo punto l'eccitazione deve placarsi e il fisico tornare a uno stato di tranquillità. E proprio qui interviene la cocaina. È un lavoro di precisione perché deve infiltrarsi tra le singole cellule, nel punto esatto che le divide – la fessura sinaptica – e bloccare un meccanismo fondamentale. È come quando giochi a tennis e hai appena infilato il tuo avversario con un lungolinea imprendibile: in quel momento il tempo si congela e tutto è perfetto, la pace e la forza convivono in te in totale equilibrio. È una sensazione di benessere innescata da una microscopica goccia di una sostanza, il neurotrasmettitore, lasciata cadere proprio nella fessura sinaptica. La cellula si è eccitata e ha contagiato quella a fianco, e così via, fino a coinvolgerne milioni in un brulichio quasi istantaneo. È la vita che si accende. Ora torni verso la linea di fondo, e così fa anche il tuo avversario, siete pronti a contendervi un altro punto, la sensazione di poco fa è un riverbero lontano. Il neurotrasmettitore è stato riassorbito, gli impulsi fra una cellula e l'altra sono stati bloccati. È qui che arriva la cocaina. Inibisce il riassorbimento dei neurotrasmettitori, e le tue cellule sono sempre accese, come se fosse Natale tutto l'anno, con le luminarie splendenti trecentosessantacinque giorni su trecentosessantacinque. Dopamina e noradrenalina si chiamano i neurotrasmettitori che la coca ama alla follia e di cui non vorrebbe mai fare a meno. La prima è quella che ti permette di essere il centro della festa, perché adesso è tutto più facile. È più facile parlare, è più facile flirtare, è più facile essere simpatici, è più facile sentirsi apprezzati. La seconda, la noradrenalina, ha un'azione più subdola. Attorno a te è tutto amplificato. Cade un bicchiere? Tu lo senti prima degli altri. Sbatte una finestra? Tu te ne accorgi per primo. Ti chiamano? Ti giri prima che abbiano pronunciato interamente il tuo nome. Così funziona la noradrenalina. Aumenta lo stato di vigilanza e allerta, l'ambiente intorno si riempie di pericoli e minacce, diventa ostile, ti aspetti sempre di subire un danno o un attacco. Le risposte di paura-allarme sono accelerate, le reazioni immediate, senza filtro. È la paranoia, la sua porta spalancata. La cocaina è la benzina dei corpi. È la vita che viene elevata al cubo. Prima di consumarti, di distruggerti. La vita in più che sembra averti regalato, la pagherai con interessi da strozzino. Forse, dopo. Ma dopo non conta nulla. Tutto è qui e ora.

3.

Guerra per il petrolio bianco

Il Messico è l'origine di tutto. Il mondo in cui ora respiriamo è Cina, è India, ma è anche Messico. Chi non conosce il Messico non può capire come funziona oggi la ricchezza su questo pianeta. Chi ignora il Messico non capirà mai il destino delle democrazie trasfigurate dai flussi del narcotraffico. Chi ignora il Messico non trova la strada che riconosce l'odore del danaro, non sa come l'odore del danaro criminale possa diventare un odore vincente che poco ha a che fare con il tanfo di morte miseria barbarie corruzione.

Per capire la coca devi capire il Messico. I nostalgici della rivoluzione rifugiati in America Latina o invecchiati in Europa guardano a quella terra come chi incontra una vecchia amante ormai sistemata con un uomo ricco e la vede infelice, mentre ricorda quando povera e giovane gli si offriva con una passione che chi l'ha comprata sposandola non avrà mai. Il resto degli osservatori vede semplicemente ciò che appare: un luogo di violenza terribile, una perenne e oscura guerra civile, l'ennesima di una terra che non finisce mai di sanguinare. Ma il Messico ripete anche una storia risaputa, storia di guerra che dilaga perché i signori sono forti e il potere che dovrebbe sovrastarli è marcio o debole. Come nell'epoca feudale, come nel Giappone dei samurai e degli shogun, come nelle tragedie di William Shakespeare. Eppure il Messico non è una terra remota sprofondata in se stessa. Non è un nuovo Medioevo. Il Messico non si può definire. È solo Messico. È Messico e basta. È ora, qui. Qui dove la guerra impazza ormai senza confini. Qui dove i signori della guerra sono padroni della merce più richiesta al mondo. È la guerra delle polveri bianche che portano tanto danaro, talmente tanto da essere più pericoloso dei pozzi di petrolio.

I pozzi del petrolio bianco sono nello stato di Sinaloa. Il Sinaloa è sul mare. Il Sinaloa con i suoi fiumi che scendono dalla Sierra Madre al Pacifico è talmente prezioso che non credi possa esserci altro che luce abbagliante e piedi nella sabbia. Così vorrebbe rispondere lo studente interrogato dalla professoressa di geografia sulle risorse del territorio. Oppio e cannabis, signora professoressa, dovrebbe dire invece. Talmente tanto che se queste pareti si tengono su, è perché i suoi nonni hanno coltivato marijuana e oppio, e oggi i suoi figli hanno università e lavoro grazie alla cocaina. Ma se rispondesse così, si prenderebbe uno schiaffo in pieno viso e una nota sul registro, come si diceva ai miei tempi. Meglio che risponda com'è scritto nei manuali di geografia: che le ricchezze del territorio sono il pesce, la carne e l'agricoltura biologica. Eppure già nell'Ottocento i mercanti cinesi ci avevano portato l'oppio, in Sinaloa. Il veleno nero, lo chiamavano. Il Sinaloa era pieno d'oppio. Il papavero da oppio si può coltivare un po' ovunque. Dove crescono cereali, lì può nascere il papavero. L'unica condizione è il clima: né troppo secco, né troppo umido, niente gelate, nessuna grandinata. Ma in Sinaloa il clima è buono, la grandine quasi impossibile e si è vicini al mare.

Oggi il cartello di Sinaloa è quello che comanda, quello che sembra aver sbaragliato tutti i concorrenti, almeno fino al prossimo rivolgimento. Sinaloa è egemone. Nel suo territorio la droga offre il pieno impiego. Ci sono intere generazioni che si sono sfamate grazie alla droga. Dai contadini ai politici, dai giovani ai vecchi, dai poliziotti ai nullafacenti. C'è bisogno di produrre, stoccare, trasportare, proteggere. Tutti abili e arruolati, in Sinaloa. Il cartello agisce nel Triangolo d'oro, e con seicentocinquantamila chilometri quadrati sotto il suo controllo è il più grande cartello messicano. Sotto la sua gestione si svolge una fetta importante del traffico e della distribuzione di coca negli Stati Uniti. I narcos di Sinaloa sono presenti in oltre ottanta città americane, con cellule soprattutto in Arizona, California, Texas, Chicago e New York. Sul mercato statunitense distribuiscono cocaina proveniente dalla Colombia. Secondo la procura generale degli Stati Uniti, tra il 1990 e il 2008 il cartello di Sinaloa è stato responsabile dell'importazione e della distribuzione negli Stati Uniti di almeno duecento tonnellate di cocaina e di grossi quantitativi di eroina.

Lo stato di Sinaloa è il regno del Chapo, un uomo che negli Stati Uniti conta più di un ministro. Coca, marijuana, anfetamine: la maggior parte delle sostanze che gli americani fumano, pippano e ingoiano è passata dalle mani dei suoi uomini. Dal 1995 è lui il grande capo della fazione sorta nel 1989 dalle ceneri del cartello di Guadalajara. El Chapo, cioè "il Tarchiato". Perché l'altezza è stata la sua fortuna. Centosessantasette centimetri di risolutezza. Nessuno deve guardarlo dall'alto in basso. Sviluppa in compenso astuzia e fascino, capacità seduttiva e leadership. El Chapo non si staglia sopra i suoi uomini, non li domina, non li sopravanza fisicamente. In cambio guadagna fiducia eterna. Il suo vero nome è Joaquín Archivaldo Guzmán Loera, nato probabilmente il 4 aprile 1957 a La Tuna de Badiraguato, un piccolo villaggio di poche centinaia di abitanti sulla Sierra, le montagne dello stato di Sinaloa. Come ogni altro uomo a La Tuna, il padre di Joaquín era un allevatore e contadino, che ha impartito a suo figlio un'educazione fatta di botte e lavoro nei campi. Sono gli anni dell'oppio. L'intera famiglia del Chapo viene coinvolta nell'attività: un piccolo esercito dedito dall'alba al crepuscolo alla coltivazione del papavero da oppio. El Chapo fa la gavetta, perché prima di poter seguire gli uomini lungo le impervie strade che portano ai campi deve stare accanto alla madre e portare il pranzo ai fratelli più grandi. Un chilo di gomma da oppio fruttava alla famiglia ottomila pesos, l'equivalente di settecento dollari di oggi, che il capofamiglia doveva piazzare nel punto successivo della filiera. E quel punto corrispondeva alle città, magari la stessa capitale del Sinaloa, Culiacán. Un'operazione non facile se sei solo un contadino; un'operazione più agevole se il contadino in questione, il padre del Chapo, è imparentato con Pedro Avilés Pérez – un pezzo grosso del narcotraffico. Con questi presupposti, una volta arrivato a vent'anni, il giovane Chapo poteva intravedere una via d'uscita dalla povertà che aveva segnato la vita dei suoi antenati. A quel tempo in Sinaloa comandava "El Padrino", Miguel Ángel Félix Gallardo: insieme ai suoi soci Ernesto "Don Neto" Fonseca Carrillo e Rafael Caro Quintero controllava tutti i carichi di droga che arrivavano e partivano dal Messico. Per il giovane Chapo entrare nell'organizzazione fu un passo naturale, e altrettanto naturale fu accettare senza battere ciglio la prima vera sfida: occuparsi della movimentazione della droga, dalle campagne fino al confine. El Chapo esegue con successo, ma per lui non è una vittoria, è solamente un altro scalino verso la vetta, verso il comando. Per arrivare lassù non devi avere pietà per chi sbaglia, non devi arretrare davanti alle scuse dei sottoposti che non hanno rispettato i tempi. Se c'è un problema, El Chapo lo affronta, e poi lo elimina. Se c'è un contadino allettato da un offerente con il portafoglio più gonfio, El Chapo lo elimina. Se il camionista che guida il camion pieno di droga si è ubriacato la sera prima e non consegna in tempo la partita, El Chapo lo elimina. Semplice ed efficace.

El Chapo dimostrò presto di essere una persona affidabile e in pochi anni diventò uno degli uomini più vicini al Padrino. Da lui il giovane Joaquín imparò molte cose, tra cui la più importante: come si sopravvive nel narcotraffico. Proprio come Félix Gallardo, infatti, El Chapo viveva una vita tranquilla, senza ostentazioni, senza troppi fronzoli. El Chapo si è sposato quattro volte, ha avuto nove figli, ma non si è mai circondato di stuoli di donne.

Quando El Padrino viene arrestato e si scatena la corsa all'eredità, El Chapo decide di rimanere fedele al suo mentore. Agisce metodicamente, senza sfoggiare il potere. Accanto vuole parenti, vuole che siano i legami di sangue a costituire la sua armatura. Per tutti gli altri la regola è una: chi sbaglia paga con la vita. Si trasferisce a Guadalajara, fuori dal Sinaloa, nella stessa metropoli che era stata l'ultima residenza del Padrino, mentre la sua organizzazione ha base ad Agua Prieta, una cittadina del Sonora, comoda proprio perché al confine con gli Stati Uniti. È una scelta che parla da sola; così El Chapo rimane nell'ombra e nell'ombra governa un impero che cresce a dismisura. Quando viaggia lo fa in incognito. La gente comincia a raccontarsi di averlo riconosciuto ma è vero una volta su cento. Per trasportare la droga negli Stati Uniti, El Chapo e i suoi uomini utilizzano tutti i mezzi disponibili. Aerei, camion, automotrici, autocisterne, auto, tunnel sotterranei. È il 1993 quando viene scoperto un tunnel non ancora completato, lungo quasi quattrocentocinquanta metri e scavato a venti di profondità, che doveva collegare Tijuana a San Diego.

Sono anni di attentati e regolamenti di conti, fughe e omicidi. Il 24 maggio 1993 il cartello rivale di Tijuana assolda alcuni sicari di fiducia per colpire al cuore il cartello di Sinaloa. Quel giorno all'aeroporto di Guadalajara sono attesi due viaggiatori d'eccezione: El Chapo Guzmán e il cardinale Juan Jesús Posadas Ocampo, che come arcivescovo della città si è scagliato con costanza contro il potere dei narcos. I killer sanno che El Chapo viaggia su una Mercury Grand Marquis bianca, un must per i baroni della droga. Anche il prelato viaggia su una Mercury Grand Marquis bianca. I sicari di Tijuana cominciano a sparare contro quella che credono l'auto del boss di Sinaloa, alcuni uomini – forse guardie del corpo del Chapo – rispondono al fuoco. In un attimo il parcheggio dell'aeroporto si trasforma in un inferno. La sparatoria lascia a terra sette morti, tra cui il cardinale Posadas Ocampo, mentre si salva El Chapo, che riesce a scappare, illeso e indisturbato, dal parcheggio dello scalo. Per anni in molti si sono chiesti se quella mattina il caso abbia davvero giocato un brutto scherzo al sacerdote o se i sicari abbiano in realtà voluto eliminare lo scomodo arcivescovo di Guadalajara. Solo recentemente l'Fbi ha dichiarato di aver dipanato il mistero: tragico scambio di persona.

Il 9 giugno del 1993 El Chapo viene arrestato. Il carcere di massima sicurezza di Puente Grande, dove viene trasferito nel 1995, si trasforma lentamente nella nuova base da cui continua a dirigere i suoi affari. Otto anni più tardi, però, El Chapo non può più permettersi di rimanere dietro le sbarre: la Corte suprema ha approvato una legge che rende molto più semplice l'estradizione nelle carceri statunitensi dei messicani con carichi pendenti oltre il confine. Un trasferimento in un penitenziario americano significherebbe la fine di tutto. El Chapo sceglie allora la sera del 19 gennaio 2001. È in programma la visita di una delegazione di alti ufficiali messicani decisa a porre fine alla degenerazione del carcere. El Chapo non se ne preoccupa: da tempo organizza la sua fuga a suon di soldi per corrompere le guardie. È una di queste – Francisco Camberos Rivera, detto "El Chito" – che apre la cella e lo fa accomodare nel carrello dei panni sporchi. Attraversano corridoi incustoditi e porte elettroniche spalancate. Arrivano fino al parcheggio interno dove c'è un solo uomo di guardia. El Chapo salta fuori dal carrello e raggiunge il portabagagli di una Chevrolet Monte Carlo. El Chito mette in moto e lo conduce verso la libertà.

Ora per tutti El Chapo è un eroe, una leggenda. Ma lui non fa altro che continuare a guidare il suo cartello con l'aiuto dei suoi più stretti collaboratori: Ismael Zambada García, detto "El Mayo", Ignacio Coronel Villarreal, detto "Nacho", ucciso il 29 luglio 2010 durante un raid dell'esercito messicano, e il suo consigliere Juan José Esparragoza Moreno, detto "El Azul", cioè "il Blu", per via della carnagione molto scura. Dalla nascita del cartello di Sinaloa nel 1989 e per circa un decennio sono stati loro i principi incontrastati del narcotraffico messicano.

Per qualche anno El Chapo stringe un'alleanza anche con i Beltrán Leyva, una famiglia composta da cinque fratelli bravi a gestire tangenti e intimidazioni e soprattutto a infiltrarsi nel sistema politico e giudiziario e nelle forze di polizia messicane. Possiedono addirittura agganci negli uffici dell'Interpol aperti nell'ambasciata statunitense e all'aeroporto di Città del Messico. È per questo che il cartello di Sinaloa decide di reclutarli. I Beltrán Leyva sono un piccolo esercito a conduzione familiare, una cellula impazzita che sin dalla fine degli anni novanta è tornata comoda ai grandi cartelli. El Chapo si fida di loro. Gli sono stati sempre a fianco, anche quando la sua autorità è stata minacciata. Per esempio due anni dopo la sua evasione, quando si apre un vuoto di potere nello stato di Tamaulipas, in particolare nella zona di Nuevo Laredo, che diventa teatro di una guerra feroce per il controllo del corridoio verso il Texas. È un corridoio strategicamente fondamentale perché porta dritto verso la famosa Interstate 35, la via da cui transita il 40 per cento della droga in arrivo dal Messico. Ma i vuoti non esistono per i narcos. E se esistono, hanno vita breve. Occupare il territorio è la prima regola, e quando salta un capo i pretendenti si fanno avanti subito. El Chapo affida la missione di impossessarsi della zona nord-orientale del Messico, prima che lo facciano altri, a uno dei cinque fratelli Beltrán Leyva, Arturo, che fonda il braccio armato Los Negros e trova l'uomo giusto per comandarlo.

Edgar Valdez Villarreal è detto "La Barbie", nomignolo affibbiato al ragazzone con i capelli chiari e gli occhi blu della squadra di football di una high school di Laredo: "Sembri Ken," decretò l'allenatore, "ma per me sarai La Barbie". Ma il sogno americano per La Barbie non sono il college e una casa più confortevole di quella conquistata dal padre immigrato. Il suo sogno è un mare di danaro e quello si trova dall'altra parte della frontiera, a Nuevo Laredo. Il fascino della Barbie è accresciuto dal passaporto statunitense. Gli piacciono le donne e lui piace alle donne. Ha la passione per gli abiti Versace e per le macchine di lusso. Non potrebbe esistere uomo più diverso dal Chapo, ma El Chapo sa andare oltre la prima impressione. Sente l'odore del sangue che impregna la *plaza* di Nuevo Laredo e la brama di affermazione del nuovo arrivato. Los Negros dovranno combattere Los Zetas, sanguinario braccio armato del cartello del Golfo con la vocazione allo spettacolo macabro. La Barbie accetta entusiasta e decide di usare le stesse armi dei suoi avversari: un breve filmato caricato su Youtube dove si vedono degli uomini inginocchiati, qualcuno è a petto nudo, tutti hanno evidenti segni di percosse. Sono Zetas e sono condannati a morte. Se Los Zetas usano internet per diffondere la ferocia, Los Negros faranno lo stesso, in una escalation dell'orrore che dalle strade alle pagine web non fa che autoalimentarsi e riprodursi senza fine.

La paura e il rispetto vanno a braccetto, sono le due facce della stessa medaglia: il potere. La medaglia del potere ha una faccia luminosa e splendente, e una faccia abrasa e opaca. Una fama sanguinaria incute paura nei rivali, ma non rispetto, la patina luminescente che permette di aprire ogni porta senza che sia necessario sfondarla. È tutta una questione di atteggiamento: per essere primo devi saper trasmettere di esserlo. È un gioco delle tre carte in cui tu sei il banco, che vince sempre. Per questo El Chapo non si accontenta mai, non indugia nella posizione raggiunta. Per questo dopo essersi gettato alla conquista di Nuevo Laredo, decide che vuole anche la *plaza* di Ciudad Juárez, l'altro avamposto decisivo al confine con gli Stati Uniti, tradizionalmente controllato dai Carrillo Fuentes.

Ancora una volta a entrare in azione sono Los Negros. È l'11 settembre 2004 quando Rodolfo Carrillo Fuentes, che con il fratello Vicente regge le sorti del cartello di Juárez, viene ucciso nel parcheggio all'uscita di un multisala a Culiacán, cuore del regno di Sinaloa. È in compagnia della moglie, ma la guardia del corpo che li protegge non può fare nulla contro i sicari del Chapo, che sparano da ogni direzione crivellando di proiettili i corpi della coppia. È un affronto che porta con sé un messaggio molto chiaro: Sinaloa aveva rispetto per il boss del cartello di Juárez, Amado Carrillo Fuentes – il primogenito dei fratelli Fuentes –, ma non rispetta più la sua famiglia. Il passo verso la guerra aperta è breve e infatti la vendetta del cartello di Juárez non si fa attendere. Vicente ordina la morte di uno dei fratelli del Chapo, Arturo detto "El Pollo", che il 31 dicembre viene assassinato nel carcere di massima sicurezza di Almoloya de Juárez. Per El Chapo è un duro colpo che però non lo fa retrocedere dalle sue mire. Vicente non ha la stoffa né i contatti del fratello e non gode del rispetto che gli altri narcos portavano ad Amado: uno come lui non può garantire il governo di una *plaza* importante come quella di Juárez. Per anni questa città di confine si trasforma nel teatro di una guerra senza esclusione di colpi tra gli uomini del Chapo e quelli dei Carrillo Fuentes. Ma alla fine El Chapo avrà la meglio, minando alle fondamenta i nemici storici di Juárez.

A trasformare il cartello di Juárez da un'organizzazione di banditi in un clan di cavalieri che preferivano indossare gli abiti italiani di Brioni e di Versace era stato anni prima Amado Carrillo Fuentes. L'apparenza prima di tutto, anche quando hai le manette ai polsi e ti fai immortalare dai media accalcati fuori dalla tua villa con una candida tuta di Abercrombie e la sigla "NY" cucita sul petto, come ha fatto nel 2009 il figlio di Amado, Vicente Carrillo Leyva. Amado era cresciuto a stretto contatto con i cartelli. Suo zio era Ernesto Fonseca Carrillo, detto "Don Neto", boss del cartello di Guadalajara e socio del Padrino. La violenza era il suo pane quotidiano. Ma chi cresce cibandosi di violenza sa che questa è una risorsa, e come tutte le risorse va centellinata, altrimenti si corre il rischio di inflazionarla. I soldi a volte possono essere più efficaci e il rispetto che Amado era riuscito a costruirsi nel tempo era anche il frutto delle laute mance elargite ai propri uomini, delle macchine sportive regalate ai potenti, delle generose donazioni per la costruzione di chiese, come quella che si dice abbia fatto erigere nel suo villaggio natale di Guamuchilito.

Amado aveva ereditato il cartello fondato negli anni settanta da Rafael Aguilar Guajardo, che da allora era riuscito con brutale efferatezza a imporsi nella lotta sul controllo del traffico di droga tra Messico e Stati Uniti. Rivale da sempre di Tijuana e del Golfo, il cartello era riuscito a sfruttare la sua posizione strategica al confine con il territorio statunitense e la città americana di El Paso. Una tradizione forte, da salvaguardare con attenzione. Amado era l'uomo giusto. Oculato, paziente, furbo, muoveva le sue pedine senza sporcarsi le mani. La sua arma preferita erano gli investimenti. Irrorare i giusti canali per garantirsi un vantaggio incolmabile, come un'intera flotta di Boeing 727 che usava per trasportare cocaina dalla Colombia al Messico. Ma per coprire l'ultimo tratto – dal Messico agli Stati Uniti – i Boeing non erano ovviamente adatti, e servivano dei mezzi più agili e piccoli, come i Cessna, proprio quelli della compagnia di aerotaxi Taxceno (Taxi Aéreo del Centro Norte), di cui Amado divenne il maggior azionista. Da allora cominciarono a chiamarlo "El Señor de los Cielos", il Signore dei Cieli.

La guerra della coca veniva combattuta a suon di voci di bilancio. L'uscita più consistente – cinque milioni di dollari al mese – era destinata alle tangenti elargite ai poliziotti, funzionari e militari di tutto il Messico, agli stipendi, ai regali. Altra voce di bilancio consistente erano le spese di rappresentanza, come il cosiddetto Palazzo delle Mille e una Notte, acquistato da Amado a Hermosillo, nello stato di Sonora. Situato provocatoriamente a poche centinaia di metri dalla residenza del Governatore, il Palazzo delle Mille e una Notte è una reggia pacchiana le cui cupole a cipolla ricordano le chiese ortodosse russe e i cremlini e il cui biancore, oggi nascosto dalle migliaia di graffiti che ricoprono le pareti, richiama i palazzi dei maraja. Un rifugio dorato e inaccessibile anche per i collaboratori più stretti, che prima di essere ricevuti dal boss dovevano passare per le grinfie del "Flaco", il "direttore amministrativo" di Amado nonché responsabile delle pubbliche relazioni del cartello di Juárez con le istituzioni politiche e militari. Si racconta che, quando il Signore dei Cieli era meno conosciuto, amasse presentarsi all'Ochoa Bali Hai, uno dei ristoranti più famosi di Città del Messico, sistemarsi vicino ai bagni e ordinare tre portate di frutti di mare e tutto ciò che desideravano per le guardie del corpo che piantonavano l'esterno. Poi si alzava, pagava in dollari e dopo una lauta mancia a chef e camerieri se ne usciva come era entrato, da cliente qualsiasi. Anche quando finì in carcere, per possesso d'armi illegali e furto d'auto, non rinunciò alle comodità: vini pregiati, ragazze bellissime e totale accesso ai suoi contatti.

Nessuno conosceva i movimenti di Amado, che si spostava continuamente tra le sue innumerevoli residenze sparse in tutto il paese. Eccentricità e ostentazione, compensate da scelte finanziarie oculate e ossessione della sicurezza, ne facevano il narcotrafficante perfetto. Bello e feroce, intelligente e spavaldo, coraggioso e dal cuore tenero. Una sorta di eroe dei tempi moderni. Strinse legami con alcuni boss di Guadalajara, ottenne il controllo di aeroporti e piste clandestine, corruppe José de Jesús Gutiérrez Rebollo, capo dell'Istituto nazionale per la lotta alla droga, che con i suoi uomini ne diventò il braccio armato sfruttando la sua fitta rete di informazioni per far piazza pulita di nemici e concorrenti in cambio di tangenti milionarie. Progettò addirittura di stipulare un accordo con il governo federale: al Messico il 50 per cento dei suoi possedimenti, la sua collaborazione per placare la violenza tra cartelli, l'assicurazione che la droga non avrebbe infestato il paese ma solo Stati Uniti ed Europa; ad Amado pace e tranquillità per portare avanti i propri affari.

Ma non ci fu tempo.

Il 2 novembre 1997, lungo l'Autopista del Sol che da Città del Messico porta ad Acapulco, la polizia fece una macabra scoperta. Tre cadaveri contenuti in bidoni pieni di cemento vennero identificati con tre rinomati chirurghi plastici scomparsi poche settimane prima. Una volta liberati dal cemento, i corpi rivelarono le torture alle quali erano stati sottoposti prima di essere finiti: occhi strappati e ossa rotte. Li avevano picchiati talmente forte che poi avevano dovuto legare il corpo di uno dei tre per far stare insieme i muscoli. Due di loro erano morti per asfissia, strangolati con dei cavi: il terzo era stato finito con una pallottola alla nuca. La loro colpa? Aver avuto il coraggio di operare Amado Carrillo Fuentes, che come molti narcos aveva voluto farsi rifare le sembianze. Quattro mesi prima, il 4 luglio 1997, il Signore dei Cieli moriva nella camera 407 dell'Ospedale Santa Monica di Città del Messico, dopo un intervento di chirurgia plastica e liposuzione a cui si era sottoposto sotto falso nome. Una dose eccessiva di Dormicum, un forte sedativo utilizzato nella fase post-operatoria, gli fu fatale. Il suo cuore, già indebolito dal consumo di coca, non resse. In realtà non si è mai saputo se si sia trattato di omicidio, di negligenza o di cause naturali. La fine inspiegabile di un sovrano porta con sé leggende d'immortalità ma anche maldicenze non più represse. Qualcuno dice che Amado è stato ucciso dalla sua vanità, ma è più probabile che volesse cambiare il suo aspetto per sfuggire alle forze dell'ordine e ai suoi nemici. Un destino beffardo quello del capo di Juárez: aveva trascorso la sua vita a nascondersi, e fu nel tentativo di non farsi trovare che la perse.

La morte di Amado creò un grande vuoto. Il potere nel cartello fu preso dal fratello, Vicente, ma i rapporti tra i Carrillo Fuentes e i gruppi rivali divennero sempre più precari. Nel 2001, dopo che El Chapo Guzmán evase di prigione, molti membri del cartello di Juárez decisero di seguirlo e di passare a quello di Sinaloa. Il 9 aprile 2010 l'Associated Press diffuse la notizia che il cartello di Sinaloa aveva ormai vinto la battaglia contro gli uomini di Juárez. Ma l'epitaffio mediatico non ha impedito al cartello di Juárez di proseguire nella sua guerra. Una guerra che ha reso Ciudad Juárez la città più pericolosa e violenta del mondo, con quasi duemila omicidi all'anno.

Nel luglio 2010 in una strada del centro città un'autobomba carica di dieci chili di esplosivo, azionata mediante la chiamata di un telefono cellulare, ha ucciso un agente della Polizia federale e un medico e un musicista che abitavano nella zona. Questi ultimi erano scesi in strada, dopo aver sentito degli spari, per aiutare una persona che giaceva a terra ferita, vestita con un'uniforme di polizia, ma che in realtà, come svelarono dopo i narcos arrestati, era solo un'esca per attirare l'attenzione dei federali. Vicino al luogo dell'attentato è stato ritrovato un messaggio scritto su un muro con uno spray nero: "Ciò che è accaduto in calle 16 settembre, accadrà a tutte le autorità che continuano ad appoggiare El Chapo. Cordialmente, il cartello di Juárez. Comunque, abbiamo altre autobombe".

"Carne asada! Carne asada!", si può sentire ogni giorno mentre ci si aggira per le strade affollate di Ciudad Juárez. Se non fosse per il tono concitato e l'adrenalina che traspare dalle voci, sembrerebbe il dialogo tra due messicani che si mettono d'accordo per il barbecue domenicale. Invece è il codice usato dai narcos per indicare i morti ammazzati. Perché nel frattempo la mattanza va avanti indisturbata. Corpi decapitati e mutilati. Corpi esposti in pubblico al solo scopo di garantire lo status quo della paura. Corpi come quello dell'avvocato Fernando Reyes, soffocato con un sacchetto di plastica, colpito più volte con una pala in testa e poi buttato in una fossa dove è stato ricoperto prima da calce viva e poi di terra.

"Carne asada! Carne asada!"

El Chapo non permette che gli altri intuiscano la sua rabbia. Non è utile. È utile, invece, punire con la morte chi se lo merita. Ma anche quando applica questa sentenza definitiva non tollera che traspaia la minima emozione. È un sanguinario razionale, El Chapo. "El Mochomo" – come vengono chiamate nel Sinaloa le formiche rosse del deserto che tutto mangiano e a tutto resistono – è il suo opposto. Istintivo, sanguigno, aggressivo. Ama la bella vita e circondarsi di donne. Le sue case sono un viavai continuo. El Mochomo è Alfredo Beltrán Leyva, colui a cui i fratelli hanno affidato il ruolo più in vista. Però El Chapo sa che Alfredo è un pericolo. Si pavoneggia troppo e così facendo diventa un facile bersaglio, una caratteristica che mal si concilia con la latitanza. Poi l'allerta compie un salto decisivo: El Chapo viene a sapere che i Beltrán Leyva stanno trattando con Los Zetas. La scissione è inevitabile. Ma tra narcos messicani le separazioni, anche consensuali, si accompagnano sempre a un fiume di sangue.

Alfredo Beltrán Leyva viene arrestato a Culiacán nel gennaio del 2008 insieme a tre membri del suo corpo di sicurezza. Lo trovano in possesso di quasi un milione di dollari, orologi di lusso e un piccolo arsenale, tra cui varie granate a frammentazione. È un duro colpo per Sinaloa perché Alfredo supervisiona il traffico di droga su larga scala, si occupa del riciclaggio di danaro all'interno dell'organizzazione e corrompe agenti di polizia. È il ministro degli Esteri del cartello. Nonostante ciò per i fratelli Beltrán Leyva – che hanno cominciato a vendicarsi uccidendo l'ufficiale della Polizia federale responsabile dell'arresto – dietro il fermo di Alfredo non può che esserci lo stesso El Chapo che sta cercando di sbarazzarsi degli ex amici. Bisogna rispondere a tono ed è facile capire dove colpire.

Édgar Guzmán López ha solo ventidue anni ma davanti a sé ha già una brillante carriera. È il figlio del Chapo. Insieme ad alcuni amici è andato a fare un giro in un centro commerciale di Culiacán. Un'occhiata alle vetrine e una alle *chicas*. Una giornata tranquilla. Stanno raggiungendo la macchina lasciata nel parcheggio quando vedono avanzare nella loro direzione quindici uomini che indossano uniformi e giubbotti antiproiettili azzurri. Da come si muovono sembrano un esercito e i ragazzi rimangono immobili, impietriti. Prima che gli uomini aprano il fuoco, i ragazzi fanno in tempo a leggere una scritta impressa sui loro giubbotti antiproiettile: Feda, che sta per Fuerzas Especiales de Arturo. Sono al comando di Arturo Beltrán Leyva, detto "El Barbas", che qualche anno prima aveva usato le sue doti militari per formare Los Negros. La rottura con il cartello di Sinaloa l'ha preparata creando un'unità con la stessa struttura e disciplina dell'esercito e dei corpi speciali di polizia, che usano armi pesanti simili a quelle in dotazione alla Nato (come il fucile mitragliatore P90) e si occupano di proteggere i capi e di eliminare i sicari dei cartelli rivali. È il 2008. Con il sangue del figlio del Chapo, Arturo Beltrán Leyva fonda insieme ai quattro fratelli un cartello che porta il suo nome. Si occupano di cocaina, marijuana ed eroina, anche grazie al totale controllo dei principali aeroporti degli stati di Messico, Guerrero, Quintana Roo e Nuevo León. Tra le sue attività ci sono anche il traffico di esseri umani, lo sfruttamento della prostituzione, il riciclaggio di danaro sporco attraverso hotel, ristoranti e resort, l'estorsione, i sequestri e il traffico di armi. Dal Sud al Nord del continente americano gestiscono corridoi dove viaggiano tonnellate di droga. Sono un cartello piccolo e nuovo, ma determinato a ritagliarsi una fetta consistente di potere. Le autorità messicane vogliono però stroncare sul nascere gli affari della famiglia e non si lasciano sfuggire l'occasione offerta da una festa organizzata da Arturo nell'inverno del 2009.

Per El Barbas una festa di Natale non può dirsi tale se manca l'intrattenimento. Per l'occasione non ha badato a spese e nella sua casa in uno dei quartieri più esclusivi di Cuernavaca, nello stato di Morelos, ha chiamato artisti come Los Cadetes de Linares e Ramón Ayala, vincitore di due Grammy Award e di due Latin Grammy e autore di oltre cento album. A questi aggiunge una ventina di escort. Le Forze speciali della marina messicana circondano l'edificio. La sparatoria lascia a terra diversi corpi. Non quello di Arturo, che riesce a scappare. La marina messicana rimane sulle sue tracce e nemmeno una settimana dopo lo scova in un altro quartiere residenziale. Questa volta Arturo non deve sfuggire e la marina decide di fare le cose in grande: duecento marines, due elicotteri e due piccoli carrarmati dell'esercito. È una battaglia che dura quasi due ore, al termine della quale Arturo e quattro dei suoi uomini rimangono uccisi. Su internet circola la foto del cadavere del Barbas: i pantaloni abbassati per far vedere le mutande e la maglietta arrotolata a mostrare il torso nudo ricoperto di amuleti e banconote di pesos e dollari. È l'umiliazione finale del nemico. Gli uomini dell'esercito negheranno di aver toccato il corpo, ma è molto forte il sospetto che le tecniche di umiliazione tanto care ai nuovi cartelli come Los Zetas e gli stessi Beltrán Leyva stiano contagiando anche gli uomini pagati per porvi fine. Esercito e narcos, sempre più simili.

Subito dopo la morte di Arturo Beltrán Leyva arriva la vendetta: vengono uccisi quattro parenti di uno dei marines che aveva perso la vita nell'operazione. Nel frattempo, davanti alla tomba del Barbas, seppellito nel cimitero Jardines del Humaya a Culiacán, viene deposta una testa decapitata. Una decina di giorni dopo il fratello di Arturo, Carlos Beltrán Leyva, viene arrestato dalla Polizia federale messicana a Culiacán: fermato dalla polizia, aveva mostrato una patente falsa. Secondo alcune voci era stato di nuovo El Chapo a fornire informazioni alle forze di polizia per farlo catturare. Dopo la morte di Arturo, all'interno del cartello esplodono lotte intestine per la leadership: da una parte i luogotenenti Edgar Valdez Villarreal "La Barbie" e Gerardo Alvarez-Vazquez detto "El Indio"; dall'altra la fazione retta da Héctor Beltrán Leyva, "El H", e il suo uomo di fiducia Sergio Villarreal Barragán, un ex agente della Polizia federale messicana, detto "El Grande" o "King Kong" per via degli oltre due metri di statura. Verranno tutti arrestati, tranne Héctor, che oggi tiene le redini di quel che resta del cartello e sul quale pesano una taglia da cinque milioni di dollari offerta dagli Stati Uniti e una da trenta milioni di pesos offerta dal governo messicano. È una specie di genio finanziario, che dopo anni di anonimato è riuscito a prendere il controllo del gruppo grazie al suo talento nel business e a mantenere buoni rapporti con i suoi nuovi alleati, Los Zetas.

La guerra tra i Beltrán Leyva e i vecchi soci di Sinaloa non ha messo a ferro e fuoco solo Culiacán e il Sinaloa, ma è arrivata addirittura negli Stati Uniti, a Chicago, dove operano i gemelli Margarito e Pedro Flores, due americani di origine messicana. La loro flotta di camion collega Los Angeles alle città del Midwest ventiquattr'ore su ventiquattro, sette giorni su sette. Sono distributori seri ed efficienti. Ai loro committenti garantiscono carichi da due tonnellate al mese di coca ed eroina dal confine fino alle sponde del lago Michigan. Ma il loro problema è l'ingordigia, e infatti lavorano con il cartello di Sinaloa ma non disdegnano rapporti con i Beltrán Leyva. Quando El Chapo viene a saperlo manda alcuni uomini a Chicago con il compito di impedire che il suo monopolio nella distribuzione venga messo a rischio da cartelli rivali. Mentre i Flores ricevono minacce da Sinaloa, la Dea mette gli occhi sui gemelli e nel 2009 li arresta. Anche grazie alle testimonianze di Margarito e Pedro, diventati informatori, gli americani aggiungono qualche pezzo al complesso puzzle dei movimenti del Chapo e dei Beltrán Leyva.

Pochi mesi prima il governo statunitense aveva assestato un altro colpo al re di Sinaloa, arrestando negli Stati Uniti settecentocinquanta membri del cartello. Un esercito: i presidenti americani ne parlano poco, ma hanno intere legioni dentro i loro confini. Nel corso dei ventuno mesi dell'operazione sono stati sequestrati oltre cinquantanove milioni di dollari in contanti, più di dodicimila chili di cocaina, più di settemila chili di marijuana, oltre cinquecento chili di metanfetamine, circa un milione e trecentomila pillole di ecstasy, più di otto chili di eroina, centosessantanove armi, centoquarantanove veicoli, tre aerei e tre barche in vari stati degli Stati Uniti, dalla costa ovest alla costa est. Un grande successo che però si è rivelato una vittoria di Pirro. Le autorità statunitensi sono riuscite a guardare negli occhi il cartello di Sinaloa e quello che hanno visto è una multinazionale con snodi e ramificazioni in tutto il mondo, nel cui board siedono supermanager che gestiscono relazioni in ogni angolo del pianeta. Dirigenti narcos stipendiati dal cartello di Sinaloa fungono da punti di contatto in numerosi paesi del Sudamerica. Nel silenzio dei media, El Chapo sta conquistando l'Africa occidentale e, secondo alcune inchieste, sta entrando in Spagna.

La droga per El Chapo è uno strumento, il dominio totale sui seicentootto chilometri di confine tra Messico e Arizona è il volano della sua personale economia. E se bisogna imbarcarsi in nuove avventure, poco male, anche se si tratta di occuparsi del *hielo*. Che non è ghiaccio, bensì cristalli di metanfetamina. Sei, dodici ore, e anche di più dura l'effetto della metanfetamina. Rispetto alla coca costa meno, ti consuma prima e quando esageri arriva l'effetto parassita: senti come dei vermi sotto pelle che si muovono, ti gratti a sangue come per aprire il corpo, per cacciare via quegli ospiti malefici. Ma questo è l'effetto secondario di una droga che per il resto ha le stesse conseguenze della coca, solo estese e peggiorate. La richiesta non fa che crescere, ma manca un capo, qualcuno che sappia trasformare un'opportunità in un fiume di danaro. El Chapo comprende l'affare: il cartello di Sinaloa è pronto. Ha l'uomo giusto che può gestire il nuovo business: Ignacio Coronel Villarreal, che diventa "il Re di Cristallo". Per produrre metanfetamine servono solo le giuste sostanze chimiche e laboratori clandestini. Se si hanno buoni contatti sulla costa del Pacifico, far arrivare i carichi di "precursori" da Cina, Thailandia e Vietnam non è difficile. L'affare è molto redditizio: investi un dollaro in materia prima, e ne ricavi dieci agli angoli delle strade.

È la tecnica di Sinaloa. La sua capacità imprenditoriale. La velocità nel fiutare ogni nuovo business. Sinaloa colonizza. Sinaloa si spinge sempre più in là. Sinaloa vuole comandare. Solo lei. Solo loro.

4.
Ammazza amici

Matamoros, nello stato di Tamaulipas, nel Messico nord-orientale, sorge sulla riva meridionale del Rio Bravo ed è collegata alla città texana di Brownsville da quattro ponti. Quei quattro ponti sono come quattro oleodotti attraverso i quali il petrolio bianco viene pompato negli Stati Uniti. Qui a comandare è il cartello del Golfo, uno dei più feroci. Nel 1999 la quantità di cocaina che il cartello del Golfo riusciva a introdurre mensilmente negli Stati Uniti arrivava a cinquanta tonnellate e il suo potere di controllo si era diffuso dal Golfo del Messico a parte del Pacifico, zone conquistate con la violenza, con la corruzione e con accordi con altri gruppi di narcotrafficanti. Erano i numeri uno. E il loro numero uno era Osiel Cárdenas Guillén.

El Padrino che arriva per ultimo e prende posto, benedicendo con una serie di brindisi i nuovi capi dei territori. Osiel quella storia l'aveva sentita un milione di volte. Certo, le versioni del racconto cambiavano di bocca in bocca, instabili come le schiarite nel mese di aprile, ma il succo del discorso era sempre quello: il nuovo mondo era stato creato. Osiel era nato con la rabbia dentro. Attaccabrighe da piccolo, bullo da adolescente, violento da giovane. Una rabbia cieca e senza ragione, che covava e alimentava costantemente e che un'intelligenza brillante rendeva sadica e demoniaca.

"Se puoi avere il mondo perché accontentarsi di un pezzo?" pare ribattesse all'incauto interlocutore che per l'ennesima volta lo annoiava con la storia del Padrino e della spartizione. Chi non risponderebbe allo stesso modo, se fosse nato da una coppia che, indifferente alla miseria in cui viveva, continuava imperterrita a sfornare bambini che poi lasciava ruzzolare insieme alle galline ischeletrite? Osiel si inventò il proprio mondo, che doveva essere il più lontano possibile dal caos che lo circondava. Già a quattordici anni faceva l'aiutante di un meccanico, la mattina, mentre il pomeriggio lavorava in una *maquiladora*, dove insieme ad altre duecento persone assemblava i componenti degli aspirapolvere che qualche casalinga yankee avrebbe usato pochi chilometri più a nord.

Quando la rabbia incontra la sete di rivalsa ci sono due possibili sbocchi: la frustrazione o l'ambizione smodata. Osiel optò per il secondo. Alla *maquiladora* aveva conosciuto una ragazza, una tipa sveglia, con due perle al posto degli occhi, ma Osiel si vergognava quando la invitava a uscire perché non poteva permettersi un'auto per andarla a prendere né una serata in un ristorante seppur modesto. Cominciò a spacciare. Veloce, remunerativo, rischioso abbastanza per assicurare le scariche di adrenalina per lui così necessarie. Per gli spacciatori alle prime armi, chi è più spregiudicato, più guadagna in leadership. La crudeltà è essenziale per conservare il potere. Senza la crudeltà puoi apparire debole, e gli avversari se ne approfittano. È come per i cani, chi ringhia più forte diventa il capobranco.

Nel frattempo i suoi rapporti con le forze dell'ordine cominciarono a infittirsi. Nel 1989, a ventun anni, venne arrestato per la prima volta con l'accusa di omicidio, ma poté uscire su cauzione il giorno dopo l'arresto. L'anno successivo era di nuovo in carcere con l'accusa di lesioni e minacce, ma anche in questo caso fu solo una toccata e fuga. A venticinque anni fu arrestato in Texas, a Brownsville, e accusato di traffico di droga perché al momento del fermo aveva con sé quanto bastava per tale imputazione: due chili di cocaina. Condannato a cinque anni di carcere, se la cavò un'altra volta grazie a uno scambio di prigionieri tra Messico e Stati Uniti. Una volta in patria sarebbe stato tutto più facile, e infatti, dopo un anno, nel 1995, Osiel tornò libero.

Tutti i grandi leader criminali hanno una cosa in comune: la volontà di costruirsi un'aura di fascino. La volontà di ammaliare, di sedurre. Poco importa se l'obiettivo è una donna da portarsi a letto o uno spacciatore rivale da far fuori convincendo i tuoi compari che quel bastardo se lo merita. Una volta trovato il pertugio che conduce alla volontà degli uomini che si hanno davanti, il gioco è fatto. Osiel sapeva che avrebbe potuto mozzare mani, minacciare familiari o bruciare magazzini, ma sapeva anche che toccare le corde giuste era il modo più veloce per ottenere quello che voleva. Chi non lo temeva, lo adorava, e chi non lo adorava scappava a gambe levate appena udito il suo nome. Osiel riuscì a infiltrarsi nella Polizia giudiziaria federale con il ruolo di *madrina*, informatore, conquistandosi a poco a poco quella protezione che gli permetteva di muoversi in libertà. Ora poteva tenere sotto controllo i due fronti del campo e intanto tessere le conoscenze con gli uomini del cartello del Golfo. Conobbe Salvador Gómez Herrera, detto "El Chava", diventato capo del cartello del Golfo dopo la cattura di Juan García Ábrego. E anche lui gli raccontò la storia del Padrino che alzava il calice e brindava all'assegnazione del canale di Matamoros.

Nella seconda metà degli anni novanta il cartello del Golfo è attraversato da lotte per la successione. Erano in molti a dare per spacciata l'organizzazione, che solo qualche anno prima – dopo l'arresto del Padrino e dopo l'età d'oro di García Ábrego al vertice del cartello – era una delle più potenti. Ma ora aveva addosso la polizia, così come l'Fbi e i cartelli rivali. Fondato negli anni settanta da un personaggio dal nome altisonante, Juan Nepomuceno Guerra, che nel periodo del Proibizionismo contrabbandava alcolici negli Stati Uniti, il cartello sembrava avere le ore contate. Cade García Ábrego, arrestato dalle autorità messicane e poi estradato negli Stati Uniti dove sta scontando undici ergastoli. Fallisce il fratello di Ábrego, Humberto, troppo debole. Cade Sergio "El Checo" Gómez, tradito da una congiura orchestrata dalla sua scorta e dai suoi soci. Cade Óscar Malherbe de León, subito preso. Cade Hugo Baldomero Medina Garza, "Il Signore dei camion", anche lui arrestato: stop alle tonnellate di cocaina che ogni mese trasportava negli Stati Uniti nascoste nelle casse di verdura o nei pacchi di frutti di mare. La polizia festeggia la caduta degli dèi, ma intanto El Chava e Osiel diventano amici e complici. Sembrano inseparabili, si danno da fare e accumulano potere e soldi. Ma non è abbastanza, almeno per Osiel. Il potere non si può raggiungere in coppia, e lui lo ripete sempre a chi si ostina a tirar fuori la storia del Padrino: "Se puoi avere il mondo perché accontentarsi di un pezzo?". E così, dopo essere stati arrestati insieme e dopo aver corrotto gli agenti di custodia per poter fuggire, Osiel uccide El Chava. Quel giorno del 1998 ottiene due risultati: il controllo assoluto del cartello del Golfo e un soprannome, "El Mata Amigos", "L'Ammazza amici".

Sei uno che ammazza gli amici. Forse sei capace di ammazzare anche i tuoi genitori, i tuoi fratelli, i tuoi figli. Cos'hai da temere? Se non hai legami, se non hai nulla da perdere, sei invincibile. E se hai una mente brillante hai un futuro radioso davanti a te. El Mata Amigos ristruttura l'organizzazione e la fa entrare nel ventunesimo secolo. La protezione è assicurata dalla corruzione. Addirittura il 21° Reggimento di cavalleria motorizzata di Nuevo Laredo era alle sue dipendenze. Efficienti. Ricevevano una segnalazione, una partita di coca era stata stipata nei magazzini di una fabbrica abbandonata al limitare del deserto. Si precipitavano in forze sul luogo seguiti da uno stuolo di giornalisti compiacenti, una rapida e incruenta irruzione, nessuno presente, solo qualche chilo di polvere bianca. Ma mai un arresto. Foto, strette di mano e sorrisi. Un bel lavoro pulito.

Intanto la frontiera tra Messico e Stati Uniti veniva violata giorno dopo giorno, ora dopo ora. "Un tale Osiel non so cosa..." Sono queste le parole che si scambiano le autorità antidroga messicane. È un fantasma, L'Ammazza amici. Ma la sinuosa lingua del Tamaulipas che lecca il culo all'America la vogliono anche altre organizzazioni, che dichiarano guerra al cartello del Golfo. Sono i fratelli Valencia assieme al cartello di Tijuana, il cartello di Juárez di Vicente Carrillo Fuentes, e persino Los Negros, lo squadrone della morte al servizio di Sinaloa. Tutti a combattere contro il cartello del Golfo. Una vera e propria guerra. Città come Nuevo Laredo, Reynosa e Matamoros diventano campi di battaglia. Non c'è orario del giorno o della notte in cui non hanno luogo esecuzioni e sequestri, per le strade è facile trovare cadaveri fatti a pezzi e gettati in sacchetti di plastica. L'escalation di violenza e morti aumenta la pressione nazionale e internazionale perché si arrivi presto all'arresto di Osiel Cárdenas Guillén. Osiel viene infine arrestato e quattro anni dopo estradato negli Stati Uniti. Il cartello si trasforma in una struttura decentralizzata, con due signori della droga che si dividono il controllo: il fratello di Osiel, Antonio Ezequiel Cárdenas Guillén detto "Tony Tormenta" (che viene ucciso il 5 novembre 2010 dall'esercito messicano a Matamoros) e Jorge Eduardo Costilla Sánchez detto "El Coss" (arrestato dalla marina messicana a Tampico il 12 settembre 2012). Due leader che però non riescono a porre fine alle faide interne che divorano il cartello.

Oggi il cartello del Golfo continua a sfruttare la sua prossimità al confine statunitense. È una efficiente macchina per fare soldi, che il Dipartimento di stato americano ha provato a inceppare stanziando nel 2009 una ricompensa di cinquanta milioni di dollari per chiunque fosse in grado di fornire informazioni utili alla cattura dei due leader e di altri quindici membri del cartello. Ogni metodo è usato per trasportare tonnellate e tonnellate di cocaina, compresi tunnel sotterranei che vengono impiegati anche per il traffico di esseri umani. Sono i nuovi postini della droga, che in cambio del miraggio di una nuova vita al di là del confine si caricano addosso fino a mezzo milione di dollari di droga. Oppure utilizzano i bus che corrono lungo la Interstate 35, l'autostrada che dalla città di confine di Laredo, Texas, arriva fino al Minnesota, o la Interstate 25, che si imbocca a quaranta chilometri da El Paso, sempre in Texas, e conduce verso nord fino al Wyoming. Gli autobus sono mezzi di trasporto perfetti per i narcos, perché spesso non vengono controllati dalle macchine a raggi X. Ma il cartello del Golfo non disdegna modalità più creative, come la ferrovia o i sottomarini: veloci, sicuri, in grado di trasportare quantità stratosferiche di coca.

"Nel cuore di ogni uomo c'è un desiderio disperato di una battaglia da combattere, un'avventura da vivere e una bellezza da salvare." Queste parole dello scrittore e attivista cristiano John Eldredge erano sempre piaciute a Nazario Moreno González, uno dei capi più potenti della Familia Michoacana, che aveva deciso di riadattarle. Moreno González predicava il diritto divino di eliminare i nemici. Prima della morte nel dicembre del 2009 non si era mai separato dalla bibbia dei suoi insegnamenti. "Meglio morire combattendo di petto che vivere tutta la vita in ginocchio e umiliati," scriveva Moreno prendendo spunto dalle frasi del rivoluzionario messicano Emiliano Zapata. Oppure: "Meglio essere un cane vivo che un leone morto".

Michoacán è sulla costa del Pacifico. Qui i *gomeros* di Sinaloa avevano portato i loro papaveri da oppio ed erano stati loro a istruire i *campesinos* su come coltivarli. Michoacán-Sinaloa-Stati Uniti: per anni era stata questa la rotta. Anni di sopraffazioni e di sequestri, che portarono alla creazione di un'organizzazione di vigilantes privati, La Familia.

La Familia Michoacana è nata per proteggere, per respingere la violenza, per difendere i più deboli. Per alcuni anni il cartello del Golfo, che si stava espandendo in quelle aree, le ha affidato il ruolo di supporto paramilitare. Ma oggi La Familia è un cartello indipendente, specializzato nel traffico delle metanfetamine, di cui è diventato il maggior fornitore per gli Stati Uniti. Quello che per decenni era stato un territorio che richiamava i trafficanti, per via delle colline che offrivano loro un rifugio naturale e per lo sbocco sul Pacifico che facilitava il trasporto, ma soprattutto per le vaste distese di terreno fertile nella cosiddetta Terra Caliente, perfetta per le piantagioni di marijuana, oggi è punteggiato da laboratori di metanfetamine. Secondo Michael Braun, ex capo operativo della Dea, in Messico La Familia ha laboratori specializzati capaci di produrre fino a cinquanta chili di metanfetamine in otto ore. La Familia ha anche regole molto severe sulla vendita della droga: mai ai propri membri e mai ai messicani. È una morale al contrario, che trova spazio sugli striscioni che il cartello appende nelle sue zone di competenza. "Siamo contrari all'uso di stupefacenti e diciamo no allo sfruttamento di donne e bambini."

Per celebrare il suo ingresso da cartello indipendente nel mondo del narcotraffico messicano La Familia sceglie un debutto in grande stile: nella notte del 6 settembre 2006 venti uomini vestiti di nero e con il viso coperto da passamontagna irrompono nella discoteca Sol y sombra di Uruapan, a cento chilometri da Morelia, capitale del Michoacán. Armati fino ai denti, sparano alcuni colpi in aria e urlano ai clienti e alle ragazze immagine che ballano sui cubi di gettarsi a terra. Nel terrore generale, salgono di fretta al secondo piano del locale, aprono dei sacchetti della spazzatura neri e fanno rotolare cinque teste decapitate sul pavimento della pista da ballo. Prima di andarsene i sicari lasciano un biglietto sul pavimento, di fianco alle teste mozzate, con un messaggio: "La Familia non uccide per soldi, non uccide le donne, non uccide le persone innocenti. Muore solo chi si merita di morire. Sappiatelo tutti: questa è giustizia divina". È il biglietto da visita con cui La Familia Michoacana si presenta al Messico.

Per i membri dell'organizzazione il territorio è sacro e non tollerano che venga insozzato da droghe e malattie. Una visione che li rende assai simili alle organizzazioni italiane, che fermano e puniscono chi spaccia nelle loro zone. Quello della Familia Michoacana è un welfare sui generis. Lottano contro la tossicodipendenza in modo singolare e marziale: vanno nelle cliniche di riabilitazione per tossicodipendenti, li incentivano a disintossicarsi in tutti i modi, anche con l'aiuto della preghiera. Poi li obbligano a prestare servizio per il cartello. Se non accettano, li uccidono. Gli incontri di preghiera hanno un ruolo importante per l'organizzazione perché da essi, oltre che dalla condotta, dipende la carriera dei membri. Il cartello elargisce soldi a contadini, imprese, scuole e chiese e fa propaganda sui giornali locali per ottenere appoggio sociale. Proprio attraverso un'inserzione sul giornale locale, "La Voz de Michoacán", La Familia ha annunciato nel novembre 2006 la sua esistenza: "Alcune delle nostre strategie talvolta sono forti, ma questo è l'unico modo per imporre l'ordine nello stato. Forse alcuni in questo momento non capiranno, però sappiamo che nelle zone più colpite comprendono le nostre azioni, perché è possibile combattere questi delinquenti, che sono venuti qui da altri stati e che non lasceremo più entrare in Michoacán per commettere crimini". La Familia è come uno stato parallelo dentro lo stato del Michoacán. Finanzia progetti per la comunità, controlla la microcriminalità, seda le dispute locali. E applica il pizzo alle attività commerciali: cento pesos al mese per un posto al mercato rionale, trentamila per una concessionaria di automobili. Spesso le aziende si vedono costrette a chiudere e a lasciare l'attività nelle mani dell'organizzazione, che la utilizzerà per riciclare danaro sporco.

Nonostante si ispiri a valori religiosi, La Familia è conosciuta per i suoi metodi estremamente violenti: i suoi membri torturano e uccidono i rivali. "Vogliamo che il Presidente Felipe Calderón sappia che non siamo suoi nemici, che lo stimiamo. Siamo aperti al dialogo. Non vogliamo che Los Zetas entrino in Michoacán. Quello che vogliamo è pace e tranquillità. Sappiamo di essere un male necessario... Vogliamo arrivare a un accordo, vogliamo arrivare a un patto nazionale." A parlare così durante il programma radiofonico *Voz y Solución*, condotto dal giornalista Marcos Knapp sul canale locale del Michoacán CB Televisión, è Servando Gómez Martínez, detto "La Tuta". Gómez è un membro di alto livello del cartello, uno dei soci di Moreno González, che è arrivato a proporre un'alleanza al presidente Calderón per eliminare i concorrenti più temibili. Ma il governo si è rifiutato di negoziare. Nonostante ciò, La Familia è uno dei cartelli che sono cresciuti più velocemente negli anni della Guerra della droga in Messico. Dal Michoacán il suo potere si è diffuso agli stati limitrofi di Guerrero, Queretaro e Messico. E i suoi tentacoli stanno avviluppando anche gli Stati Uniti. Nell'ottobre del 2009, infatti, le autorità federali hanno reso noti i risultati di un'indagine durata quattro anni sulle attività della Familia negli Stati Uniti, denominata "Progetto Coronado". Ne è nata una delle più grandi operazioni contro i cartelli della droga messicani operanti in territorio statunitense. Più di tremila agenti in azione in un solo raid durato due giorni che ha coinvolto le autorità locali, statali e federali. Trecentotré uomini arrestati in diciannove diversi stati americani. Sessantadue chili di cocaina, trecentotrenta chili di metanfetamine, quattrocentoquaranta chili di marijuana, centoquarantaquattro armi, centonove veicoli e due laboratori di droga clandestini sequestrati, insieme a tre milioni e quattrocentomila dollari in contanti. Nel novembre del 2010 la Familia propone un altro patto: si offre di smantellare il proprio cartello a condizione che lo Stato, il governo federale e la Polizia federale si impegnino a garantire la sicurezza dello stato di Michoacán. La proposta è apparsa sotto forma di comunicato su volantini, infilati sotto le porte di case e negozi, nelle cabine telefoniche, su narcostriscioni appesi per le strade e su lettere inviate a blog, stazioni radio, giornali e agenzie nazionali e internazionali. Nel messaggio si dice che La Familia è stata creata per sopperire al fallimento del governo nel provvedere alla sicurezza dei suoi cittadini e che è composta da uomini e donne di Michoacán disposti a dare la propria vita per difendere lo Stato. Ma anche questa volta il governo di Felipe Calderón, che è nato proprio in Michoacán, si è rifiutato di stringere un accordo con il cartello e di iniziare le trattative.

La lotta tra La Familia e Los Zetas ha ridotto il Michoacán a un territorio di guerra. È nella sua capitale, Morelia, che il 15 settembre 2008, vigilia del Giorno dell'Indipendenza messicano, si è registrato quello che viene considerato il primo atto di narcoterrorismo della storia messicana. Poco dopo che il governatore Leonel Godoy ha suonato la campana dell'Indipendenza e dopo aver ripetuto per tre volte: "¡Viva Mexico!", due granate a frammentazione deflagrano nella piazza stipata per la cerimonia provocando otto morti e oltre cento feriti, tutte persone comuni. Anche gli innocenti diventano vittime della guerra dei narcos. Le autorità puntano il dito contro La Familia, che da parte sua espone striscioni in cui incolpa Los Zetas: "Vigliacchi è il termine per coloro che minano la pace e la tranquillità del paese. Il Messico e il Michoacán non sono soli. Grazie, Zetas, per i vostri atti vili".

L'attentato di Morelia ha segnato la svolta tra vecchio e nuovo corso. Tra i metodi del Chapo e quelli degli Zetas e della Familia. Prima c'erano le regole. Se tradivi El Chapo, venivi giustiziato punto e basta. Nessun polverone macabro e raccapricciante. Oggi la ferocia è sistematicamente messa in piazza. Alla violenza estrema si somma l'umiliazione pubblica. El Chapo però ha capito al volo. All'indomani dell'attentato si affretta a far circolare via mail un comunicato di smentita firmato anche dal Mayo. "Noi di Sinaloa abbiamo sempre difeso il popolo, abbiamo sempre rispettato le famiglie dei capi e dei piccoli corrieri, abbiamo sempre rispettato il governo, abbiamo sempre rispettato le donne e i bambini. Quando il cartello di Sinaloa regnava in tutta la Repubblica non c'erano esecuzioni, e sapete perché? Perché sappiamo lavorare e abbiamo dei sentimenti. Presto vedrete più sinaloensi in Michoacán (recupereremo ogni territorio che ci è stato strappato e uccideremo tutti quelli che hanno offeso la famiglia di Sinaloa), cosicché né il governo né i cartelli ci fermeranno."

Los Zetas e La Familia esibiscono la ferocia e la usano come ambasciatore; Sinaloa ricorre alla ferocia solo quando serve. È la sfida tra postmodernità e modernità. Tra urla e silenzio. Le regole del gioco sono cambiate. Gli attori si moltiplicano. Nascono velocemente divorando territori e intere regioni. È l'impazzimento dei nuovi cartelli. Strutture più flessibili, velocità di esecuzione, dimestichezza con la tecnologia, ostentazione dei massacri, oscure filosofie pseudoreligiose. E una furia da far impallidire tutti quelli che li hanno preceduti.

Un quartiere residenziale di Cancún. Un furgoncino abbandonato da alcuni giorni comincia ad attirare l'attenzione degli abitanti, che chiamano la polizia: "Quel furgone puzza di carne marcia". Quando gli agenti aprono il portellone scoprono tre cadaveri, ammanettati e con dei sacchetti di plastica in testa. Accanto a loro un biglietto: "Siamo il nuovo gruppo Mata Zetas e siamo contro il sequestro e l'estorsione, e combatteremo contro di loro in tutti gli stati per un Messico più pulito". Firmato: "Cartello di Jalisco Nuova Generazione (Los Mata Zetas)". Solo più tardi si scoprirà che prima di essere uccisi i tre sono stati ripresi in un video, poi messo su Youtube, in cui vengono interrogati da alcuni uomini con passamontagna e fucili d'assalto. Così si presenta il cartello di Jalisco Nuova Generazione, ossia Los Mata Zetas, gli Ammazza Zetas. Il cartello più giovane.

Il 29 luglio 2010 muore Ignacio Coronel Villarreal, leader del cartello di Sinaloa nello stato di Jalisco, socio del Chapo e zio di Emma Coronel, attuale moglie del Chapo. Viene ucciso in una sparatoria con l'esercito messicano a Zapopan, nello stato di Jalisco. I suoi seguaci sospettano che sia stato tradito dal proprio cartello e quindi decidono di staccarsene per formarne uno nuovo. Tra i fondatori di Jalisco Nuova Generazione ci sono Nemesio Oseguera Ramos, detto "El Mencho", Erick Valencia, "El 85", e Martín Arzola, "El 53": tutti ex membri del cartello del Millennio, allora branca di Sinaloa. Ha inizio un valzer di alleanze e rotture. All'inizio del 2011 il cartello Jalisco Nuova Generazione decide di impadronirsi della capitale dello stato di Jalisco, Guadalajara. Tutti contro tutti. Ma passano pochi mesi, e il cartello torna ad allearsi con Sinaloa. Ora lottano contro Los Zetas per il controllo di Guadalajara e Veracruz, ma sono attivi anche negli stati di Colima, Guanajuato, Nayarit e Michoacán. El Chapo se ne sta servendo per combattere le cellule degli Zetas presenti nei suoi territori, loro si considerano un "gruppo giusto" che opera in opposizione al male rappresentato dagli Zetas.

È una guerra in cui Los Zetas e Jalisco si affrontano a viso aperto. Il 20 settembre 2011, nel centro di Veracruz, trentacinque cadaveri – ventitré uomini e dodici donne – vengono trovati ammassati in due camion, in pieno giorno. Le vittime presentano segni di tortura e hanno le mani legate, alcuni un sacco sulla testa. Sono tutti membri degli Zetas. In un videocomunicato diffuso su internet dopo il massacro, cinque uomini con passamontagna sono seduti a un tavolo coperto con una tovaglia. Davanti a loro hanno delle bottigliette d'acqua, proprio come in una conferenza stampa. E questo è. Una conferenza stampa per rivendicare il crimine: "Vogliamo che le forze armate si fidino di noi quando diciamo che il nostro unico obiettivo è porre fine agli Zetas. Siamo guerrieri anonimi, senza volto, ma orgogliosamente messicani...". Qualche giorno dopo, i corpi senza vita di trentasei persone vengono trovati in tre diverse case a Boca del Río, sempre nello stato di Veracruz. Il 24 novembre, a pochi giorni dall'inaugurazione a Guadalajara della Fiera internazionale del libro, la polizia scopre all'interno di tre furgoncini i corpi di ventisei persone, morte per asfissia e colpi al cranio. Il 22 dicembre nelle prime ore del mattino tre autobus pubblici vengono attaccati da narcotrafficanti sull'Autostrada 105 a Veracruz: il bilancio è di sedici morti, tra cui tre cittadini americani, residenti in Texas, venuti in Messico per trascorrere le vacanze di Natale. Il giorno dopo, a Tampico Alto, stato di Veracruz, vengono trovati dieci corpi: torturati, ammanettati, quasi tutti senza testa. I massacri non si fermano nemmeno il giorno di Natale: vicino a Tampico, nel Tamaulipas al confine con lo stato di Veracruz, alcuni soldati dell'esercito durante un normale controllo di routine scoprono i cadaveri di tredici persone su un camion a rimorchio. Sulla scena vengono rinvenuti anche narcostriscioni che rimandano a lotte tra gruppi rivali. L'elenco di atrocità potrebbe continuare a lungo, ma equivarrebbe ad appuntare stelline al bavero dei membri del cartello di Jalisco.

1 luglio 2012. Il Messico ha appena eletto un nuovo presidente, Enrique Peña Nieto. Tra le sue priorità ha ribadito la lotta al narcotraffico che negli ultimi cinque anni ha prodotto più di cinquantamila morti. Ventiquattr'ore dopo la sua elezione, alle dieci del mattino, a Zacazonapan, nel Messico centrale, un gruppo di una quarantina di killer ferma quattro ragazzini tra i quindici e i sedici anni che distribuiscono droga per conto della Familia Michoacana. Sul posto sopraggiungono altri membri della Familia. Esplode uno scontro a fuoco. Per un'ora la confusione e il terrore si diffondono tra la gente. Le scuole interrompono le lezioni in attesa dell'arrivo dell'esercito e della polizia, che confermeranno i decessi: almeno otto persone, mentre riesce a salvarsi "El Tuzo", considerato il braccio armato di Pablo Jaimes Castrejón, detto "La Marrana", Il Lurido, presunto leader della Familia Michoacana nella zona meridionale dello stato del Messico, uno dei narcos più ricercati per sequestro, estorsione, omicidio e narcotraffico. Anche tra i quaranta killer ci sono delle perdite, ma per loro sono vittime necessarie, immolate per un fine superiore.

I quaranta killer appartengono a un cartello fondato poco più di un anno prima, ulteriore rivolgimento della follia omicida illimitata a cui il narcotraffico ha destinato il Messico di oggi. È il cartello dei Cavalieri Templari: fuoriusciti della Familia, che secondo loro ha smarrito i propri valori dedicandosi ormai a pratiche consolidate di furti, sequestri, estorsioni, i Cavalieri Templari hanno invece un codice d'onore molto rigido. I membri dell'ordine devono lottare contro il materialismo, l'ingiustizia e la tirannia. Combattono una battaglia ideologica per difendere valori sociali fondati sull'etica. Giurano di proteggere gli oppressi, le vedove, gli orfani. È proibito abusare delle donne, dei minori o usare il potere per ingannarli. La pratica del sequestro allo scopo di ottenere danaro è severamente proibita. Per uccidere occorre un'autorizzazione, poiché nessuno deve togliere la vita per il gusto di farlo o per danaro: bisogna prima indagare se esistono ragioni sufficienti, e solo allora si potrà procedere. Un Cavaliere Templare non può essere preda del settarismo e di una mentalità meschina. Deve promuovere il patriottismo ed esprimere orgoglio per la propria terra. Deve essere umile e rispettabile. Per tutti i membri dell'ordine è vietato l'uso di droghe. Per tutti il Templare deve essere un esempio di cavalleria. E deve sempre cercare la verità, perché Dio è Verità. Chi tradisce o rompe la regola del silenzio sarà punito con la morte e la sua famiglia subirà la stessa sorte, mentre le sue proprietà verranno confiscate.

È una delirante parodia, come si vede, che copre però un gruppo giovanissimo e aggressivo, in lotta contro il cartello di origine, ormai indebolito, per impossessarsi delle sue terre senza disdegnare gli stati confinanti. I suoi membri si sentono onnipotenti al punto di dichiarare guerra agli Zetas. Come l'ordine cavalleresco medievale, fondato a Gerusalemme per proteggere i pellegrini in Terrasanta dopo la Prima crociata, anche questi nuovi Templari si sentono investiti di una divina missione. Chiunque entri nel gruppo, eletto da un consiglio composto dai fratelli di maggior esperienza, non potrà abbandonare la "causa", dal momento che si sottopone a un voto che dovrà rispettare a costo della propria vita. I membri devono partecipare a cerimonie in cui si vestono come i Templari ai quali si richiamano: elmi, tuniche bianche e una croce rossa sul petto. Nelle campagne il cartello distribuisce un manuale in cui sono raccolti i suoi princìpi, che convergono nell'obiettivo cardine di "proteggere gli abitanti dello stato libero, sovrano e laico del Michoacán". È un cartello che ostenta intenzioni purificatrici, mentre organizza un esercito per imporsi nel business delle anfetamine. Sono ben equipaggiati e non hanno paura di sfidare a viso aperto le autorità.

Il sangue chiama sangue. Non è un modo di dire. La linfa del sangue è il sangue stesso. La storia dei cartelli messicani dimostra che i tentativi di combattere la violenza con altra violenza hanno portato soltanto a un incremento dei morti ammazzati. Durante gli anni di presidenza di Vicente Fox, tra il 2000 e il 2006, il governo messicano aveva assunto un atteggiamento fondamentalmente passivo nei confronti del narcotraffico. Le truppe mandate al confine con gli Stati Uniti per contrastare le operazioni dei cartelli erano insufficienti e mal equipaggiate. Le cose sono cambiate l'11 dicembre 2006, quando il presidente Felipe Calderón, appena insediatosi, ha inviato seimilacinquecento soldati federali nello stato di Michoacán per porre fine alla violenza causata dal narcotraffico. Era una dichiarazione di guerra tra due Stati contrapposti. Da una parte il Messico, dall'altra il Narcostato. Due Stati che occupano lo stesso territorio, ma il secondo mangia tutto quello che incontra. Il Narcostato ha un appetito illimitato e Calderón lo sa: per questo scatena la Guerra della droga. Non può permettere che uno Stato parassita imponga la propria legge. Nella lotta al narcotraffico vengono coinvolti più di quarantacinquemila soldati, che si aggiungono alle normali forze dell'ordine locali e federali. Ma il sangue chiama sangue e i cartelli minacciati hanno ribattuto ai colpi subiti con un inasprimento delle brutalità. A giudicare dalle cifre, Calderón non è riuscito a vincere la sua guerra: l'ultimo bollettino ufficiale pubblicato dal governo messicano sulla narcoguerra è dell'11 gennaio 2012 e parla di 47.515 persone uccise per violenza legata al crimine organizzato dal dicembre 2006 al 30 settembre 2011. Ciò che è peggio è che il numero di morti è aumentato esponenzialmente: nel 2007 i decessi legati al narcotraffico sono stati 2826, nel 2008 sono saliti a 6838, nel 2009 sono arrivati a 9614, nel 2010 addirittura a 15.273, nel 2011, solo a settembre, erano già 12.903, e mancavano ancora tre mesi alla fine dell'anno. Il nuovo ministro dell'Interno del Governo Peña Nieto, Miguel Ángel Osorio Chong, a metà febbraio 2013 ha dichiarato che sarebbero circa settantamila i morti della narcoguerra messicana nel seennio di Felipe Calderón, aggiungendo che è impossibile dare ufficialmente una cifra precisa, in quanto "alla fine della legislatura precedente si era smesso di tenere una contabilità ufficiale" delle vittime per la guerra della droga, così come manca un registro delle persone scomparse e dei corpi non identificati all'obitorio. Ma c'è chi sostiene che i morti di questa sporca guerra siano molti di più. La contabilità della morte è una scienza imprecisa, qualche vita cancellata le sfugge sempre. Quante sono le vittime trovate nelle narcofosse? Quanti corpi sono stati sciolti nell'acido? Quanti cadaveri sono stati bruciati e sono scomparsi per sempre? Spesso l'obiettivo sono i politici, a tutti i livelli, locale, regionale o statale. Durante questi sei anni di Guerra della droga trentuno sindaci messicani sono stati uccisi, di cui tredici solo nel 2010. Le persone oneste ormai hanno paura di candidarsi, sanno che prima o poi i cartelli arriveranno e cercheranno di mettere al loro posto figure più gradite. I conteggi del massacro sono in continuo aggiornamento. Solo nel 2012, dall'1 gennaio al 31 ottobre, si arriva a 10.485 morti. Ma sono stime, appunto, e associazioni come il Movimento per la pace con giustizia e dignità, fondato dal poeta e attivista Javier Sicilia dopo la morte di suo figlio per mano di alcuni narcos, affermano che il bilancio delle vittime della narcoguerra è in realtà ancora molto più pesante.

Numeri e cifre. Io vedo solo sangue e danaro.

Coca # 3

Prendi un elastico e comincia a tenderlo. All'inizio non c'è quasi resistenza. Lo allunghi senza difficoltà. Sino a quando raggiungi la massima estensione oltre la quale l'elastico si spezza. L'economia di oggi funziona come il tuo elastico. Quell'elastico è il comportamento secondo le regole di concorrenza leale e secondo la legge. In principio tutto era facile, le risorse disponibili, il mercato pronto a essere invaso da ogni nuova merce capace di renderti la vita più bella e più comoda. Quando compravi, sentivi di aver fatto un salto verso un futuro migliore. Se producevi, ti percepivi nella stessa dimensione. Radio. Automobili. Frigoriferi. Lavatrici. Aspirapolvere. Scarpe eleganti e scarpe sportive. Rasoi elettrici. Pellicce. Televisori. Viaggi organizzati. Abiti firmati. Computer portatili. Cellulari. Non dovevi tirare più di tanto l'elastico delle regole. Oggi siamo vicini al punto di rottura. Ogni nicchia è stata conquistata, ogni bisogno soddisfatto. Le mani che tendono l'elastico si spingono sempre più in là, rifuggono la saturazione allargandolo ancora di un millimetro nella speranza che quello sforzo non sia davvero l'ultimo. Al limite ti attrezzi per delocalizzare all'Est o provi a lavorare in nero ed evadere le tasse. Cerchi di tirare l'elastico il più possibile. È la dura vita dell'imprenditore. Di Mark Zuckerberg ne nasce uno al secolo. Pochissimi possono generare ricchezza soltanto da un'idea e, per quanto vincente, quell'idea non genera un indotto solido. Gli altri sono costretti a una guerra di posizione per piazzare beni e servizi che magari durano il tempo di un battito d'ali. Tutti i beni sono costretti a sottostare alla regola dell'elastico. Tutti tranne uno. La cocaina. Non esiste mercato al mondo che renda più di quello della cocaina. Non esiste investimento finanziario al mondo che frutti come investire in cocaina. Nemmeno i rialzi azionari da record sono paragonabili agli "interessi" che dà la coca. Nel 2012, anno di uscita dell'iPhone 5 e del mini iPad, la Apple è diventata la società più capitalizzata che si sia mai vista su un listino azionario. Le azioni Apple hanno subìto un rialzo in Borsa del 67 per cento in un solo anno. Un rialzo notevole per i numeri della finanza. Se avessi investito mille euro in azioni Apple all'inizio del 2012, ora ne avresti milleseicentosettanta. Non male. Ma se avessi investito mille euro in coca all'inizio del 2012, ora ne avresti centottantaduemila: cento volte di più che investendo nel titolo azionario record dell'anno!

La cocaina è un bene rifugio. La cocaina è un bene anticiclico. La cocaina è il vero bene che non teme né la scarsità di risorse né l'inflazione dei mercati. Ci sono moltissimi angoli del mondo che vivono senza ospedali, senza web, senza acqua corrente. Ma non senza coca. Dice l'Onu che nel 2009 se ne sono consumate ventuno tonnellate in Africa, quattordici in Asia, due in Oceania. Più di centouno in tutta l'America Latina e Caraibi. Tutti la vogliono, tutti la consumano, tutti coloro che cominciano a usarla ne hanno bisogno. Le spese sono minime, piazzarla è immediato, altissimo il margine di profitto. La cocaina si vende più facilmente dell'oro e i suoi ricavi possono superare quelli del petrolio. L'oro ha bisogno di mediatori e di tempo per le contrattazioni; il petrolio di pozzi, raffinerie, oleodotti. La cocaina è l'ultimo bene rimasto che permetta l'accumulazione originaria. Potresti scoprire una fonte di greggio nel giardino di casa tua, o ereditare una miniera di coltan con cui rifornire tutti i telefonini del mondo, ma non passeresti dal nulla alle ville in Costa Smeralda altrettanto velocemente che attraverso la coca. Dalla strada alla vetta con la fabbrichetta di bulloni? Dalla miseria all'opulenza con le auto? Un secolo fa. Oggi anche le grandi multinazionali che producono beni primari o gli ultimi colossi dell'automobile non possono far altro che tenere botta. Ridurre i costi. Battere ogni periferia del pianeta per aumentare le esportazioni che in ogni settore si stanno rivelando sempre meno incrementabili. Sperare, soprattutto, che i bilanci positivi facciano andar bene le azioni e obbligazioni aziendali, perché è su queste che si è spostata una parte sempre più consistente del guadagno.

Non esistono titoli quotati in Borsa che possono generare il profitto della cocaina. L'investimento più spericolato, la speculazione più anticipatrice, movimenti rapidissimi di ingenti flussi di danaro che riescono ad abbattersi sulle condizioni di vita di interi continenti, non ottengono una moltiplicazione del valore neppure lontanamente paragonabile. Chi punta sulla coca, accumula in pochi anni ricchezze che in genere le grandi holding hanno conseguito in decenni di investimenti e speculazioni finanziarie. Se un gruppo imprenditoriale riesce ad avere le mani sulla coca, detiene un potere impossibile da raggiungere con qualsiasi altro mezzo. Da zero a mille. Un'accelerazione che non può dare nessun altro motore economico. Per questo, laddove la coca è l'economia di scala, non esiste altro che lo scontro feroce e violento. Non c'è mediazione sulla coca. O tutto o nulla. E tutto dura poco. Non puoi fare traffico di cocaina con sindacati e piani industriali, con aiuti dello Stato e norme impugnabili in tribunale. Vinci se sei il più forte, il più furbo, il più organizzato, il più armato. Per qualsiasi azienda vale che più tendi l'elastico, più riesci a importi sul mercato. Se quell'elastico riesci a tenderlo ancora di più con la coca, allora potrai vincere in ogni altro settore. Solo la legge può spezzare l'elastico. Ma anche quando la legge rintraccia la radice criminale e cerca di estirparla, resta difficile che riesca a trovare tutte le imprese legali, gli investimenti immobiliari e i conti in banca che sono stati acquisiti grazie alla tensione straordinaria ottenuta dalla polvere bianca.

La cocaina è un bene complesso. Dietro il suo candore nasconde il lavoro di milioni di persone. Nessuna di queste si arricchisce come coloro che sanno piazzarsi nel punto giusto della filiera produttiva. I Rockefeller della cocaina sanno come nasce il loro prodotto, passaggio per passaggio. Sanno che a giugno si semina e che ad agosto c'è la raccolta. Sanno che la semina dev'essere fatta con un seme proveniente da piante di almeno tre anni e che i raccolti di coca si fanno tre volte all'anno. Sanno che le foglie raccolte devono essere messe a seccare entro ventiquattro ore dalla potatura, altrimenti si rovinano e non le vendi più. Sanno che il passo successivo è scavare due buchi nel terreno. Nel primo, insieme alle foglie secche, devi aggiungere carbonato di potassio e kerosene. Sanno che poi bisogna pestare per bene questo mix, fino a ottenere una sbobba verdastra, il carbonato di cocaina, che una volta filtrato deve essere trasferito nel secondo buco. Sanno che l'ingrediente successivo è l'acido solforico concentrato. Sanno che quello che così si ottiene è il solfato basico di cocaina, la *pasta basica*, che va fatta essiccare. Sanno che gli ultimi passaggi comportano acetone, acido cloridrico, alcol assoluto. Sanno che bisogna filtrare ancora e ancora. E poi di nuovo a seccare. Sanno che si ottiene il *cloridrato di cocaina*, chiamato comunemente: cocaina. Sanno, i Rockefeller della cocaina, che per ottenere più o meno mezzo chilo di coca purissima servono: tre quintali di foglie e un manipolo di operai a tempo pieno. Tutto questo gli imprenditori della cocaina lo sanno come qualunque capo d'azienda. Ma sanno soprattutto che la massa dei contadini, degli spacciatori e trasportatori che hanno trovato un lavoro poco più redditizio di ciò che possono tentare di cercarsi altrove continua lo stesso ad avere entrambi i piedi piantati nella miseria. È manovalanza, una marea di sudditi interscambiabili nella perpetuazione di un sistema di sfruttamento e arricchimento a beneficio di pochi. E in cima a quei pochi ci sono quelli che hanno avuto la lungimiranza di capire che nel lungo viaggio della coca, dalle foglie colombiane alle narici del consumatore occasionale, i soldi veri si fanno con la vendita, la rivendita e la gestione dei prezzi. Perché se è vero che un chilo di cocaina in Colombia viene venduto a millecinquecento dollari, in Messico tra i dodicimila e i sedicimila, negli Stati Uniti a ventisettemila, in Spagna a quarantaseimila, in Olanda a quarantasettemila, in Italia a cinquantasettemila e nel Regno Unito a settantasettemila; se è vero che i prezzi al grammo variano dai sessantuno dollari del Portogallo e arrivano ai centosessantasei del Lussemburgo, passando per gli ottanta in Francia, gli ottantasette in Germania, i novantasei in Svizzera e i novantasette in Irlanda; se è vero che da un chilo di cocaina pura con il taglio si ricavano mediamente tre chili che verranno venduti in dosi da un grammo; se è vero tutto questo, è altrettanto vero che chi comanda l'intera filiera è uno degli uomini più ricchi del mondo.

Nuove borghesie mafiose gestiscono oggi il traffico di coca. Attraverso la distribuzione conquistano il territorio dove viene commerciata. Un Risiko di dimensioni planetarie. Da una parte i territori di produzione che diventano feudi dove non cresce più nulla se non povertà e violenza, territori che i gruppi mafiosi tengono sotto controllo elargendo carità ed elemosina che spacciano per diritti. Non deve esserci sviluppo. Solo prebende. Se qualcuno vuole riscattarsi non deve reclamare per sé diritti ma ricchezza. Una ricchezza che deve sapersi prendere. In questo modo si perpetua un unico modello d'affermazione di cui la violenza è solo veicolo e strumento. Quel che si impone è potere prodotto e conteso in purezza, come la cocaina stessa. Dall'altra parte paesi e nazioni dove piazzare al centro della mappa le proprie bandierine. Italia: presenti. Inghilterra: presenti. Russia: presenti. Cina: presenti. Ovunque. Per le famiglie più forti, la coca funziona con la facilità di un bancomat. C'è da comprare un centro commerciale? Importi coca e dopo un mese ci sono i soldi per chiudere la transazione. Devi influenzare campagne elettorali? Importi coca e sei pronto nel giro di poche settimane. La cocaina è la risposta universale al bisogno di liquidità. L'economia della coca cresce a dismisura e arriva ovunque.

5.

La ferocia si apprende

Mi chiedo da anni a che cosa serva occuparsi di morti e sparatorie. Tutto questo vale la pena? Per quale ragione? Ti chiameranno per qualche consulenza? Terrai un corso di sei settimane in qualche università, meglio se prestigiosa? Ti lancerai nella battaglia contro il male, credendoti il bene? Ti daranno lo scettro di eroe per qualche mese? Guadagnerai se qualcuno leggerà le tue parole? Ti odieranno quelli che le hanno dette prima di te, ignorati? Ti odieranno quelli che non le hanno dette, quelle parole, o le hanno dette male? A volte credo sia un'ossessione. A volte mi convinco che in queste storie si misura la verità. Questo, forse, è il segreto. Non segreto per qualcuno. Segreto per me. Nascosto a me stesso. Tenuto in disparte nelle mie parole pubbliche. Seguire i percorsi del narcotraffico e del riciclaggio ti fa sentire in grado di misurare la verità delle cose. Capire i destini di un'elezione politica, la caduta di un governo. Ascoltare le parole ufficiali inizia a non bastare. Mentre il mondo ha una direzione ben precisa, tutto sembra invece concentrarsi su qualcosa di diverso, magari di banale, di superficiale. La dichiarazione di un ministro, un evento minuscolo, il gossip. Ma a decidere di ogni cosa è altro. Questo istinto è alla base di tutte le scelte romantiche. Il giornalista, il narratore, il regista vorrebbero raccontare com'è il mondo, com'è veramente. Dire ai loro lettori, ai loro spettatori: non è come pensavi, ecco com'è. Non è come credevi, adesso ti apro io la ferita da cui puoi sbirciare la verità ultima. Ma nessuno ci riesce mai completamente. Il rischio è credere che la realtà, quella vera, quella pulsante, quella determinante, sia completamente nascosta. Se inciampi e ci caschi, inizi a credere che tutto sia cospirazione, riunioni segrete, logge e spie. Che qualsiasi cosa non sia mai accaduta come sembra. Questa è l'idiozia tipica di chi racconta. È l'inizio della miopia di un occhio che si ritiene incontaminato: far quadrare il cerchio del mondo nelle tue interpretazioni. Ma non è così semplice. La complessità sta proprio nel non credere che tutto sia nascosto o deciso in stanze segrete. Il mondo è più interessante di una cospirazione tra servizi di intelligence e sette. Il potere criminale è una mistura di regole, sospetto, potere pubblico, comunicazione, ferocia, diplomazia. Studiarlo è come interpretare testi, come diventare entomologo.

Eppure, nonostante tutti i miei sforzi, non mi è chiaro perché si decida di occuparsi di queste storie. Soldi? Fama? Gradi? Carriera? Tutto infinitamente meno rispetto al prezzo da pagare, al rischio e all'insopportabile mormorio che accompagnerà i tuoi passi, ovunque tu vada. Quando riuscirai a raccontare, quando capirai come rendere accattivante il racconto, quando saprai esattamente dosare stile e verità, quando le tue parole usciranno dal tuo torace, dalla tua bocca e avranno un suono, tu sarai il primo a provarne fastidio. Sarai tu il primo a odiarti, con tutto te stesso. E non sarai l'unico. Ti odierà persino chi ti ascolta, cioè chi sceglie di farlo senza alcuna costrizione, perché gli mostri questo schifo. Perché si sentirà sempre messo dinanzi a uno specchio: perché io non l'ho fatto? Perché non l'ho detto? Perché non l'ho capito? Il dolore si fa acuto e l'animale ferito spesso attacca: è lui che mente, lo fa per depistare, per corruzione, per fama, per soldi. Raccontare il potere criminale ti permette di sfogliare come libri palazzi, parlamenti, persone. Prendi un palazzo di cemento e lo immagini come costruito da migliaia di pagine, e più puoi sfogliare quelle pagine più puoi leggere quanti chili di coca, quante tangenti, quanto lavoro nero ci sono in quella struttura. Immagina di poter fare così con tutto ciò che vedi. Immagina di poter sfogliare qualunque cosa sia intorno a te. A quel punto potrai capire molto, ma arriverà un momento in cui vorrai tenere chiusi tutti i libri. In cui non ne potrai più di sfogliare le cose.

Puoi pensare che occuparti di tutto questo sia un modo per redimere il mondo. Ristabilire la giustizia. E magari in parte è così. Ma forse, e soprattutto in questo caso, devi anche accettare il peso di essere un piccolo supereroe senza uno straccio di potere. Di essere in fondo un patetico essere umano che ha sovrastimato le sue forze solo perché non si era mai imbattuto nel loro limite. La parola ti dà una forza assai superiore a quella che il tuo corpo e la tua vita possono contenere. Ma la verità, ovviamente la mia verità, è che c'è solo un motivo per cui decidi di star dentro a queste storie di mala e trafficanti, di imprenditoria criminale e stragi. Fuggire ogni consolazione. Decretare l'inesistenza assoluta di qualsiasi balsamo per la vita. Sapere che quello che saprai non ti farà stare meglio. Eppure cerchi continuamente di saperlo. E quando lo sai inizi a sviluppare un disprezzo per le cose. E per cose intendo proprio le cose, la roba. Vieni a sapere immediatamente come vengono fatte le cose, qual è la loro origine, come vanno a finire.

E anche se stai male ti convinci che questo mondo puoi capirlo davvero solo se a queste storie decidi di star dentro. Puoi essere un divulgatore, un cronista, un magistrato, un poliziotto, un giudice, un prete, un operatore sociale, un maestro, un militante antimafia, uno scrittore. Puoi saper far bene il tuo mestiere, ma questo non significa necessariamente che tu per vocazione, nella tua vita, voglia star dentro a queste vicende. Dentro significa che ti consumano, che ti animano, che bacano ogni cosa del tuo quotidiano. Dentro significa che hai nella testa le mappe delle città con i cantieri, le piazze dello spaccio, i luoghi dove si sono siglati patti e dove sono avvenuti omicidi eccellenti. Non ci sei dentro solo perché stai in strada o ti infiltri come Joe Pistone per sei anni in un clan. Ci stai dentro perché sono il senso del tuo stare al mondo. E da anni ho deciso di starci dentro. Non solo perché sono cresciuto in un territorio dove tutto era deciso dai clan, non solo perché ho visto morire chi si era opposto al loro potere, non solo perché la diffamazione scioglie nelle persone qualsiasi desiderio di opporsi al potere criminale. Stare dentro ai traffici della polvere è l'unica prospettiva che mi abbia permesso di capire le cose fino in fondo. Guardare la debolezza umana, la fisiologia del potere, la fragilità dei rapporti, l'inconsistenza dei legami, la forza immane del danaro e della ferocia. L'assoluta impotenza di tutti gli insegnamenti volti alla bellezza e alla giustizia di cui mi sono nutrito. Mi sono accorto che la coca era il perno attorno a cui ruotava tutto. La ferita aveva un nome solo. Cocaina. La mappa del mondo si tracciava sì con il petrolio, quello nero, quello di cui siamo abituati a parlare, ma anche con il petrolio bianco, come lo chiamano i boss nigeriani. La mappa del mondo si costruisce sul carburante, quello dei motori e quello dei corpi. Il carburante dei motori è il petrolio, il carburante dei corpi è la coca.

"I serbi. Precisi, spietati, meticolosi nella tortura."

"Cazzate. I ceceni. Hanno delle lame così affilate che senza accorgertene sei già a terra dissanguato."

"Dilettanti a confronto dei liberiani. Ti strappano il cuore quando ancora sei vivo e poi se lo mangiano."

È un gioco vecchio quanto il mondo. La classifica delle crudeltà, la top ten dei popoli più feroci.

"E gli albanesi? Non si accontentano di far fuori te. No, loro si occupano anche delle generazioni future. Cancellano tutto. E per sempre."

"I romeni ti mettono una busta in testa, ti legano i polsi al collo e lasciano che il tempo faccia il suo corso."

"I croati ti inchiodano i piedi e tu non puoi far altro che pregare che la morte arrivi il più in fretta possibile."

L'escalation di sangue, terrore e sadismo va avanti per un bel po', fino all'immancabile elenco dei corpi speciali: i legionari francesi, El Tercio spagnolo, il Bope brasiliano.

Sono seduto a un tavolo rotondo. A turno gli uomini attorno a me si passano il testimone delle loro esperienze e almanaccano le specificità culturali dei popoli che meglio conoscono dopo aver operato nei loro territori nel corso di missioni di pace. È un rito, questo sadico gioco un po' razzista, ma, come tutti i riti, necessario. È l'unico modo che hanno per dirsi che il peggio è alle spalle, che ce l'hanno fatta, che da adesso in avanti comincia la vita vera. Quella migliore.

Me ne sto in silenzio. Come un antropologo devo interferire il meno possibile perché il rito si svolga senza intoppi. I volti dei convitati sono seri, e quando uno di loro prende la parola non guarda in faccia chi gli sta di fronte o quello che ha parlato prima di lui. Ognuno racconta la propria storia come se stesse parlando a se stesso in una stanza vuota, cercando di convincersi che quello che ha visto è il male assoluto.

In tutti questi anni, di classifiche così ne ho sentite a decine, in riunioni, congressi, cene, davanti a piatti di pasta o in tribunali. Spesso non erano che elenchi di efferatezze sempre più inumane, ma via via che questi episodi andavano accumulandosi nella mia testa, si faceva strada un denominatore comune, un tratto culturale che tornava pervicacemente e con insistenza. Alla crudeltà veniva assegnato un posto d'onore nel patrimonio genetico delle popolazioni. Commettendo l'errore di far coincidere gesti di ferocia o di guerra con un intero popolo, stilare classifiche di questo tipo diventa l'equivalente di far mostra dei muscoli scolpiti dopo interminabili ore di palestra. Ma anche dietro i muscoli esibiti per impressionare i propri avversari c'è una rigida e codificata preparazione. Non esiste improvvisazione, tutto deve essere precisamente progettato. Educato. Ciò che rende un uomo un vero uomo è l'educazione. È ciò che si impara che fa la differenza.

La ferocia si apprende. Non ci nasci. Per quanto un uomo possa crescere con delle inclinazioni, possa aver avuto una famiglia che gli ha lasciato in eredità rancore e violenza, la ferocia si insegna, la ferocia si impara. La ferocia è qualcosa che passa da maestro ad allievo. L'impulso non basta, l'impulso va incanalato e addestrato. Si ammaestra un corpo a svuotarsi dell'anima, anche se all'anima non credi, anche se pensi che sia una fesseria religiosa, fiato fantasioso, anche se per te tutto è fibra e nervo e vene e acido lattico. Eppure qualcosa c'è. Altrimenti come lo chiami quel freno che proprio all'ultimo ti impedisce di andare fino in fondo? Coscienza. Anima. Ha tanti nomi, ma comunque la si voglia chiamare puoi comprometterla, forzarla. Pensare che la ferocia sia intrinseca all'essere umano è comodo e fa il gioco di chi vuole lavarsi la coscienza senza prima averci fatto i conti.

Quando un soldato finisce il suo racconto, quello accanto non aspetta che le parole facciano effetto, e comincia a parlare. Il rito procede, e anche questa volta tutti sembrano silenziosamente concordare sul fatto che alcuni popoli ce l'hanno proprio nel sangue, quell'impulso, non c'è niente da fare, il male nasce con noi. Alla mia destra un soldato sembra particolarmente ansioso che arrivi il suo turno. Si muove sulla sedia di plastica, emettendo leggeri scricchiolii che a quanto pare avverto solo io, perché nessuno dei suoi colleghi alza mai la testa nella nostra direzione. È chiaro che non si tratta di un indisciplinato novellino: porta la barba lunga di chi se la può permettere e le mostrine indicano che di scenari pericolosi ne ha conosciuti parecchi. Altra anomalia: scuote la testa. Addirittura mi sembra di intravedere un piccolo sorriso di scherno. È un elemento perturbante del rito e adesso anch'io non vedo l'ora che arrivi il suo turno. Non devo aspettare molto, perché a metà di una vivida descrizione dell'asportazione delle unghie a opera di qualche servizio segreto dell'Est, l'uomo alla mia destra zittisce la discussione.

"Non avete capito un cazzo. Non sapete nulla di nulla. Leggete solo le storie dei giornali di gossip, ascoltate solo il telegiornale delle otto. Non sapete niente."

Poi rovista frenetico in una delle tasche dei suoi pantaloni militari ed estrae uno smartphone, fa scorrere nervosamente le dita sul touchscreen, finché compare una cartina geografica. Ingrandisce, sposta, ingrandisce ancora e finalmente mostra agli altri uno spicchio di mondo. "Ecco, i peggiori sono qui." Il dito è puntato su una zona del Centroamerica. Il rito si è infranto. Il Guatemala. Sono tutti stupiti.

"Il Guatemala?"

Il reduce risponde con una parola sola, sconosciuta ai più: "Kaibil".

Avevo sentito pronunciare questo nome nelle testimonianze degli anni settanta, ma ormai nessuno più lo ricordava.

"Otto settimane," riprende il soldato barbuto, "otto settimane e tutto ciò che c'è di umano nell'essere umano scompare. I Kaibiles hanno scoperto un modo per annullare la coscienza. In due mesi può essere estratto da un corpo tutto ciò che lo distingue dalla bestia. Ciò che gli fa discernere cattiveria, bontà, moderazione. In otto settimane puoi prendere san Francesco e renderlo un killer capace di uccidere gli animali a morsi, sopravvivere bevendo solo il piscio ed eliminare decine di esseri umani non curandosi nemmeno dell'età delle sue vittime. Bastano otto settimane per imparare a combattere su ogni tipo di terreno e in qualsiasi condizione atmosfe-

rica, e per imparare a muoversi rapidamente quando attaccati dal fuoco nemico."

Silenzio. Ho appena assistito a un'eresia. Per la prima volta il paradigma della ferocia innata è stato abbattuto. Devo
incontrare un Kaibil. Comincio a leggere. E scopro che i Kaibiles sono il corpo d'élite antisovversivo dell'esercito guatemalteco. Nascono nel 1974, quando viene creata la Scuola
militare che sarebbe poi diventata il Centro di addestramento e operazioni speciali Kaibil. Sono gli anni della guerra civile guatemalteca, anni in cui forze del governo e paramilitari, sostenuti dagli Stati Uniti, si trovano ad affrontare prima
guerriglieri disorganizzati e poi il gruppo ribelle Unidad Re-
volucionaria Nacional Guatemalteca. È una guerra senza
quartiere. Nelle maglie dei Kaibiles rimangono intrappolati
studenti, lavoratori, professionisti, politici dell'opposizione.
Chiunque. Villaggi maya vengono rasi al suolo, i contadini
trucidati e i loro corpi lasciati a marcire sotto il sole incle-
mente. Nel 1996, dopo trentasei anni e più di duecentomila
morti, trentaseimila desaparecidos e seicentoventisei massacri comprovati, la guerra civile in Guatemala ha finalmente
termine con la firma degli accordi di pace. Il primo presidente del dopoguerra, Álvaro Arzú, decide allora, su richiesta degli Stati Uniti, di trasformare l'esercito antinsurrezionalista,
considerato la migliore forza antisovversiva dell'America Latina, in un efficace strumento contro il narcotraffico. L'1 ottobre 2003 viene ufficialmente creato il plotone antiterrorismo
Battaglione di forze speciali Kaibil.

Per loro stessa definizione, i Kaibiles sono "macchine per
uccidere", addestrate attraverso prove raccapriccianti, perché il valore deve essere provato sempre, giorno dopo giorno, orrore dopo orrore. Bere il sangue di un animale che si è
ucciso poco prima e di cui si sono mangiati i resti crudi rafforza il Kaibil, gli dona potenza. Da tempo la Commissione
per il Chiarimento storico guatemalteca ha cominciato a in-

teressarsi a queste pratiche e ha redatto un documento dal titolo *Memoria del silenzio*. In questo documento si ricorda che il 93 per cento dei crimini documentati in Guatemala nei trentasei anni di guerra è stato commesso dalle forze dell'ordine e dai gruppi paramilitari, in particolare dalle Patrullas de Autodefensa Civil e dai Kaibiles. Secondo il report, durante il conflitto armato interno il corpo dei Kaibiles commise atti di genocidio.

Tra i massacri più efferati si ricorda quello di Las Dos Erres, un villaggio del dipartimento del Petén che tra il 6 e l'8 dicembre 1982 fu raso al suolo e i cui abitanti furono assassinati. Il 6 dicembre quaranta Kaibiles entrarono nel villaggio per recuperare diciannove fucili persi in una precedente imboscata da parte dei guerriglieri e non risparmiarono nessuno: uccisero uomini, donne e bambini, violentarono ragazzine, provocarono aborti alle donne incinte a suon di colpi con i calci dei fucili e saltando sulle loro pance, gettarono bimbi vivi nei pozzi o li finirono a colpi di mazza, alcuni furono anche sepolti vivi. I più piccoli vennero uccisi schiantandoli contro i muri o contro gli alberi. I cadaveri furono gettati nei pozzi o abbandonati nei campi. Si parla di oltre duecentocinquanta morti, anche se quelli documentati sono duecentouno, settanta avevano meno di sette anni. Prima di lasciare il villaggio i soldati presero con loro due ragazzine di quattordici e sedici anni che erano state risparmiate e le fecero vestire da militari: le tennero con loro tre giorni, durante i quali le violentarono ripetutamente. Quando si stancarono, le strangolarono.

Non è difficile incontrare un Kaibil: il loro orgoglio è troppo forte. Da quando ho sentito parlare quel soldato non mi sono dato tregua e così ho iniziato a chiedere. Chiedere di poter incontrare un combattente Kaibil. Mi segnalano un domestico che lavora in una casa di imprenditori milanesi. È gentile, mi dà appuntamento e ci incontriamo per strada.

Mi racconta che è un ex giornalista, nel portafoglio conserva le fotocopie di alcuni suoi articoli. Se li rilegge ogni tanto o forse li tiene lì a testimonianza della sua precedente vita. Conosce un Kaibil. Non vuole parlare di altro.

"Lo conosco. Un Kaibil difficilmente diventa un ex Kaibil, ma questo ha fatto cose non buone."

Non vuole specificare cosa siano le cose non buone.

"Non crederai a nulla di quello che ti dirà, non ci credo nemmeno io, perché se quello che dice è vero io non potrei dormire..."

Poi mi fa l'occhiolino: "So che è vero, ma spero non sia proprio così vero".

Mi passa un numero di telefono. Saluto il domestico-giornalista e compongo il numero. Mi risponde una voce gelida, che però dice di essere lusingata dal mio interessamento. Anche lui mi dà appuntamento in un luogo pubblico. Arriva Ángel Miguel. Piccoletto, occhi maya, vestito elegante come per un incontro con una telecamera. Ho solo un taccuino e la cosa non gli piace. Ma decide di non andarsene. La voce gelida del telefono ha lasciato il posto a una parlata affettata. Durante la nostra chiacchierata non abbassa mai gli occhi e non fa mai un gesto che non sia strettamente necessario.

"Sono contento che tu sia maricón," esordisce.

"Non sono maricón."

"Impossibile, ho la prova. Sei maricón, ma non vergognartene."

"Se fossi gay non me ne vergognerei, stanne pure certo. Ma di cosa stiamo parlando?"

"Sei maricón, non ti sei accorto di tutto... esto..."

Ruota il collo di qualche grado alla sua sinistra senza distogliere i suoi occhi dai miei, e in quell'istante, come rispondesse a un richiamo ancestrale, una ragazza fa un passo avanti. In effetti non mi ero accorto di lei. Ero tutto per il Kaibil.

"Se non noti questa, sei maricón."

Biondissima, fasciata in un vestito che le fa da seconda pelle, arrampicata su tacchi vertiginosi. E, nonostante questo, non un filo di trucco, forse ha stabilito che sono sufficienti gli occhi chiari spruzzati di scaglie dorate a farle risaltare il viso. È la sua fidanzata. Si presenta, italiana e contenta di esser lì ad accompagnare quello che forse ha scambiato per un eroe di guerra.

"Devi diventare *cuas*. Se non diventi *cuas*, non sai cosa significhi la fratellanza nella battaglia."

Ángel Miguel, capisco, non ama perdere tempo. Ha decretato che sono omosessuale e mi ha introdotto la sua fidanzata. Per lui tanto basta, ora può cominciare il suo racconto. Ho letto da qualche parte che in lingua q'eqchi' *cuas* è proprio questo che significa: fratello. Ma solo adesso colgo che l'accezione non si riferisce a una relazione biologica. *Cuas* non è il fratello che ti ritrovi alla nascita, *cuas* è il fratello che viene scelto per te.

"Una volta, durante l'addestramento, chiesi a dei Kaibiles di lasciarmi un po' di cibo. Il mio *cuas* diventò bianco come un morto. I Kaibiles buttarono a terra il loro cibo e cominciarono a calpestarlo. Poi ci legarono e ci dissero: 'Beccate, galline'. Se allungavamo troppo la lingua erano calci e grida: 'Non brucare, beccare, polli!'.

"Nell'addestramento se uno dei due *cuas* sbaglia, vengono puniti entrambi, se uno dei due fa bene, ricevono pasto abbondante e un letto entrambi. Sono quasi fidanzati, i *cuas*. Una volta io e il mio *cuas* eravamo in tenda e il mio *hermano* di notte ha iniziato a toccarmi il cazzo. All'inizio ero infastidito, poi ho capito che dovevamo fare tutto... dividere la solitudine, il piacere... ma non ce lo siamo messo... solo toccato..."

Parla quasi senza prendere fiato, come se dovesse esporre nel più breve tempo possibile un discorso preparato in precedenza. La fidanzata annuisce orgogliosa. Le pagliuzze dorate negli occhi adesso sono ancora più luminose. Vorrei interromperlo e fargli notare che qualche minuto prima aveva dato a me del maricón, ma decido che mi conviene non interferire nel suo flusso di coscienza.

"Lì impari cos'è un fratello guerriero. Si spartisce il rancio, ci si tiene vicini quando fa freddo, ci si fa picchiare a sangue per tenere il nervosismo addestrato."

Smettere di essere uomo, smettere di averne i melliflui pregi e gli imperfetti difetti. Diventare Kaibil. Stare al mondo odiando.

"All'entrata del Centro di addestramento dei Kaibiles a Poptún, nel dipartimento del Petén, c'è una scritta: 'Benvenuti all'inferno', ma credo che siano in pochi a leggere l'altra scritta: 'Se avanzo, seguimi. Se mi fermo, spingimi avanti. Se indietreggio, uccidimi'."

La mia fonte non ha certo il fisico di Rambo, ma nonostante ciò snocciola con sicurezza i maestri stranieri che dagli anni ottanta hanno dato una mano nell'addestramento dei giovani Kaibiles: berretti verdi, ranger reduci dal Vietnam, commandos peruviani e cileni. Durante la guerra civile in Guatemala si diceva che le decapitazioni fossero la loro firma distintiva nei massacri, anche se alcuni sono convinti che sia solo una leggenda, come il loro canto di guerra: "*Kaibil, Kaibil, Kaibil! Mata, mata, mata! Qué mata Kaibil? Guerrillero subversivo! Qué come Kaibil? Guerrillero subversivo!*".

"La prima fase dell'addestramento dura ventun giorni," continua Ángel Miguel, "a cui segue la seconda di ventotto. Nella giungla. Fiumi, paludi, campi minati. Queste sono le case del Kaibil. E come tu ami la tua casa, il Kaibil ama la sua. E infine l'ultima settimana. L'ultima tappa per diventare un vero Kaibil. Impari a nutrirti con quello che c'è, con quello che trovi. Scarafaggi, serpenti. Impari a conquistare il territorio nemico, ad annientarlo, a impadronirtene.

"Per portare a termine il corso, bisogna trascorrere due giorni senza dormire in un fiume con l'acqua fino al collo. A me e al mio *cuas* avevano affidato un cucciolo, un bastardino dallo sguardo acquoso. Ci dissero di prenderci cura di lui, che avrebbe fatto parte della fratellanza. Dovevamo portarcelo dietro ovunque e dargli da mangiare. Gli avevamo dato un nome e ci stavamo affezionando, quando il nostro capo ci ha detto che avremmo dovuto ucciderlo. Una coltellata a testa, in pancia. Ormai eravamo alla fine dell'addestramento e non ci ponemmo molte domande. Il capo ci disse che ora avremmo dovuto mangiarlo e berne il sangue. Così avremmo dimostrato il nostro coraggio. Eseguimmo anche quest'ordine, era tutto così naturale.

"Il Kaibil sa che per sopravvivere non serve bere, non serve mangiare, non serve dormire. Servono le munizioni e un fucile efficiente. Eravamo soldati, eravamo perfetti. Non combattevamo per un ordine, non sarebbe stato sufficiente. Avevamo un'appartenenza, e questo è più forte di qualsiasi imposizione. Solo un terzo di noi è arrivato alla fine. Gli altri sono scappati o sono stati cacciati. Altri si sono ammalati o sono morti."

Quello dei Kaibiles è anzitutto un mondo simbolico. La paura, il terrore, la fratellanza, la solidarietà tra *cuas*. Tutto può e deve essere ostentato attraverso un sapiente gioco di rimandi e di significati, attraverso l'invenzione di acrostici. A partire dalla stessa parola *cuas*: C = cameratismo, U = unione, A = appoggio, S = sicurezza. Oppure con la frase che esprime la filosofia dei Kaibil, che recita: "Il Kaibil è una macchina per uccidere quando forze o dottrine estranee attentano alla patria o all'esercito". Il Kaibil poi non deve mai separarsi per nessuna ragione al mondo dal proprio berretto color porpora, che reca il loro stemma: un moschettone da alpinismo che rappresenta unione e forza, che contiene un pugnale (simboleggiante l'onore) con un'impugnatura con cinque tacche che rappresentano i cinque sensi, e la scritta

"Kaibil" in lettere maiuscole gialle. "Kaibil" in lingua mam significa "chi ha la forza e l'astuzia di due tigri". Il nome deriva dal grande Kaibil Balam, re mam che resistette coraggiosamente ai conquistatori spagnoli del XVI secolo, alle truppe di Gonzalo de Alvarado. Proprio le truppe che portavano con orgoglio il nome simbolo della resistenza agguerrita dei maya nei confronti dei conquistatori divennero strumento di sterminio del loro stesso popolo. Snaturando la leggenda, il nome ha assunto oggi la connotazione del terrore.

"Al termine delle otto settimane c'è una cena. Griglie enormi, fumanti, il fuoco è costantemente alimentato e per tutta la notte vengono lanciati sulle piastre filetti di carne di alligatore, iguana e cervo. C'è anche l'usanza di prendere con la forza il ministro della Difesa guatemalteco e lanciarlo in uno stagno dove ci sono i coccodrilli (anche se a chilometri di distanza: quelli del governo sono dei cagasotto!). Dopo questa cena puoi esibire lo stemma dei Kaibiles. Il pugnale si staglia su uno sfondo azzurro e nero. L'azzurro è il giorno: il Kaibil opera sul mare o in cielo. Il nero è il silenzio delle operazioni notturne. In diagonale c'è una corda: le missioni terrestri. E infine, dal pugnale, una fiamma che brucia in eterno. La libertà."

L'immobilismo di Ángel Miguel è interrotto da un gesto fulmineo. Ha sollevato la mano e ha allargato le dita.

"Olfatto. Udito. Tatto. Vista. Gusto."

I cinque sensi che il perfetto Kaibil deve sviluppare e tenere sempre in allerta per sopravvivere. E per uccidere.

"Unione e forza."

Guardo Ángel Miguel. Lui non è più un Kaibil ma conserva ancora il vuoto negli occhi. Chi incontra un Kaibil non incontra solo una macchina da guerra, chi ha a che fare con un Kaibil ha a che fare con l'assenza. È quello che spaventa di più. Nonostante arrivi a malapena a un metro e sessantacinque, Ángel Miguel mi squadra dall'alto in basso. Parlare dell'addestramento e della fratellanza ha irrorato il suo orgoglio e ora si staglia dominando me e la sua fidanzata. Ho una domanda, e forse è questo il momento giusto per farla, ora che il mio interlocutore si sente così invulnerabile.

"Cosa puoi dirmi delle relazioni tra Kaibiles e narcotraffico?"

Amnesty International ha cominciato a segnalare questo fenomeno nel 2003 in un report in cui denunciava decine di casi di partecipazione di militari e poliziotti alla rete del narcotraffico, oltre ad attività illegali come furti d'auto, traffici di bambini per adozioni illegali e operazioni di "pulizia sociale". Sempre nel 2003, Washington ha incluso il Guatemala nella lista dei paesi "decertificati", visto che tra il 2000 e il 2002 il governo guatemalteco ha sequestrato solo un quinto della cocaina sequestrata tre anni prima.

Ángel Miguel, se accusa il colpo, di certo non lo fa vedere. Allora cerco una reazione nella fidanzata, ma anche lei rimane immobile, se si eccettua un leggero spostamento del peso da un tacco all'altro. Mi convinco che anche lei deve aver superato un addestramento prima di mettersi con lui. Poi, finalmente, Ángel Miguel apre la bocca: "Unione e forza," ripete, e poi tace. Il mantra dei Kaibiles per lui è sufficiente, mi chiedo se il ricorso a queste due parole non significhi che in qualche modo la mia domanda ha aperto una breccia. Provo a scoprirlo.

"È vero che alcuni ex combattenti hanno fatto carriera nei cartelli messicani?"

Da qualche anno le autorità messicane segnalano un numero crescente di ex Kaibiles ed ex militari guatemaltechi che vengono assoldati nelle organizzazioni criminali locali. Per queste ultime utilizzare ex militari è molto vantaggioso, perché permette di arruolare giovani già addestrati e con esperienza risparmiando così tempo e danaro per la loro formazione. Un ex Kaibil può tornare utile ai cartelli per la sua abilità nell'uso delle armi e per l'abitudine a operare in montagna e nei boschi. Un ex Kaibil sa sopravvivere in condizioni molto difficili e sa come muoversi tanto nel Petén, nel Nord del Guatemala, come nel Sud del Messico, due regioni con condizioni climatiche simili tra loro. La situazione è resa ancora più preoccupante dalla smobilitazione dell'esercito guatemalteco che si è avuta negli ultimi anni, quando si è passati da trentamila a quindicimila membri. Molti soldati hanno abbandonato l'esercito con un indennizzo, per ritrovarsi senza lavoro. Qualcuno è entrato a far parte di agenzie di sicurezza private ed è stato spedito all'estero come mercenario, magari in Iraq. Ma altri sono finiti ad alimentare cellule criminali.

Qualcosa si muove. Ángel Miguel si sfrega il pollice contro l'indice, come ad arrotolare una sigaretta invisibile, e all'angolo degli occhi sono comparse delle sottili rughe che prima non avevo notato. Anche la fidanzata non sembra più monolitica. Si guarda in giro e arriccia le labbra nervosamente.

Con le mie domande ho invertito il rapporto di potere che ogni Kaibil deve tenere con i suoi subordinati. Perché per Ángel Miguel questo sono: un subordinato che deve ascoltare ispirato le parole del suo superiore. Al telefono, prima di fissare l'incontro e salutarmi, Ángel Miguel mi aveva lasciato con un elenco di princìpi che lì per lì avevo scambiato per pura propaganda ma che adesso, nella silenziosa compostezza che continua a ostentare, ho capito di non aver rispettato. Un Kaibil deve "guadagnare la fiducia dei suoi subordinati, orientare i loro sforzi, chiarire gli obiettivi, ispirare sicurezza, creare unione tra le squadre, essere un esempio di moderazione in ogni momento, mantenere viva la speranza, sacrificarsi per la vittoria". Con due semplici domande sul passato e sul presente dei Kaibiles gli ho impedito di indottrinare anche me.

La ferocia si apprende. Ora lo so per certo. Ángel Miguel non arrotola più la sua sigaretta immaginaria e anche le rughe agli angoli degli occhi hanno lasciato il posto alla consueta pelle liscia e ambrata. L'educazione al male ha appianato le increspature delle mie domande e ha ristabilito la solida appartenenza a una fratellanza di sangue e di morte.

6.

Z

Ángel Miguel mi ha lasciato dentro una voglia insoddisfatta. Mi ha raccontato della ferocia, ha dipinto l'apprendistato alla violenza con aneddoti raccapriccianti. Eppure si è limitato a recitare una parte, quella del combattente in pensione che rivanga i tempi d'oro del suo addestramento. E questo non è sufficiente. Voglio affondare le mani nella ferocia, rovistare dove fa più male e poi vedere cosa mi rimane appiccicato alle dita. Perché se davvero la ferocia si può insegnare, e apprendere, allora devo vederla in azione. Capire come funziona e quanto può essere efficace. Voglio tornare dove la ferocia ha attecchito e si è sviluppata, dove ha trovato una combinazione di variabili che l'hanno tramutata in strumento di potere. Voglio tornare in Messico. Da Osiel Cárdenas Guillén, il boss del cartello del Golfo.

Osiel è famoso perché non commette errori e non perdona chi sbaglia. Ma un errore finisce per commetterlo anche lui, e con le persone sbagliate. È il novembre del 1999 e un agente della Dea, Joe DuBois, e uno dell'Fbi, Daniel Fuentes, sono a bordo di una Ford Bronco con targa diplomatica, sul sedile posteriore un informatore del cartello del Golfo dorme con la fronte spiaccicata contro il finestrino. L'informatore stava portando i due agenti a fare un giro per le case e i locali dei boss del cartello del Golfo a Matamoros. Perlustravano la zona. Non si sveglia neanche quando la Ford Bronco inchioda e dall'esterno arrivano voci fin troppo conosciute. "Quell'uomo è nostro, gringos!" La macchina degli agenti viene circondata da alcuni veicoli da cui emerge una dozzina di membri del cartello con gli AK-47 spianati. Poi Osiel scende dalla sua Jeep Cherokee e, armato, si avvicina al finestrino di uno dei due agenti e gli punta la pistola in faccia. Gli americani allora rivelano la loro identità e tirano fuori i distintivi. Ma a Osiel non frega niente di chi sono. È la prima volta che si espone così, sa che è un azzardo, ma non ha altra scelta, l'informatore non deve parlare. Il tempo si congela, gli attori in scena si sfidano senza mostrare troppo i muscoli, una mossa sbagliata e quello che sembra un negoziato può trasformarsi in una carneficina. Poi l'agente dell'Fbi ci prova: "Se non ci lasci andare, il governo degli Stati Uniti ti darà la caccia fino alla tomba". Osiel cede, urla ai gringos che quello è il suo territorio e che non possono controllarlo e di non farsi più vedere in quella zona, poi ordina ai suoi di fare marcia indietro. L'agente dell'Fbi e quello della Dea tirano un sospiro di sollievo.

È l'inizio della fine. Le autorità statunitensi mettono una taglia di due milioni di dollari sulla testa di Osiel, che diventa paranoico. Vede nemici ovunque, anche i suoi collaboratori più fidati potrebbero essere delle *madrine*, degli informatori. Deve aumentare la potenza di fuoco e decide di comprarsi un esercito. Non vuole commettere imprudenze e sceglie soldati corrotti e disertori del corpo d'élite dell'esercito messicano, il Gafe, Grupo Aeromóvil de Fuerzas Especiales. Ironia della sorte, il Gafe aveva proprio il compito di scovare delinquenti come lui. Gli uomini del Gafe sono tipi tosti: sono stati plasmati sul modello delle forze armate statunitensi e addestrati da specialisti in tattiche sovversive di Israele e Francia. Tra questi Rambo messicani c'è il tenente Arturo Guzmán Decena. Con Osiel ha in comune alcuni tratti: cinico, ambizioso, spietato. Arturo, con altri trenta disertori, si iscrive nel libro paga di Osiel. Truppe pagate per combattere i narcotrafficanti giurano fedeltà a colui che poco prima era il nemico da abbattere: l'Ammazza amici paga più del governo messicano. Nasce così l'esercito privato di Osiel e viene battezzato Los Zetas, perché Z era il codice usato dai soldati del Gafe per comunicare tra di loro via radio. Il tenente Arturo Guzmán Decena diventa Z1.

La violenza è un essere autofagocitante, degrada volontariamente se stessa per rinnovarsi. Los Zetas sul territorio martoriato del Messico sono come una cellula che si annienta per ricrescere più forte, più potente, più distruttiva. L'escalation di atrocità aumenta la pressione nazionale e internazionale perché si arrivi presto all'arresto di Osiel Cárdenas. E l'arresto viene effettuato dall'esercito messicano il 14 marzo 2003 a seguito di una sparatoria a Matamoros. Osiel viene rinchiuso nel carcere di La Palma. Ma da dietro le sbarre di un carcere di massima sicurezza la sua leadership non viene minimamente scalfita, al punto che proprio in quella prigione nasce un'alleanza tra il cartello del Golfo e il cartello di Tijuana. Se dalla cella Osiel può impartire ordini, non può però tenere sotto controllo i suoi uomini e in particolare Los Zetas, che cominciano a esibire velleità di emancipazione sempre più evidenti. Los Zetas sono attratti dai lati più spietati delle organizzazioni criminali: hanno preso il peggio dei corpi paramilitari, il peggio della mafia, il peggio del narcotraffico.

Dal punto di vista militare è difficile competere con Los Zetas: usano giubbotti antiproiettile, alcuni indossano caschi in kevlar e il loro arsenale comprende fucili d'assalto AR-15 e migliaia di *cuernos de chivo* (corni di capra, come chiamano gli AK-47), pistole mitragliatrici MP5, lanciagranate, granate a frammentazione come quelle utilizzate nella guerra del Vietnam, missili terra-aria, maschere antigas, apparecchi per la visione notturna, dinamite ed elicotteri. Nel febbraio del

2008 un'incursione dell'esercito nella fattoria El Mezquito alle porte di Miguel Alemán, un centinaio di chilometri a ovest di Reynosa, ha portato alla luce ottantanove fucili d'assalto, 83.355 cartucce/munizioni ed esplosivo sufficiente a demolire interi edifici. Il livello di professionalità dei membri degli Zetas è altissimo e usano un moderno sistema per le intercettazioni. Le loro abilità tecnologiche li rendono imprendibili, perché utilizzano segnali radio criptati e Skype al posto di normali telefoni.

Al loro interno vige un'organizzazione gerarchica molto rigida. Ogni piazza ha il proprio capopiazza e il proprio contabile, il quale gestisce le finanze della cellula criminale, che oltre alla droga sfrutta diverse nicchie dell'economia criminale: furti, estorsioni, sequestri. Secondo fonti messicane e statunitensi, all'interno degli Zetas esiste una precisa divisione di ruoli, ognuno con il suo nome:

- le Finestre, *las Ventanas*, ragazzini con il compito di lanciare l'allarme quando individuano poliziotti che ficcano il naso nelle zone dello spaccio;
- i Falchi, *los Halcones*, che si occupano delle aree di distribuzione;
- i Leopardi, *los Leopardos*, prostitute addestrate per estorcere preziose informazioni ai clienti;
- i Furbi, *los Mañosos*, addetti all'armamento;
- il Comando, la *Dirección*, la mente del gruppo.

È un'organizzazione piramidale ed efficiente, che non ha nulla da invidiare ai modelli vincenti delle mafie italiane.

Ángel Miguel forse non conosceva la storia di Osiel, ma non poteva certo ignorare che i rapporti tra Los Zetas e i Kaibiles erano stati molto stretti. I guatemaltechi avevano addestrato i soldati del Gafe in seguito diventati Los Zetas. Poi, una volta indipendenti, Los Zetas hanno iniziato a reclutare Kaibiles, ovvero i loro maestri di un tempo. Le competenze dei guatemaltechi sono preziosissime, ma c'è una cosa che Los Zetas imparano da soli: strizzare l'occhio alla telecamera. Basta digitare su Youtube "Los Zetas Execution Video" e comparirà una lista di video postati direttamente dai membri del gruppo. La ferocia funziona se si propaga come un contagio, di bocca in bocca, da persona a persona. Decapitazioni, soffocamenti, scuoiamenti sono il loro ufficio marketing. I video delle bestialità il loro ufficio stampa. Los Zetas amano in particolar modo le seghe elettriche: le teste che brandiscono sono il loro biglietto da visita. Vogliono che le vittime urlino e sanno farle urlare molto bene. Le loro grida devono arrivare ovunque, devono essere gli ambasciatori degli Zetas in Messico e nel mondo. Posseggono poi una caratteristica che li distingue dagli altri cartelli: non hanno un territorio, una collocazione fisica, delle radici geografiche. È un esercito postmoderno che ha bisogno di produrre innanzitutto un'immagine che crei degli avamposti. Il terrore deve conquistare il paese. I mujaheddin avevano capito prima di loro che le decapitazioni potevano essere il marchio di fabbrica delle atrocità, e Los Zetas non ci hanno messo molto a incorporare la stessa tecnica.

La Rete è la cassa di risonanza preferita, ma Los Zetas non disdegnano i vecchi metodi, come gli striscioni che appendono nei paesi e nelle città messicane. "Il gruppo operativo Los Zetas vuole te, soldato o ex soldato. Ti offriamo un buon salario, cibo e protezione per la tua famiglia. Non soffrire più gli abusi e non soffrire più la fame." I cosiddetti narcostriscioni promettono benefici e danaro ai soldati che decidono di arruolarsi nelle file degli Zetas, veicolano messaggi diretti alla popolazione, sono usati per intimidire nemici e governo. "Anche con il supporto del governo degli Stati Uniti non riusciranno a fermarci, perché qui comandano Los Zetas. Il governo di Calderón deve venire a patti con noi, perché se non lo fa saremo costretti a rovesciarlo e a prendere il potere con la forza."

Gli striscioni funzionano e vengono sfruttati anche da cartelli nemici degli Zetas, come La Familia Michoacana, che nel febbraio del 2010, proprio attraverso uno striscione, annuncia la creazione di un fronte di resistenza per combattere Los Zetas e invita i cittadini a partecipare: "Gentile invito a tutta la società messicana a unirsi in un fronte comune per porre fine agli Zetas. Noi stiamo già agendo contro Los Zetas. Uniamoci contro le bestie del male".

Resortito ed El Bigotito sanno che sugli autobus che percorrono la linea Cárdenas-Comalcalco-Villahermosa i bambini non aspettano che loro. Resortito ed El Bigotito sono due clown. Scherzi, giochi d'acqua, imitazioni, trucchi. I bambini sghignazzano e tornano a casa sempre un po' più tardi perché quei due sono proprio bravi. Resortito ed El Bigotito racimolano ogni volta qualche spicciolo, niente di che, ma sempre meglio dell'elemosina. E poi le risate cristalline li fanno sentire soddisfatti, appagati.

Un malinteso, uno scherzo crudele scappato di mano o un attentato preciso e studiato. La ragione è imperscrutabile, fatto sta che comincia a circolare una voce. Forse falsa. "Le parrucche da clown nascondono informatori dell'esercito." Resortito ed El Bigotito continuano ad alzarsi presto e a recarsi alla stazione degli autobus. Da quando ci sono loro, i bambini vanno a scuola più volentieri. Poi, il 2 gennaio 2011 i corpi senza vita dei due clown vengono trovati sul ciglio di una strada di campagna. Sono stati torturati e poi finiti a fucilate. Vicino ai cadaveri, su un foglietto, un breve messaggio di rivendicazione: "Questo mi è capitato perché facevo la spia e credevo che la Sedena mi avrebbe protetto". La Sedena è il ministero della Difesa messicano. Sotto la frase, una sigla identifica i responsabili. Fez, Forze speciali Zetas.

Non c'è limite alla brutalità degli Zetas: cadaveri ciondolano appesi ai ponti delle città davanti agli occhi dei bambini, in pieno giorno, corpi decapitati e fatti a pezzi vengono trovati vicino ai cassonetti o abbandonati lungo le strade, spesso lasciati con i pantaloni abbassati per un'ultima umiliazione, narcofosse vengono scoperte nelle campagne con decine di cadaveri ammassati uno sopra l'altro. Le città sono diventate scenari di guerra e in tutto il Messico il codice di condotta della gente è solo uno: la violenza.

Già, la violenza. Si torna sempre lì. Una parola che sa di istinto, di primitivo, e che Los Zetas – come i Kaibiles – hanno invece saputo instradare sul sentiero dell'educazione. Rosalío Reta è stato un loro allievo. Nato in Texas con il sogno di diventare Superman, Rosalío finisce a tredici anni in un campo di addestramento militare degli Zetas in un ranch nello stato di Tamaulipas. All'inizio è un gioco.

"La tua superarma sarà il laser."

"Ma Superman non usa il laser..."

"Non importa. Con il laser punti, premi e davanti a te scompaiono tutti."

È così che gli viene data la prima pistola e dopo sei mesi di training Rosalío è pronto per la prova di fedeltà: in una casa sicura del cartello lo attende un uomo legato a una sedia. Di quell'uomo Rosalío non sa nulla, è stato condannato per un motivo sconosciuto. Rosalío non fa domande, gli viene consegnata una pistola, una calibro 38, identica a quella con cui ha sparato per sei mesi a sagome di cartone. Non deve fare altro che premere il grilletto. La scarica di adrenalina è corrente elettrica. Come Superman, Rosalío si sente invincibile. Può volare, può fermare i proiettili, può vedere attraverso i muri. Può uccidere. "Pensavo di essere Superman," confesserà quando verrà arrestato, davanti ai giudici della Corte di Laredo, in Texas: "Mi piacque farlo, uccidere quella persona. Poi cercarono di togliermi la pistola, ma fu come togliere la caramella a un bambino".

Passano un paio d'anni e con due coetanei – Gabriel e Jessie – Rosalío approda all'Isola che non c'è degli Zetas: una bella casa affittata per loro dal cartello a Laredo, ogni sorta di pastiglie, una consolle collegata a un tv al plasma. All'inizio l'obiettivo è abbattere omini di cristalli liquidi. Giornate e giornate con in mano il joypad simulando di essere alla guida di una macchina che sfreccia per fittizie città americane. In quella realtà puoi fare quello che vuoi. Puoi uccidere chiunque senza conseguenze e senza rimorso. Male che vada ti si arrossano gli occhi. Per Rosalío e i suoi due amici la realtà del gioco si sovrappone alla vita vera, tutto diventa possibile e la paura scompare. Los Niños Zetas sono pronti. I patti sono chiari: cinquecento dollari a settimana per il pedinamento e i lavoretti, ma i soldi veri si fanno con i lavori speciali. Ci sono uomini che devono essere eliminati, ma non basta ucciderli, bisogna sgozzarli. A quel punto il compenso aumenta, sono bonus da cinquantamila dollari a volta. Quando quattro anni e venti omicidi dopo Rosalío viene arrestato, agli agenti che lo interrogano non mostra mai né paura né pentimento. Solo un'ombra passa sul volto dell'ormai diciassettenne, ed è quando parla di una sua missione a San Nicolás de los Garza. Mancò il bersaglio e provocò una strage causando la morte di quattro persone e il ferimento di venticinque, nessuna di queste legata alla criminalità organizzata. "Ho sbagliato," dice Rosalío, "e adesso loro me la faranno pagare." "Loro" sono i suoi ex istruttori, Los Zetas.

Nel 2002 Arturo Guzmán Decena, "El Z1", viene ammazzato in un ristorante di Matamoros. Sulla sua tomba viene posta una corona di fiori con la scritta: "Sarai sempre nel nostro cuore. Dalla tua famiglia: Los Zetas". Alla sua morte gli subentra Heriberto Lazcano Lazcano detto "El Lazca": nato il giorno di Natale del 1974, viene anche lui dai corpi speciali dell'esercito ed è ricercato dalle autorità federali di Messico e Stati Uniti per omicidio plurimo e traffico di droga. In Messico per chi dà informazioni che possano portare al suo arresto è prevista una ricompensa di trenta milioni di pesos (circa due milioni e mezzo di dollari statunitensi). Il Dipartimento di stato americano arriva fino a cinque milioni di dollari.

El Lazca è famoso per la sua tecnica di uccisione preferita: rinchiude la vittima in una cella e rimane a guardarla morire d'inedia. La morte è paziente, proprio come El Lazca, che seguendo le orme di Guzmán Decena rafforza il gruppo e lo amplia. Vengono istituiti campi di addestramento per reclute tra i quindici e i diciotto anni, per ex agenti della polizia locale, statale e federale, e vengono reclutati ex Kaibiles.

Sotto la guida del Lazca con il tempo Los Zetas passano da mero braccio armato a ruoli più decisionali all'interno del cartello del Golfo. Los Zetas si sentono forti adesso: vogliono essere indipendenti. Nel febbraio del 2010, dopo scontri armati e assassinii, il processo si conclude. Los Zetas, ormai cartello a sé stante, si schierano contro i loro precedenti "capi", il cartello del Golfo, e si alleano con i fratelli Beltrán Leyva e con i cartelli di Tijuana e Juárez. Indipendenza, potere e terrore. Sembrano questi gli ingredienti fondamentali degli Zetas, a cui però sarebbe sbagliato attribuire mancanza di ingegno e spessore creativo. È proprio l'Fbi che considera questo cartello come uno dei più tecnologicamente avanzati, in grado di riciclare circa un milione di dollari al mese per due anni attraverso i conti della Bank of America.

El Lazca è un boss giovane ma è già considerato un mito, una leggenda. Ricercato e temuto, è riuscito in un'impresa sovrumana, quasi divina: è morto ed è resuscitato. Nell'ottobre del 2012 una denuncia anonima arriva alla Marina militare messicana. El Lazca sta assistendo in quel momento a una partita di baseball in uno stadio a Progreso, nello stato di Coahuila. Un regalo inaspettato. Nell'assedio delle forze dell'ordine El Lazca perde la vita. È un trionfo. Dopo El Chapo, El Lazca è il narcotrafficante più ricercato. Un colpo incredibile.

Qualche giorno dopo un commando Los Zetas ruba il corpo del loro capo dall'obitorio. I test della Scientifica sul cadavere non erano ancora stati completati. Le impronte digitali avevano fatto gridare al successo le autorità, ma un'altra serie di indagini doveva ancora essere effettuata, compresa quella che avrebbe messo la parola fine: l'esame del Dna. Ma ora il corpo è sparito e forse Los Zetas hanno ancora un boss. O comunque, hanno un'altra incredibile leggenda da raccontare. Un'altra incredibile leggenda ad alimentare la loro fama.

Il centro del loro potere economico risiede nella città di confine di Nuevo Laredo, nello stato di Tamaulipas. Ma ormai sono sparsi per tutto il paese, sulla costa del Pacifico, negli stati di Oaxaca, Guerrero e Michoacán, a Città del Messico, lungo la costa del Golfo, negli stati di Chiapas, Yucatan, Quintana Roo e Tabasco. A Nuevo Laredo hanno il controllo totale del territorio, con sentinelle e posti di blocco in aeroporti, stazioni degli autobus e strade principali.

La loro è una dittatura criminale le cui leggi sono le estorsioni, i decreti sono i sequestri e le torture, e la Costituzione è composta da decapitazioni e smembramenti. Spesso politici e poliziotti diventano gli obiettivi dei killer del cartello allo scopo di intimorire il governo e dissuadere i cittadini dall'assumere cariche istituzionali.

Sono le due di pomeriggio dell'8 giugno 2005 e un ex tipografo cinquantaseienne, Alejandro Domínguez Coello, entra in servizio come capo della Polizia municipale di Nuevo Laredo. "Non sono legato a nessuno," dichiara, "il mio unico impegno è nei confronti dei cittadini." Sei ore dopo, mentre sta salendo sul suo pick-up, un commando di Zetas gli scarica addosso trenta proiettili di grosso calibro. Il cadavere non viene identificato subito, perché il viso di Domínguez Coello era completamente sfigurato dai colpi d'arma da fuoco.

Il 29 luglio del 2009 alle cinque del mattino due macchine si fermano davanti alla casa del vicecomandante della Polizia intermunicipale di Veracruz-Boca del Río, Jesús Antonio Romero Vázquez: una decina di uomini appartenenti agli Zetas, armati con fucili d'assalto con lanciagranate da 40 mm, fa irruzione in casa. Impiegano meno di cinque minuti per uccidere Romero Vázquez, sua moglie (anche lei ufficiale di polizia) e il loro figlio di sette anni. Poi danno fuoco alla casa, uccidendo le altre tre figlie. La più grande aveva quindici anni.

Rodolfo Torre Cantú, candidato del Partido Revolucionario Institucional a governatore dello stato di Tamaulipas, è stato ucciso il 28 giugno del 2010, a sei giorni dalle elezioni. I killer, armati di AK-47, hanno assalito l'automobile su cui viaggiava mentre era diretto all'aeroporto di Ciudad Victoria, capitale del Tamaulipas; stava andando a Matamoros per chiudere la campagna elettorale. Rimasero uccise anche quattro persone che viaggiavano con lui e altre quattro furono ferite. Secondo alcuni testimoni la macchina dei killer – un 4×4 – aveva l'inconfondibile "Z" dipinta sui vetri. Ma dopo che questa testimonianza apparve sui giornali, un uomo che si qualificò come "addetto stampa degli Zetas" si mise in contatto con vari giornali locali per dare la smentita, ossia per dire che Los Zetas non erano responsabili dell'omicidio di Torre Cantú. Le indagini sono ancora in corso, ma Los Zetas rimangono tra i maggiori indiziati.

Quando conducono le operazioni, si vestono con abiti scuri, si tingono il volto di nero, guidano Suv rubati e spesso indossano le uniformi della Polizia federale o dell'Agenzia federale investigativa, Afi. Camuffati da militari, all'inizio del 2007 ad Acapulco uccidono cinque ufficiali di polizia e due assistenti amministrativi. Il 16 aprile 2007 a Reynosa quattro agenti della Afi vengono fermati da sei uomini vestiti da poliziotti ministeriali di Tamaulipas, forse Zetas travestiti, forse poliziotti corrotti al soldo del cartello, che viaggiano a bordo di cinque Suv e sono armati con R-15, fucili in uso esclusivo alle forze armate. L'accusa che viene mossa ai quattro agenti federali è di essersi legati alla "banda rivale". Qualche giorno prima, infatti, gli agenti hanno fatto irruzione nella discoteca El Cincuenta y siete di Reynosa, appena prima dell'inizio dello spettacolo della cantante Gloria Trevi e hanno portato via in manette sette sicari tutti al servizio degli Zetas. Due giorni dopo gli Afi sono fermati dai finti agenti ministeriali e fatti salire su un Suv, poi picchiati. Li portano a China, una piccola cittadina nello stato di Nuevo León, conosciuta come una delle loro roccaforti, per ucciderli, ma non si accorgono che uno di loro, Luis Solís, ha in tasca un cellulare: in un momento di distrazione dei rapitori, Solís tira fuori il cellulare e compone il numero del comandante Puma alla base Afi: "Siamo stati sequestrati dagli Zetas, ci stanno portando a China e ci uccideranno". Il messaggio viene sentito anche dai rapitori e i quattro sono trasferiti in una *casa de seguridad*, uno di quei posti usati dagli Zetas per torturare le loro vittime prima di finirle. Qui vengono presi a calci e pugni, anche da uno Zeta illustre, "El Hummer", il capo degli Zetas della zona di Reynosa. I rapitori sono convinti che i poliziotti siano forze armate al servizio di un cartello rivale e vogliono farli confessare. Non raggiungendo il loro scopo, drogano le vittime e poi li conducono in un'altra *casa de seguridad*. È arrivato il momento di usare la corrente elettrica. Una volta saputo che le forze federali li stanno cercando ovunque, decidono di disfarsene e, miracolosamente, li liberano. "Siamo scampati per mano di Dio," pare abbiano commentato dopo la liberazione.

Los Zetas quando uccidono i nemici sono sadici, le vendette sono esemplari: bruciano i corpi, li rinchiudono in barili zeppi di gasolio, li smembrano. Nel gennaio del 2008 a San Luis Potosí, durante una retata che porta all'arresto di Héctor Izar Castro, detto "El Teto", considerato leader della cellula locale degli Zetas, vengono ritrovate armi di ogni tipo, sessantacinque pacchi di cocaina, alcune immaginette di Jesús Malverde, considerato il santo protettore dei narcos, e tre pagaie con sopra la lettera "Z" in rilievo, usate per picchiare le vittime e per lasciare impresso sulla loro pelle il marchio degli assalitori. Non solo: per terrorizzare ancora di più i rivali, spesso i genitali delle vittime vengono tagliati e infilati in bocca, i cadaveri senza testa vengono appesi ai ponti. Nei primi giorni di gennaio del 2010 Hugo Hernández, trentasei anni, viene rapito nello stato di Sonora, portato a Los Mochis, nel vicino Sinaloa, ucciso e tagliato in sette pezzi dagli uomini di un cartello rivale. La faccia della vittima viene scuoiata, attaccata su un pallone da calcio e lasciata in un sacchetto di plastica vicino al municipio, con un biglietto: "Buon anno, perché questo per te sarà l'ultimo". Altre parti del corpo vengono rinvenute in due bidoni di plastica; nel primo il busto, nel secondo le braccia, le gambe e il cranio senza faccia. Lo smembramento dei cadaveri diventa la sintassi degli Zetas. Fanno sparire i corpi all'interno di tombe già occupate, oppure si sbarazzano dei cadaveri seppellendoli nei cimiteri clandestini costruiti nelle loro roccaforti o abbandonandoli in fosse comuni. Spesso interrano le loro vittime ancora vive. Oppure le sciolgono nell'acido.

Los Zetas sono assassini sanguinari, eppure hanno un tratto in comune con qualsiasi ragazzino viva a migliaia di chilometri di distanza da loro: una passione di nome televisione, educatrice pericolosa. Film violenti e reality sono i riferimenti culturali, e questi ultimi hanno trovato raccapricciante applicazione durante il secondo massacro di San Fernando, un villaggio a centoquaranta chilometri dal confine tra Messico e Stati Uniti, quando Los Zetas fermano numerosi bus che viaggiano sull'Autostrada 101, fanno scendere i passeggeri e li fanno combattere tra di loro come dei gladiatori, armati di bastoni e coltelli. Chi sopravvive si garantisce un posto negli Zetas. Chi soccombe viene seppellito in fosse comuni. Come quelle scoperte a San Fernando nella primavera del 2011, con centonovantatré corpi che presentavano forti colpi alla testa.

Questa sadica carneficina è avvenuta a pochi mesi da quello che era stato chiamato il Primo massacro di San Fernando. Altre morti innocenti, altre narcofosse. È il 24 agosto 2010. Settantadue immigrati clandestini, provenienti dal Sud e dal Centroamerica, cercano di attraversare il confine statunitense, nel Tamaulipas. La storia giunge a noi grazie a un settantatreesimo clandestino originario dell'Ecuador. Racconta che all'altezza di San Fernando lui e i suoi compagni vengono raggiunti da un gruppo di messicani che si presentano come Los Zetas. Ammassano i clandestini in una fattoria e cominciano a massacrarli. A uno a uno. Non avevano pagato il "pedaggio" per attraversare il confine nella loro zona o molto più probabilmente non erano sottostati alle richieste degli Zetas: lavorare per loro. Ma Los Zetas non accettano rifiuti. Cominciano a sparare alla testa dei clandestini, senza pietà. L'ecuadoreño viene ferito al collo e si finge morto, ma poi riesce a scappare e a raggiungere miracolosamente un posto di blocco dell'esercito messicano. I soldati, seguendo le indicazioni del clandestino, arrivano alla fattoria, dove ingaggiano uno scontro a fuoco con Los Zetas al termine del quale trovano i settantadue cadaveri, cinquantotto uomini e quattordici donne. Ammucchiati uno sull'altro.

Los Zetas sono maestri, ma stanno imparando a proprie spese che possono essere superati dagli allievi. Se alla brutalità si aggiunge l'umiliazione, ecco che allora la ferocia fa un ulteriore passo evolutivo, perché il male viene impresso sul corpo e dal corpo si propaga come un incendio, diventando immortale. È il caso di alcuni cartelli rivali degli Zetas, che dopo aver decapitato il corpo del nemico hanno sostituito la testa con quella di un maiale e poi hanno postato il video su internet.

La ferocia si apprende. La ferocia funziona. La ferocia ha delle regole. La ferocia marcia come un esercito occupante. Los Zetas e Ángel Miguel sono le due facce della stessa medaglia. Ora so anche questo.

Coca # 4

Come una cosa sacra dal nome impronunciabile,
come l'amante segreta che tieni fissa nel pensiero,
come una superficie vuota su cui ogni parola è scrivibile,
così è quella che cerchi evochi richiami in mille modi.
Ogni suo nome è un desiderio, una pulsione,
una metafora, un'allusione ironica.
Lei è un gioco e una disperazione, lei è quella che tu vuoi
in qualsiasi momento, in qualsiasi luogo, a qualsiasi ora.
Perciò in America puoi chiamarla *24/7*
come il tuo drugstore sotto casa,
la chiami *Aspirin* perché è come quella effervescente
che ti fa bene o in Italia *Vitamina C*
perché è il tuo modo per curarti il raffreddore.
La "C" è la sua lettera
la indichi anche solo con l'iniziale del suo nome,
o la scandisci come *Charlie*
seguendo l'alfabeto dei piloti e radioamatori.
Oppure ordina la terza lettera, *Number 3*,
al take-away dei desideri,
Digita *C-game*, *C-dust*, chiamala *Caine*,
seconda sillaba uguale al nome di Caino.
Prendi una "C" qualsiasi al femminile:
Corinne Connie Cora Cory o più di tutte *Carrie*,

la ragazza che ti prende e che ti porta via.
Lei è una *Cadillac*, un *Viaje* (viaggio),
la pista che in turco diventa *Otoban*, autostrada,
La Veloce, Svelta; Ускоритель, uskoritel', l'acceleratore,
Энергия, pura energia e *Dinamite*.
Lei è la *Botta* la *Bomba* la *Bamba*.
È *Bonza, Bubbazza, Binge* e *Barella*.
Ama la "B" esplosiva e sensuale.
Blast, Bump, Boost, Bomb, Bouncing Powder,
polvere che ti fa balzare fino al cielo,
nel mondo ispanico *Bailar* fino all'alba.
E quando sei troppo in paranoia per parlare,
vai con *256* che sulla tastiera del cellulare
è uguale a BLO perché in inglese *Blow* significa "tirare".
Lei ti fa stare alla grande,
lei è *Big Bloke, Big C, Big Flake, Big Rush*.
Lei ti fa stare da dio
e *Dios* la chiami addirittura in America Latina,
ma anche *Diablo* o *Diablito*.
La forfora del diavolo, *Devil's Dandruff*, è coca in polvere,
Devil's Drug è il crack e te lo fumi
con il *Devil's Dick*, il cazzo del diavolo.
La coca normale può diventare *Monster*,
Piscia di gatto, Il giro nella casa degli orrori,
ma quella che ti piace evocare,
quella che vai cercando, è l'esatto contrario:
Paradise, Alas de Angel, Polvere di stelle,
Polvo Feliz, Polvo de Oro, Star Spangled Powder,
Heaven Dust o *Haven Dust,* un'oasi di pace da aspirare.
Happy Powder, Happy Dust, Happy Trail,
la striscia che ti fa felice.
Lei è *Dream* e *Beam*, raggio di luce.
È *Aire* perché ti rende leggero come l'aria,
è *Soffio, Soplo* in spagnolo

o semplicemente *Sobre* perché ti fa stare sempre su.
La chiami *Angie* come la più angelica amica
o *Aunt Nora* come la zia delle torte fatte in casa.
In Brasile è *Gulosa*,
altrove richiama tanti dolciumi di cui i bambini vanno pazzi:
Icing, la ricca glassa sulla tua torta di compleanno,
Jelly e *Jam*, i vasetti segreti di marmellata,
Candy e *Candy C*, le caramelle, *Bubble Gum*, *Double Bubble*,
la doppia bolla che riesce solo con i chewing gum migliori
Granita, *Mandorlata*, *Cubaita*, *Dolcetto*,
California Cornflakes, *Bernie's Cornflakes* o *Cereal*.
I fiocchi di cereali derivano dai *Flakes*,
fiocchi di neve, perché la coca è sempre neve.

Snow   *Snö*
  Schnee   *Снег*   *Sne*
   Neige
    Neive

La coca è neve in ogni luogo dove la neve cade,
ma puoi chiamarla anche *Florida Snow*
perché è miracolosa come una nevicata a Miami.
È Свежий – svezhij, fresco
e può trasformarsi in *Ice*, il ghiaccio che ti sale per le vene.
Lei è *Snow White e Biancaneve*, la più bella del reame –
Tu non la invidi perché la allinei
sullo specchio delle tue brame.
Oppure è nient'altro che *Bianca*,
    Blanca,
     Blanche,
      Branca e *Branquinha* in Brasile
    Beyaz Ten, pelle bianca in Turchia
In Russia белая лошадь – Belaja loshadj, Cavallo bianco
White Girl, *White Tornado*, *White Lady*,

White Dragon, *White Ghost*, *White Boy*, *White Powder*
Polvere bianca, *Polvo blanca*, *Poudre*, *Pudra*, in turco
o tutto quello che le somiglia come lo zucchero,
Sugar, Azúcar, Toz şeker, lo zucchero fine di cui è coperto il
lokum.
Però somiglia anche alla farina,
Мука, Mukà, in Russia o 白粉 – Bai fen in Cina.
È tutto ciò che come suono la richiama,
come il *Cocco, Coconut, Coco* in francese*,* кокос – kokos
o Кекс – Keks, il plumcake russo, ma soprattutto Кокс – Koks
che è sempre *Koks* in tedesco e in svedese,
nome antico rimasto privo di copertura
perché per scaldarti lei esiste ancora,
ma non ci sono più le vecchie stufe a carbone
e quando dici *Coke* (che è come la chiami pure in francese)
non pensi più a un combustibile per poveri.
Così lei è diventata *Coke*,
ma è stata la Coca-Cola ad alludere alla *Coca*
e quindi lei si è presa ogni maniera tipica
di chiamare la bibita famosa: *Cola* in danese,
Kola in svedese e in turco, *Koka* in Svezia,
кока in Serbia e in Russia.
A volte, non so perché, si trasforma in animale.
Puoi chiamarla *Coniglio*, forse perché è magica
come quello che esce dal cilindro, o *Krava*, mucca, in croato;
in spagnolo è *Perico* o *Perica*, il pappagallo,
magari perché ti rende più loquace,
talvolta il *Gato* che ti fa le fusa.
La chiami *Farlopa* che è il suo nome gergale più comune,
o *Calcetin*, calzino, o è la *Cama*, il letto
che ti fa sognare, la *Tierra* che hai sotto i piedi.
Se prendi quella più economica
diventa il tuo vecchio amico *Paco*, da noi *Fefè*,
così come in russo può chiamarla коля, Kolja,

negli Stati Uniti diventa *Bernie*, ma anche Cecil,
un nome più altezzoso, puoi evocarla con *Henry VIII*,
il grande re inglese, puoi vezzeggiarla
chiamandola *Baby* o *Bebé* in spagnolo,
ma lei più di ogni altra droga
è *Love Affair* con una bellissima signora,
Fast White Lady, *Lady*, *Lady C*,
Lady Caine, *Lady Snow*, *Peruvian Lady*
lei è la *Dama blanca* oppure *Mujer*,
la donna per antonomasia,
lei è *Girl* e *Girlfriend*, la tua ragazza,
oppure *Novia*, la tua fidanzata,
Come lei ce n'è una sola
quindi puoi chiamarla persino *Mama Coca*;
oppure dici solo *She* o *Her*,
lei è nient'altro che lei stessa e basta.
Lei consuma i suoi nomi come consuma i suoi amanti
perciò questo elenco non è altro che un assaggio,
ma puoi chiamarla come ti piace,
lei risponderà sempre alla tua chiamata.

7.

Il pusher

"Il sapore sulla lingua è amaro e sarà come se ti avessero fatto un'iniezione di anestetico locale."

È la modalità più diffusa di consumo nella cultura andina. Si toglie la nervatura principale delle foglie, poi se ne mettono in bocca un po' e si masticano lentamente fino a formare una specie di pallina. Una volta ben inzuppata di saliva, si aggiunge un pizzico di cenere, leggermente alcalina e ottenuta dalla combustione delle piante, che ha diversi nomi, *tocra* o *llipta* sono i più noti.

"Se ti fai di *basuco*, allora sei messo proprio male, perché è il prodotto di scarto dell'estrazione della cocaina, che viene fabbricata con sostanze chimiche dannose per l'uomo."

È la droga dei carcerati perché costa pochissimo. Il *basuco* viene spesso inviato in carcere sulle ali di un piccione viaggiatore. Qualcuno da fuori gli mette un sacchettino sotto le ali, glielo attacca con un fermaglio e addestra il piccione perché voli fino alla finestra del carcere dove qualche detenuto sarà ben contento di riceverlo, per sé o da smerciare. A volte riempiono così tanto le ali ai piccioni che per il peso vanno a sbattere contro i muri del carcere. Le sostanze con le quali si fabbrica il *basuco* sono della peggiore qualità: polvere di mattone, acetone, insetticida, piombo, anfetamine, benzina rossa. È un prodotto intermedio. Dopo che le foglie vengono tagliate, da esse viene estratta la pasta. È il risultato della seconda fase della produzione, il prodotto grezzo, ma qualcuno non ci bada granché.

"Se ti fai di neve, allora alla pasta hai aggiunto acido cloridrico e l'hai trattata con acetone o etanolo."

È il cloridrato di cocaina. In questa forma appare simile a delle scaglie biancastre di sapore amarognolo che vengono frantumate in polvere bianca. Viene sniffata, o al massimo iniettata, di solito venti, trenta, cinquanta milligrammi, fino ad arrivare a dosi da cento milligrammi per gli habitué.

"Se ti fai di crack, allora alla neve hai aggiunto una soluzione acquosa di ammoniaca, di idrossido di sodio o bicarbonato di sodio, insomma sostanze basiche, e poi hai filtrato il tutto."

Il crack si fuma con pipe particolari, di solito di vetro, viene riscaldato e poi ne vengono inalati i vapori. Oppure più comunemente viene fumato insieme ad altre sostanze come marijuana, tabacco, fenilciclidina, ma prima va sminuzzato per bene. Fa effetto subito, in pochissimi secondi, e provoca una forte dipendenza. Il crack, si dice, è il sogno del trafficante e l'incubo del tossicodipendente.

"Se il composto di prima viene sciolto con etere o solventi volatili, allora ti stai facendo di *freebase*, ma prima di usarla devi aspettare che il solvente evapori."

Come per il crack, per inalarlo servono pipe speciali (la *pipa de agua* o *narguilé*). L'effetto del *freebase*, anche detto Rock, è immediato, appena raggiunge il cervello ti fa sentire euforico, ma poco dopo diventi irascibile. Anche perché gli effetti finiscono in pochi minuti lasciandoti la voglia di farti di nuovo.

"*Erythroxylaceae*. Ecco il nome della materia prima. Se riesci a dirlo senza impappinarti, ti do cinquanta euro."

L'impronunciabile nome latino di questa famiglia di piante è il comune denominatore di tutte le forme di consumo. Questa famiglia ha più di duecentocinquanta specie, e due in particolare mi interessano: la *Erythroxylum coca* e la *Erythroxylum novogranatense*. Le foglie di queste piante contengono dallo 0,3 all'1,4 per cento di alcaloidi: il principale è quello che, agendo sul cervello, produce gli effetti della coca. Bisogna aspettare un anno e mezzo prima di procedere alla prima raccolta di foglie. Due sono le specie di *Erythroxylaceae* da cui si ottiene la cocaina: la prima proviene dalle Ande peruviane, ma ora prospera anche nelle zone tropicali delle regioni orientali di Perú, Ecuador e Bolivia. La sua varietà principale, e più diffusa, è la coca boliviana, detta *huánuco*, che è anche la più pregiata: ha foglie grosse e consistenti, verdi scure con le punte giallognole. La seconda specie di *Erythroxylaceae* viene invece dalle aree montuose della Colombia, dei Caraibi e del Nord del Perú, zone più aride e secche: di questa esistono due varietà principali, la coca colombiana e la coca peruviana, detta *truxillo*; rispetto alla *huánuco* ha foglie più sottili e affusolate, verdi chiare con le punte quasi grigie. Non ci sono particolari differenze tra le specie. Ma non servono grandi test di laboratorio per riconoscerle. Basta metterne un po' in bocca e masticare: se si avverte un leggero effetto anestetico, allora sono le foglie giuste, quelle che contengono l'alcaloide. Sono la *huánuco* e la *truxillo*, le protagoniste del commercio planetario.

Tanti nomi per dirne solo uno.

Tanti nomi per dirne solo uno: cocaina. Cocaina che viaggia dal produttore al consumatore. Dalle foglie alla polvere bianca che si spaccia con un rapido sfiorarsi di mani. Dalla chimica alla vita di strada. Dal contadino andino a uno spacciatore che, dopo avermi spiegato i suoi prodotti, mi parla di economia. Quando lo incontro mi sento come aggiornato su un capitolo fondamentale dell'esistenza.

"Il target. Giri per Milano, Roma, New York, Sidney e devi fare lo slalom tra uomini impacchettati in un completo selezionato da un fashion manager, come viene chiamato da chi se ne intende, si scelgono il tessuto pregiato, decidono quante righe vogliono, la distanza, e poi fanno cucire le iniziali sulle camicie Moda-business. Una mano in tasca, l'altra stretta attorno all'iPhone, gli occhi che puntano a due metri davanti ai loro piedi, giusto per non inciampare o per evitare una merda di cane. Se non li eviti tu, loro ti vengono addosso, ma non possono chiederti scusa o accennare un gesto di cortesia perché perderebbero il *flow*, e tutto va a puttane. Col tempo impari a passarci in mezzo, come in quei vecchi videogiochi dove devi evitare gli asteroidi che ti si fanno incontro e con un leggero tocco del joystick fai virare la navicella, allo stesso modo ruoti sul busto, le spalle seguono il movimento e si mettono di traverso, così sgusci sfiorando appena le giacche di cashmere e lo sguardo ti cade sulle maniche, manca un bottone, e loro vedono che l'hai notato e pensano che tu creda che se lo sono dimenticato e che forse non sono dei veri signori, ma io so che l'asola aperta è una delle caratteristiche degli abiti fatti su misura, è il simbolo dell'appartenenza a un'élite. Schivo e allungo il passo, loro tirano dritto e parlano, si lasciano scappare le parole e quella che mi arriva all'orecchio con insistenza è *target*. Il target è da individuare, da selezionare, da colpire, da bombardare, da far emergere."

Così mi parla. Ha lavorato molto vendendo. Non ai lati delle strade. Il pusher non è quasi mai come lo si immagina. Lo ripeto sempre quando scrivo, quando parlo a qualcuno di queste cose: non è come si immagina. I pusher sono i sismografi del gusto. Sanno come e dove vendere. Più bravo è il pusher, più sarà capace di salire e scendere i gradini sociali. Non esiste un pusher per tutti. C'è quello che vende per strada, messo a stipendio mensile e con una zona assegnata, che spaccia agli sconosciuti. C'è il pusher che porta a domicilio, basta un sms. Ci sono i pusher ragazzini. Nigeriani, slavi, maghrebini, latini. Proprio come una signora dell'aristocrazia non entrerebbe mai in un isolato discount di periferia, così ci sono pusher per ogni tipo di cliente, pusher per signori e pusher per disperati, per studenti ricchi e per precari, per i timidi e per gli estroversi, per i distratti e per i paurosi.

Ci sono i pusher che ricevono la merce dalle "basi", che in genere sono formate da quattro o cinque persone. Sono cellule indipendenti con forti relazioni con le organizzazioni criminali, perché da queste ricevono la droga da smerciare. Le basi sono intermediari tra i pusher di strada e le organizzazioni; sono loro infatti a fornire la roba già tagliata per il commercio al dettaglio e sono loro a costituire una sorta di assicurazione per le organizzazioni: se la base fallisce o i suoi componenti vengono arrestati, il livello superiore non ne risente perché chi sta sotto non possiede particolari informazioni su chi sta sopra. Il pusher borghese invece ha un rapporto diretto con un affiliato ma senza essere a stipendio. Una sorta di conto deposito. Più vende, più guadagna. Ed è raro che ritorni con qualche resa. La forza di un pusher borghese risiede nel fatto che con il tempo si crea una sua personale forza lavoro. Dà nomi falsi ai suoi clienti, se invece è già noto cerca una clientela selezionata. Quando può, preferisce assumere spacciatori di "giro". Il giro è composto da persone che fanno altro di mestiere: il pusher li rifornisce e loro utilizzano i propri contatti per crearsi una clientela affezionata, di solito composta da amici, fidanzate, amanti. I dipendenti del pusher borghese non danno mai coca a nuove persone. Si crea un'organizzazione stratificata, dove il pusher conosce solo le persone più prossime e mai riesce ad afferrare la totalità della catena. In questo modo se qualcuno dovesse parlare, a farne le spese sarebbe una sola persona. Così è sempre nel mondo della coca. Che si sappia il meno possibile.

Alla base della distribuzione c'è il dettagliante, quello alla stazione o all'angolo della strada. È come un distributore di benzina. Spesso ha in bocca delle palline di coca avvolte nel cellophane o nella carta stagnola. Se arrivano i poliziotti, lui ingoia. Altri non rischiano che il cellophane si apra e lo stomaco a quel punto diventi una piaga di dolore, e tengono le palline in tasca. I dettaglianti fanno fortuna nei fine settimana, il giorno di San Valentino, quando la squadra locale vince qualcosa. Più c'è da festeggiare, più vendono. Come le vinerie o i pub.

Il pusher che mi sta insegnando come si sceglie un target è abituato a considerarsi un farmacista piuttosto che uno spacciatore di cocaina.

"A ogni business corrisponde un target, la formula del successo sta nel trovare quello giusto, una volta scovato bisogna scaricare la massima potenza di fuoco, sganciare il napalm e risucchiare bisogni e desideri, è l'obiettivo dell'uomo moderno che veste secondo i canoni del fashion manager. È faticoso avere a che fare con un mercato frammentato dove le nicchie si moltiplicano, nascono e muoiono nel giro di una settimana, e vengono sostituite da altre che magari durano anche meno, e tu devi prevedere e predisporre le armi per tempo, se no rischi di sparare il tuo prezioso napalm su un territorio vuoto. Io, il target, lo attiro. Anzi, i targets, con la 's' finale, perché se il prodotto è uno solo, è altrettanto vero che i bisogni sono tanti. Stamattina è venuta da me una tipa che doveva essere carina qualche anno fa, adesso è pelle e ossa, ha un aspetto malsano, non me la farei neanche se mi pagasse, l'unico segno di vita sono le vene in rilievo che le solcano gli avambracci, i polpacci, il collo, sotto è tutto flaccido, sembra la pelle del pollo. Mi ha detto che si chiama Laura, chiaramente un nome falso, aveva due begli zigomi alti e tondi, le davano luce al viso, a me piacciono molti gli zigomi, sono i guardiani del volto, danno accesso e allontanano, a seconda dei casi. Nel caso di Laura invitavano alla confidenza, e infatti mi ha detto che in palestra ha sentito che per dimagrire c'è un metodo veloce, piacevole e tutto sommato poco rischioso. È vero, le ho risposto io, chi te lo fa fare di comprare quei cosi fantascientifici per gli addominali o andare a correre alla sera e poi mangiare solo proteine perché un luminare francese ha stabilito che così deve essere? Gli zigomi-guardiani si sono allentati e Laura mi ha sorriso. Da allora la vedo ogni settimana e ogni volta i begli zigomi sembrano aver subìto una passata di carta vetrata, adesso i dolci guardiani del suo volto sono minacciose alabarde.

"È stata Laura a presentarmi l'Intenditore, uno di quegli snob che vestono trasandati e con il Moncler pieno di strappi e bruciature, e quando ti salutano, anche se ti vedono per la prima volta, ti attirano a sé, la loro spalla destra contro la tua sinistra come un saluto tribale e di appartenenza, e ti danno una pacca sulla spalla, tutto molto cool. Non ha mai voluto rivelarmi il suo nome, neanche finto, chiamami amico, mi diceva, come se fossimo in un vicolo del Bronx, per poco non gli rido in faccia, ma mi trattengo, e devo sforzarmi ancora di più quando dice di volere la Perlata. L'Intenditore si riferisce al prodotto più prezioso, puro al 95 per cento e anche di più: al tatto la Perlata è finissima, quasi cremosa, e talmente candida che sembra brillare proprio come una perla. In vita mia non l'ho mai vista, qualcuno dice che non esiste, qualcun altro che è rarissima perché è prodotta ancora in modo artigianale da una manciata di *campesinos* che usano due strumenti: il tempo e la pazienza. Il tempo che le foglie maturino, e la pazienza di aspettare il momento giusto dell'anno per raccoglierle. Ma non è mica finita qui, perché poi bisogna pressare tutto a mano, confezionarla con olio vergine, senza impurità e non nocivo, lavorarla con acetone, etere ed etanolo, mai con acido cloridrico e ammoniaca se non si vuole rischiare di intaccare il principio attivo. Se si segue il giusto procedimento – dieci giorni di fatica, sudore e bestemmie – si ottiene la tanto ricercata tonalità perlata. Certo che ho la Perlata, dico all'Intenditore, non provo neanche a dirottarlo su qualcosa di più fattibile come la Squamata, non è pura come la Perlata ma almeno questa mi è passata fra le mani e posso dire che la sua lucentezza ricorda davvero le squame di un pesce appena pescato, e non mi sogno di spingerlo su varietà più grezze come la Mandorlata, nemmeno la Stone nonostante sia pura all'80 per cento, e mi rifiuto di prendere in considerazione varianti tipo la Piscia di gatto o la Mariposa. I tipi come l'Intenditore hanno una volontà granitica e per fortuna una competenza pari a zero, se no non tornerebbe dopo che gli rifilo un prodotto qualsiasi tagliato con polvere di vetro. Scintillava, mi dice ogni volta, e io annuisco complice, ormai non devo neanche più fingere, è così naturale. Chiaramente non dico sempre sì, non posso permettermi di far girare la voce che da me si può trovare tutto, rischio l'inflazione, rischio di non avere controllo sui miei target e poi ci scappa l'infartuato."

La coca può essere alterata, in gergo "tagliata", con diverse sostanze: queste sostanze vengono aggiunte alla droga nella fase di produzione, oppure, a livelli più bassi, vengono mischiate alla polvere, al prodotto finale. Esistono tre tipologie diverse di prodotti da taglio: sostanze che provocano gli stessi effetti psicoattivi della cocaina, in questo caso si parla di tagli attivi; sostanze che riproducono alcuni degli effetti collaterali della cocaina, sono i tagli cosmetici; infine prodotti che ne incrementano il volume senza dare effetti dannosi, i tagli inerti. C'è chi pensa di pippare roba di qualità e invece si asfalta le narici con il calcestruzzo. Nei tagli attivi si mischiano alla cocaina anfetamine o altre sostanze stimolanti, come la caffeina, che aumentano e allungano l'effetto dello stupefacente, come nel caso della Gessata, una cocaina di bassa qualità che viene migliorata e "vestita" con le anfetamine. Nei tagli cosmetici si usano farmaci e anestetici locali come la lidocaina e l'efedrina, che riproducono alcuni effetti collaterali della cocaina. Quando invece si vuole solo aumentare il volume della droga per ricavare più dosi e quindi guadagnare di più, si usano sostanze comuni e innocue come farina o lattosio. La sostanza da taglio che viene maggiormente utilizzata per questi tagli inerti è la mannite, un lassativo talmente blando da essere adatto a bambini e anziani, che con la cocaina non ha nulla in comune se non l'aspetto.

"Uno dei miei clienti più affezionati è appena tornato dagli Stati Uniti. Dice che là la roba ha un principio del 30 per cento."

"Principio?"

"Sì, il principio attivo del 30 per cento. Ma secondo me sono balle. Io so che a Parigi ci sono piazze in cui il principio attivo arriva al 5 per cento. In Italia alcuni pusher vendono palline di coca con un principio attivo quasi inesistente. Ma sono truffatori."

In questi anni ho visto di tutto nel mondo della distribuzione. La media in Europa va dal 25 al 43 per cento, ai posti più bassi ci sono la Danimarca con il 18 per cento e Inghilterra e Galles con il 20 per cento. Ma sono cifre che possono cambiare in ogni momento.

I soldi veri si fanno con il taglio, perché è con il taglio che si rende preziosa una striscia di coca ed è con il taglio che si rovinano le narici. A Londra certi pusher borghesi hanno utilizzato dei garage per nascondere la coca di qualità da mettere sul mercato quando a causa dei sequestri manca roba e tutti la tagliano abbassandone la qualità. A quel punto la coca davvero buona la puoi piazzare al quadruplo. Il taglio diventa il fattore discriminante in un'economia dove la domanda e l'offerta fluttuano così improvvisamente. Il distributore, con il consenso della famiglia mafiosa, può tagliare. La base, in casi estremi, può tagliare ma solo se autorizzata dal distributore. Il pusher che taglia è un pusher morto.

"Ho fatto dei corsi, mi sono imbucato in uno di quei consultori dove chi vuole smettere viene minacciato con informazioni del tipo che il 25 per cento degli infarti nelle persone tra i diciotto e i quarantacinque anni è causato proprio dal mio prodotto. Secondo me in questi corsi dicono tante cazzate. Ma qualcosa l'ho imparato, agisce sui neuroni, manda in tilt l'equilibrio del sistema nervoso, e nel tempo lo danneggia. Insomma sputtana il cervello. Non solo, è pericoloso anche per il cuore: basta un 'richiamino' in più per farlo collassare, se poi il prodotto viene innaffiato con un Long Island o un bel Negroni o un Jack Daniels oppure accompagnato da pilloline blu, be', allora è come premere sull'acceleratore in curva. Poi devi considerare che la cocaina è un vasocostrittore, cioè restringe i vasi sanguigni, ti anestetizza. Tutti questi effetti arrivano quasi subito, a seconda di come la assumi: se te la inietti fa effetto prima che tu te ne accorga, se fumi crack o freebase è un po' meno veloce ma comunque rapida, se te la sniffi la botta arriva un attimo dopo."

Gli chiedo quali sono i momenti belli.

"I momenti belli? Appena la assumi ti sveglia, ti aumenta l'attenzione e l'energia, diminuisce la stanchezza, non senti nemmeno la necessità di dormire, di mangiare e di bere. Ma non solo, migliora la percezione che hai di te, ti senti allegro, hai voglia di fare, sei euforico, e se ce l'hai ti passa pure il dolore. Perdi ogni inibizione, quindi aumenta la voglia di fare sesso e l'intraprendenza. E poi la coca non ti fa sentire un drogato. Un eroinomane non ha niente a che vedere con un cocainomane. Chi tira di coca è un abitudinario, non è un tossico. Soddisfa un bisogno e poi va per la sua strada."

Subito passa però a quelli brutti.

"Chi si fa spesso soffre di tachicardia, attacchi d'ansia, è facile cadere in depressione, si diventa irascibili per niente, a volte quasi paranoici. Siccome si dorme poco e si mangia poco, si tende a dimagrire. Se tiri tanto e per anni, rischi di fotterti le narici, conosco gente che si è dovuta rifare il setto nasale per colpa della coca. E conosco anche gente che ci è rimasta: una dose di troppo e le è venuto un infarto. In fondo, cose risapute, non è che ho scoperto l'acqua calda, ma quando ho sentito che il mio prodotto non te lo fa più rizzare ci sono rimasto, voglio dire, non che io abbia di questi problemi, ma una bella fetta di clienti mi fa visita proprio per questo motivo e tornano tutti volentieri, belli carichi, mi raccontano che scopano per ore, che hanno degli orgasmi che li scuotono dalla cima dei capelli, che fanno cose che hanno visto solo nei porno e che mai si erano sognati di fare, insomma una tribù di infoiati che prima di incontrare me veniva dopo due minuti e ora invece se la spassa. Dovevo capire, ma non potevo farlo chiedendo direttamente a loro, i maschi non parlano volentieri di certe cose, e così ho chiesto a una mia amica, una tipa tosta che ogni tanto mi chiede un po' di roba ma giusto perché sta finendo gli esami di Medicina e deve studiare di notte perché di giorno fa la cassiera per pagarsi la retta. Da me si fa chiamare Butterfly perché ha il tatuaggio di una farfalla su una chiappa, io le ho chiesto di farmelo vedere perché non ci credevo ma lei si è sempre rifiutata. Fatto sta che ci diamo appuntamento al solito posto, e come al solito è sfuggente perché ha mille cose da fare ma io la blocco, le chiedo come va con il suo ragazzo e le strizzo l'occhio, mi sento un deficiente ma non so come entrare in argomento, e per fortuna lei capisce e mi chiede come mai questo interesse, che me ne frega. Io le dico che è solo curiosità, che ci tengo a lei, al suo piacere, e alla parola piacere strizzo di nuovo l'occhio, ma questa volta mi sento meno deficiente, sento che ho catturato la sua attenzione. Parla chiaro, ribatte lei, e a quel punto le spiego come stanno le cose, che ho sentito dire che il prodotto non funziona tanto bene per quelle cose lì, e che sto facendo una specie di indagine di mercato, tutto qui. E lei fa una cosa strana, mi prende la mano e mi trascina in un bar, ordina un paio di birre e si accende una sigaretta, il barista la vede e prova a dirle che non si può fumare ma lei gli dice di non rompere i coglioni e lui si ritira dietro il bancone a servire caffè e cappuccino. E mi racconta del suo fidanzato, all'inizio era grandioso, lei piacere da paura, e lui erezioni da guinness, il risultato erano prestazioni da far invidia a Rocco Siffredi, poi il crollo. Il suo uccello, mi dice, flaccido come una salsiccia lasciata a bollire troppo, prima che gli si rizzi passano ore e se lei prova a toccarglielo lui non sente praticamente niente, è come se il calore fosse scomparso e i vasi sanguigni pompassero acqua gelata. Lui è depressissimo per 'sta cosa, non fa che scusarsi, anche quando è da solo non riesce a masturbarsi e allora ha cominciato a prendere il Viagra, prima una dose contenuta, giusto venticinque milligrammi, poi è salito a cento milligrammi, ma non c'è stato niente da fare, gli si rizza a metà, e non viene. Non c'è verso di farlo venire e tutta quell'energia che non riesce a esplodere è dolorosa, fa un male cane, e anche scopare per ore, nell'attesa che finalmente lui schizzi, non è proprio divertente. Ora lui è in cura da un andrologo, gli ha confessato di usare il mio prodotto e il dottore non ha battuto ciglio, gli ha detto che se ne presentano tanti come lui e l'unica è mollare il prodotto, ma non è facile. Butterfly parla a ruota libera e io metto insieme i pezzi del puzzle, capisco che sto allevando un esercito di depressi sessuali che non fanno altro che aumentare le dosi nella remota speranza di farselo diventare duro. Cazzo, vorrei esclamare, se in quel momento non fosse così inappropriato. E poi Butterfly mi dice che anche le donne lo usano, il prodotto, per questo motivo, perché quando lo prendi sei eccitata, vai a mille, ma dal punto di vista sessuale è un disastro, perché il prodotto, tra i suoi effetti secondari, ha anche quello di essere un ottimo anestetico, se te lo passi un po' sul dente del giudizio che spinge, allora è un conto, ma se smetti di raggiungere orgasmi, già di per sé difficili normalmente, allora è tutta un'altra storia. Per non parlare poi, continua Butterfly, delle cose che fai e di cui poi ti penti, come quella volta che il suo ragazzo le ha confessato che una sera era un po' troppo in aria ed è finito con un trans, che la fantasia l'aveva sempre avuta ma che non aveva mai trovato il coraggio. Il coraggio, ripeto io, e Butterfly annuisce, poi dopo un po' di silenzio le chiedo se questa volta mi fa vedere il tatuaggio e lei mi sorride e si mette tra i tavoli, si slaccia i pantaloni e si abbassa le mutande, in effetti non mi aveva mai mentito.

"Non ho smesso di camminare facendomi largo tra gli uomini vestiti secondo gli ultimi dettami della moda-business, e non ho smesso di farmi venire a trovare dai miei target, ma non ho neanche smesso di scoprire cosa c'è dietro il prodotto, vedo facce nuove e quelle vecchie sbiadiscono e si perdono chissà dove. È un lavoro di merda."

Un lavoro di merda che lui sa fare. Ne parla come se nella sua testa avesse già soppesato i pro e i contro della professione e avesse deciso di tenersi per sé i contro. Come la paranoia. Ci sono pusher che cambiano cellulare e scheda sim una volta a settimana. Basta una sbadataggine di un cliente e sei fregato. Ci sono pusher che vivono come suore di clausura: contatto con l'esterno solo quando necessario e drastica riduzione della vita privata. Le fidanzate sono pericolosissime, facilmente intuiscono la tua quotidianità e facilmente possono vendicarsi svelandola o parlandone con qualcuno. Ci sono quelli ancora più angosciati, che passano il tempo libero a cancellare le impronte: niente carte d'identità né conti correnti, abolito il bancomat, e guai a firmare qualsiasi pezzo di carta. Angoscia e paranoia. Per anestetizzarle ci sono pusher che si fanno della stessa roba che spacciano, e finiscono per alimentarle. Ci sono pusher, come quello che ho davanti, che parlano come agenti di Borsa: "Vendo Ferrari, non utilitarie. La verità è che con le utilitarie ti vai a sfasciare prima, con la Ferrari puoi durare un po' di più".

Ci sono pusher di strada che possono guadagnare quattromila euro al mese, con qualche premio di produzione se hanno smerciato bene. Ma i pusher borghesi possono arrivare a guadagnare anche ventimila, trentamila euro al mese.

"Il problema non è la quantità di danaro che guadagni, è che ti sembra impossibile qualsiasi altro tipo di lavoro, perché ti sembrerà di sprecare tempo. Con un passaggio di mani guadagni di più che con mesi e mesi di lavoro, qualunque esso sia. E non ti basta sapere che sarai arrestato per farti scegliere un altro mestiere. Anche se mi offrissero un lavoro che mi permettesse di guadagnare quanto guadagno oggi, non credo che lo sceglierei, perché sicuramente occuperebbe una parte maggiore del mio tempo. Questo vale anche per i poveracci che vendono in strada. Per arrivare a guadagnare la stessa cifra ci metterebbero comunque più tempo."

Lo guardo e gli chiedo se può confermarmi quello che ho percepito ascoltando le sue storie, e cioè che disprezza i suoi clienti.

"Sì. All'inizio mi piacevano perché mi davano quello di cui avevo bisogno. Col tempo li guardi e capisci. Capisci che tu potresti essere loro. Ti vedi da fuori e questo fa schifo. Non mi piacciono i miei clienti perché somigliano troppo a me, o a quello che diventerei se decidessi di spassarmela di più. E questo oltre che schifo mi fa paura."

8.

La bella e la scimmia

Il vuoto è la benzina dell'evoluzione. Una traiettoria che si interrompe non esaurisce la propria energia, ne reclama altra, diversa, che occupi lo spazio vacante. Come in fisica, tutto si trasforma, nulla si distrugge. La storia del narcotraffico in Colombia è una storia di vuoti, è una storia di trasformazioni, una storia di capitalismo.

Oggi quel vuoto brulica come un qualsiasi appezzamento d'erba sotto la lente di un entomologo. Microcartelli a centinaia. Gruppi armati che si danno nomi da squadra sportiva di paese. Guerriglieri comunisti sempre più ridotti al ruolo paradossale di latifondisti, gestori della coltivazione e delle prime fasi di lavorazione. Ognuno si ritaglia la sua fetta, la sua specialità: produce, distribuisce, spedisce fino alla tappa successiva. Ognuno difende il suo piccolo habitat di giungla, montagna, zona litoranea o di confine. Tutto è scollegato, parcellizzato, polverizzato. Le porzioni di territorio, l'ampliamento di potere e d'alleanze per cui oggi continua a scorrere il sangue sembrano infinitesimali rispetto all'epoca dei grandi cartelli.

Ma se oggi la Colombia del narcotraffico appare come la terra dei lillipuziani a Gulliver, il problema risiede anche nell'occhio dell'osservatore. O piuttosto nella sua mente, nella sua memoria. Gli occhi vedono ciò che si aspettano di vedere oppure ne colgono lo scarto. Vedono quello che c'è sulla base di quello che non c'è più. E se non ci sono più grandi sfide e grandi massacri, se non ci sono più attentati contro candidati alla presidenza o presidenti eletti con il finanziamento dei cartelli, se la Colombia non è più un narcostato e i suoi grandi protagonisti sono tutti morti o condannati a passare la vita in prigione negli Stati Uniti, si può pensare che la guerra sia stata vinta. Magari non ancora vinta del tutto, ma sulla buona strada di essere condotta a termine.

Oppure lo sguardo può restare impigliato nel passato: visto che "cocaina" e "Colombia" rimangono sinonimi di una denominazione d'origine pensata come implicita quanto il whisky scozzese o il caviale russo, l'immaginario continua a figurarsi i narcos colombiani come i più potenti, ricchi e temibili al mondo. Però nessuna persona comune conosce più i nomi dei più grandi trafficanti o delle maggiori organizzazioni che oggi operano in Colombia. Eppure dopo gli sforzi decennali per debellare i narcos colombiani la quota di mercato persa dal paese è molto inferiore a quella che ci si potrebbe aspettare nell'epoca della globalizzazione dei commerci. È questo l'apparente paradosso che genera la difficoltà estrema di mettere a fuoco il quadro del presente nelle sue reali dimensioni.

I presunti lillipuziani non sono più i signori assoluti della cocaina ma si calcola che la Colombia continui a produrre intorno al 60 per cento della cocaina consumata. E la coca continua a radicarsi su ogni zolla coltivabile di terra colombiana.

Com'è possibile? Che cosa significa?

La prima risposta è elementare, principio base del capitalismo. Se permane la domanda, se la domanda anzi continua a crescere, sarebbe assurdo azzerare l'offerta, o anche ridurla drasticamente.

La seconda risposta è che al declino dei cartelli colombiani è corrisposta l'ascesa di quelli messicani, e di tutti i nuovi attori forti dell'economia criminale. Oggi il cartello di Sinaloa agisce sulla produzione di coca, pasta base e cocaina in Colombia come fanno le multinazionali per le coltivazioni e lavorazioni della frutta.

Ma tutto questo non spiega nel dettaglio che cosa sia avvenuto in Colombia. Capirlo è importante. È importante perché la Colombia rappresenta una matrice dell'economia criminale, e le sue trasformazioni mostrano tutta la capacità di adattamento di un sistema in cui rimane fissa un'unica costante: la merce bianca. Passano gli uomini, gli eserciti si sfaldano, però la coca resta. Questa è la sintesi della storia colombiana.

All'inizio c'è Pablo. Prima di lui c'era un commercio crescente e un paese geograficamente ideale per produrre, stoccare e trasportare cocaina. Ma era in mano ai "cowboy della coca": troppo deboli per imporre le loro regole, troppo sparpagliati sul territorio per imporre la legge del più forte. C'è un vuoto e Pablo lo riempie subito. Il primo passo evolutivo del narcotraffico in Colombia parte proprio da qui, da un giovane ambizioso e determinato ad arricchirsi sino a contare più del presidente del suo paese. Comincia dal nulla, accumula soldi, guadagna rispetto, concepisce la prima rete di distribuzione della coca con l'utilizzo di piccole imbarcazioni e aerei monomotore. Per garantirsi protezione e sicurezza, ricorre al vecchio detto colombiano "*Plata o plomo*", soldi o piombo, se sei un poliziotto o un politico, o accetti di essere corrotto o sei morto. Il business della coca è semplice per il padrino di Medellín: basta farsi un giro nei *barrios* poveri per arruolare il fabbisogno di ragazzi pronti a tutto, oppure corrompere qualcuno qui, corrompere qualcuno là, pagare un banchiere accondiscendente per aiutarti a portare indietro i soldi lavati. Lo dice lui stesso: "Tutti hanno un prezzo. La cosa importante è capire qual è". Il vuoto si riempie velocemente, il sistema Colombia diventa un monopolio la cui rete di distribuzione raggiunge i punti più importanti del continente americano. Tutto è in grande stile: voli intercontinentali stipati di tonnellate di coca, dogane accondiscendenti che lasciano passare migliaia di container di fiori pieni di polvere bianca, sottomarini per i grossi carichi, addirittura una galleria ultramoderna che sbuca a El Paso, Texas, e comincia a Ciudad Juárez: proprietà privata di un miliardario che vive lontano oltre quattromila chilometri. Comanda la Colombia, comanda Pablo Escobar. Ma il padrino di Medellín stringe accordi con il padrino di Guadalajara. Il Messico guarda, impara, intasca la sua percentuale e aspetta il proprio turno.

All'inizio degli anni ottanta Pablo guadagna già mezzo milione di dollari al giorno, ha dieci contabili. Il cartello di Medellín spende duemilacinquecento dollari al mese in elastici per avvolgere le pile di soldi. È il capitalismo alle sue origini. Grandi concentrazioni di ricchi imprenditori che dettano legge e si infiltrano in ogni ganglio della società. È un capitalismo tradizionalista, dove i capitani d'impresa fanno a gara per ostentare il potere e il guadagno senza lesinare sulle donazioni alla popolazione. Pablo fa costruire quattrocento case popolari, regala al popolo uno zoo spettacolare dentro la sua tenuta Hacienda Nápoles. Capitalisti-Robin Hood, senza scrupoli, sanguinari e spietati, ricchi sfondati e dalle mani bucate. Capitalisti in fasce, però, ai vertici di strutture rigidamente piramidali. Uomini che si sentono giganti, vedono se stessi come incarnazione di un potere sovrano che si sono guadagnati con il piombo e il danaro, l'unico legittimo. Pablo si offre persino di appianare l'intero debito pubblico della Colombia, perché il paese è già suo, perché il governo di Medellín è più forte e ricco di quello a Bogotá. Così, se lo Stato li contrasta, si sentono chiamati a una guerra frontale: autobombe, stragi, attentati contro politici e giudici nemici. Viene ucciso il candidato alla presidenza, il favorito alle elezioni. Come i corleonesi negli stessi anni, anche Escobar e i suoi fedeli non comprendono che proprio ciò che ritengono un esercizio dimostrativo della loro forza rappresenta invece il loro punto debole. Tagliata la testa, il corpo si decompone. Caduto Pablo, la sua organizzazione muore e lascia un vuoto.

Se c'è una cosa che il capitalismo ha dimostrato è che rivoluzioni e tragedie non sono mai state in grado di abbatterlo. L'hanno scalfito, ma il suo spirito non si è mai infiacchito. Il vuoto aperto da Pablo è il prodromo del secondo passo evolutivo della storia del narcotraffico colombiano. C'è bisogno di adattarsi ai cambiamenti, incorporare le mutazioni sociali ed economiche, affrancarsi dalla tradizione e varcare la soglia della modernità. La nuova specie è già pronta, ha già proliferato colonizzando zone sempre più estese, ha già approfittato di non essersi dovuta molto dissanguare nella lotta per il comando e di essersi trovata affiancata da potenti alleati naturali. Ora deve soltanto prendersi tutto. Anche i più insignificanti scostamenti incidono sul futuro. Pablo era macho, simbolo di una sessualità appariscente e mai doma. Si infrange persino quel dominante stereotipo, grazie a uno dei boss del neoegemone cartello di Cali, Hélmer "Pacho" Herrera. Omosessuale dichiarato, Pacho non sarebbe riuscito a fare un metro sotto la guida di Pablo. Ma per i fratelli Rodríguez Orejuela che hanno fondato il cartello gli affari sono affari e se un omosessuale è in grado di aprire la strada per il Messico e di installare alcune cellule di distribuzione direttamente a New York, allora poco importa con chi se la fa. Anche le donne sono accettate. Le donne sanno e possono fare tutto, dal lavaggio del danaro sporco alle trattative più importanti, e la parola "ambizione" non è più proibita.

Scompaiono perfino i vecchi detti di Medellín e le donne non sono più descritte come capaci solo di spendere soldi e di rovinare gli affari.

Altra differenza: alcuni sodali di Pablo erano pressoché analfabeti, non sapevano nemmeno chi fosse il più grande scrittore colombiano vivente, Gabriel García Márquez, premio Nobel per la letteratura. Andavano fieri di essere un potere nato dal popolo che doveva identificarsi con loro. I capi di Cali recitano versi di poeti colombiani del Novecento e sanno dare il giusto valore a un master in Business Administration. I nuovi narcos sono capitalisti come i vecchi narcos di Pablo, ma si sono raffinati. Si riconoscono nell'élite del Nuovo mondo, amano rispecchiarsi nei Kennedy, che misero base alla loro ascesa con l'importazione di whisky in un paese assetato dall'era proibizionista. Si atteggiano a onesti uomini d'affari, si vestono eleganti, sanno muoversi negli ambienti alti e circolano liberamente per le città. Niente più bunker e case superlusso nascoste chissà dove. I nuovi narcos amano la luce del sole perché è lì che si fanno gli affari.

Cambia anche il modo di trafficare, che deve garantire la sicurezza delle spedizioni, attraverso false imprese e lo sfruttamento dei canali legali dove è facile infiltrare la merce illegale. E poi le banche. Prima il Banco de los Trabajadores, poi la First Interamericas Bank di Panama, istituti di credito prestigiosi e stimati che i nuovi narcos usano per riciclare il danaro proveniente dagli Stati Uniti. Più spazio conquistato nell'economia legale, più spazio di manovra per ampliare il business della coca. Imprese di costruzione, industrie, società di investimento, stazioni radio, squadre di calcio, concessionarie di automobili, centri commerciali. Il simbolo della nuova mentalità è una moderna catena di drugstore all'americana, farmacia e drogheria insieme, che porta il nome programmatico di *Drogas la Rebaja*.

La struttura piramidale di Pablo è sorpassata, è un simulacro zoppicante, un dinosauro estinto. Ora le narcoimprese fissano degli "obiettivi di produzione", dei veri e propri piani pluriennali. Ognuno, nel cartello di Cali, ha il proprio compito e un unico, semplice obiettivo: fare soldi. Come in una multinazionale monolitica all'esterno e flessibile all'interno, il cartello di Cali è diviso in cinque aree, perché cinque sono le aree strategiche: politica, sicurezza, finanza, assistenza legale e, ovviamente, narcotraffico.

La violenza e il terrore non sono dismessi, *plata o plomo* resta la parola d'ordine, ma il primo può scorrere senza limiti, il secondo conviene misurarlo meglio, adoperarlo con più professionalità e raziocinio. Prima gli eserciti di sicari erano composti da giovani strappati alla povertà, adesso sono ex membri e membri corrotti delle forze armate. Mercenari prezzolati e ben addestrati. La politica diventa uno dei tanti settori della società da finanziare, così che i soldi iniettati nei suoi apparati funzionino da anestetizzante e il Congresso resti paralizzato e incapace di costituire alcuna minaccia, e al contempo condizionare l'operato. Si è spezzato anche l'ultimo flebile legame che univa i narcotrafficanti alle loro terre. Per fare affari è necessaria la pace nel paese, una pace fittizia e di cartapesta che ogni tanto ha bisogno di una scossa, di un avvertimento per far capire ai colombiani che chi comanda, anche se non si vede, è sempre presente. Maestro in questo è Henry Loaiza Ceballos, detto "Lo Scorpione", che un giorno di aprile del 1990 ordina di usare le motoseghe per fare a pezzi centinaia di *campesinos* che qualche tempo prima, sotto la guida del parroco di Trujillo, padre Tiberio de Jesús Fernández Mafla, hanno organizzato una marcia di protesta contro il conflitto armato e per migliorare le condizioni di vita nelle campagne. Il corpo di padre Tiberio viene trovato a pezzi in una piccola ansa del fiume Cauca. Prima che sopraggiungesse la morte era stato costretto ad assistere allo stupro e all'omicidio di sua nipote. Poi Scorpione Loaiza aveva ordinato di tagliargli le dita delle mani e fargliele mangiare; lo avevano obbligato a mangiarsi le dita dei piedi e alla fine gli organi genitali. Sulla sua tomba nel Parco in Memoria delle vittime di Trujillo vi è un'iscrizione con la frase, profetica, pronunciata dal sacerdote durante la sua ultima Pasqua: "Se il mio sangue può contribuire affinché a Trujillo nasca e fiorisca la pace di cui tanto abbiamo bisogno, lo verserò volentieri".

L'uso della violenza nel Nuovo mondo resta sempre esagerato, ma per il resto con i nuovi fornitori si trovano benissimo i partner italiani che hanno saputo annodare una trama d'affari privilegiata con la Colombia. Legati alla loro terra come gli uomini di Medellín, i calabresi condividono però il tratto più saliente della loro ascesa con gli uomini di Cali, quasi fossero compagni di strada da un pezzo: comandare e prosperare senza far troppo rumore. Non sfidare il potere ufficiale, bensì usarlo, svuotarlo, manipolarlo.

Il narcostato si espande e pompa i muscoli, non ammazza un candidato presidente inviso ma preferisce comprare i voti per farne eleggere uno gradito, contagia ogni angolo del paese e come una cellula tumorale lo altera a sua immagine, in un processo infettivo per cui non si conoscono cure. L'evoluzione, però, pretende le proprie vittime. Cali si è gonfiata in eccesso, ormai se ne sono accorti tutti, gli Stati Uniti e la magistratura non assoldata. Ma la sua caduta corrisponde quasi a una legge fisica: quando non si può più crescere, basta poco per esplodere o implodere, e il Messico, il cugino nordamericano, sta guadagnando spazio d'azione. Il narcostato presieduto dal cartello prende a vacillare e perde i pezzi. It's evolution, baby. Un nuovo vuoto, la terza tappa del cammino narcocapitalista.

La fine del cartello di Cali è l'ultima vera rivoluzione del capitalismo dei narcos colombiani. Con essa crolla il sistema della struttura mastodontica e della sua pervasività, forse l'unico elemento, insieme alla violenza endemica, che univa l'età dell'oro di Cali all'epoca di Pablo. È come un fascio di luce violenta che colpisce per la prima volta gli angoli bui, gli scarafaggi scappano in tutte le direzioni, si disperdono convulsamente, quelli che prima erano amici diventano nemici e si salvi chi può. Alcuni transfughi del cartello di Cali convergono nel cartello del Norte del Valle, che è sin dall'inizio la pallida copia di chi l'ha preceduto. Brutali senza carisma, avidi senza particolare perizia e inventiva imprenditoriale, incapaci di tenere a bada le rivalità interne, sono spaventati a tal punto dall'estradizione e dal tradimento dei delatori da diventare paranoici. Ma i tempi non sono più quelli di prima. I tempi sono cambiati perché il capitalismo è cambiato e i primi ad accorgersene sono proprio i colombiani.

Il resto del mondo è ottimista, talvolta euforico. Si sta avviando verso il nuovo millennio convinto che la pace, la democrazia e la libertà siano destinate alla vittoria planetaria. Il presidente Clinton viene rieletto per il secondo mandato nel novembre del 1996 e qualche mese dopo nel Regno Unito diventa primo ministro Tony Blair, leader del Labour Party, certo della necessità che per stare al passo con la modernità bisogna coniugare istanze socialdemocratiche a un più ampio spazio per il libero mercato. Fino ai primi mesi del 1997, a Wall Street l'indice Dow Jones continua a salire a livelli mai visti prima e si gonfia ancora di più il Nasdaq, il primo mercato borsistico interamente elettronico e dedicato ai titoli tecnologici come Microsoft, Yahoo!, Apple e Google. Steve Jobs, del resto, è appena tornato alla guida della Apple, sicuro di poterla far uscire dalla sua crisi e, come sappiamo, ci riuscirà alla perfezione.

Per conservarsi nello spirito dei tempi, l'Occidente euforico chiede sempre più cocaina. La coca è una macchia bianca sull'ottimismo e la coca viene identificata con la Colombia. Non è accettabile che nell'epoca degli scambi senza frontiera e del capitalismo più creativo esista ancora una nazione così ricca di risorse ma sottomessa a una monocultura criminale. Il cartello di Cali è stato abbattuto, il narcostato è stato spezzato. I guerriglieri marxisti asserragliati nella giungla o sulle montagne con i loro ostaggi rappresentano un anacronismo che non ha più alcuna ragione di esistere. Chi ha sconfitto il blocco mondiale comunista pensa che occorra ormai solo uno sforzo concentrato perché anche la Colombia possa tornare nella comunità del mondo libero.

Gli Stati Uniti non danno abbastanza peso a ciò che, sotto il loro naso, è diventato il Messico; o meglio, se ne accorgono a sprazzi, a singoli report del giorno che finiscono su questa o quella scrivania, a sconnessi allarmi per la stabilità e la sicurezza pubblica. Ma, accecati d'ottimismo, non riescono o non vogliono capire che ciò che sta emergendo non è altro che il lato d'ombra dello stesso capitalismo globale al quale sono fieri di aver aperto ogni porta e sciolto ogni vincolo. Hanno loro stessi lo sguardo imprigionato nel passato. A partire da una trama già acquisita, vogliono portare la storia della Colombia verso il lieto fine. Ma quel che accade e accadrà sarà tutt'altro.

Le storie latinoamericane sono complesse. Non funzionano come quelle raccontate a Hollywood, dove i buoni sono buoni e i cattivi sono cattivi. Dove se hai successo, significa che te lo sei meritato con il talento e la bravura che, in fondo, non possono essere altro che il frutto della tua virtù morale. Per questo è più facile comprendere la transizione colombiana seguendo due storie di successo.

La prima è la storia di una donna. La ragazza più bella e più famosa del paese. Quella che tutti gli uomini sognano di possedere, a cui tutte le ragazze vogliono somigliare. È stata testimonial esclusiva di una marca di lingerie e della birra più popolare della Colombia. Ha dato il proprio nome a una linea di prodotti di bellezza diffusa in tutta l'America Latina. Natalia Paris. Viso dolcissimo, chioma dorata, pelle lustra color del miele. Piccola come una ragazzina, ma con seni e glutei esplosivi. La perfezione femminile in miniatura. È lei che ha creato un nuovo modello di bellezza, lo stesso mix di giocosa ingenuità e seduzione supersexy che Shakira – bassa, bionda e colombiana come lei – ha saputo imporre in tutto il mondo grazie alla sua voce potente e ai suoi ancheggiamenti scatenati. La stella di Natalia, però, è sorta prima. E negli ultimi due decenni ha accompagnato la storia colombiana.

L'altra vicenda è quella di un uomo cui da piccolo hanno affibbiato un soprannome che non gli rende giustizia: "El Mono", la Scimmia. Non richiama i tratti grotteschi di una scimmia urlatrice o di una scimmia ragno, le specie più diffuse in Colombia; al limite, negli occhi un po' infossati, ha qualcosa che ricorda lo sguardo di un gorilla, qualcosa di fisso che può diventare temibile. È figlio di una colombiana e di un italiano partito da Sapri per costruirsi una vita migliore nel Nuovo mondo. Si chiama come suo padre, Salvatore Mancuso. Ha realizzato il sogno di integrazione e successo che gli immigrati trasmettono ai figli, il sogno americano. Però l'ha fatto a modo suo.

La Bella e la Scimmia nascono nelle città del Nord, la parte più popolata ed evoluta del paese, e in famiglie che hanno saputo conquistarsi l'agio relativo del ceto medio. Il padre di Natalia è un pilota che muore quando lei ha appena otto mesi, però la madre possiede tempra e princìpi vigorosi e soprattutto esercita una professione, quella dell'avvocato, che ne salvaguarda l'autonomia economica. Il padre di Salvatore, che è il secondo di sei figli, lavora sodo come elettricista e, dopo anni di fatiche, riesce a mettere su un negozio di riparazioni di elettrodomestici e poi di automobili.

I genitori risparmiano per far frequentare ai ragazzi buone scuole, il che è anche un modo per tenerli il più possibile al riparo dalle cattive compagnie, dalla violenza nelle strade. Natalia va in collegio dalle suore, trascorre vacanze studio a Boston, si iscrive all'Istituto d'Arte per diventare pubblicitaria. Ma intanto decolla la sua carriera di modella. Non si sa bene quando abbia esattamente inizio perché già da bambina aveva posato per una marca di pannolini. Poi, con l'adolescenza, arriva il primo importante contratto per un sorriso radioso che promuove un dentifricio made in Usa. Infine diventa la ragazza immagine della birra Cristal Oro, presenza solare in minibikini che ammicca dai muri delle case, nelle riviste passate di mano in mano dalle parrucchiere, sui megapannelli pubblicitari lungo le statali. È dappertutto, ammirata e conosciuta come in Colombia non era mai capitato a una modella. Il sogno più comune di ogni avvenente ragazza colombiana era, ed è ancora oggi, diventare reginetta di bellezza. Per l'elezione di "Miss Colombia" si scatena un delirio che parte in largo anticipo sulla finale. Sulla spiaggia di Cartagena de Indias sbarca il circo dei rotocalchi e ai bambini in età scolare di Cartagena vengono concesse addirittura due settimane di vacanza. La coroncina posta sul capo della vincitrice è placcata d'oro 24 carati con al centro uno smeraldo, la pietra nazionale, e nel corso dell'anno in cui detiene il titolo Miss Colombia viene persino ricevuta dal presidente della Repubblica.

Ma di concorsi minori ne esistono a centinaia. In ogni luogo dove si tengono, l'arrivo delle aspiranti reginette è un evento molto atteso dalla cittadinanza. La gente della Colombia ha il cuore gonfio del desiderio di lustrarsi gli occhi, compensare il duro vivere quotidiano, dimenticare le violenze, le ingiustizie, gli scandali politici che sembrano non poter avere mai fine. Sono gente allegra, i colombiani, di quell'allegria vitale che nasce come antidoto al fatalismo.

Eppure non è soltanto questo ciò che spiega il proliferare del fenomeno. In America Latina, e in particolare nei paesi del narcotraffico, i concorsi di bellezza sono anche fiere di cavalli di razza, in cui si esibiscono gli esemplari già approdati a una scuderia. Spesso la gara è truccata in partenza: vince la candidata che appartiene al proprietario più potente. Il più grande regalo che si possa fare a una donna è comprarle una coroncina da reginetta, dono che risplende sul prestigio di colui che l'ha prescelta. Così è stato per Yovanna Guzmán, eletta "Chica Med" quando era già legata a Wílber Varela detto "Sapone", uno dei leader del cartello del Norte del Valle. Ma anche quando le cose vanno in questo modo, le ragazze meno fortunate possono sperare di essere notate dagli altri narcos accorsi per selezionare l'amante del momento, o comunque ritentare la buona sorte nel prossimo concorso.

Non è stata però questa gavetta a favorire l'ascesa di Natalia che, tutt'a un tratto, si ritrova a essere più invidiata di Miss Colombia. Sua madre non l'avrebbe mai lasciata esporsi in un contesto dove ogni cortese attenzione equivale a un rischio. Le persone che girano intorno a un set, invece, sono facili da tenere d'occhio. Lei accompagna Natalia a ogni appuntamento, le fa da manager e da guardiana. E se per i diciott'anni le regala due taglie in più di reggiseno, non immagina che con quell'ulteriore investimento sulla già vincente immagine di sua figlia la renderà antesignana di un'epidemia che imperverserà negli anni a venire. Persino le ragazzine delle campagne più misere e dei *barrios* più derelitti cominceranno a prostituirsi allo scopo di raggranellare i soldi per quelle protesi mammarie divenute prerequisito per entrare nelle grazie di un boss, unica prospettiva di riscatto che si trovi alla loro portata. È questa la storia narrata da *Sin tetas no hay paraíso* (Senza tette non c'è paradiso), la serie televisiva colombiana vista e adattata in versioni più edulcorate da mezzo mondo, ma all'origine basata su un rigoroso reportage condotto da Gustavo Bolívar Moreno nel dipartimento meridionale di Putumayo, tradizionale zona di coltivazione della coca.

Lucia Gaviria, questo il nome della madre di Natalia, è sempre vigile. L'opportunità che la fortuna ha regalato a sua figlia va colta sino in fondo finché dura, però sarebbe un grave errore volerci fare affidamento. Anche lei in gioventù aveva sfilato e posato per qualche foto di moda, ma senza la laurea in Giurisprudenza chissà come avrebbe potuto cavarsela dopo essere rimasta vedova. Bisogna tenere la testa sulle spalle e i piedi per terra, tendere verso obiettivi sicuri e solidi. Che la bellezza sia un bene effimero, che la facoltà di essere artefice della propria vita una donna colombiana debba preservarla e conquistarla con altri mezzi, di questo la madre di Natalia è la migliore maestra essendone un esempio. Ha un nuovo compagno, adesso, e un secondo figlio: una famiglia normale, con l'orgoglio di sapersi tale in un tempo e in un luogo travolti dalla follia più sfrenata.

La Colombia è il paese dalle mille facce. Si viene accecati dal sole che riflette la calce dei muri, un secondo dopo si è investiti dai colori di un tramonto che incendia il paesaggio. Se la Colombia spiazza, Montería trova vitalità nella sua contraddizione. È una città sulle rive del fiume Sinú, e capitale del dipartimento di Córdoba. Le casupole e i grattacieli spuntano violenti tra gli alberi tropicali, con decine di diverse etnie stipate dentro, impegnate in una spesso impossibile convivenza.

È qui che nasce e cresce Salvatore Mancuso, in una casa costruita dal padre con le sue mani. Fin da piccoli, i figli maschi lo seguono a caccia, affascinati dal suo tesoro: un piccolo arsenale al quale è vietato avvicinarsi. Don Salvador – come era diventato per l'anagrafe grazie a un errore dell'ufficio immigrazione – alleva i figli con fermezza. La relativa tranquillità economica e sociale va difesa anche con le regole dell'educazione che non vanno mai sfidate.

Ma alla fine la severità paterna viene premiata. Anche nel caso della Scimmia, le leggerezze si limitano all'infanzia, quando Salvatore era assurto a capetto del quartiere e gli altri bambini, in omaggio alla peluria spuntatagli sul corpo prima che ai compagni, gli avevano tributato quel nomignolo sospeso tra l'ammirazione e l'invidia. O alla stagione del motocross negli anni ottanta, quando si aggiudicò il primo posto nel campionato nazionale e fece diventare campioni di vendite anche i fratelli Bianchi, i compaesani italiani concessionari della Yamaha di Montería.

Come la madre di Natalia, anche Don Salvador capisce che a un ragazzo bisogna concedere la gratificazione di quei momenti di gloria transitoria, purché non comprometta il percorso verso il quale è stato avviato. Salvatore è un buon figlio. Si diploma, va a studiare negli Stati Uniti; se non ce la fa a laurearsi all'Università di Pittsburgh, non è perché gli manca la voglia di impegnarsi ma perché ha troppa nostalgia di casa. Soprattutto di Martha, con cui si è sposato nemmeno diciottenne, e del piccolo Gianluigi che ha solo pochi mesi. Don Salvador insiste, avrebbe tanto voluto che il figlio tenace potesse costruirsi un'esistenza negli Stati Uniti, ma di fronte alle argomentazioni di un giovane padre di famiglia non può che abbozzare. Salvatore torna in Colombia e con Martha si trasferisce a Bogotá per concludere gli studi universitari.

Poi nuovamente i progetti del secondogenito divergono da quelli del padre, e nuovamente questi non sarà in grado di fermarlo: Salvatore non vuole fare l'ingegnere, vuole diventare agricoltore e allevatore, un vero colombiano di stampo antico. Con ogni evidenza, intende anche vendicare il padre che si era comprato una tenuta dopo tre decenni di sacrifici ma, rifiutatosi di cedere alle estorsioni dei guerriglieri, ha dovuto rivendere la sua amata *finca*. Che cosa obietti a un figlio che ha la cocciutaggine di voler portare sino in fondo quel che a te non è riuscito? Che è troppo pericoloso, troppo difficile? I Mancuso sono gente fiera e, alla fine, Salvatore, laureatosi in Agraria, torna a Montería e si stabilisce nella fattoria Campamento che Martha ha appena ereditato da suo padre. La terra è ricca, la casa colonica un gioiello da valorizzare. Don Salvador garantisce per il prestito che suo figlio deve utilizzare per trasformare la sua azienda in un sogno remunerativo e impeccabile. Bisogna alzarsi all'alba, faticare quanto e più dei *campesinos*. Mostrare cosa significa applicare la filosofia del padre è un duro lavoro. Passano due anni e l'esempio della *hacienda* Campamento non suscita soltanto l'ammirazione degli altri agricoltori; anche i guerriglieri ne sono attratti e il loro appetito diventa famelico.

Il paese dove Salvatore comincia a farsi un nome varca la soglia degli anni novanta come un Far West incancrenito. Sono anni che nel dipartimento di Córdoba non si contano più le violenze della guerriglia: estorsioni, fucilazioni e furti di capi di bestiame, sequestri di innocenti, tra cui donne e bambini. La guerriglia sfrutta l'assenza della politica e l'incapacità della forza pubblica di imporsi. Un decennio prima gli allevatori e agricoltori del dipartimento di Antioquia si erano riuniti per la prima volta a Medellín per trovare insieme una soluzione al problema. Nacque l'Associazione Contadina del Magdalena Medio. Niente di rivoluzionario, piuttosto la realizzazione di un decreto del 1965 che dava la possibilità ai contadini, con l'aiuto delle autorità, di imbracciare le armi e difendersi. Militari e agricoltori a braccetto in una guerra totale, dove non conta il monopolio della forza che caratterizza ogni Stato moderno, ma solo l'individuazione di un nemico comune da annientare. Nonostante ciò, la situazione dei contadini di Antioquia e Córdoba continuava a essere allarmante. Il valore di terra e bestiame era sceso a un quinto.

Salvatore Mancuso tutto questo lo sa fin troppo bene, così come conosce una per una le sigle, gli organici, la presenza territoriale degli insorti. Per anni ha ascoltato tutte le storie di soprusi, raccolto tutti gli esempi sulle possibilità di fare fronte a quei banditi parassitari che ingrassano i loro sogni eversivi con i frutti della fatica delle persone oneste. È pronto. Se non si è piegato un immigrato elettricista provato da una vita di lavoro, non cederà suo figlio nel pieno delle forze e disposto a rimettere la pelle per la sua terra e i suoi uomini. Che si presentino, se osano.

Il sole è spuntato da poco, i raggi obliqui spruzzano di ocra la terra davanti a Salvatore. Si avvicinano tre ombre, emergono in controluce e acquistano le sembianze di guerriglieri. Salvatore recupera il suo fucile e senza pensarci due volte lo punta loro addosso. I guerriglieri gli dicono che è atteso dal loro capo, ma Salvatore si rifiuta di seguirli.

Alla *finca* di Salvatore lavora Parrita, un ragazzino sveglio di appena dodici anni. Non ha paura di niente e gli uomini lo prendono in giro, gli dicono che una volta cresciuto avrà paura, che la Colombia ti insegna il rispetto per chi è più forte di te. Ma Parrita, a queste parole, fa spallucce. È uno spavaldo e a Salvatore piace; lo manda a chiamare, gli consegna una ricetrasmittente e gli chiede di seguire i tre guerriglieri, trovare la loro base e stare in agguato fino a ulteriori comandi. Intanto Salvatore si organizza, convince il colonnello del battaglione Junín di Montería a prestargli degli uomini e facendosi guidare dalle indicazioni di Parrita scova i tre e li uccide.

Salvatore Mancuso ha preso in mano il suo destino. Tornare indietro non è più possibile, se non accettando la perdita di tutto quanto si è costruito. Di fattoria in fattoria si sparge la voce del giovane *haciendero* che ha sfidato la feccia terrorista come nessuno prima di lui aveva mai osato fare. Nemmeno Pablo Escobar quando reagì al rapimento della figlia di Don Fabio Ochoa Restrepo, grande allevatore di cavalli e capostipite di una famiglia criminale entrata negli alti ranghi del cartello di Medellín, e diede vita a un gruppo denominato Mas, Muerte a Secuestradores, secondo il proprio gusto plateale. L'uomo più potente della Colombia urlava le sue minacce, riempiva di armi e soldi a palate i vendicatori. Il figlio di un immigrato non ha mandato avanti altri, è partito in silenzio per farsi giustizia. Ora l'esempio da imitare non è più la sua azienda agricola, ma lui medesimo. I militari di Montería gli hanno procurato le licenze per trasformare la tenuta in un fortino armato, gli hanno dato degli uomini di scorta. Galvanizzati anche loro, prendono a chiamarlo *cacique*, perché adesso lui è un cacicco, un capo riconosciuto dalla comunità. C'è un uomo in particolare che si lega a Salvatore come a un fratello: il maggiore Fratini, vicecomandante del battaglione che gli era venuto in soccorso nella sua prima ritorsione contro i guerriglieri. Condividono le origini italiane e l'interesse per i fucili e il buon vino.

Insieme mettono in piedi un piano militare. Su una cartina frazionano la regione, assegnando a ogni area compiti di vigilanza e pattugliamento. Gli agricoltori si tengono in contatto via radio, in modo da segnalare ogni presenza sospetta e da potersi sempre muovere scortati dai militari. L'esperimento di autodifesa ingrana, il prestigio di Mancuso continua a crescere.

Salvatore però non perde mai di vista lo scopo di tutto questo. Il suo lavoro se lo porta a casa ogni sera sulla pelle. Ed è proprio una sera che riceve la brutta notizia: il maggiore Fratini, impegnato a difendere un gruppo di *contras* sotto attacco, a bordo di un elicottero, è stato abbattuto ed è stato rapito dall'Epl, Esercito popolare di liberazione, una delle tante sigle che indicano i gruppi della guerriglia colombiana. Il giorno dopo lo ritrovano: è stato torturato a morte. Immagini che non si possono dimenticare. Immagini che approfondiscono il solco nel quale Salvatore Mancuso si è avviato.

La ragazza biondissima che ora campeggia anche sulle confezioni di saponette e sui quaderni di scuola, adoperati in tutta la Colombia, nella sua città natale è divenuta più che mai una presenza amica che dona leggerezza e conforto. Per il resto del mondo Medellín ha perso l'unico personaggio che la rendesse nota, Pablo Escobar, ma per i suoi abitanti la stella costante di Natalia certifica la continuità delle cose belle e buone, attenuando l'ansia che la fine del padrone della Colombia ha creato. Sì, perché se da una parte può esserci sollievo, dall'altra invece c'è paura. La paura del vuoto. Non del vuoto in sé, bensì di quanto e quanti verranno avanti per colmarlo. Pablo Escobar è stato ucciso nello stesso anno del maggiore Fratini, l'amico fraterno della Scimmia. Ora che il re è morto, tutti quelli che erano stati i suoi nemici possono farsi largo. Avanzano i guerriglieri, ingrassa Cali, gonfia il petto l'organizzazione paramilitare che il cartello rivale aveva foraggiato per toglierlo di mezzo e che aveva seminato terrore soprattutto nel suo feudo originario: Los Pepes, acronimo di Perseguidos por Pablo Escobar, nome che pare una sarcastica risposta al gruppo chiamato Morte ai sequestratori. Che cosa faranno adesso quegli uomini addestrati ed equipaggiati per il massacro? Se ne andranno? Vorranno gestire una fetta del territorio? L'unica cosa certa è che non è possibile sperare che si dissolvano nel nulla. Gli eserciti irregolari non si smantellano da soli.

Questa preoccupazione è condivisa dal governo. Non c'è più il grande antagonista dello Stato, ma i focolai di conflitto stanno aumentando e questo è un male. Un male per i colombiani, naturalmente, ma anche per una leadership che vorrebbe trarre un vantaggio d'immagine dalla fine dell'eroe negativo più rinomato. Invece potrebbe riaccendersi un periodo di guerra civile, e dei peggiori. I presidenti che si susseguono sono consapevoli dei limiti del proprio potere. Non possono far altro che tentare di promuovere un bilanciamento delle forze che si sottraggono al loro monopolio. Hanno bisogno delle risorse dei controrivoluzionari per contrastare i successi della guerriglia, ma al tempo stesso i gruppi paramilitari andrebbero in qualche modo imbrigliati. Nel modello inaugurato da Salvatore Mancuso e seguito ormai da un numero crescente di *hacienderos*, credono infine di scorgere la giusta direzione. Bisogna compiere un passo ulteriore nella legalizzazione dell'autodifesa, di modo che anche le formazioni nate come braccio armato dei cartelli, le più feroci e meglio attrezzate, possano avere un interesse a confluirvi. Così, nel 1994, viene emanato un decreto che regolamenta la vigilanza e la sicurezza private e la loro collaborazione con l'esercito, consentendo l'utilizzo di armi in dotazione esclusiva ai militari anche da parte dei gruppi che ora si chiamano Convivir, che sta per Cooperativas de Vigilancia y Seguridad Privada. Mancuso è a capo della Convivir Horizonte e ha ampliato l'organico originario con una decina di uomini armati di pistole, fucili e mitragliatrici.

Ora che ne possiede il pieno diritto, vuole dimostrare il suo valore e vendicare l'amico che lo ha iniziato al mestiere delle armi. Con un battaglione dell'esercito per l'impresa, cammina per trenta giorni nella foresta mangiando prodotti in scatola per evitare fuochi che avrebbero allarmato i nemici. Nel tratto di Cordigliera che separa Córdoba dalla lingua settentrionale di Antioquia, si trovano davanti una montagna. Le pareti a strapiombo fanno paura e sono in molti a tornare indietro. Spronati dal Mono, raggiungono però la cima in formazione sufficiente per fare il loro ingresso a sorpresa nella roccaforte delle Farc in quella zona. Scoppia uno scontro a fuoco, Salvatore e i suoi uomini ne escono vivi.

Nello stesso territorio di Mancuso opera un esercito privato che, con la legge sui Convivir, si è dato un nuovo nome, Autodefensas Campesinas de Córdoba y Urabà, per poter offrire legalmente protezione armata agli agricoltori e allevatori. Appartiene ai fratelli Castaño, che hanno alle spalle una lunga storia di odio implacabile contro la guerriglia. Sono ricchi sin dalla nascita, ma è stato proprio questo ad aver segnato le loro vite. Essere figli di Don Jesús, un allevatore così stimato come politico e convinto del diritto dei proprietari terrieri a comandare da diventare uno dei primi che le Farc vennero a prelevare nella sua *finca* per impartirgli una lezione. Sembrano passati secoli da quel giorno di tredici anni prima e dall'attesa infinita fino al momento in cui seppero che, malgrado il riscatto, loro padre non sarebbe mai più tornato a casa. Il buco nero della loro esistenza. È da allora che sono in guerra, una guerra che non può fare prigionieri per principio. Hanno combattuto da soli, pagando un centinaio di uomini pronti a tutto. Li hanno mandati nella zona dove Don Jesús era tenuto ostaggio e hanno fatto massacrare, impalare, fare a pezzi ogni essere umano trovato nei paraggi, di modo che i fiancheggiatori degli infami capissero la lezione. Hanno stretto ottimi rapporti con Escobar, lasciando che Carlos, il minore dei fratelli Castaño, si unisse a Muerte a Secuestradores, uscendone come un uomo fatto a cui nessun metodo di guerra sporca era alieno.

Ma poi hanno rotto con Don Pablo che, nella sua paranoia megalomane, aveva fatto ammazzare dei loro amici. Capendo che intendeva uccidere anche loro, hanno accettato l'invito dei fratelli Rodriguez Orjuela di Cali e hanno fondato Los Pepes. Hanno fornito la muta di cani nella battuta di caccia contro il loro ex alleato, hanno fatto strage dei suoi soci e familiari. E ora sono quasi tornati al punto di partenza: una formazione antiguerriglia più grande e più ricca delle altre.

I fratelli Castaño nell'ultimo decennio si sono ancora più arricchiti. I signori della coca li hanno pagati molto bene. I signori della coca amano inoltre ricompensare i loro vigilantes facendoli partecipare agli affari. Sostenere una guerra permanente costa caro. Le Farc e tutti gli altri bastardi comunisti li avrebbero già stritolati, avrebbero fatto terra bruciata di ogni loro appoggio, se i guerriglieri non finanziassero la loro insurrezione anticapitalista con i soldi della coca. Invece i sovversivi sono diventati più spudorati, più forti di prima. In guerra vige il principio che bisogna affrontare il nemico ad armi pari. Chi traffica comanda.

Quando i fratelli Castaño offrono a Salvatore di unire le forze, lui prende tempo per dare una risposta. Preferirebbe andare avanti come ha fatto sinora, forse anche perché conosce i loro antichi legami con il narcotraffico. Ma poi un giorno, sulla strada tra Montería e la sua tenuta, mentre torna a casa con sua moglie, Gianluigi e il secondogenito che ha appena due anni, incontra un blocco stradale: un'imboscata delle Farc, un tentativo di sequestro. Nasconde l'agitazione per non spaventare ancora di più i bambini, ma qualche giorno dopo dice a Martha che non può più farcela da solo. Accetta di fondere il suo gruppo con l'organizzazione dei Castaño. E infine, quando arriva il primo mandato di arresto per omicidio, lascia per sempre la *finca* Campamento. Non è più Salvatore Mancuso, da quel giorno del 1996. Soltanto El Mono, la Scimmia, El Cacique, Santander Lozada, Triple Zero e ogni altro nome di battaglia assunto. Non è più un coltivatore di riso e un allevatore di cavalli, ma un signore della guerra clandestino.

Quando la Scimmia intorno ai trent'anni sta portando a compimento la terza scelta determinante della sua vita, la bella Natalia ne ha poco più di venti. Nel suo letto con i peluche, nel pigiamone di maglina, quando la sveglia per mandarla a lezione o scortarla a un appuntamento mattutino e poi la vede ciondolare imbronciata di stanchezza verso il bagno, sua madre si ripete sempre che sembra ancora una bambina. Perché sarà sempre la sua bambina, come per ogni madre. Ma anche perché la natura è stata buona con Natalia passandole i suoi geni, regalandole un corpo che resiste al tempo. Una bambina spensierata. Ingenua e allegra. E questo perché lei, Lucia Gaviria, ha saputo proteggere dalle zanne del tempo l'altra natura di sua figlia, quella che ha dentro. I soldi che ha guadagnato hanno portato ancora più spensieratezza, come è giusto, ma come non è detto che accada. Alla schiera dei peluche si è aggiunto un armadio traboccante di scarpe e di vestiti. Creme. Profumi. Qualche gioiello. Nient'altro.

Ormai Natalia Paris si è abituata a essere una star non appena esce dalla porta di casa. Abituata a vedere in giro per le strade della Colombia ragazze che sembrano un'armata di suoi cloni. Abituata ai flash dei paparazzi dietro l'angolo, abituata a respingere le avance con un "no" tanto soave quanto fermo. Nessuno dei ragazzi con cui si è fidanzata le ha mai fatto perdere uno solo dei suoi impegni, meno che mai la testa.

Lucia Gaviria comincia a calmare un po' della sua trepidazione. Ora a Medellín si respira meglio di qualche anno fa. Non accade più che debba andare a un funerale perché la figlia della sua migliore amica è stata sventrata da un'autobomba e dopo, per qualche tempo, non abbia più il coraggio di chiamarla perché lei sua figlia ce l'ha ancora. O che Natalia le chieda di andare in discoteca con i compagni del collegio e poi rientri raccontando che, mentre stavano sulla pista da ballo, si è scatenata una sparatoria. Spaventata, certo, ma neanche più di tanto. Quando cresci in determinati luoghi, finisci per adattarti in qualche modo alla realtà che hai intorno. Doña Lucia si rende conto che le campane di vetro sono di una fragilità patetica.

Ma sono passati anche i primi tempi, quando il successo improvviso minacciava di travolgere l'equilibrio precario di un'adolescente. In fondo, è stata la stessa celebrità di Natalia a esserle d'aiuto. Una star gode di meno libertà di movimento di una persona comune. Per condurre una vita sostenibile, prende a frequentare sempre gli stessi luoghi, dove, almeno in buona parte, gli altri imparano a fingere di non notarla o a trattarla normalmente.

Così nella vigilanza di Lucia Gaviria si insinua un punto in ombra. La palestra. Mantenersi in perfetta forma per Natalia fa parte dei requisiti professionali, in più l'attività fisica le piace un mondo. Frequenta perlopiù corsi femminili, aerobica e balli latinoamericani che le rimpiazzano le serate in discoteca divenute un'esposizione troppo stremante. Ora vorrebbe provare a imparare a fare immersioni. La palestra offre un corso di una settimana a Santa Marta, la famosa città turistica sul Mar dei Caraibi. I pesci tropicali non spaventano Doña Lucia, nemmeno il respiratore e le bombole. Gli squali nel mare sono molto meno pericolosi degli squali di terra.

Vedere Natalia che si leva la maschera e le pinne e, con un deciso strappo, si spella dalla muta, dev'essere un'esperienza quasi mistica. Eppure lei non si accorge di come tutti la guardino. Nel gruppo c'è un uomo che, sin dalla prima uscita in mare, le fa lo stesso effetto. Si è tolto l'attrezzatura, l'ha messa a posto e dal bordo del gommone si è tuffato. Vorrebbe saltargli dietro, ma non osa. Aspetta che sia lui a farsi avanti, dandogli giusto un segnale minimo, qualche battuta, una piccola richiesta di soccorso. Lui è già un sub esperto, anzi ha la patente di istruttore. L'ha presa in California dove ha vissuto per lavoro. Quella del corso organizzato dalla palestra era giusto un'occasione per riprendere l'esercizio dello sport prediletto.

Glielo racconta qualche sera dopo portandola a cena in un bistrot romantico. Medellín non è come Los Angeles dove, quando vuoi ricaricarti, puoi sfidare le onde su una tavola da surf, andare a correre in spiaggia, nuotare fino all'orizzonte e ritorno. "Sono legato alla mia città e alla mia famiglia, però questo mi manca: l'oceano, la vita all'aria aperta."

Natalia è già molto innamorata. Ma ora è convinta che Julio sia l'uomo più meraviglioso che avrebbe mai potuto incontrare. Non si fa alcun problema di stargli appiccicata in barca, di baciarlo e avvinghiarsi a lui in mezzo all'acqua. L'amore è un trionfo della vita che deve essere ostentato.

Lucia, sulle prime, pensa semplicemente che la vacanza abbia fatto bene a sua figlia. Presto però intuisce che quella felicità irreprimibile non può essere il mero effetto benefico del sole dei Caraibi. C'è del tenero, ma deve trattarsi di una cotta un po' speciale perché sua figlia stranamente non gliene parla. Avverte una fitta d'ansia, la scaccia subito. Natalia è sempre stata impulsiva, entusiasta. È nata sotto il segno del Leone, segno a cui viene attribuita passionalità, però il fuoco prima o poi finisce per consumarsi. Meglio aspettare, darle fiducia. Crede di conoscere sua figlia a sufficienza per sapere che sarà lei a iniziare il discorso.

Infatti passa poco e Natalia non riesce più a trattenersi. Quando le parla di Julio, di quanto è bello, sportivo, attento ed elegante, si illumina in modo tale che sua madre deve prendere un respiro per cominciare a farle qualche domanda. Le spiace davvero strapparla dalla nuvola su cui veleggia.

"Quanti anni ha?"

"Non so. Trenta, trentacinque..."

"Sicura che non sia sposato?"

"Mamma, ma cosa dici! Lui stava a Los Angeles, e credo sia tornato per dare una mano alla famiglia."

"E cosa ci faceva di preciso a Los Angeles?"

"Non gliel'ho chiesto."

"Quindi non hai idea di cosa faccia di preciso nella vita il tuo Julio?"

"Boh, affari di qualche tipo. E poi è ricco, ricco di famiglia. Ha una casa stupenda e anche altre proprietà, forse un albergo, una tenuta in campagna."

"Forse. Ma tu non sai come sia diventato ricco. O come sia diventata ricca la sua famiglia."

"No, mamma, e non mi interessa! Non puoi ragionare sempre così, tutto calcolo, tutto di testa. Questo non conta nulla quando ami qualcuno!"

Adesso piange e corre a chiudersi in camera. Lucia Gaviria rimane seduta sulla sedia della cucina, annichilita. Ha una sensazione bruttissima, le manca il fiato. Si versa un bicchiere d'acqua che l'aiuta a calmarsi e si dedica alle stupide faccende domestiche che ha ancora da sbrigare.

L'unica domanda che osa fare l'indomani riguarda il cognome del prescelto. Cerca di porla con disinvoltura, ma sa che Natalia non ci cascherà. Con quell'informazione anagrafica, si avvia come ogni mattina verso il tribunale. Sta andando incontro al suo dramma.

Julio César Correa. È un narcotrafficante. Ha fatto la gavetta a fianco di Pablo Escobar come sicario. Il ruolo traspare dal cognome che ha soppiantato quello originario: Fierro, Julio Fierro. In tutta l'America Latina – come del resto in italiano – il "ferro" designa le armi da fuoco. Nei tempi nuovi, ha saputo costruirsi l'indipendenza del killer professionista e ha cominciato a partecipare direttamente al business della cocaina, diventando un *traqueto*, un trafficante. Chissà se è stato a causa della morte di Don Pablo che è andato negli Stati Uniti a cambiare aria, si chiede Doña Lucia. Però ora è tornato. Tornato in tempo per far perdere la testa a Natalia che non vuole sentir ragioni. Ha confessato che Julio in città gira con la pistola, ma poi ha subito urlato: "Che male c'è, lo fanno tutti!".

Ormai si rivolge a lei solo sbraitando.

Lei le ha imposto regole tassative, rigidissimi orari di rientro, molto più restrittivi di quando era minorenne. Ma quando resta sola ad aspettarla, Lucia Gaviria prende a rimuginare e a rinfacciarsi la sua colpa. Quando mai le è venuto in mente che gli squali nel mare sono meno pericolosi degli squali di terra! Quando mai l'ha lasciata andare a quello stramaledetto corso di sub!

Passano gli anni. La madre di Natalia è sfinita dalla guerra che sta conducendo invano. Sempre più spesso ha lunghe crisi di pianto che solo in piccola parte sono un modo per esercitare un ricatto emotivo su sua figlia. Julio ha cercato ogni occasione per addolcirla, assicurarle quanto profondamente sia innamorato, giurare che porterà sempre il massimo rispetto nei riguardi di Natalia e dei suoi cari. È vero che sembra un uomo sincero ed educato, molto diverso dai *traquetos* bruttissimi e volgari che le capita di incrociare in tribunale. Ma Doña Lucia è sempre rimasta di una cortesia algida. Deve resistere, deve riuscire a spezzare quel legame.

Sua figlia però continua a essere pazza di lui come il primo giorno. E tutto quello che lei fa, i pianti, le minacce, le furibonde litigate, non ottiene altro che allontanarla. Avvicinandola ancora di più a Julio.

Una mattina Natalia si presenta con una faccia spaventosamente seria, gli occhi gonfi e arrossati. È un periodo che è ancora più nervosa, dorme male. Non apre bocca finché non entra in cucina anche il suo patrigno, il compagno di Doña Lucia, che le ha fatto da padre fin da bambina:

"Natalia vuole dirti una cosa".

"Sono incinta, mamma. Al quarto mese."

È la catastrofe, e Lucia Gaviria è l'ultima a saperlo in famiglia. Per una settimana non le rivolge la parola.

Ma non può fare così. Avverte chiaramente che, per la prima volta in tutti questi anni, anche Natalia è spaventata. Ha finito di vivere nel regno delle favole. Non esistono favole a Medellín e lei non può lasciarla sola, adesso. Così un giorno va a comprarle un paio di scarpe da tennis, scarpe che le verranno comode nei prossimi mesi, quando il bambino nella pancia comincerà a far sentire il proprio peso. Lascia la scatola sul letto con una nota: "Che Dio ti benedica". Piangono entrambe quella sera. Natalia nella sua camera, sua madre in salotto. Ma la porta è troppo sottile perché non si sentano.

Natalia ha un contratto per la nuova campagna della Cristal Oro e le riprese sono fissate per quando sarà al settimo mese. Toccherà a Lucia Gaviria disdirlo? Con quale pretesto?

Con Julio è infuriata come mai prima, anche se lui fa tutto quello che ci si aspetta da un uomo colombiano. Dice che vuole sposare Natalia, che aspettare un figlio da lei è la cosa più bella che gli sia capitata nella vita e che tutto alla fine andrà bene. Sua figlia, come può, gli va dietro a ruota. Eppure, da un certo momento in poi, la felicità di Natalia non sembra più il rovescio della paura. Riprende a dormire meglio, ha un aspetto a mano a mano più radioso. Doña Lucia lo attribuisce ai cambi ormonali della gravidanza, fino a quando non viene di nuovo a parlarle.

"È tutto risolto, mamma. Tra poco ce ne andremo negli Stati Uniti per cominciare una nuova vita!"

Una nuova vita? Negli Stati Uniti?

Gli States sono lo spettro di ogni narcotrafficante, tanto che il motto dei narcos colombiani negli anni ottanta era: "Meglio una tomba in Colombia che un carcere negli Stati Uniti". In più, messo alle strette proprio dagli Stati Uniti, nel 1997 lo Stato colombiano ha riformato la sua Costituzione per ristabilire l'estradizione. Sua figlia a volte è talmente ingenua da sembrare tonta.

Invece tutto quello che le ha detto si rivela vero.

Non passa un mese che Natalia parte per la Florida. Non ha dovuto fare altro che le valigie. A tutto il resto ha pensato Julio: la villa sulla spiaggia, i visti, le altre pratiche d'ingresso per chi intende stabilirsi negli Stati Uniti. O meglio ci hanno pensato in gran parte i suoi nuovi contatti yankee, che non sono importatori di polvere bianca. Ma i loro antagonisti per eccellenza: la Dea di Miami.

Julio César Correa è uno dei primi narcos colombiani ad aver concluso una trattativa ufficialmente mai esistita. Proprio perché il suo caso rappresenta un inizio che vuole essere un esempio incentivante, sarà anche uno dei più fortunati: non un giorno di galera, niente più processi incombenti per aver inondato le strade nordamericane di cocaina. In cambio di qualche milione di narcodollari da rendere alle casse degli Stati Uniti e soprattutto di preziose informazioni.

L'impresa in cui si è imbarcata la Dea di Miami pare l'azione di una scheggia impazzita. L'incubo partorito dalla mente di qualche complottista che vede ovunque all'opera le forze del male e della corruzione. Un piano a cui nessuna persona equilibrata darebbe credito. Il "gendarme del mondo" non può concedere azzeramenti o sconti di pena stratosferici a chi si è macchiato di gravissimi reati che riguardano la sua giurisdizione.

Ma il primo problema degli agenti a Miami è proprio questo. Agganciare un narco e sottoporgli la proposta rappresenta un azzardo insostenibile. Sarebbero loro stessi i primi a pensare subito a una fregatura. Il contatto mandato avanti non potrebbe mai più tornare a casa. L'ufficio della Dea ha bisogno di un intermediario più sofisticato.

Baruch Vega è un fotografo di moda colombiano che vive a Miami. Ha lavorato per Armani, Gucci, Valentino, Chanel, Hermès, tutte le maggiori case di moda e marche di cosmetici. Secondo degli undici figli di un trombettista di Bogotá che poi si è trasferito su un altopiano in mezzo ai monti della Colombia nordorientale, a Bucaramanga, a quindici anni ha vinto un concorso Kodak. Ha immortalato un uccello mentre emerge da un lago con nel becco un pesce ancora intero. I genitori però gli impongono gli studi da ingegnere. All'Università di Santander qualcuno lo arruola per la Cia e viene mandato in Cile: il governo di Salvador Allende deve saltare.

Baruch Vega detesta quel lavoro. Per fuggire, rispolvera il suo talento fotografico. Arriva a New York negli anni settanta, fotografa le primissime top model come Lauren Hutton e Christie Brinkley. Riesce a ottenere ciò che conta di più nella sua terra: successo, danaro, donne. Esserseli guadagnati negli Stati Uniti accresce il suo prestigio. Ogni volta che torna in Colombia, Vega si presenta con una scorta di ragazze da copertina. È questo il suo biglietto da visita. Ed è per questo che, nel corso della sua doppia carriera di fotografo e agente sotto copertura, Baruch Vega ha conosciuto da vicino molti dei grandi capi dei cartelli colombiani e si è trovato a frequentare le case di narcos della portata dei fratelli Ochoa, soci di Escobar nel cartello di Medellín.

Il primo incontro con Julio Fierro avviene in un albergo di Cartagena, non a caso proprio durante i giorni delle elezioni di Miss Colombia. Vega fa la sua parte. Dice che conosce degli agenti Dea con cui si può venire a patti. Basta pagare. La disponibilità degli sbirri gringos, più una percentuale per il suo servizio.

Nulla è credibile per un narco, se non si paga. Più il prezzo è alto, più dà affidamento. Baruch Vega è la migliore garanzia messa sul tavolo delle trattative. Che cosa vuole un uomo che riesce a fare soldi con un lavoro degno di invidia? Più soldi. Un uomo che rischia la vita per avere più danaro è un uomo che merita rispetto. Rispetto e fiducia. Come prova della sua affidabilità, Vega organizza dei viaggi a Miami con il suo "aereo privato" che poi risulterà pagato dalla Dea. La presenza a bordo di un agente antidroga garantisce che all'aeroporto ci saranno altri sbirri amici pronti ad accompagnare i narcos – parecchi in cima alla lista dei ricercati – attraverso i controlli senza visto. Una gita per portare le loro donne nel ristorante più alla moda, riempirle di regali e poi tornare a casa. Così, la volta successiva, l'addio alla Colombia e al narcotraffico dovrebbe diventare definitivo.

Il marito di Natalia si è dimostrato molto utile a far compiere un salto qualitativo all'iniziativa di Vega e dei suoi sodali nella Dea. Organizzano a Panama il primo di molti grandi incontri fra narcos e agenti antidroga. Una sorta di summit o "Convention". Infatti è proprio così che li chiamano. Julio Fierro arriva dalla Florida assieme a Baruch Vega e agli uomini della Dea. Il fotografo ha organizzato tutti i dettagli. Ha riempito l'aereo delle solite bellezze, prenotato le suite dell'Hotel Intercontinental, si è persino preoccupato che la difficile giornata possa finire nello svago del locale giusto, con agenti e narcos a svuotare bottiglie di champagne fra donne disponibili.

Ma il piatto forte ce l'ha in mano Julio. Estrae un passaporto colombiano e lo fa girare tra gli ex rivali e alleati. I gringos gli hanno fornito una nuova identità e il visto regolare. Grazie agli Stati Uniti, Julio Fierro ora è un uomo che non deve più sperare in una tomba in Colombia. La reazione a catena che scatenerà quel gesto rappresenta un tassello della storia recente colombiana. Per la storia di Natalia l'evento centrale è invece un altro: Mariana, nata a Miami, cittadina statunitense.

La vicenda romanzesca delle trattative fra la Dea e i narcos, in realtà, è meno incredibile di quanto appaia a prima vista. In Colombia la situazione è complicatissima. Il governo risulta delegittimato come mai prima, incapace di esercitare un peso sul paese e di poterlo rappresentare all'estero. Per alcuni aspetti, gli Stati Uniti possono approfittare di tale debolezza. Durante l'ultimo anno di governo del presidente Ernesto Samper Pizano, sotto processo per essere stato eletto grazie al sostegno del cartello di Cali, viene riformato l'articolo 35 della Costituzione, che ristabilisce la tanto attesa – o temuta – estradizione. Il presidente colombiano sa di non avere più nulla da perdere.

Per il momento, gli Stati Uniti non possono ottenere altro per via ufficiale. Gli incontri "sottobanco" promossi dalla Dea di Miami non rivelano il loro senso se considerati fuori dal contesto: vale a dire congiuntamente alla nuova situazione giuridica. La minaccia concreta dell'estradizione senza alcuno sconto rende d'un tratto appetibile l'alternativa della quasi impunità offerta in cambio di collaborazione e restituzione di grandi somme di danaro illecito. Corrodere dal di dentro le organizzazioni del narcotraffico, preparare i colpi decisivi con le informazioni ottenute, fomentare un clima di sospetto che ingeneri sfiancanti faide interne: è questo l'obiettivo. Che i pentiti rappresentino l'arma più temibile in mano alla giustizia per piegare le mafie lo aveva messo a fuoco Giovanni Falcone. Ma in Italia, pur con notevoli resistenze, è stato possibile regolamentare severamente la gestione dei collaboratori di giustizia. Per gli Stati Uniti i problemi sono molteplici: una larga cultura *law & order*, l'egemonia internazionale che non può essere apertamente compromessa, il fatto stesso di avvicinare cittadini non statunitensi. E infine l'urgenza di fare qualcosa contro il potere della cocaina che, nonostante lo smembramento dei dinosauri colombiani del narcotraffico, non fa altro che crescere. Nel target della Dea rientrano tutti gli esponenti del vero potere: boss ancora in forza ai vecchi cartelli, membri d'alto rango di quelli in ascesa, narcos per tutte le stagioni come Julio Fierro. Ma anche gli uomini delle Autodefensas dei fratelli Castaño e di Mancuso, che si stanno rivelando una minaccia sempre più temibile.

Dopo la caduta del cartello di Cali, i paramilitari hanno avuto un incremento di richiesta per appaltare servizi di protezione ai gruppi emergenti come il cartello del Norte del Valle. Ma il loro coinvolgimento nel narcotraffico sta raggiungendo un'autonomia sistematica che va di pari passo con il dominio territoriale. Gestiscono ormai ogni passaggio della filiera: dal controllo delle coltivazioni, alle rotte di trasporto sino alle contrattazioni con gli acquirenti. I *cocaleros* del dipartimento di Córdoba sono per metà sottoposti a loro, per l'altra metà ai guerriglieri di sinistra. Ora sono organizzati in modo da poterli affrontare con la forza di un esercito contrapposto a un altro. Nel 1997, i gruppi di autodifesa si sono federati dando vita alle Auc, Autodefensas Unidas de Colombia, capeggiate da Carlos Castaño. El Mono ne è cofondatore e comanderà la più grande formazione militare delle Auc, il Bloque Catatumbo, che raggiungerà i quattromilacinquecento uomini.

Il conflitto sta diventando sempre meno scontro ideologico e sempre più guerra totale di conquista. Tolte le croste di nazionalismo di estrema destra e di marxismo rivoluzionario, quel che sta accadendo in Colombia prefigura l'attuale barbarie messicana postmoderna. Le Auc sono i "padri nobili" della Familia Michoacana e dei Cavalieri Templari. Sempre più spesso calano sui villaggi situati nelle zone controllate dalla guerriglia e sterminano gli abitanti. Usano strumenti primitivi come machete e motoseghe per fare a pezzi e decapitare i contadini, ma pianificano le operazioni con freddo calcolo militare, avvicinandosi al luogo dell'azione su aerei militari con cui attraversano centinaia di chilometri, pronti per ripartire una volta terminato il massacro.

Tutto questo non è più tollerabile. L'opinione pubblica comincia a non accettare più le legittimazioni dei massacri che ripetono il ritornello dell'appoggio alla guerriglia. La strategia dell'equilibro delle forze contrapposte si è rivelata un disastro: a poco più di sei mesi dalla fondazione delle Auc, la Corte costituzionale colombiana dichiara illegittima la parte del decreto che aveva regolamentato le cooperative di vigilanza e sicurezza privata. I gruppi paramilitari dovrebbero consegnare le armi militari che erano state loro concesse e impegnarsi nel rispetto dei diritti umani.

Ma ormai è troppo tardi. Al comando di Carlos Castaño si contano più di trentamila effettivi e le entrate ricavate dal traffico di cocaina sono più che sufficienti per rifornirli di ogni tipo di mezzo bellico. Averli dichiarati fuorilegge non serve ad altro se non a incrementarne la ferocia. Nei vecchi western hollywoodiani non accade mai che l'eroe con la pistola si trasformi nell'*outlaw* più spietato. Nella patria della coca è successo invece di molto peggio. El Mono si è mutato in uno dei principali strateghi dell'orrore.

El Aro è un minuscolo villaggio di sessanta case più simili a capanne che ad abitazioni, con i tetti di zinco e le porte marce. Rispetto ai suoi compaesani Marco Aurelio Areiza, che possiede ben due negozi di alimentari, è un uomo ricco. Ma dato che il paese si trova in un territorio controllato dalle Farc è anche un uomo che rischia la vita tutti i giorni. Marco Aurelio non ha mai negato di vendere cibo ai guerriglieri. Sarebbe preso per pazzo se affermasse il contrario: chi mai si sognerebbe di dire no a uomini armati che escono dalla foresta? Nelle terre martoriate di Colombia è regola non scritta collaborare con chi impugna un'arma, indipendentemente dalla divisa indossata. Marco Aurelio, infatti, collabora anche con l'esercito di Salvatore Mancuso, che viene ad accusarlo di essere un sostenitore dei guerriglieri. È un interrogatorio fasullo perché il villaggio e i suoi abitanti sono stati condannati a morte giorni prima. El Aro è un avamposto da conquistare come testa di ponte per penetrare nelle zone di controllo delle Farc. La sua sorte deve anche essere un monito per tutti gli altri villaggi.

I centocinquanta uomini del Bloque Catatumbo di Mancuso torturano e uccidono diciassette persone, bruciano quarantatré case, rubano milleduecento capi di bestiame, costringono settecentodue abitanti a lasciare le loro abitazioni. Marco Aurelio è torturato e il suo corpo straziato. Quando la polizia giunge a El Aro trova Rosa María Posada, la moglie di Marco Aurelio, che veglia il marito. E non vuole che i figli ne vedano il corpo martoriato.

Tutti sono convinti che in Colombia occorra un cambiamento drastico. Si sta aprendo una campagna elettorale che riaccende le speranze all'interno del paese e anche nella Casa Bianca. C'è un candidato che vanta nel suo curriculum sia la sconfitta alle precedenti elezioni per il pugno di voti comprati dal cartello di Cali, sia l'essere scampato vivo per miracolo a un sequestro alla fine degli anni ottanta quando si era proposto come sindaco di Bogotá, incarico che poi ha effettivamente ricoperto dopo la sua liberazione. Il politico inviso ai signori della droga pare l'uomo giusto per guidare il paese.

Andrés Pastrana promette un processo di pacificazione e una collaborazione stretta con gli Stati Uniti. Vince aprendo le porte a una Grande Alleanza per il Cambiamento e invitando a parteciparvi i parlamentari di tutti i partiti politici. Finalmente anche in Colombia è giunto il momento dell'ottimismo e delle grandi trattative.

Il nuovo presidente, come promesso, tratta contemporaneamente con le Farc e con gli Stati Uniti. Che questo non crei immediata opposizione a Washington non è tanto dovuto all'amministrazione democratica di Clinton, quanto forse al clima mondiale che sta riponendo la massima fiducia nel buon esito dei negoziati. Tratta colui che si sente forte, destinato a vincere la battaglia dello stato di diritto. Nei dissanguati territori della Bosnia-Erzegovina vengono attuati gli accordi sottoscritti nel 1995 a Dayton. Il processo di pace tra Israele e Palestina sta riprendendo a piccoli passi, nel solco degli accordi tracciati a Oslo. Ma l'esempio più incoraggiante viene probabilmente dal Regno Unito: i governi di opposto schieramento stanno negoziando con successo per una tregua permanente e il disarmo dell'Ira. In Irlanda del Nord, la fine del lunghissimo e dilaniante conflitto è ormai vicina. "Pace" è diventata una parola che scorre facilmente sulle labbra.

Invece tutti gli ambiziosi piani che verranno attuati in Colombia si riveleranno un mezzo fallimento. Perché lì non comandano illegalmente solo uomini dai contrapposti obiettivi politici. Gli uomini possono essere tolti di mezzo in tanti modi. Ma finché rimane la merce più richiesta, la cocaina è dura a morire. L'esperimento di Pastrana di concedere ai guerriglieri una "zona di distensione" grande come Lombardia e Veneto messe insieme si dimostra sin da principio un azzardo mal ponderato. Le Farc fanno i loro comodi nel territorio assegnato e in cambio non si sognano di prestarsi a negoziati seri: non concedono nessuna tregua, e anzi intensificano la militarizzazione. Sequestri a scopo estorsivo o politici, assalti nelle città, controllo della coca: tutto rimane come prima. La delusione si abbatte sulla popolarità del presidente. Quando nel 2002 i guerriglieri dirottano addirittura un volo di linea per sequestrare un senatore, Pastrana capisce che è venuto il momento di dichiarare chiuse le trattative per la pace. Si torna alla guerra: la "zona di distensione" va riconquistata subito. Dopo tre giorni le Farc rapiscono Ingrid Betancourt. La candidata alle imminenti elezioni presidenziali per il Partito Verde Oxígeno desiderava portare il suo programma ai colombiani di quell'area, convinta che nessun conflitto armato dovesse privarli dei loro fondamentali diritti di cittadini. Invece la sua prigionia si protrarrà per 2321 giorni, finché il 2 luglio 2008 le forze dell'esercito colombiano riescono a liberarla.

Per il nuovo presidente Álvaro Uribe la linea da tenere è quella del pugno duro. Lo Stato deve mostrare i muscoli e riprendersi il paese. Il mondo, del resto, non è più quello di prima. Nel giro di un solo giorno, assieme alle Torri Gemelle si è sbriciolato anche l'ottimismo. Adesso l'unica risposta possibile sembra essere la guerra. In Colombia la "guerra al terrore" coincide con la guerra contro le droghe. Non esiste vittoria possibile che non sia una vittoria sul narcotraffico.

Per questo, nonostante la discontinuità, c'è un aspetto centrale nell'operato di Pastrana che verrà continuato dal suo successore: il grande patto stipulato con gli Stati Uniti per debellare la produzione e il commercio di cocaina. Il Plan Colombia. Poco dopo la sua elezione nel 1998, Pastrana aveva annunciato enfaticamente che stava negoziando con gli Stati Uniti un "Piano Marshall per la Colombia". Come nel dopoguerra in Europa, miliardi di dollari dovevano arrivare per rinnovare il paese, aiutare i colombiani a liberarlo dalla coca, sostenere i *campesinos* che avessero accettato di riconvertire i campi a coltivazioni legali molto meno redditizie. Ma il piano effettivo firmato nel 2000 da Bill Clinton e poi riconfermato da George W. Bush sino alla fine della sua presidenza va in un'altra direzione. Una lenta e costosissima trasformazione sociale ed economica appare subito come un'utopia. Mancano i soldi, la fiducia, il consenso. Manca il tempo. Bisogna poter mostrare presto dei risultati per far approvare i nuovi finanziamenti. Quindi si punta pressoché tutto sull'opzione più immediata: quella della forza.

L'uso della forza si traduce, in primo luogo, in guerra alla cocaina. Si potrà cantar vittoria quando in Colombia non crescerà più una sola foglia di coca. Le coltivazioni vanno sradicate, bombardate a tappeto con le fumigazioni aeree, rese sterili con il trattamento con diserbanti aggressivi. Dal punto di vista ambientale, il prezzo è altissimo. Viene compromesso l'ecosistema delle foreste vergini, il suolo e le falde acquifere si riempiono di veleni, la terra colombiana è arsa o inquinata, incapace di dare sul breve periodo alcun genere di frutto di valore. Dal punto di vista sociale, le conseguenze sono altrettanto gravi. Senza alternativa, i contadini abbandonano in massa le zone distrutte e prendono a coltivare la coca in zone del paese sempre più impervie. Il frazionamento delle coltivazioni e la fragilità dei *campesinos* dislocati favoriscono il controllo dei signori della droga. Inoltre, i narcos investono in ogni metodo che incrementi la fertilità dei campi, riuscendo anche a raddoppiare il numero dei raccolti annui.

Il risultato è che dopo anni di letterale politica della terra bruciata, la cocaina colombiana rappresenta ancora più della metà di quella consumata nel mondo.

L'altra parte dell'impiego della forza previsto dal Plan Colombia è diretto verso gli uomini. Si concreta in supporto militare per rafforzare le azioni dell'esercito colombiano contro i signori della droga e il narcoterrorismo. Logistica, armi e attrezzature, invio di forze speciali, intelligence, addestramento. Alla vigilia dell'attentato alle Torri Gemelle, la Casa Bianca ha incluso le Auc nella lista nera delle organizzazioni terroristiche, ma questo non è bastato a spezzare gli antichi buoni rapporti con l'apparato militare nonché una parte dell'establishment economico e politico. Il presidente Uribe, che gode del rispetto dei paramilitari, negozierà una smobilitazione delle Autodefensas, ma il successo sarà solo apparente. I molti che non intendono rinunciare alle armi, né tantomeno alla coca, continueranno il loro dominio di business e terrore sotto nuove sigle.

Persino la guerra durissima contro la guerriglia, pur riuscendo a ottenere grandi smobilitazioni e a uccidere, uno dopo l'altro, i leader principali delle Farc, non è stata capace di risolvere il problema alla radice. Le Farc oggi contano ancora novemila membri, l'Eln altri tremila, ma soprattutto controllano ancora una parte cospicua della produzione di cocaina, essendosi cimentate sempre più massicciamente anche con la sua lavorazione. Se è vero che il Plan Colombia, con il suo dispiegamento militare, ha contribuito al loro indebolimento, paradossalmente, proprio grazie alla frammentazione e alla dislocazione delle coltivazioni di coca, le Farc si sono così riconfermate uno dei maggiori attori del narcotraffico colombiano.

Infine, se oggi la Colombia non è più il paese pericolosissimo che era dieci o vent'anni fa, questo risultato può essere ascritto alla politica internazionale antidroga in Sudamerica solo nella misura in cui si è disposti ad accettare che, anche per suo tramite, il conflitto è stato spostato più a nord, in Messico, dove la violenza aumenta e incrudelisce senza limite.

Ma per capire più da vicino che cosa è andato storto, conviene fare un passo indietro ai tempi confusi della transizione, i tempi lacerati tra speranze e incertezze, i tempi in cui i destini della Scimmia e della Bella finiscono per incrociarsi.

Natalia vive felicemente a Miami, si occupa della bimba appena nata, con l'unico dispiacere che sua madre cerchi sempre di convincerla a lasciare suo marito. Si interessa poco a quello che fa Julio e del perché, di tanto in tanto, debba partire precipitosamente per un viaggio. Ora anche lui è impegnato a gestire i pesci grossi del narcotraffico che stanno venendo a galla per trattare la resa con gli Stati Uniti; specie da quando un'operazione congiunta della Dea e delle forze di polizia colombiane si è tradotta nella più grande retata sin dai tempi del narcostato. Una trentina di arresti, tra cui Fabio Ochoa, membro storico di rilievo del cartello di Medellín, che ora trafficava cocaina con nuovi soci. Il suo nome, Operation Millennium, la dice lunga sul valore esemplare che le è stato attribuito, a maggior conto perché la sua esecuzione cade negli ultimi mesi del millennio che sta per finire. Gli Stati Uniti sono già proiettati verso il futuro, verso la ratifica del Plan Colombia. Forti dell'accordo sulle estradizioni e della collaborazione con il nuovo governo colombiano, hanno lanciato un segnale che vuole essere distintamente udibile da tutti: persino dai narcos messicani di cui l'agenzia antidroga comincia a comprendere la pericolosità crescente. L'operazione, infatti, coinvolge anche le autorità messicane. Proprio lì scatta l'ordine di cattura per Armando Valencia detto "Maradona", il quale insieme ad Alejandro Bernal, un colombiano di Medellín che in passato aveva avuto un legame quasi fraterno con il "Signore dei Cieli" Amado Carrillo Fuentes, stava gestendo una nuova e importante alleanza per l'importazione della coca.

Il male deve essere eliminato alla radice, ossia in Colombia. È il fondamentale errore alla base degli sforzi statunitensi. Puoi estirpare una pianta, non un desiderio di benessere che crea dipendenza e tantomeno l'avidità umana. La cocaina non è un prodotto della terra ma degli uomini.

Gli Stati Uniti però, convinti che la guerra alla cocaina equivalga alla guerra ai cartelli colombiani, sbandierano la vittoria iniziale. Fabio Ochoa è il grande trofeo ostentato in prima pagina, ma nel mirino della retata c'erano anche altri capi. Sono sfuggiti alla cattura per un soffio. Com'è possibile? L'ufficio Dea che ha coordinato l'Operation Millennium non è in contatto con il gruppo di Miami. Ciononostante, Baruch Vega viene contattato per appurare se ci sono delle talpe che lavorano per i signori della droga. L'ubiquo fotografo fissa un incontro sul suolo neutro di un paese centroamericano con i suoi nuovi informatori: uno è Julio Fierro, l'altro un membro delle Auc che trafficava alle dipendenze di Carlos Castaño.

La politica ufficiale del bastone si completa perfettamente con quella ufficiosa della carota. C'è la fila di interessati per capire come funziona quello che gli agenti Dea di Miami hanno denominato, con ironia burocratica, Programma per la riabilitazione dei narcotrafficanti. Al tempo stesso, la certezza che stanno aumentando i traditori di gran calibro semina discordia nelle file dei narcos: soprattutto all'interno del cartello del Norte del Valle e nei ranghi serrati delle Autodefensas.

Proprio al culmine di questa febbrile agitazione sotterranea, Natalia Paris riceve un invito favoloso. Le hanno offerto di fare la madrina di "Colombiamoda", la più importante manifestazione di moda del suo paese. Sfila con un vestitino bianco che sarebbe un abito da sposa se non avesse attaccate dietro un paio di enormi ali di seta, e fra i capelli sciolti porta una coroncina di fiori. Ha ventotto anni, una figlia che non sa ancora camminare, però, ancora una volta, sembra una ragazzina. Lo sguardo vaga per la platea come se volesse abbracciare il pubblico della Colombia che l'ha riaccolta con calore, ma i suoi occhi nocciola cercano una persona in particolare. Julio aveva promesso che l'avrebbe raggiunta per non lasciarla sola sotto gli sguardi desiderosi degli altri uomini. Avevano anche intenzione di sfruttare il rientro clandestino per tenere il battesimo di Mariana. Ma Julio Correa detto Fierro svanisce nel nulla.

Natalia passa mesi in procura fra interrogatori e tentativi di identificare suo marito nelle foto dei cadaveri ritrovati, talvolta ammassi di carne macellata, che le vengono posti sotto gli occhi. Invano. Ogni volta che non è lui, ha un momento di sollievo, una speranza assurda e straziante. Ormai è certo che l'hanno rapito, ma potrebbe essere ancora vivo. Bisogna continuare a sperare, pregare, stringere la bambina, scacciare ogni pensiero a riguardo di quel che il padre ha sofferto.

I beni di Julio César Correa in Colombia finiscono sotto sequestro. Il visto statunitense di Natalia Paris viene revocato. Le annullano i contratti pubblicitari. È la fine, la ripetizione beffarda di un destino. Sua madre l'aveva avvisata, lei che sa bene cosa significa restare sola con una bambina di otto mesi. Aveva avuto ragione, Doña Lucia.

Proprio allora Natalia scopre in sé la tempra materna. Deve reagire, non può abbattersi. Poco prima che le crollasse il mondo addosso, ha lanciato una crema abbronzante che porta il suo nome. Gira per tutto il paese per promuoverla, firmando autografi, prendendo accordi perché entri negli scaffali dei supermercati. Da quel primo passo, riesce a risalire. A poco a poco, torna a essere quel che è rimasta sino a oggi: un'icona della Colombia e uno dei sex symbol dell'America Latina. Ma da allora è anche imprenditrice di se stessa. Un'imprenditrice che sa di dover gestire il tempo che avanza. Si infuria se le fanno notare la sua età e più passano gli anni e più lei se ne toglie. Il corpo è la sua azienda e non può rischiare l'obsolescenza.

Il corpo di Julio Fierro non è mai stato ritrovato.

Il mistero della sua scomparsa fece nascere un mare d'illazioni su chi avrebbe potuto eliminarlo. I sospetti caddero soprattutto sul cartello del Norte del Valle perché godeva di pessima fama e anche perché era stato uno dei principali bersagli degli Stati Uniti, con i quali Fierro stava collaborando. Solo in tempi recentissimi la verità sulla morte di Julio Fierro sembra essere venuta a galla. Una verità atroce perché fa luce su un orrore molto più grande.

Stando alle rivelazioni di diversi collaboratori delle Auc, una volta saputo che Fierro si trovava in Colombia, si riunirono Carlos Castaño, El Mono e un capo di nome Daniel Mejía chiamato "Danielito". Alla fine della consultazione, Castaño ordinò di prelevare l'infame nella località vicino a Medellín dove si nascondeva e di condurlo in elicottero da qualche parte nel dipartimento di Córdoba. Lì venne torturato a vari fini, tra cui quello di cedere alcune sue proprietà ai rapitori. Quando finalmente venne ucciso (qualcuno dice con una motosega e dopo essere stato riportato a Medellín), Danielito ebbe il compito di occuparsi del cadavere. Non fu una scelta casuale.

Daniel Mejía apparteneva al blocco militare di quell'area, ma soprattutto era stato incaricato di realizzare la nuova idea delle Autodefensas per occultare efficacemente il numero di omicidi a loro ascrivibili. Nonostante la perpetuazione indefessa di massacri, le Auc continuavano a tenere alla reputazione di autentici patrioti colombiani, non semplici criminali privi di ogni scrupolo. Il portavoce dell'onore delle Autodefensas era il comandante Carlos Castaño. Ogni volta che qualcuno bollava i suoi uomini come narcos, lui andava su tutte le furie e rispondeva con smentite indignate. Ovviamente smentiva anche tutto il resto. "Noi non abbiamo mai ucciso innocenti. Noi ce l'abbiamo solo con la guerriglia, non con le persone che hanno idee diverse dalle nostre. Noi non usiamo motoseghe."

Non si trattava solo di ipocrisia cinica. Come capita spesso con le personalità autoritarie, Carlos Castaño viveva in una realtà scollata e manipolata a suo gradimento e si sforzava di difenderla da tutti i dati che la contraddicevano. L'accusa che gli bruciava di più era quella di essere connivente con il narcotraffico. Può sembrare strano, perché praticamente da sempre i suoi fratelli "arrotondavano" con la cocaina. Ma proprio questo aveva messo fondamento al suo castello di menzogne: la coca non era il fine, ma solo un mezzo, la stessa giustificazione addotta dalla guerriglia, che in parte però aveva basi più credibili.

Eppure la forza sempre più grande della sua organizzazione stava soffiando come un vento impetuoso contro quella costruzione velleitaria. In certe regioni stava diventando impossibile distinguere tra narcos e paramilitari. La zona di Medellín faceva parte di queste. Daniel Mejía era ormai il braccio destro del boss sanguinario Don Berna che, accaparratosi le rimanenze dell'impero di Escobar, aveva aderito alle Auc per trasparente convenienza. "Danielito" ne avrebbe poi assunto la successione come capo del nuovo cartello Oficina de Envigado. Insieme ammazzavano come in qualsiasi guerra della droga: per sottomettere con il terrore e per far fuori la concorrenza.

Dall'urgenza che questo non divenisse troppo evidente, si fece strada il nuovo progetto. Danielito si mise a costruire dei forni crematori. Vi bruciavano fino a venti cadaveri alla settimana. Stando alla dichiarazione di alcuni ex soldati Auc, anche Julio Fierro era stato incinerato in uno di quei forni. Infine, per ritorsione amara della sorte, ci finì dentro lo stesso Daniel Mejía, ucciso dall'altro ex paramilitare con cui aveva assunto il comando dell'Oficina de Envigado.

A ogni modo, è proprio intorno all'epoca del sequestro e dell'uccisione del marito di Natalia Paris che Carlos Castaño comincia a non riuscire più a tenere a bada il suo disagio. Senza mai presentarsi ai carrozzoni organizzati da Baruch Vega, ha contattato l'avvocato di Miami coinvolto nelle trattative con la Dea, lo stesso che poi difenderà El Mono. Ora anche lui ha una moglie giovane e una bambina, nata con una rarissima malattia genetica. Solo negli Stati Uniti riuscirebbero a curarla.

Però Carlos Castaño si sente ancora troppo comandante per decidersi a trarre in salvo la sua famiglia senza tentennamenti. Il 10 settembre 2001 gli ha portato l'onta di essere marchiato come capo di un'organizzazione terroristica da un paese a cui ha sempre guardato con grande ammirazione.

Terrorista e narcotrafficante. Deve levare quella macchia insopportabile: da se stesso e dalle sue Autodefensas. Così, agli inizi del 2002, convoca un centinaio di comandanti provenienti da ogni zona del paese. Ha preparato bene il discorso, conta sul suo prestigio e sul suo potere carismatico. Dopo quello che è successo a New York e Washington, gli yankee ci daranno la caccia come ai topi. Non possiamo più permetterci di commettere massacri. Non dobbiamo più essere coinvolti nel traffico di coca. Solo così riusciremo a salvaguardare la sopravvivenza e l'onore del nostro sodalizio.

Il silenzio che accoglie le sue parole non appartiene a quelli che riecheggiano di ammutolita approvazione. Il supremo comandante capisce che tanti non hanno alcuna intenzione di seguirlo nel suo percorso. Uno smacco che brucia tanto da fargli lasciare la direzione delle Auc. Ormai Carlos Castaño è come un giaguaro ferito nella giungla colombiana. Sferra artigliate a destra e a manca, ricorre a internet per denunciare con nome e cognome alcuni suoi ex sottoposti dichiarandoli "coinvolti irresponsabilmente nelle attività del narcotraffico" e aggiungendo che "la penetrazione del narcotraffico in alcuni gruppi di autodifesa è insostenibile e risaputa dalle agenzie di intelligence statunitensi e colombiane".

Una mina vagante, un pericolo mortale.

Sostiene che d'ora in poi vuole occuparsi della sua famiglia ma sta mentendo. O, piuttosto, sta dicendo solo una parte della verità, visto che non si abbassa alle bugie, il grande Carlos Castaño. L'avvocato di Miami viene a incontrarlo sempre più spesso. Sta trattando la resa, il tradimento.

Nell'aprile del 2004 Carlos Castaño scompare. Circolano leggende sulla destinazione estera dove sarebbe riparato per rifarsi una vita e illazioni su chi invece poteva essere più interessato a eliminarlo. Solo due anni e mezzo anni più tardi se ne ritrovano i resti nel luogo più banale. Era sepolto nel terreno della *finca* Las Tangas, dove lui e suo fratello Fidel avevano dato vita al primo gruppo paramilitare controrivoluzionario. Era da quella *finca* che tutto era partito e lì tutto finì per Carlos Castaño. Era stato suo fratello Vicente a dare l'ordine di morte.

L'uscita di scena di Carlos Castaño favorisce l'ulteriore ascesa del Mono. Lui non è solo il vicecomandante delle Autodefensas. È anche il più lucido, il più capace. Non sembra per nulla innervosito dalla richiesta di estradizione che ormai pende anche sul suo capo. Non si fa contagiare dalla rabbia velenosa con cui, già dopo la rinuncia al comando, molti altri capi sputavano sul nome di Carlos Castaño. Occorre ragionare a mente fredda, pensare all'insieme dell'organizzazione e dei suoi uomini. Questo significa non nascondersi i problemi, ma risolverli in un altro modo.

Sarà El Mono a intavolare il negoziato con il governo di Uribe. Per avviare i contatti, manda in ambasciata il vescovo di Montería, suo consigliere spirituale, che lo conosce sin dall'infanzia. A luglio del 2003 viene siglato il primo accordo. Le Auc si impegnano alla smobilitazione totale, alla cessazione di ogni ostilità e alla collaborazione nelle inchieste. Lo Stato colombiano offre in cambio ingenti benefici giudiziari. Molte sentenze pendenti vengono sospese, gran parte delle indagini sugli smobilitati viene abbandonata, mentre per i reati come il narcotraffico e le violazioni dei diritti umani, per cui si rischia di passare anche il resto della vita in prigione, le pene sono ridotte a pochi anni.

El Mono è anche un ottimo ufficio stampa. A pochi giorni dall'accordo, rilascia un'intervista al più importante settimanale colombiano – "Semana" – spiegando perché soltanto ora le Auc hanno accettato il negoziato: "Per la prima volta un governo cerca di rafforzare la democrazia e le istituzioni dello Stato. Noi abbiamo sempre reclamato la presenza dello Stato, la sua responsabilità. Impugniamo un fucile perché è mancata la sua responsabilità. A noi toccò sostituirlo, rimpiazzarlo nelle varie regioni in cui abbiamo avuto un controllo territoriale e agito come autorità di fatto".

Si giostra con astuzia anche il tema delicato del narcotraffico. Non cerca di negare, ma ribadisce che i suoi uomini non fanno altro che riscuotere il pizzo sulla coca, parimenti a tutti gli altri. In realtà, anche in quel campo rappresenta un leader molto più abile e ambizioso. Le origini italiane, tanto guardate in cagnesco agli inizi, sono tornate utili a Mancuso. Guida lui le trattative con i calabresi, i più grandi e affidabili compratori sulla piazza colombiana sin dai tempi di Don Pablo Escobar.

Così, al momento sembra tutto come prima. Meglio di prima, anzi. Dopo anni di vita alla macchia, Salvatore può tornare da Martha e dai suoi figli, di cui i più piccoli non lo riconoscono. Gianluigi, invece, è lui a stentare a riconoscerlo: è diventato un uomo e sta per farlo diventare nonno. Viene perfino ricevuto in parlamento, dove perora la causa storica delle Autodefensas in abito scuro e cravatta rossa a strisce oblique bianche: un modello di eleganza italiana.

El Mono sceglie un luogo del suo territorio sul confine con il Venezuela per eseguire la sua resa personale e quella degli uomini sotto il suo diretto comando. Tutti consegnano le armi. È un momento di solenne commozione che prepara il clima per il discorso: "Con l'anima inondata di umiltà chiedo perdono al popolo colombiano, chiedo perdono alle nazioni del mondo, compresi gli Stati Uniti d'America, se le ho offese con azioni o omissioni. Chiedo il perdono di ogni madre e di coloro a cui abbiamo causato dolore. Mi assumo la mia responsabilità per il ruolo di leader che ho esercitato, per quello che avrei potuto fare meglio, per quello che avrei potuto fare e non ho fatto, errori sicuramente causati dalle mie limitazioni umane e dalla mia inesistente vocazione per la guerra".

Infine, dopo quasi due anni, si fa accompagnare dalla sua scorta al commissariato di Montería per consegnarsi. La Corte costituzionale nel frattempo ha dichiarato incostituzionali alcuni benefici legali frutto delle negoziazioni con il governo, ma El Mono non ha paura della legge colombiana né delle sue prigioni. Nel carcere di massima sicurezza di Itagüí riesce infatti a comandare le sue truppe e a gestire gli affari quasi alla stregua di Escobar nei suoi anni di reclusione.

Le Auc, ufficialmente sciolte, si stanno comportando come una macchia d'olio su una superficie d'acqua in cui viene versato mezzo bicchiere di bicarbonato. Una parte si scioglie davvero, il resto si ricompone a chiazze. Alcuni capi si consegnano contando di beneficiare dei vantaggi concordati – tra loro non mancano meri narcotrafficanti che si fanno passare per capi militari. E anche se dal carcere ancora comandano, tra gli uomini fuori è tutto un rimescolarsi fra rimasugli, in proporzioni variabili: paramilitari e narcos orfani dei grandi cartelli. Si chiamano Aguilas Negras, come il gruppo capeggiato dal fratricida Vicente Castaño, Oficina de Envigado, Ejército Revolucionario Popular Antiterrorista Colombiano (Erpac), Rastrojos, Urabeños, Paisas. Si uniscono e si dividono, conoscendo un solo aggregante: la cocaina. Sta nascendo la nuova Colombia, la feroce terra di Lilliput. I tempi del Mono volgono alla fine.

L'imputato Salvatore Mancuso Gómez si presenta perfettamente sbarbato e in gessato da matrimonio o *business meeting*. È il 15 gennaio 2007. Seduto accanto al procuratore, con davanti un microfono e un registratore, estrae un laptop, lo posiziona sul tavolo davanti a sé e lo accende. Comincia a leggere. L'aula si riempie di nomi, snocciolati uno dopo l'altro con distacco professionale. Quando ha terminato, si contano almeno trecento nomi, recitati in rigoroso ordine cronologico. È la lista degli omicidi di cui si assume la responsabilità personale, come autore materiale o mandante. Per alcuni, la giustizia colombiana lo aveva già assolto.

Nell'aula c'è sconcerto. Perché lo ha fatto?

Perché, dopo essere arrivato in fondo, passa ai massacri che ha ordinato o aiutato a pianificare?

La Granja, luglio 1996.

Pichilín, dicembre 1996.

Mapiripán, luglio 1997.

El Aro, ottobre 1997.

La Gabarra, tre incursioni, maggio-agosto 1999.

El Salado, febbraio 2000.

Tibú, aprile 2000.

In tutte queste azioni, dichiara l'imputato Mancuso Gómez, noi non eravamo soli. C'erano militari d'alto rango che ci prestavano aiuti logistici e interi reparti di soldati. C'erano esponenti politici – come il senatore Mario Uribe Escobar – che non hanno mai fatto venire meno il loro appoggio.

Perché lo fa? Proprio lui, un uomo della sua intelligenza, con le sue doti di comando? si domandano tanti tra coloro che ha nominato. Poi lo estradano negli Stati Uniti, mossa che attenua i riverberi della sua voce in Colombia, ma che non serve a tacitarlo.

Non si salva nessuno, d'ora in avanti.

Il mondo delle alte sfere colombiane faceva affari e collaborava con i paramilitari. Procuratori, politici, poliziotti, generali dell'esercito: chi per avere una fetta del guadagno del mercato della cocaina, chi per assicurarsi voti e sostegno. E non è tutto. Secondo le testimonianze di Mancuso le imprese petrolifere, le industrie di bibite, le imprese di legname, le aziende di trasporti e le multinazionali di banane avevano avuto relazioni con le Autodefensas. Tutte, nessuna esclusa, pagavano ingenti somme di danaro ai paramilitari in cambio di protezione e per poter continuare a lavorare in quelle zone. Erano anni che le Auc erano presenti in ogni punto della filiera.

Mancuso parla in televisione, nel programma *60 minuti* dell'emittente Cbs. Poi si spengono i riflettori e il detenuto Mancuso viene ricondotto nella sua cella dentro al carcere di massima sicurezza di Warsaw, Virginia. Oltre alla giustizia statunitense lo aspetta quella colombiana. Molto probabilmente trascorrerà il resto della vita in prigione.

El Mono è morto. La coca è viva.

9.

L'albero è il mondo

L'albero è il mondo. L'albero è la società. L'albero è la genealogia di famiglie legate da rapporti dinastici suggellati con il sangue. L'albero è la conformazione a cui tendono i gruppi d'impresa quotati in Borsa che possiedono rami diversi. L'albero è la scienza.

L'albero è anche un albero vero. Nel mito tramandato dai codici è una quercia sull'isola di Favignana, ma quello che ho incontrato io è un castagno verde e vivo, benché il suo enorme tronco ingrigito e screpolato sia cavo come una grotta. Sino all'Epifania, quella grotta naturale ospita spesso un presepe, con i Re magi venuti da Oriente e l'Arcangelo Gabriele che veglia dall'alto, seduto su una radice affiorata come una trave. L'albero, nei secoli, ha donato riparo alle pecore quando le tempeste infuriavano sulla montagna, ai cani e ai *ciùcci* che potevano infilarsi almeno con le zampe anteriori e il testone. Oppure agli uomini: pastori, cacciatori e briganti. È quel che ho pensato mentre mi rannicchiavo nella sua cavità, aspirando l'odore di muschio e terra, di resina e acqua trattenuta. L'albero è sempre stato lì, in quella gola quasi sul crinale dell'Aspromonte. Gli uomini sono venuti dopo e ne hanno assunto i significati e la forma. Sembra semplice, invece non lo è per nulla.

L'albero della 'ndrangheta copre quasi il mondo intero. Non dovrebbero più suscitare scandalo queste parole, nasi arricciati, smorfie d'incredulità o indifferenza. Non dovrebbero più destare il sospetto che chi lancia l'allarme stia dipingendo il lupo di dimensioni troppo grandi e a tinte troppo cupe, visto che si tratta spesso di un lupo conterraneo di chi gli dà la caccia, un lupo di montagna calabrese. Adesso. Oggi. Ma quell'oggi è cominciato da pochi anni, anni circoscrivibili da tre sole date. 2007: strage di Ferragosto al ristorante Da Bruno di Duisburg, quale appendice della faida scoppiata tra le famiglie di San Luca durante i festeggiamenti di Carnevale nel 1991. 2008: inserimento della 'Ndrangheta Organization nella lista diramata dalla Casa Bianca delle *Narcotics kingpin organizations*, le organizzazioni del narcotraffico che costituiscono un pericolo per la sicurezza degli Stati Uniti, i cui beni vanno subito bloccati. 2010: Operazione Crimine-Infinito coordinata dalla Dda di Milano e Reggio Calabria. Oltre trecento arresti. Diffusione del video della riunione nell'hinterland milanese, al Circolo Giovanni Falcone e Paolo Borsellino di Paderno Dugnano, che documenta il dominio calabrese sul Nord Italia, e del filmato ripreso al santuario di Polsi che rivela la struttura compiutamente gerarchica dell'intera organizzazione.

Eppure nemmeno questo è bastato. Un giorno, sfogliando i giornali, mi era sfuggito uno sghignazzo secco, come quando ti scopri oggetto di uno scherzo greve che però non ti coglie di sorpresa. "Firma anche tu contro Saviano che dà del mafioso al Nord." Era metà novembre del 2010, una settimana prima avevo parlato di 'ndrangheta trapiantata nelle regioni settentrionali, mostrando e commentando il materiale già di pubblico dominio da quattro mesi. Ho pensato che non c'è peggior sordo di colui che non vuol sentire. Ho immaginato che quel proverbio potevano averlo tirato fuori anche i boss calabresi per confermarsi che tutto andava come sempre, nessun problema.

La 'ndrangheta deve ciò che è divenuta tanto ai demeriti altrui che ai propri meriti. Tra i suoi meriti principali c'è stato quello di proteggere la sua crescita in modo che occasionalmente se ne scorgesse solamente qualche sprazzo. Mai il tutto, mai l'estensione della corona intera, e ancora meno il rispecchiarsi del suo perimetro nella profondità delle radici. Così è stato infine l'albero medesimo, grazie alle dimensioni troppo estese per essere afferrate dallo sguardo, a farsi ombra da solo. Per un decennio buono era scomparso alla vista persino in Italia. Lo Stato sembrava aver vinto su tutti i fronti: aveva sconfitto il terrorismo, piegato la mafia siciliana dopo la stagione delle bombe, occupato *manu militari* non solo la Sicilia, ma anche la Campania, la Puglia e la Calabria, rea di aver dato luogo all'uccisione di Antonino Scopelliti, giudice impegnato nel maxiprocesso contro Cosa Nostra. Quell'omicidio eccellente, tuttavia, alimentò un equivoco pericoloso: passò come un'ulteriore prova di subalternità dei calabresi nei confronti dei siciliani. In più, nell'immaginario collettivo, la 'ndrangheta continuava a non avere volto o, se ne aveva uno, si confondeva più facilmente con quello dell'Anonima Sarda. Bande di pastori che trascinavano gli ostaggi sull'Aspromonte o sul Gennargentu trattandoli peggio delle bestie, inviando orecchie mozzate per sollecitare il riscatto. Bestie loro stessi, capaci di aggiungere una fonte di terrore nel paese fin troppo insanguinato e destabilizzato degli anni settanta, ma solo grazie al controllo geografico di territori sprofondati nella totale arretratezza. Era questa l'idea che si era impressa nelle menti, l'idea che poi nessuna conoscenza nuova sopraggiunse a correggere.

Anche questo fece comodo alla 'ndrangheta. Con la nuova legge sul congelamento dei beni, i sardi erano stati sconfitti e così si credeva pure dei calabresi. Persino a Reggio Calabria i mafiosi avevano smesso di ammazzarsi tra di loro, e quindi la pace appariva ovunque quella giusta e definitiva.

Invece, in Calabria, era una pax mafiosa. Un cambio di strategia, una ritirata tattica. La 'ndrangheta aveva deciso di rinunciare ai sequestri, non farsi più invischiare da Cosa Nostra in fallimentari strategie contro lo Stato, tutelarsi dal dissanguamento di guerre fratricide. L'albero, che cresceva già da tempo, doveva prosperare nel silenzio: le radici continuavano a scavare la terra calabrese con lavori pubblici come quelli per la Salerno-Reggio Calabria, la corona a espandersi nei traffici mondiali di droga, ormai soprattutto di cocaina.

L'albero, che da tempi ancora più remoti raffigurava dalla 'ndrina singola all'Onorata Società, conteneva anche la risposta all'esigenza crescente di coesione e coordinamento. Da circa un secolo gli affiliati si tramandavano il suo significato simbolico di padre in figlio, dal capo anziano al nuovo affiliato. "Il fusto rappresenta il capo di società; il rifusto il contabile e il mastro di giornata; i rami i camorristi di sangue e di sgarro; i ramoscelli i picciotti o puntaioli; i fiori rappresentano i giovani d'onore; le foglie rappresentano le carogne e i traditori della 'ndrangheta che finiscono per marcire ai piedi dell'albero della scienza," è scritto in un codice rinvenuto nel 1927 a Gioiosa Jonica. La trasmissione orale ha prodotto molte varianti, ma la sostanza rimane sempre la stessa. I capi sono la base del tronco o il tronco stesso, da cui le gerarchie si diramano assottigliandosi sino ai rami più esterni e fragili.

I boss delle famiglie più influenti non dovevano far altro che applicare il modello preesistente. La 'ndrangheta divenne integralmente gerarchica. Non però a imitazione della cupola di Cosa Nostra, come erroneamente si dirà quando nel 2010 viene provata l'esistenza di un capo eletto al santuario di Polsi. Se la struttura siciliana è rappresentabile da una piramide, dall'albero calabrese si ottiene con la semplificazione geometrica una figura specularmente capovolta: un triangolo a punta in giù, anzi una "v", le cui linee possono continuare ad allungarsi e allargarsi all'infinito.

Era questo ciò che stava accadendo. Per dieci anni abbondanti. In Italia si erano sgretolati il Partito socialista e la Democrazia cristiana, si erano succeduti nove governi, di destra e di sinistra, di larghe intese e di responsabilità nazionale, di Berlusconi e dell'Ulivo, pianta molto più fragile di quella 'ndranghetista. Nel frattempo in Colombia era stato ucciso Pablo Escobar e i calabresi avevano dirottato i loro intermediari verso Cali. Poi anche il cartello di Cali si era sgretolato e gli affari toccava farli con i rimasugli o tutti quelli che cominciarono a subentrare, nella consapevolezza che nulla restava immutabile quanto la loro società onoratissima, fertile come il loro albero mitologico e reale. Solo l'Italia fu costretta a ricordarsi della 'ndrangheta, quando nel 2005 a Locri venne ucciso il vicepresidente del Consiglio regionale Francesco Fortugno e per la prima volta i ragazzi della zona lanciarono il grido collettivo: "Ammazzateci tutti". Lo shock tuttavia non durò molto, come accade sempre per le storie del Sud, considerate manifestazioni di un problema endemico e circoscritto a territori senza speranza, niente che riguardi da vicino il resto del paese.

L'albero era divenuto enorme. Non sarebbe stato difficile saperlo. Sarebbe bastato seguire le notizie di cronaca con un minimo di costante attenzione. Sarebbe stato sufficiente anche solo soffermarsi su una singola vicenda riportata nelle pagine nazionali. Una storia in cui l'albero si rivela per intero. Gli si era staccata una foglia. Quella foglia, prima ancora che potesse toccare terra, era stata raccolta dagli inquirenti. Era questo l'avvenimento raro, perché in sé la foglia caduta non avrebbe costituito alcun pericolo. A tutt'oggi gli 'ndranghetisti che hanno deciso di collaborare con la giustizia non sono nemmeno un centinaio, i boss si contano sulle dita di due mani. Difficilissimo voltare le spalle a un'organizzazione che coincide con la famiglia in cui sei nato o alla quale sei legato attraverso un matrimonio o un battesimo o di cui perlomeno fanno parte quasi tutte le persone che frequenti sin dall'infanzia. Quasi impossibile staccarsi da un albero quando ne sei divenuto un ramo. Ma qui non si trattava di un ramo, neppure di un ramoscello piccolo. Soltanto di una foglia che non era mai stata altro: ossia ciò che nelle versioni più elaborate del mito rappresenta i "contrasti onorati", le persone che fiancheggiano l'organizzazione pur non essendovi affiliate. E persino questa lo era diventata solo alla fine di un lungo travaglio.

La foglia che, cadendo, ha esposto l'intero albero si chiama Bruno Fuduli.

Bruno era un ragazzo quando gli toccò raccogliere un'eredità e farsi carico dei familiari. Il destino dei primogeniti. Nelle 'ndrine la successione dinastica per anzianità è una di quelle leggi ferree che evitano l'aprirsi di lotte di potere se un capobastone muore o finisce in carcere. Nel caso di un'impresa di famiglia non è altro che una prassi diffusa, non solo in Calabria o in Meridione. Il figlio maggiore è il primo a essere introdotto in azienda: per dare una mano e imparare, e spesso anche per portare quelle nuove idee a cui le giovani generazioni hanno avuto migliore accesso.

Bruno aveva poco più di vent'anni quando suo padre morì lasciandogli la Filiberto Fuduli a Nicotera, un paese antico che guarda giù verso il Tirreno e verso la lunga, famosa spiaggia bianca che d'estate si riempie di turisti. Aveva ereditato anche un buco di mezzo miliardo di lire, ma era convinto di farcela puntando tutto sulla competitività e sul rinnovamento.

Il marmo, il granito e tutte le pietre che suo padre lavorava artigianalmente in quegli anni tornarono di moda. C'era richiesta per grandi superfici come per case private, a cui si aggiungeva l'intramontabile uso nei cimiteri. Bruno si lancia:

aggiorna la gamma dei materiali, cambia il nome e la ragione sociale dell'azienda, e poi ne apre altre due, in società con il cognato. Tutta quell'attività si scontra però con un ulteriore ostacolo. Oltre ai debiti, Bruno ha ereditato anche un altro aspetto dell'attività paterna. Furti, vandalismo, dolo evidente. Ma proprio laddove, in quelle terre, ci si sarebbe aspettata un'elasticità maggiore, quel ragazzo ambizioso rimane fedele alla cocciutaggine del vecchio Filiberto. Anziché presentarsi alle persone giuste per "mettersi apposto", va dai carabinieri e denuncia.

Per la famiglia che comanda su tutta la provincia di Vibo Valentia è il fastidio di un mosca che disturba il riposo del dopopranzo in un afoso giorno di piena estate. I Mancuso sono lì da sempre. Possono ostentare una sentenza del 1903, quando il loro bisavolo Vincenzo venne condannato per associazione a delinquere. Ormai sono lanciati in ogni traffico illecito e sono anche favoriti dagli ottimi rapporti di vicinato con le famiglie della piana di Gioia Tauro. I Piromalli controllano il territorio direttamente coinvolto nella costruzione del porto e del polo siderurgico, i Mancuso le cave a Limbadi e dintorni, dalle quali vengono tratti tutti gli inerti. Possono sputarci sopra, sui quattro spiccioli che il giovane Fuduli si rifiuta di scucire. Però la sua arroganza rappresenta pur sempre un cattivo esempio. Rinnovare le richieste di pagamento, ossia le azioni intimidatorie, è una cosa che va fatta per routine e per principio, nell'attesa che il ragazzo impari ad abbassare quella sua testa dura. Questione di tempo. Il tempo non è solo il miglior medico, ma anche il miglior esattore delle entrate.

I debiti. Per molti anni, Bruno riesce a tenerli a bada, pur con le spese e le perdite supplementari inflitte dalla prepotenza a cui non vuole piegarsi. Lavora come un matto, si danna l'anima per ripagare gli interessi, ma la spada di Damocle continua a pendere sulle sue aziende. Basta poco perché quel precario equilibrio possa spezzarsi. Basta una difficoltà in più, qualche cliente di troppo che manda assegni scoperti o che non paga proprio. È questo ciò che accade verso la fine degli anni ottanta, momento in cui l'economia di tutto il paese comincia a rallentare avviandosi lentamente verso la crisi che esploderà nel 1992. Una situazione che in Italia si sta ripetendo, ma molto in peggio. Così un giorno la banca comunica a Fuduli che, in mancanza di garanzie, si vede costretta a chiudere la linea di credito. Non ha altra scelta: o dichiara fallimento, o va avanti in un altro modo.

Le persone che contatta non hanno problemi a prestargli i soldi, ma gli interessi che gli chiedono toccano il 200 per cento e anche oltre. È nella strozza. Gli usurai dei Mancuso si fanno sempre più minacciosi. Ma all'improvviso gli arriva una mano tesa da un uomo che dispone di risorse illimitate: Natale Scali, boss di Marina di Gioiosa Jonica, narcotrafficante di lungo corso. Quel che gli serve è Bruno: un giovane imprenditore temprato da un tirocinio di anni in cui ha attivato ogni risorsa per difendere le proprie aziende. Fuduli è intelligente, dinamico, determinato. Sa muoversi bene, parla bene lo spagnolo. Ha una fedina immacolata, anzi persino infiocchettata da denunce ricorrenti per intimidazioni estorsive. Glielo dice persino apertamente. Senza fretta, e a modo suo gratificandolo, a ogni incontro gli ripete che ha bisogno di una persona come lui, di una persona pulita. Per una somma che nessuna banca concederebbe – un miliardo e settecentomila lire – Scali gli chiede un favore che prende la forma di un biglietto aereo. Un mandato di cattura lo costringe a una latitanza casa-e-bunker giù al paese, ma prima, quando andava a Bogotá per curare gli affari di persona, ospite del fratello di un governatore, faceva una vita da nababbo. Bruno deve solo rinnovare i suoi vecchi contatti, potrà persino prenderla come una vacanza.

Natale Scali si muove con l'istinto dell'uomo d'affari esperto e previdente. Gli Aquino-Scali-Ursino, come le altre famiglie della costa jonica, si sono talmente specializzati nell'import di coca colombiana da aver ottenuto un rappresentante fisso *in loco*: Santo Scipione, chiamato "Papi", inviato direttamente da San Luca, la "mamma". La "mamma" da cui tutto ha origine. È lei che detta le regole, è lei che ti dà gli schiaffi, è lei che ti dà le punizioni, le carezze, le ricompense; e con lei tutti i problemi devono essere discussi. Se in qualsiasi angolo del mondo ci sono problemi tra i figli di 'ndrangheta, è la "mamma" di San Luca a risolverli. Santo Scipione è in contatto fisso con Natale Scali, però ha cominciato a concentrarsi su un canale privilegiato che non copre tutto il fabbisogno. Si è stabilito a Montería, città che offre l'accoglienza di una grande comunità italiana e soprattutto resta la città di un uomo sempre più cruciale per gli scambi italo-colombiani, anche se Salvatore Mancuso è ufficialmente un comandante alla macchia. Ma per ogni latitante casa è casa: il posto dove c'è la tua famiglia, la tua gente e infine il territorio cui appartieni e che ti appartiene. I calabresi lavorano con le Auc sin dalla loro nascita. Piazzare al centro dei loro insediamenti il proprio agente di commercio è un gesto di riguardo e agevolazione delle trattative che non può non essere accolto con favore. El Mono si nasconde nei paraggi. Tutto il mondo è paese.

Al ritorno da Bogotá, Bruno scopre che Scali gli ha conteggiato anche seicento milioni di interesse, da ripagare con un nuovo viaggio e un altro ancora. Ora non gli tocca più fare soltanto visite di rappresentanza, ma contattare nuovi fornitori. Le trattative che aiuta ad avviare si traducono nell'invio di tonnellate di cocaina in Calabria. Ci ha visto giusto, Natale Scali. Quando perciò si offre di risolvere la situazione debitoria rilevando l'impresa di Fuduli e riceve in risposta un "no grazie", si separano serenamente. Non è un problema per Scali, solo per Bruno. Alla schiera degli strozzini nell'orbita dei Mancuso si è aggiunto ora un boss della Locride in persona.

I paesi della Calabria sono piccoli e la 'ndrangheta è fatta a rami comunicanti. C'è un ramoscello del grande albero che dev'essere risistemato. Vincenzo Barbieri, narco dei Mancuso, è uscito da poco di prigione e il resto della condanna deve scontarlo agli arresti domiciliari. La soluzione è talmente semplice e alla portata che Diego Mancuso, uno dei capi della 'ndrina vibonese, ci mette la faccia solo per chiedere il favore che Barbieri venga assunto per un lavoro riabilitativo nella ditta di Fuduli, la Lavormarmi. Il resto va da sé: Bruno finisce manovrato e le sue imprese, sempre più indebitate, cadono nelle mani di chi vi ha messo piede. Forse si illude di poter reggere il gioco con Barbieri e il compare incensurato che si tira dietro, anche perché i due sostengono che con i Mancuso preferiscono non averci a che fare.

Sono una strana coppia Vincenzo Barbieri e Francesco Ventrici, qualcosa di più e di diverso da due fratelli di sangue fedeli all'Onorata Società. Il più giovane, Ventrici, non è forse nemmeno affiliato ritualmente all'organizzazione, le è solo vicino: anche perché da sempre è vicino, vicinissimo a Barbieri. Sembrano una di quelle coppie inseparabili che si formano nei piccoli paesi del Meridione. Paesi come San Calogero, sprofondati nella noia dei bar dove si riuniscono tutti i maschi e dove il permesso di poterci andare rappresenta già una sorta di rito di passaggio. Dove certi ragazzini si appiccicano al personaggio più ammirato sino a quando, cresciuti, la loro indefessa riverenza ed emulazione si muta nel cemento di un legame. Ventrici sposa una cugina di Barbieri, e poi diventano compari veri, compari di battesimo dei figli. Così si presentano i soci non richiesti di Fuduli, quando si ritrovano a San Calogero. Barbieri è proprietario legale di una ditta produttrice di salotti, con il suo aspetto curato e borghese che gli è valso il sopranome di "U Ragioniere". Ventrici è un ragazzone con gli occhietti a spillo e la pappagorgia a cui l'etichetta più immediata, "El Gordo", il Ciccione, deve averla appioppata qualche amico colombiano del compare. I traffici che intraprendono attraverso le aziende di Fuduli e i servigi del loro titolare diventano il banco di prova per trarre profitto dal sodalizio.

Però il perno paradossale resta Bruno. Bruno che ora si ritrova servo di due padroni e preda di tanti altri. Bruno che continua a volare oltreoceano, trattare o mediare per Scali e i vibonesi, valutare nuovi contatti, nuove rotte, nuovi metodi di trasporto, conquistando sempre più la fiducia privilegiata dei suoi interlocutori sudamericani. Li incontra a Cuba, Panama, Venezuela, Ecuador, ma anche in Italia o in Spagna. Sta diventando sempre più sicuro e disinvolto, preciso e organizzato. Un partner con cui si lavora in allegria e amicizia. E se al telefono parlano di feste e del numero di invitati per definire carichi e quantitativi di coca, questo non esclude che alle feste non lo invitino davvero.

Ma quei viaggi d'affari sono sfiancanti. La Colombia, se operi in un certo ramo, è una selva micidiale anche quando vai nei migliori alberghi della capitale o vieni ospitato nelle ville più sfarzose. E quelli che ti fanno il miglior prezzo, dopo la caduta del cartello di Cali e Medellín, sono i più pericolosi. Le Auc, le Farc. Gli acerrimi nemici accomunati dalla produzione e vendita all'ingrosso della coca, ma anche dal fatto che possono prelevarti e farti sparire quando vogliono. A quel punto, non ti resta che pregare la *Maronna 'ra Muntagna*, chiedendole la grazia che i tuoi referenti giù in Calabria facciano arrivare in tempo i ritardati pagamenti. La Colombia è un Aspromonte sconfinato. Glielo avrebbe potuto spiegare Papi, il sanlucota, se Scali li avesse messi in contatto, cosa dalla quale si è ben guardato. Fuduli, però, lo ha imparato anche da solo che i suoi compaesani sono pieni d'orgoglio per il fatto di essere gli unici clienti ai quali i colombiani non chiedono nemmeno una percentuale in anticipo. Sono uomini d'onore, uomini di parola. La parola, certo:

ma in più ci vuole la caparra in carne e ossa trattenuta fino all'accredito dell'ultimo narcodollaro. Magari toccherà a lui la prossima volta.

Sono ormai anni che Bruno fa questa vita. Contrattare, supervisionare il processo per cui i blocchi di marmo, di *piedra muñeca*, vengono trasformati in qualcosa che sembrerebbe formaggio svizzero se non fossero quadrati: trafitti da fori cilindrici da farcire con tubi di plastica imbottiti di cocaina e sigillare con un impasto degli scarti. Poi contattare le società esportatrici colombiane, le aziende di copertura dei narcotrafficanti, per il ritiro della merce destinata a una delle sue imprese. E infine, tornato in Calabria, prendere in consegna il carico sdoganato a Gioia Tauro e portarlo in una cava vicino a San Calogero. Forse è quello il momento critico. Il momento in cui si trova davanti a quei blocchi di marmo da venti tonnellate che, se fossero rimasti intonsi, una volta tagliati e lamati avrebbero rivelato tutta la loro bellezza: il colore dorato, vivo di venature, tanto simile al travertino. Invece lui, l'ex padrone della Lavormarmi e titolare di comodo della Marmo Imeffe, colui al quale quelle spedizioni sono intestate, ora deve insegnare agli operai complici come tirare fuori i cilindri senza che subiscano nemmeno un graffio. Salvare la droga. Recuperare giusto gli avanzi dei tesori della Terra che impiegano ere geologiche per formarsi e ora valgono quanto una lattina vuota. Infatti preferisce quando la coca finisce dentro a fiori, pelli di cuoio puzzolente, scatole di tonno. Però in quei casi non la fanno sbarcare in Italia e non arriva comunque sotto ai suoi occhi.

Quando Barbieri o Ventrici gli dicono che può andare a casa perché tutto quel che viene dopo non lo riguarda, nel solito tragitto in macchina Bruno piomba nel vuoto. Un vuoto lucido. Non è questa la vita che voleva. Non è questa la vita per cui è disposto a finire in carcere o ammazzato. Si sente vecchio. Ha quasi quarant'anni e somiglia a quei blocchi traforati: un matrimonio fallito, un'impresa già perduta e le altre che non riesce a riscattare. Si sente decrepito se pensa che era riuscito a tenere testa ai padroni di Limbadi che proprio a Nicotera avevano ospitato il leggendario summit con Cosa Nostra in cui i calabresi votarono all'unanimità contro l'invito di Totò Riina di dichiarare guerra allo Stato. Era solo un ragazzo con una piccola azienda, un giro d'affari ridicolo per i Mancuso. Però per anni ha resistito. Poi lo hanno schiacciato senza alcun bisogno, giusto per provare a spremerlo come un agrume raccolto nella piana di Rosarno. E lui ora si sta facendo spremere come l'ultimo dei clandestini.

Non è questo. Lui non è questo. Se non aveva paura da ragazzo, non dovrebbe averne nemmeno adesso che ha imparato che tutti, sia in Calabria che in Colombia, si trovano sulla testa una mano che può schiacciarli in ogni momento, per punizione, errore o arbitrio. Chissà per quanto si sarà portato dentro questi o simili pensieri, rimuginandoli sino alla nausea. Fatto sta che, un giorno, Bruno si decide. Torna di nuovo dai carabinieri, stavolta non per denunciare un'intimidazione, ma se stesso: il suo ruolo, i suoi viaggi, le sue partite di marmo e il loro contenuto. C'è incredulità, all'inizio. C'è il bisogno di verifiche, il vaglio di una competenza superiore. Ma sulla base di indagini già in corso, i Ros capiscono che le dichiarazioni di Fuduli sono precise e veritiere. Per due anni rimane una "fonte confidenziale". Poi compie un ulteriore salto: diventa collaboratore di giustizia. Un collaboratore occulto. Una figura che nella terra madre della 'ndrangheta pare inconcepibile. Un infiltrato.

L'indagine a cui Fuduli ha contribuito è stata chiamata Operazione Decollo ed è ancora oggi considerata la madre delle grandi inchieste sul narcotraffico transnazionale delle famiglie calabresi. La foglia si è staccata, l'albero è visibile.

Ma visibile non significa scalfito. Il lavoro che ha coinvolto gli inquirenti e le polizie di Italia, Olanda, Spagna, Germania, Francia, la Dea americana, la magistratura colombiana, il Venezuela e l'Australia, e ha condotto ad arresti in Lombardia, Piemonte, Liguria, Emilia Romagna, Toscana e Campania, oltre al sequestro di cinque tonnellate e mezzo di cocaina, dal punto di vista della forza economica e operativa non è che un graffio nella corteccia. Il valore principale di quell'indagine è conoscitivo. Anche i sequestri vanno visti, innanzitutto, come prova che i carichi sono arrivati nel tal paese, partiti dal tal altro, a volte con scali e trasbordi lungo la rotta. Sono una misurazione attendibile dell'albero, o almeno di molti dei suoi rami principali.

A partire dal 2000, dal porto di Gioia Tauro passano tre container partiti da Baranquilla, Colombia, a bordo di navi di linea della compagnia danese Maersk Sealand. Tutti destinati alle aziende di Fuduli, tutti riempiti dei marmi contenenti rispettivamente duecentoventi, quattrocentotrentaquattro e ottocentosettanta chili di cocaina. Un altro container con un carico di quattrocentotrentaquattro chili di cocaina, sempre occultati in blocchi di marmo, viene spedito a marzo del 2000 da Baranquilla e arriva ad agosto nel porto di Adelaide, in Australia. È destinato a Nicola Ciconte, un uomo con radici calabresi, nato però a Wonthaggi, paese agricolo a sudest di Melbourne. Dopo qualche tempo, la polizia australiana ne rintraccia circa due terzi, già immagazzinati da un calabrese. Poi si inizia a colpire in Italia, ma con strategica prudenza. Non conta il quantitativo di droga sequestrato, bensì il fatto che esso riveli un'altra modalità di trasporto e soprattutto che conduca dritto a un'altra diramazione, quella lombarda. Il 23 gennaio e il 17 marzo 2001, all'aeroporto di Malpensa vengono sequestrati 12,10 e 18,50 chili di cocaina che viaggiavano su due voli di linea provenienti da Caracas, Venezuela. C'è un dipendente Sea, la società di gestione dello scalo, incaricato di prelevare dal nastro trasportatore le valigie in cui la merce è nascosta, un uomo di San Calogero. Le filiali dei Mancuso e dei Pesce di Rosarno si sono attrezzate per rifornimenti rapidi sulla piazza di Milano, dove la richiesta di coca è inesauribile. Passa quasi un anno prima che ci si avvicini di nuovo a una nave. 10 gennaio 2002: al porto di Vigo, in Galizia, viene controllato un container partito dall'Ecuador che contiene 1698 chili di cocaina chiusa in scatole di tonno sott'olio per ristorazione destinate alla Conserva Nueva di Madrid. Bruno Fuduli, che ha mediato tra colombiani, vibonesi e spagnoli, ha tenuto informati gli inquirenti.

Il 3 aprile 2002 segna una data importante. La prima grande azione in Italia. La destinazione finale sarebbe stata Gioia Tauro ma il carico finisce per sbaglio al porto di Salerno, dove viene sequestrato. Il container questa volta è partito da La Guajira, Venezuela, e i 541 chili di cocaina sono infilati nelle pedane di caricamento di mattonelle di granito indirizzate alla Marmo Imeffe.

Ancora un anno di attesa e di calma apparente. Poi arriva il colpo più importante, che viene sferrato davanti alla porta d'entrata principale della coca in Europa. Nella notte tra il 3 e il 4 giugno 2003, le autorità spagnole intercettano al largo delle isole Canarie il motopeschereccio *Alexandra* con a bordo 2591 chili di cocaina. La merce era stata probabilmente presa in consegna al largo dell'Africa occidentale, forse in Togo o Benin, dove le 'ndrine dispongono di infrastrutture per lo stoccaggio e il trasbordo.

Non è finita. La prossima azione attraversa tutto l'Atlantico fino a quando diventa Mare del Nord. Il 29 ottobre 2003, al porto di Amburgo viene fermato un carico spedito dal porto di Manaus, in Brasile, attraverso il porto di Rjieka, Croazia, con duecentocinquantacinque chili di cocaina infilata nelle controsoffittature in materiale plastico. Gli scali aumentano la sicurezza del narcotraffico, visto che ogni volta il container cambia numero. Quello arrivato ad Amburgo doveva essere recapitato alla Ventrans di San Lazzaro di Savena, società di Francesco Ventrici, che nel 2002 un portale del settore autotrasporti aveva eletto "azienda del mese" per la sua "serietà, affidabilità e precisione". L'uomo dei Mancuso figurava come esemplare imprenditore nel comune vicino a Bologna dove aveva stabilito la residenza.

Soltanto il 28 gennaio 2004, dopo oltre tre anni, si arriva a colpire il porto di Gioia Tauro. Scatta il sequestro del carico da duecentoquarantadue chili di cocaina salpato da Cartagena e nascosto nei blocchi di *piedra muñeca* destinati alla Marmo Imeffe. È l'atto finale, il momento in cui gli inquirenti calano la maschera. In quel momento stanno per essere eseguiti anche gli ordini d'arresto. L'Operazione Decollo è conclusa.

Colombia, Venezuela, Brasile, Spagna, Germania, Croazia, Italia, Africa, Australia. I primi punti certi da segnare sulla mappa. Non sono tutti, però, né possono esserlo. Quando gli inquirenti ripetono che arrivano a confiscare solo il 10 per cento della cocaina destinata al mercato europeo, quota equivalente a un rischio d'impresa inferiore a quello delle merci rubate nei supermercati o degli assegni protestati da una piccola-media azienda, esprimono la parte di amara verità che possono comunicare pubblicamente. Certo è difficilissimo trovare gli ovuli che viaggiano nei corpi, le partite occultate con metodi sempre più sofisticati, intercettare imbarcazioni che viaggiano in alto mare o si fermano la notte davanti a un qualsiasi punto di una costa. Lo è persino quando si stanno già raccogliendo informazioni dettagliate. Spesso i narcotrafficanti riescono comunque a farla franca sotto il naso di chi li insegue. Però esiste anche un altro aspetto, più complicato. Lo Stato con le sue braccia esecutive e giudiziarie deve arrivare sia a togliere la droga dalle strade, sia a fermare e possibilmente disarticolare le organizzazioni che la commerciano. Ma questi due obiettivi entrano in attrito. Se si colpisce sempre lo stesso porto, i trafficanti acquisteranno la certezza di essere nel mirino. Cambieranno le rotte, i carichi di copertura, sbarcheranno in luoghi imprevedibili, in porti meno vigilati. Nel caso dell'Operazione Decollo gli inquirenti disponevano di una carta coperta straordinaria: l'infiltrato che sapeva informarli in tempo reale su nuovi invii e nuove destinazioni. Ma nella norma questo non accade. È possibile che per un'inchiesta siano già state avviate estese intercettazioni, però le precauzioni dall'altra parte rendono complicatissimo individuare le rotte e i punti di sbarco. La traccia rischia di essere perduta e con essa l'intera indagine che ha bisogno di poggiare sui riscontri.

Persino quando, come in questo caso, si è a conoscenza di quasi tutto, ogni azione va comunque soppesata. Fingere. Fingere che sia stato un colpo fortuito. Non è detto che la controparte non fiuti il trucco. Ma l'essenziale in questo poker coperto tra guardie e ladri è semplicemente non innalzare troppo il livello di allarme. Non troppo a lungo. Gli inquirenti almeno una certezza ce l'hanno sempre. I narcotrafficanti possono passare una mano, però mai abbandonare la partita. Una volta si vince, un'altra si perde. Di fronte alle esigenze del mercato, il calcolo dei rischi si relativizza.

Chissà quanto Bruno Fuduli avesse ponderato la scelta cui stava andando incontro il giorno in cui decise di varcare la soglia del comando provinciale di Vibo Valentia. Mai abbastanza. Contava di sottrarsi allo strozzinaggio che lo avrebbe asfissiato e alla probabilità sempre più chiara di finire in galera per molti anni. Poi, divenuto collaboratore e persino ausiliario di Polizia giudiziaria con il nome in codice "Sandro", sapeva che gli sarebbero spettati gli aiuti e la protezione per ricrearsi un'esistenza, lontano da dove lo consideravano un infame, una foglia cui tocca marcire ai piedi dell'albero. La certezza più definitiva. Se mi scoprono, mi ammazzano. Se vengono a sapere solo dopo chi li ha traditi, non smetteranno di cercarmi. Pensieri nitidi. Però troppo generici, astratti. L'ansia a cui si esponeva, giorno per giorno, proprio in quanto foglia finita nelle mani di chi cominciava a interferire sui flussi della linfa, non riusciva a immaginarla in anticipo. Una scelta trascende sempre il calcolo, trae forza e ineluttabilità dalla sua zona cieca. Non sai mai quanto la paghi. Non sai come sarai capace di sostenerla, giorno dopo giorno. Non capisci davvero ciò che stai facendo, quel che hai già fatto. Questa è la certezza che anch'io ho maturato in sei anni e mezzo. Spesso mi sveglio e mi schiaccia come un pugno sotto lo sterno. Poi mi alzo, cerco di liberare il respiro e mi dico: in fondo è giusto che sia così.

In realtà, Bruno comincia ad accorgersi dei rischi e tribolamenti cui sta andando incontro già all'indomani della prima spedizione: l'unica filata liscia, pur con uno scambio vicendevole di ostaggi tra Calabria e Colombia. Natale Scali, però, viene a sapere che Barbieri lo ha costretto a rivelare le sue "strade". Convoca U Ragioniere e lo minaccia, salvo poi venirsi a prendere gli ultimi venti chili di coca che però vuole pagare meno della metà del prezzo di acquisto. A quel punto è Barbieri a ripetere che vuole morto Scali. La seconda partita è un pacco: roba già tagliata che in Calabria nessuno compra. Il carico australiano sarebbe stato il più redditizio poiché il prezzo sul mercato laggiù è assai alto, se non fosse finito sequestrato per la maggior parte. Prima i narcos credono di essere stati fregati. Poi, una volta trovata la notizia in un articolo su internet, insistono che a loro toccava farsi carico della merce solo fino allo sdoganamento in porto. Bruno corre, appiana, tratta sconti. Però a quel punto, per quanto appaia incredibile, i debiti cominciano a incombere pure sulle importazioni di marmo e coca. E visto che Fuduli si è già esposto con gli strozzini, Barbieri e Ventrici lo mandano a contrarre altri prestiti, per giunta con personaggi sempre più organici ai Mancuso o alle loro famiglie vassalle. I padroni della provincia, tenuti fuori dai cancelli dell'impresa, ora si affacciano dalla finestra.

Sarebbe bastato, per sistemare tutto, che gli ottocentosettanta chili ricevuti a Gioia Tauro a maggio-giugno del 2000 e rivenduti in blocco a un acquirente della potenza di Pasquale Marando, boss di Platì, non avessero dato altri problemi. Invece proprio a causa di quel carico si crea un delirio. Un delirio che nasce in un minicartello colombiano e contagia quello inaugurato dai due compari vibonesi. I fornitori della coca sono un'impresa di famiglia di tre-quattro fratelli. Ma due si odiano. Felipe, addetto alle vendite e ai trasporti, cova un rancore profondo verso Daniel, che manda avanti la produzione e può essere considerato il padrone dell'azienda. "In Colombia muore più gente di invidia che di cancro, questo è un modo di dire loro," insegnerà Bruno ai magistrati per commentare quella vicenda che li lascia attoniti. L'invidia lacera e divora, ma il profitto tiene uniti come la più velenosa delle colle. Felipe viene tenuto alla larga con mansioni in cui può sfogare e rendere persino utili la sua indole violenta e le sue smanie da millantatore. Però l'invidia non aspetta altro che una sponda molle per uscire dagli anfratti in cui si cela. Sono i vibonesi con la loro inesperienza e voglia indomabile di tenersi i miliardi già intascati da Marando. Felipe reclama una piccola quota del pagamento per se stesso, dicendo che intende rovinare il fratello e promette che sarà lui ad affrontarlo. Ventrici, il quale a differenza di Barbieri può spostarsi per gli incontri, sarà il primo a cedere. "Paghiamo questi sei milioni e poi se la vedranno loro," dice al suo socio. Per Daniel i conti non tornano, lui vuole la sua parte, non gli importa nulla dei soldi dati al fratello. Lui vuole i soldi per sé.

Daniel trova il modo per farsi sentire pur rimanendo nelle "cucine" nascoste in patria. Manda ambasciatori armati a dare a Ventrici un ultimatum e, soprattutto, dalla Colombia gli invia personalmente un fax con una foto della sua casa, seguito da un altro in cui lo informa che avrebbe consegnato due milioni di dollari ai suoi amici dell'Eta per farla saltare in aria con lui dentro. Ventrici, il Ciccione, strafottente sino al momento prima, adesso è terrorizzato. Chiede a Bruno di incontrare a Cuba il narco con cui ha stretto il rapporto più confidenziale, Ramiro, il quale lo rassicura sul fatto che Daniel venda la roba ai terroristi baschi, ma è da escludere che l'Eta si mobiliti per il recupero crediti.

Le acque si calmano. A Bruno forse fa un effetto strano. Ha visto l'uomo che gli ha tolto l'azienda farsela sotto per metodi e motivi che conosce sin troppo bene. Ha pure ricevuto l'ennesima conferma che nelle gerarchie del rispetto presso i narcos si trova su un gradino più alto dei suoi due aspiranti burattinai. Adesso l'hanno capito pure loro che, in confronto alla Colombia, la Calabria sembra un parco giochi. Facile credersi uomini quando si ha dietro l'organizzazione. Facile quando si sta attaccati all'albero come alle gonne della mamma o si tenta giusto uno strappo adolescenziale. Alla fine è sempre l'albero che controlla ogni foglia che si muove. Lui ha deciso di non farsi più controllare: ha fatto bene.

Le ostilità, infatti, si sono placate solo grazie all'intermediazione dei grossi rami. Natale Scali e Pasquale Marando hanno garantito per l'insolvenza ai fratelli colombiani. Così il debito colombiano dei compari Ventrici-Barbieri si è trasferito nelle loro mani. Che i boss possano tenerli per le palle grazie a un buco di appena sei milioni di dollari, evita un mare di seccature di cui non avvertono alcun bisogno. Hanno svariate priorità più urgenti. In Colombia, per esempio, i soliti disguidi nei pagamenti stanno toccando Papi Scipione. Non gli sono bastate l'esperienza e l'autorevolezza conquistata sul campo per evitare che, dopo essersi presi già da un mese il suo narco di fiducia, i paramilitari si vogliano rifare anche con lui. Mercanteggiare con le Auc presenta enormi vantaggi economici, però basta un contrattempo, che per i comuni trafficanti sarebbe oggetto di serena discussione, e rischi sul serio di finire in una fossa. Santo Scipione aspetta che vengano a prenderlo. "Perché non ho dove scappare io, da nessuna parte," dice con un sospiro d'ansia a Natale Scali, il cui telefono è già sotto controllo. Il boss di Gioiosa Jonica vuole salvare la vita a Santo Scipione: "La vita di un calabrese vale più di un debito con questi che non sanno mantenere la parola. Prima ti chiedono due e poi pretendono quattro". Della sua parola e soprattutto della sua solvibilità si fidano persino i paramilitari. Gli ostaggi tornano a casa. Però il veterano dei narco calabresi stavolta ha visto i sorci verdi.

Fare ricorso all'esperienza talvolta può giocare brutti scherzi. Ci si affida troppo alla percezione di quanto è già stato sperimentato con successo, si pecca di miopia nel soppesare gli elementi non assimilabili. Forse è questa una delle cause perché curiosamente proprio alle famiglie di Marina di Gioiosa Jonica, sempre gli Aquino-Coluccio, vada ascritto il più grosso errore commesso dalla 'ndrangheta dopo la strage di Duisburg: entrare in affari con il cartello del Golfo. Per la precisione con Los Zetas, all'inizio ancora braccio militare dell'"Ammazza amici" Osiel Cárdenas. Farlo per giunta da New York, quando ormai i narcos messicani sono il nemico numero due degli Stati Uniti, e persino importazioni dirette di eroina talebana verso l'Europa potrebbero passarla più liscia di un piccolo traffico che parte dal cuore del Nordamerica. Non è che i calabresi non abbiano cercato di agire con la massima prudenza. Hanno inviato solo partite microscopiche, talvolta così ridotte da poter essere spedite per posta prioritaria, e per le contrattazioni non sono mai usciti dalla Grande Mela. Però finiscono lo stesso per avere la Dea alle costole. Nel 2008 scattano gli arresti e diventa pubblica la sostanza del grande progetto investigativo "Reckoning" (che sul versante italiano è coordinato dalla Dda di Reggio Calabria e si chiama Operazione Solare). La 'ndrangheta viene subito punita con l'inclusione nella lista nera del governo americano. Un brutto colpo. Sproporzionato dal punto di vista dell'organizzazione calabrese. Infatti la prudenza non era rivolta solo all'agenzia antidroga statunitense, ma anche ai nuovi partner. Nessuna grande apertura di commercio, piuttosto una fase test per la quale era venuta a crearsi l'occasione. Nient'altro che il tentativo di collaudare un canale supplementare di rifornimento, sicuro e semplice da una parte, dall'altra pieno di insidie.

I colombiani non hanno mai avuto interesse e capacità di gestire in proprio le piazze europee: motivo per cui i calabresi preferiscono di gran lunga coltivare la loro tradizione di importatori diretti. Invece il problema tra calabresi e messicani è la concorrenza. La forza sia degli uni che degli altri nasce dalla gestione di tutta la filiera distributiva del narcotraffico, in primis quello della cocaina. Entrambi, inoltre, hanno saputo sfruttare l'indebolimento della Colombia, del paese produttore. Solo che ora la frammentazione dei cartelli colombiani e la loro crescente subalternità ai messicani stanno rendendo gli affari della 'ndrangheta più complicati e insicuri. Da qui nasce l'esigenza di mettere alla prova una modalità per adattarsi alla nuova realtà economica, senza correre troppi rischi. Quel che i calabresi temono di più è che i messicani possano sbarcare in Europa e invadere le loro piazze. L'apparente assurdità di un'importazione attraverso gli Stati Uniti sembra rispecchiare questa paura. L'aggressività commerciale dei cartelli messicani, non quella militare, rappresenta l'incubo della 'ndrangheta. L'altro aspetto non le è del tutto indifferente, vuoi perché si sente espressione di un Vecchio Mondo più sano e civile, vuoi perché avere a che fare con gente capace di ferocia incalcolabile aumenta i rischi secondari legati al business. Però ha già sperimentato la partnership con i colombiani che facevano coincidere il controllo del territorio con i massacri sistematici e per anni ne hanno tratto la massima convenienza. Per questo, non è da escludere che nell'avallo dell'esperimento newyorchese da parte dei vertici a Marina di Gioiosa Jonica abbia giocato qualche ruolo il raffronto tra Auc e Zetas, specie in un momento in cui questi ultimi non si presentavano ancora come un cartello indipendente e potentissimo.

Cerco le foto dell'albero vicino al santuario di Polsi. Mi spiace non averlo osservato più a lungo, non aver guardato bene come era fatto in alto, dove finivano i suoi rami. Ero con la scorta e un carabiniere calabrese che mi faceva da guida. Mi disse: "Tour speciale nei luoghi della 'ndrangheta". Potevo scattare qualche foto con il telefonino, entrare nell'albero e trattenermi ancora un po' più a lungo, ma poi toccava avviarci verso la prossima tappa. Ero un turista specializzato guidato da chi veniva solitamente da quelle parti per fare arresti, perquisizioni o cercare nascondigli sotterranei. Non potevo appostarmi a distanza per contemplare l'albero come un poeta squinternato in cerca d'ispirazione. A dire il vero non mi è neanche passato per la mente. Dopo anni in cui trascorro intere giornate assieme alla mia scorta, non mi accorgo nemmeno più che ogni mio comportamento si adegua a un codice di gruppo. Ma è normale. Tutti abbiamo dentro i nostri codici, non solo gli uomini dell'Arma o della 'ndrangheta.

Con davanti una foto in cui rivedo me stesso dentro all'albero, mi viene in mente Santo Scipione, partito dall'Aspromonte per fare l'agente delle 'ndrine in Colombia. Ora sta in carcere, ma ci sono tanti altri come lui in America Latina, in Africa occidentale e in chissà quante parti del mondo non ancora abbastanza evidenziate sulla mappa dei commerci illegali. Posti infami, posti pericolosi dove vai a stabilirti solo per affari. Penso che Papi Scipione potrebbe dirmi che non c'è alcuna differenza tra quel che faceva lui per conto dell'Onorata Società e quanto facevano i direttori delle multinazionali pagando le Auc per ottenere condizioni di lavoro ottimali, come ha confermato dal carcere di Warsaw il suo grossista Mancuso, Salvatore. Non esiste rischio da minimizzare se non il rischio d'impresa. Il rischio personale ti viene corrisposto in danaro. Se per sfortuna ti va male, se per esempio ti trovavi proprio nell'impianto petrolifero attaccato dai terroristi islamici e sei finito tra quelli ammazzati, la società troverà sempre qualcuno che per soldi parte a rimpiazzarti. Però questa povera gente non poteva attaccarsi al telefono e parlare con il loro capo, immagino puntualizzerebbe Papi. La 'ndrangheta non è solo una società con una sede centrale e imprese dislocate. È un albero dove i rami esterni comunicano con il tronco che è accogliente e cavo.

Bruno Fuduli è diventato sempre più indispensabile per quell'albero di cui non ha mai fatto né voluto fare parte. È questa la follia della sua vicenda. Anche Natale Scali lo arruola nuovamente al suo servizio: vuoi per una questione di principio con Ventrici e Barbieri, vuoi perché ha capito che è davvero bravo. E dato che non lo preoccupano i due compari, il loro burattino è l'ultimo che crede di dover temere. Così la vita di Bruno, mentre sono in corso le indagini, non appare soltanto doppia: si è fatta tripla. Giù in Calabria non dovrebbe rappresentare che una rotella utile dell'ingranaggio. In Colombia, invece, sale sempre più in alto nella considerazione degli uomini che contano. Non tratta più soltanto con i narcos, ma direttamente con gli alti ranghi delle Auc. Ora gli conviene far tesoro del proverbio colombiano che si muore più di invidia che di cancro. Capisce che deve stare più attento a ciò che racconta delle sue trasferte che a nascondere il suo segreto indicibile. Solo a carabinieri e magistrati può e deve affidare tutto, per filo e per segno. Fuduli sta dischiudendo un mondo nuovo in ogni dettaglio. È il primo, forse non solo in Italia, a dare un volto alla nuova realtà del narcotraffico. Racconta di un guerrigliero Farc che vive nella giungla sul confine con l'Ecuador e viene a Bogotá solo per trattare coca e procurarsi il materiale per fabbricare esplosivi. Descrive un paramilitare che tratta coca per le Auc e si fa chiamare "Rambo". Parla dei narcos non più come dei signori della Colombia ma come di piccoli imprenditori, taglieggiati e risucchiati in rapporti di sudditanza ben peggiori di quelli che lui stesso sta subendo. Ricorda le storie confidategli dal suo amico Ramiro: dalla fuga da Cali con tutta la famiglia quando, finita l'egemonia del cartello, l'obolo non era bastato a placare la fame di conquista dei nuovi arrivati, all'ultima volta che era dovuto scappare come una lepre perché non si erano "messi apposto" con le Auc per la gestione delle "cucine". *Cocinas, cocinero, negocio*. Cucine, cuciniere, negozio (che vuol dire "affare"). Bruno prende in prestito dallo spagnolo un lessico intraducibile, parole che trasudano di fatiche e rivalità quasi da botteghe medievali.

Gli inquirenti italiani stanno calpestando terra vergine. Faticano a seguirlo dentro una realtà che non è quella di cui sono a conoscenza: il cartello di Medellín, il cartello di Cali. Ora invece non significherebbe più nulla se vieni da Medellín o Cali; per il sistema di potere che ruota intorno alla coca conterebbe soprattutto se sei paramilitare o guerrigliero. Fuduli frequenta la Colombia sin dal 1996. Il rapporto confidenziale comincia un anno prima che gli Stati Uniti dichiari-

217

no le Auc un'organizzazione terroristica, i cui legami con il narcotraffico restano tuttavia soltanto fortemente sospettati. Le Farc, benché da tempo bersaglio di massicci aiuti militari, passano ancora a lungo per un esercito sovversivo che si finanzia attraverso rapine e sequestri.

Per questo non stupisce che, nelle dichiarazioni rese da Fuduli ai magistrati, il primo passaggio in cui nomina Castaño e Mancuso coincide con un momento di totale confusione. Alla fine, non si riesce a stabilire se, assieme a Ramiro e suo fratello, era stato convocato "dalla parte della boscaglia" dal supremo comandante e dal suo vice, oppure se i narcos avessero trattato il nulla osta per la spedizione poi fermata a Salerno con un luogotenente dal nome di battaglia "Boyaco". La trascrizione, certo, accentua l'effetto straniante di Fuduli che vaga tra spiegazioni sui paramilitari in generale e Carlos Castaño che "ormai... ultimamente si è autoaccusato e lo hanno condannato proprio". Il testo sbobinato sembra comunque recare traccia di quei fraintendimenti che sorgono quando un interlocutore dà per sottointese informazioni che dall'altra parte si rivelano meno scontate. Forse l'interrogato si sarebbe aspettato qualche domanda in più di un "Mancuso chi?" a cui risponde con un laconico: "Mancuso colombiano". Io sicuramente sarei stato curioso di poter seguire più a fondo il racconto e l'occhio di un testimone così anomalo, anche sin dove non avrebbe avuto nessuna precisa utilità ai fini dell'indagine. Resta il fatto che Operazione Decollo ha accertato il collegamento tra Auc e 'ndrangheta ed è stata la prima inchiesta a farlo. Le parole di Fuduli però hanno un sapore diverso dalle telefonate tra Santo Scipione e Natale Scali. Un sapore strano, un sapore antico. Non quello dei racconti di chi viaggiava in cerca di tesori o esplorava terre incognite per studiarle, ma di chi finiva lì per volontà di altri. Spesso mi hanno ricordato i resoconti dei primi missionari inviati sul continente americano.

C'è in particolare un punto sul quale gli inquirenti si soffermano, ritornano, senza che Fuduli sia in grado di fornire alcuni elementi essenziali. Racconta che Felipe verso la fine del 2000 gli avrebbe proposto di incontrare un narcotrafficante che disponeva di alcune navi capaci di consegnare approvvigionamenti dritto al largo della costa jonica. Rifornimenti enormi, ricevuti sia dalla guerriglia che dai paramilitari. La proposta alletta pure Natale Scali. Manda un suo uomo in delegazione assieme a Bruno e un cugino omonimo di Francesco Ventrici che di mestiere fa il pasticciere e ora si presta invece a fare l'ostaggio. La destinazione non è la Colombia, né le nazioni confinanti come Venezuela, Ecuador, Brasile o Panama. I calabresi sono diretti con un charter turistico a Cancún, da lì a Città del Messico e infine a Guadalajara. All'aeroporto vengono a prenderli in macchina e li portano in una *finca* di campagna. Attendono l'arrivo di un personaggio che Felipe presenta soltanto come "il mio padrino".

Fuduli non può fornirne il nome o il soprannome. Non sa se il "padrino" è messicano o colombiano. Gli hanno detto che è latitante, ma ignora in quale paese risulta ricercato. Felipe è il tipo infido e con manie di grandezza che si rivelerà più tardi. Quindi se spaccia il suo "padrino" per "uno dei più grossi del Messico" non c'è affatto da fidarsi. Però Ramiro, di gran lunga più attendibile, conferma a Bruno che prepara ogni quindici giorni il carico e la pista di decollo perché Felipe possa portare quattrocento chili di cocaina sino a un'analoga pista privata in Messico. Gli dice inoltre che quei voli a bassa quota vengono effettuati a tale scadenza semplicemente perché i cartelli di famiglia colombiani messi assieme non ce la fanno a riempire l'aereo ogni settimana.

C'è ancora un altro aspetto interessante di quella vicenda. I pesci piccoli vibonesi finiscono tagliati fuori dal commercio. I messicani usano il pretesto che il Ventrici pasticciere, di cui hanno voluto persino il passaporto, avrebbe chiamato la polizia per denunciare il suo sequestro. Viene rispedito in Italia via ambasciata. Gli affari, secondo Fuduli, sarebbero invece proseguiti con i rappresentanti della Locride. Affari che dovevano partire da millecinquecento chili alla prima consegna per poter arrivare fino a sei tonnellate. In più, l'uomo che tratta per parte di Natale Scali, arrivato in Messico dalla Germania, non rappresenta un emissario qualsiasi. Sebastiano Signati è di San Luca, affiliato alla famiglia Pelle-Vottari, divenuta famosa come bersaglio della strage di Duisburg. Ma già all'epoca dei colloqui di Guadalajara il boss Antonio Pelle detto 'Ntoni Gambazza ricopriva il ruolo di Capo Crimine, la somma carica dell'intero albero.

I magistrati di Catanzaro non avranno trovato prove sufficienti circa gli affari con il "padrino residente in Messico", anche se un cittadino messicano figura tra i condannati in primo grado del processo. Non pare nemmeno improbabile che la stessa 'ndrangheta avesse deciso di fare poco o nulla dei primi accordi di Signati, considerati i rischi degli affari messicani. Ma alla luce degli oltre dieci anni passati dalla trascrizione dei verbali, alla luce degli accertamenti portati dalle indagini Reckoning e Solare, il racconto di Fuduli pare proprio la cronaca del primo sbarco dei calabresi in Messico.

Se penso a Bruno, se ripercorro le sue parole, mi domando cosa significa incrociare per sbaglio un destino. Non per caso, poiché la differenza tra fato e casualità dipende soltanto dai punti di vista: dalle spiegazioni sul significato delle nostre vite che possiamo darci o rifiutare. Per errore. L'errore di aver accettato una proposta, quella di Natale Scali. L'errore che ha deciso di voler cancellare collaborando con i magistrati. Per quasi un decennio, però, Bruno Fuduli in quell'errore ha continuato a viverci. Non era un broker indipendente, né affiliato a una cosca. Lui saliva su aerei per inoltrarsi in tropicali terre di confine, terre di nessuno piene di mine, paura e miseria. E si è trovato giusto in ultimo rinchiuso per due settimane in un capanno nella savana di Bogotá, altitudine tremilacinquecento metri, vegliato giorno e notte dai paramilitari armati sino ai denti. Il problema, quella volta, è la partita dei vibonesi sequestrata ad Amburgo, controvalore tre milioni di dollari. I colombiani vogliono essere pagati, vogliono riscuotere per quello che hanno spedito. I calabresi non ci vogliono stare, vogliono pagare solo quello che ricevono. Non può più intervenire Natale Scali. L'hanno arrestato a Marina di Gioiosa Jonica. Nemmeno Pasquale Marando, finito ammazzato senza traccia di cadavere. Il doppio gioco, pochissimo prima della fine, si sta facendo una roulette russa con più di un colpo in canna. Bruno perde dieci chili, gli danno solo l'acqua. Poi ha un malore. Lo spostano in un appartamento della capitale, spaventati per la vita dell'ostaggio. Da lì, anziché chiamare i referenti in Calabria, trova l'inganno per avvisare i carabinieri. I Ros si coordinano con la polizia colombiana, che il 12 gennaio 2004 riesce a sfruttare un momento utile per portarselo via senza dover sparare un solo colpo. Le Auc verranno a prendere Ramiro, lo infileranno nello stesso buco, e finalmente i vibonesi salderanno il conto. La doppia vita dell'infiltrato sta per finire.

Anche le inchieste giudiziarie attingono al lessico metaforico dell'albero e si propagano per rami. Dopo l'Operazione Decollo, ci saranno Decollo bis, Decollo ter e Decollo Money che, a loro volta, finiranno per intrecciarsi con ancora altre indagini. C'è un denominatore che le unisce: i tracciati della coca non spariscono e spesso restano determinanti per rafforzare le imputazioni. Però vi si aggiunge l'ecografia più fine e complessa dei flussi capillari che nutrono l'albero della 'ndrangheta. L'invito a seguire i soldi – *follow the money* – continua a essere il più difficile da realizzare per gli inquirenti. È colpa di leggi e strumenti inadeguati, di complicità estese, di insufficiente sensibilità e quindi pressione pubblica sull'argomento. È frutto di una logica dell'informazione per cui un sequestro di droga vale almeno dieci righe, il sequestro di qualche immobile e di un'azienda appena un trafiletto sulle pagine locali, sebbene l'attenzione sul lato economico delle attività mafiose in Italia si sia molto accentuata. Le notizie arrivano, ma non si vedono. Ancora meno si vede il danaro.

Il danaro non è solo quell'entità astratta, quasi mistica nella sua volatilità, che può essere spostata in quantità infinita con un clic da un capo all'altro del pianeta. Investita nei fondi più criptici, nei titoli più spericolati. Non per la 'ndrangheta e per le mafie in generale. I soldi sono soldi. Contanti, mazzette, valigie stipate, depositi nascosti. I soldi possiedono materia, peso, numero contabile con le dita, puzzano di muffa. Continuano a serbare quell'odore anche quando sono finiti sui conti più irraggiungibili. Sono il frutto del lavoro, i frutti dell'albero. Non va disdegnato nessun modo per ripulirli, reinvestirli, farli fruttare a loro volta. I grandi sistemi di riciclaggio attraverso finanziarie disposte come scatole cinesi si collocano a fianco del semplice rilevamento di qualche bilocale o dell'acquisto di appezzamenti di terreno agricolo.

Nel caso dell'Operazione Decollo, la prima scoperta sulle tracce del danaro è tanto incredibile per volume quanto per elementarità del metodo di lavaggio. I vibonesi si sono comprati una schedina del Superenalotto. Nel maggio del 2003 viene estratto il biglietto del 5+1 che risulta acquistato al bar Poker di Locri. La rivendita appartiene al suocero di un ragazzo, Nicola Lucà, che fa il riciclatore per i Mancuso. Contatta subito il vincitore per offrirgli gli oltre otto milioni di euro in cambio del biglietto. Poi apre dei nuovi conti presso Unicredit a Milano e Soverato per farsi accreditare i soldi della Sisal, ovvero dello Stato italiano. Per Nicola Lucà la vincita facile al Superenalotto segna il momento di massima notorietà mediatica, mentre la sua ascesa nelle gerarchie della 'ndrangheta passa inosservata. Trasferito al Nord, diventa contabile della "locale" – una cellula di 'ndrangheta – di Cormano, che lo elegge per rappresentarla al vertice dell'organizzazione in Lombardia: Lucà brindava insieme agli altri capi delle locali lombarde al Circolo Giovanni Falcone e Paolo Borsellino di Paderno Dugnano nella riunione nell'ottobre del 2009, la cui registrazione video diventa il reperto più cliccato in rete dell'inchiesta Crimine-Infinito.

Si nasconde anche così, la 'ndrangheta: con una densità di affiliati che in Calabria raggiunge circa il 30 per cento, con punte più che doppie nel cuore dell'Aspromonte, e diffusione capillare fuori dalla terra d'origine. Sono semplicemente troppi perché chiunque non se ne occupi per mestiere possa memorizzare chi sono, dove sono e che cosa fanno. La struttura dell'albero è coperta dal rigoglio del fogliame che cresce intorno a una ramificazione troppo sottile e intricata.

A sedicimila chilometri dalla sua base, ritroviamo Nicola Ciconte, cittadino australiano. L'Italia ne chiede l'estradizione sin dal 2004. La domanda più recente risale al 2012, dopo l'ultima sentenza di Catanzaro che lo ha condannato a venticinque anni. Per adesso gira sereno per i bar della Gold Coast, il paradiso mondiale dei surfisti, dove si è stabilito risalendo da Melbourne lungo la costa orientale. Dalla spedizione dei marmi trattati da Fuduli al porto di Adelaide, Ciconte nel suo paese ha scontato una pena per frode, ha truffato un'ex fidanzata, ha fatto fallire una società immobiliare. Piccole cose al confronto di quanto ha fatto per la terra a cui resta più legato. Ma per la storia del continente agli Antipodi, questo non rappresenta nulla di straordinario.

L'Australia è a tal punto una colonia della 'ndrangheta da formare – al pari del Canada – un "Crimine" a sé stante diviso in sei "mandamenti" che si coordina direttamente con quello di Polsi e partecipa alle sue decisioni. Persino i codici per le affiliazioni e i passaggi alle "doti superiori" sono stati ritrovati in Australia. La 'ndrangheta porta le proprie regole in ogni angolo del mondo. Cambiano le attività illegali a cui nel tempo si è dedicata, mentre i codici restano ovunque sempre uguali. La sua forza, capace di trarre il massimo vantaggio dalla globalizzazione, si fonda su un legame doppio: fatto di sangue e terra d'origine da un lato, dall'altro disciplinato dai vincoli immateriali di riti e leggi.

Le 'ndrine sono arrivate in Australia assieme agli immigrati onesti sin dagli inizi del Novecento, poi principalmente nel secondo dopoguerra. Hanno preso a reinvestire i soldi sporchi inviati dall'Italia in attività legali e hanno sviluppato la coltivazione della cannabis per la quale c'era spazio a non finire, terreno fertile e condizioni climatiche favorevoli. Poi è arrivata la cocaina e tutte le famiglie presenti hanno cominciato a partecipare all'affare: da quelle originarie di Platì a quelle di Sinopoli e di Siderno, legate alla potente filiale canadese.

Nicola Ciconte ha continuato a mantenere fitti contatti con Vincenzo Barbieri che, secondo le indagini, gli ha spedito altri cinquecento chili di cocaina, stavolta dall'Italia. Ma soprattutto ha riciclato. Per gran parte della sua vita, il suo lavoro ufficiale è stato quello del broker: del broker finanziario. Quindi Barbieri si rivolgeva a lui per far giungere nell'emisfero australe non solo la coca, ma anche o soprattutto il danaro. Ciconte è stato un altro contatto che spesso ha creato qualche problema di affidabilità al Ragioniere. Però alla fine avrebbe fatto rimbalzare i soldi via Hong Kong e altri canali offshore per depositarli ripuliti nelle banche dell'Australia e persino della Nuova Zelanda. Mancano solo le isole minori del Pacifico al perimetro misurabile dell'albero calabrese. Forse perché laggiù ci sono poche banche.

Vincenzo Barbieri è stato ammazzato nel marzo del 2011 nel più classico agguato di mafia. Una Audi A3 grigia gli si accosta nel tardo pomeriggio, quando è appena uscito da un tabacchino o proprio lì davanti aveva un appuntamento. Scendono due killer a volto coperto e gli scaricano addosso una calibro 7,65 e una lupara. La lupara non serve per uccidere, ma a dilaniare con i pallettoni le carni della vittima in segno di spregio. Gli sparano in testa e rimontano sull'auto rimasta con il motore acceso. Nel panico si abbassano di colpo le saracinesche, i passanti scappano nei bar per scampare tanto al fuoco che al pericolo di aver visto troppo. È un meccanismo oliato, una competenza atavica, anche se da molto a San Calogero non avvenivano più esecuzioni. Barbieri non abitava lì da anni, però lo hanno ammazzato al centro del suo paese, in mezzo alle viuzze strette e contorte, senza curarsi della gente per strada o delle telecamere che la sorvegliano. La macchina viene ritrovata quattro giorni dopo, bruciata, a pochi chilometri di distanza. Tutto da copione, tutto esemplare.

Chi ha voluto morto Barbieri? O chi più di altri? Perché proprio in quel momento? Qual è stata la colpa che ha fatto pender la bilancia verso la sentenza capitale? Il Ragioniere di errori imputabili dalla 'ndrangheta ne aveva fatti parecchi. Il giro d'importazioni attraverso le aziende e la persona di Fuduli era già stato allestito con molti pasticci e scorrettezze. Ma gli "uomini d'onore", sin dove possono, preferiscono risolvere i conflitti con i soldi, tanto più silenziosi e utili, anziché col piombo. Aveva creduto di servirsi di un fantoccio, che si è rivelato il peggiore degli infami. Eppure Vincenzo Barbieri s'era dato parecchio da fare. Con il suo compare Francesco Ventrici, il Ciccione, era anche partito alla conquista della rossa, grassa Emilia.

Lassù ci si può muovere con più agio negli affari e anche gli stili di vita sono molto più rilassati e liberi. Nessuno ha da ridire se costruisci una villona rustica per metterci dentro la famiglia, ci convochi in taverna le riunioni particolari, ti godi il lusso pacchiano del salotto, vegliato e benedetto da un grande ritratto a olio di tuo padre. Poi la sera ti fai mezz'oretta di strada dal nuovo comune di provincia a quello vecchio per ritirarti agli arresti domiciliari. Come fa Ventrici, che dei due rimane quello dai gusti più rustici e provinciali. Nemmeno ti guardano in cagnesco se intesti ad altri il tuo parco auto fatto di Porsche, Mercedes e Maserati, o se preferisci vivere in pieno centro, in un attico di rappresentanza in via Saffi, a Bologna. Come fa Barbieri, che vi finisce perquisito a giugno del 2009, trovato con 118.295 euro in contanti e arrestato per transazioni finanziarie illecite. È il primo segnale d'inciampo in tanti anni. Ai magistrati bolognesi richiama alla memoria il suo primo arresto emiliano, quello seguito all'ordinanza di Decollo. Si era piazzato per diversi mesi nella camera 115 del Grand Hotel Baglioni, l'unico albergo della categoria superlusso del capoluogo. Da lì traggono ispirazione per battezzare Golden Jail la nuova inchiesta, in omaggio al comfort a cinque stelle in cui il loro indagato già all'epoca trascorreva la sorveglianza giudiziaria.

Ma U Ragioniere e il Gordo non lo sanno e non lo sanno nemmeno i bolognesi che li incontrano o assistono negli affari. Barbieri può sfruttare la fiducia che ispira facendo la figura del bel signore facoltoso di origini meridionali, Ventrici quella complementare del nuovo ricco rimasto in fondo un semplice e gran lavoratore. Nessuna delle due corrisponde all'immagine stereotipata del mafioso. In più, neanche in Emilia risulta particolarmente eccezionale che gente d'ogni aspetto si riveli piena di soldi. Così i due continuano a comprare, comprare, comprare, covando progetti d'espansione sempre più ambiziosi. Ventrici controlla la Futur Progamm, immobiliare di San Lazzaro di Savena affiliata all'agenzia Gabetti. Barbieri, senza nemmeno discutere sul prezzo, ha investito nel King Rose Hotel di Granarolo, un

hotel a tre stelle con cinquantacinque camere situato como-
damente vicino alla Fiera di Bologna. Poi quote della ditta
d'abbigliamento Cherri Fashion, il bar Montecarlo in via
Ugo Bassi, immobili, terreni edificabili, anzi già in via di costruzione.

Anche se stanno molto meglio lontano dalle regole della
Calabria, soprattutto da quella tacita che, come in Colombia,
giù al paese bisogna guardarsi più dall'invidia che dal cancro, il legame con la terra d'origine viene sempre mantenuto.
Non è questione di sentimento ma di business. Di convenienza, sinergie, logistica. Francesco Ventrici controlla l'impresa edile M5 che può far lavorare anche in Emilia, la Union
Frigo Transport Logistic e la VM Trans che ha sostituito la
Ventrans sequestrata grazie all'Operazione Decollo. Tutte
registrate in Calabria, anche se l'azienda di autotrasporti ha
una succursale a Castel San Pietro, provincia di Bologna.
Con i suoi camion resta una potenza. In Calabria lavoravano
in esclusiva con la Lidl già anni prima di finire confiscati insieme alla Ventrans. L'inconveniente non ha impedito il subentrare nel contratto della nuova azienda sino a quando
Decollo ter ne ha decretato il sequestro. È il 26 gennaio
2011, poco meno di un decennio dall'inizio del rapporto.
Ma nel 2009 si presenta un momento problematico. La multinazionale dell'hard-discount, per ragioni di costo, decide
di affiancare altri vettori. Ventrici urla "o noi o gli altri" e
ferma ritiri e consegne. Cominciano a fioccare le denunce.
Autisti malmenati, minacce verbali che partono da gambe
spaccate per arrivare alla morte. "Tu non devi scaricare il
mezzo, ma deve venire il tuo principale a scaricare così lo
bruciamo vivo... gli altri tuoi colleghi sono già stati avvisati..."

La prima azienda rinuncia al lavoro. Lidl ci riprova con
una ditta umbra a cui paga delle guardie armate per accompagnare gli autisti giù in Calabria. Ma la violenza non si ferma. Alla fine, come rivela Decollo ter, i dirigenti Lidl si in-

contrano con il padrone della VM Trans a Massa Lombarda, nel Ravennate. Ventrici si cala nella parte del grande boss, pronuncia la frase: "Voi volete la guerra, ma la guerra in Calabria non la vince neanche il papa". Nel caso le parole non bastassero, lo stesso giorno i camionisti che stavano rifornendo il punto vendita di Taurianova vengono aggrediti, armi in mano. I due ambasciatori con la pistola scappano appena vedono avvicinarsi la scorta dei vigilanti. Però Lidl Italia ne ha abbastanza. Troppe complicazioni, troppe perdite. Così ristabiliscono il rapporto d'esclusiva con Ventrici sino a quando non finisce incriminato anche per questa vicenda. L'imprenditore criminale è stato in grado di piegare Lidl costringendola, come scrivono i magistrati, "in forza e a causa delle condotte di violenza e minaccia sopra descritte, a rivedere le proprie strategie organizzative, a rinunciare ai benefici economici garantiti, anche in termini di prezzi concorrenziali, dall'utilizzo di più vettori per i trasporti in Calabria".

Il gusto delle frasi a effetto, esagerate, il Ciccione lo tira fuori anche nelle trattative più importanti. Lui lavora con una Famiglia, non fa lo zingaro, e in vent'anni in cui traffica in cocaina non l'ha mai pagata trentamila euro al chilo. È questa la sostanza di quel che ribatte ai colombiani venuti a trovarlo nella villona rustica in Emilia Romagna per discutere delle divergenze che stanno bloccando in Ecuador un carico da millecinquecento chili. Il pilota tedesco Michael Kramer, che ha già intascato centomila euro d'anticipo, all'ultimo si rifiuta di portare la coca fino a Lubiana, in Slovenia. Ventrici se la fa di nuovo sotto, temendo che quel voltafaccia possa essere la spia del fatto di aver ingaggiato un infiltrato della Dea. Poi ammazzano Barbieri e decide di congelare la prima grande impresa di narcotraffico congegnata senza il Ragioniere. Il resto lo fa la magistratura che da gennaio ad agosto del 2011 gli fa piovere addosso mandati di cattura e ordini di sequestro da Catanzaro a Bologna.

Vincenzo Barbieri, pari al compare o ex compare, aveva organizzato un giro di importazioni con i parenti stretti e complici personalmente reclutati. Voleva fare le cose in grande, si era persino dotato di un agente in Colombia, un ragazzo che ha messo su famiglia e ha aperto il ristorante La Calabrisella. Nel dipartimento di Meta, dove si sono trasferiti molti dei campi e delle cucine di coca, quel nome evocativo non solo di una canzone popolare, ma anche della marijuana coltivata in Calabria, acquista il sapore acre del sarcasmo. Però anche stavolta gli affari non gli vanno lisci. A settembre del 2010 un carico da quattrocento chili finisce sequestrato già in Colombia, a novembre tocca a un'intera tonnellata arrivata a Gioia Tauro dentro ai telai dei carrelli agricoli. Barbieri, che stava variando i sistemi di copertura sperimentati con Fuduli, fa spedire dal Brasile altri milleduecento chili di merce purissima chiusi nelle conserve di palmito. Sequestrano il container al porto di Livorno in data 8 aprile 2011, quando l'acquirente è già morto.

Sempre da morto, U Ragioniere riesce a far scoppiare uno scandalo di proporzioni inedite. È la prima volta che il suo nome rimbalza su tutti i media senza scomparire dopo poco nella massa ripetitiva delle cronache di mafia. La Dda di Catanzaro ha aperto un nuovo filone dell'indagine madre, Decollo Money. L'opinione pubblica ne viene a conoscenza il 29 luglio 2011. Vincenzo Barbieri, a dicembre del 2010, avrebbe convocato al King Rose Hotel di Granarolo il direttore di una banca di San Marino per consegnargli due trolley riempiti di banconote. Quel milione e trecentomila euro è finito su un conto a suo nome aperto presso il Credito Sammarinese, seguito da un importo analogo versato su un conto intestato a un parente e trasmesso grazie all'intermediazione di alcuni notabili di Nicotera. Ma non è tutto. L'istituto bancario, colpito da gravi problemi di liquidità dovuti alla crisi finanziaria, è in vendita per una cifra fissata a quindici milioni di euro. Il Credito Sammarinese sta già trattando con una banca brasiliana, però il Ragioniere avrebbe promesso di portare la stessa somma, accendendo così l'ipotesi di un progetto di scalata 'ndranghetista. La procura, coadiuvata nelle indagini dalla magistratura di San Marino, ha chiesto il rinvio a giudizio per l'ex direttore Valter Vendemini, il presidente e fondatore Lucio Amati, più gli intermediari calabresi e intestatari dei conti ancora vivi. Il Credito Sammarinese, infine, viene costretto a una liquidazione coatta amministrativa.

La segnalazione per sospetto di riciclaggio è stata trasmessa. Ma troppo tardi, il 31 gennaio 2011, cinque giorni dopo che i magistrati di Catanzaro hanno fatto riarrestare Barbieri nell'ambito dell'inchiesta Decollo ter. Vendemini, come ammette in un'intervista, ha recepito la notizia, si è spaventato e ha cercato di correre ai ripari. A quel punto dovrebbe finalmente aver consultato internet, dato che in tivù afferma a mo' di giustificazione che "i Barbieri della situazione, questi qua, avevano già gestito la finanza a livello internazionale, in Nuova Zelanda".

L'agguato a Barbieri avviene poco prima che potesse rientrare a Bologna. L'ipotesi è che avesse esagerato nel voler fare le cose in proprio o nell'esporre tutto l'albero: in particolare i Mancuso, chiamati in causa da tutti i giornali e telegiornali per ogni nuova notizia che lo riguardava. O per le due ragioni insieme. Il clamoroso sequestro a Gioia Tauro risalente a novembre del 2010, che non poteva non innescare indagini, rappresenta un danno enorme per la serenità d'affari dell'intera organizzazione. Non è improbabile, inoltre, che in Calabria fossero pure a conoscenza della trama sammarinese e ritenessero un errore grossolano aprire un conto a proprio nome in un paradiso offshore a poco più di un centinaio di chilometri da casa.

Vincenzo Barbieri e Francesco Ventrici sono stati dipinti dalla stampa in termini sempre più superlativi: boss potentissimi, massimi broker del narcotraffico, criminali di pericolosità immensa. Hanno importato tonnellate di droga, certo. Però a seguirli da vicino appaiono come uomini da niente. Pasticcioni avidi di media intelligenza. Raggirati da una vittima prescelta. Quel che li rende forti sono soltanto l'esercizio della violenza e molto, ma molto di più, la cocaina. I soldi della coca. I soldi della coca pronti a comprare banche in crisi. I soldi della coca trasformati in quarantaquattro camion pronti a rifornire i punti vendita di una multinazionale e a tradursi in altri profitti milionari. Riciclando si guadagna e si guadagna. Tutto qui.

Quel che mi fa più male, però, resta sapere che le loro vicende mediocri hanno trovato più spazio, riempito più pagine, di altre storie. Storie straordinarie come quella di Bruno Fuduli. Solo qualche cenno anonimo a un infiltrato quando Operazione Decollo diviene pubblica, nei quotidiani nazionali. Poi, anni dopo, il richiamo di poche righe quando El Mono fa notizia con le sue rivelazioni dal carcere statunitense. Nient'altro. Invisibile. Invisibile come quasi tutti coloro che scontano le parole offerte alla giustizia con il silenzio. Che pagano con uno sradicamento definitivo l'offesa che hanno arrecato all'albero innaffiato dalla paura e nutrito dagli affari. Loro. Non gli altri. Non uomini come Ventrici e Barbieri che entrano ed escono di prigione come in un trasferimento alla realtà delle regole del "Gioco dell'oca". Per poi trascorrere il grosso delle pene accumulate a casa propria, nel luogo dove hanno scelto di vivere, circondati dagli affetti, inseriti nella società. In grado di coltivare interessi legali e illegali, con soldi a palate da investire e spendere per qualsiasi desiderio o bisogno. Soltanto i killer e i boss condannati a regime speciale o costretti a conciliare latitanza e comando fanno di sicuro una vita peggiore di chi ha contribuito a denunciarli.

Però hanno il rispetto.

Rispetto: parola imbrattata dall'uso che ne fanno le mafie di tutto il mondo. Scimmiottate dalle bande giovanili più disastrate e feroci. *Respecto.* Lo gridano le Maras centroamericane quando pestano a sangue un nuovo affiliato. *Respect.* Scandiscono gansta-rapper grassi, carichi di catene d'oro e circondati da ragazze che sculettano. Rispetto, fratello. Eppure questa parola violata e ridicolizzata continua a significare qualcosa di essenziale. La certezza di possedere, di diritto, un posto nel mondo e fra gli altri, ovunque uno si trovi. Persino nel nulla di un buco sottoterra o nel vuoto di una cella d'isolamento.

Invece chi si pone dalla parte della giustizia perde molto spesso anche quella certezza. Cosa gli resta? Può una scelta di libertà tramutarsi nella più radicale solitudine? Può un atto di giustizia essere ripagato con l'infelicità? Invisibili. Come fantasmi. Come le ombre dell'Averno. Ci penso spesso quando, dentro di me, cerco di fare i conti con chi mi accusa di aver avuto troppa attenzione pubblica. Niente sostituisce gli amici che si perdono, le città abbandonate, i colori, i sapori, le voci, l'uso di un corpo che può muoversi liberamente, camminare, sedersi su un muretto per guardare il mare, sentire il vento che entra nei vestiti. L'attenzione pubblica può pesare addosso come una sorta di prigione. Ma è anche parente del rispetto. L'attenzione ti trasmette che il tuo esistere conta per gli altri. Ti dice che esisti.

Bruno Fuduli depone al processo. Mostra la faccia ai suoi strozzini e soci imposti, ma anche ai narcos colombiani di cui era divenuto amico. Poi torna nell'ombra. Qualcuno lo invita a una trasmissione d'inchiesta sul porto di Gioia Tauro. L'appuntamento è alla stazione di Salerno, scelta casuale, perché non si potrebbe rivelare il luogo di residenza di Fuduli, né inquadrarne il volto. Si fermano sul lungomare per fare l'intervista. Bruno indossa pantaloni e una camicia bianca di lino grezzo, sembra un gigante di stazza robusta in confronto al giornalista e alla ragazza in scarpe da ginnastica che lo accompagna. Pure la voce è molto profonda, da baritono, e rimane sempre tranquilla. Non si scompone quando dice che ha paura e soffre di insonnia. Non tradisce nessuna emozione mentre racconta di dieci uomini armati di pistole e mitra che lo sorvegliavano mentre era ostaggio in Colombia. Come la constatazione di un fatto ineluttabile, dice infine che un giorno gli succederà qualcosa. Lo cercheranno, lo staranno già cercando, prima o poi lo uccideranno. La 'ndrangheta può agire anche dopo quindici o vent'anni, ma non dimentica. Pochi minuti per riassumere una vita. Un corpo inquadrato senza volto. Poi di nuovo nulla. Sino a due anni dopo.

Ai primi di dicembre del 2010 viene ordinata dalla Dda di Catanzaro l'Operazione Overloading. Segnerebbe la fine di un'indagine sul narcotraffico come tante altre, se non vi risultassero coinvolti alcuni personaggi anomali: un colonnello dei carabinieri in servizio a Bolzano e un giovane e ricchissimo immobiliarista di Roma soprannominato "Pupone", come Totti, nelle conversazioni intercettate. Il primo è accusato di essersi impegnato per il ritiro di alcune valigie all'aeroporto di Fiumicino, con successiva consegna dei bagagli ai destinatari nella capitale. Il secondo di aver partecipato al finanziamento delle partite di cocaina grazie all'amicizia con Antonio Pelle, nipote dell'appena defunto 'Ntoni Gambazza. Qualche mese dopo verrà fuori che il ragazzo ha superato ventidue esami del corso di architettura all'Università di Reggio Calabria grazie all'aiuto di alcuni docenti.

I primi committenti di quel giro di importazione sono due 'ndrine della costa tirrenica del Cosentino, alleate tra di loro ma, per quanto temibili, minori. Il loro obiettivo iniziale è quello di rifornire le proprie zone di competenza per avanzare un surplus di roba da smerciare verso il Settentrione. I Muto di Cetraro e i Chirillo di Paterno Calabro però vogliono fare le cose per bene. Per questo ingaggiano Bruno Pizzata, il massimo narco di San Luca, legato per sangue agli Strangio ma in rapporti strettissimi anche con i Pelle. Qui sono presenti entrambe le famiglie, tramite il rampollo Pelle in contatto con Er Pupone e Francesco Strangio, cognato di Pizzata e omonimo del boss "Ciccio Boutique". Il professionista stabilisce che, per il momento, le spedizioni via nave sono troppo lente, complicate e antieconomiche. Decide quindi per consegne aeree dal Venezuela e dal Brasile fino ad Amsterdam, Roma o in Spagna, utilizzando "muli" che ingeriscono gli ovuli o portano valigie a doppio fondo. Pizzata è costantemente in viaggio tra il Sudamerica, la Spagna, l'Olanda e la Germania. Ha trascorso lì buona parte della sua vita e lì si rifugia di nuovo dopo essere sfuggito alla cattura per Overloading; fino a quando non lo trovano, a febbraio del 2011, mentre cena nella pizzeria La Cucina di Oberhausen, città vicinissima a Duisburg, in pieno feudo sanlucota.

Pizzata ha una vita troppo movimentata e complicata per potersi occupare di tutto. Quindi delega a Francesco Strangio il grosso del coordinamento in Italia, riservandosi di seguire personalmente alcuni aspetti più strategici, come i rapporti con il Pupone, ragazzo introdotto negli ambienti romani di palazzo che possono rivelarsi molto utili. Poi viene a sapere che i Bellocco di Rosarno starebbero per incontrarsi con un agente colombiano in Italia capace di procurare enormi quantitativi di "materiale", come usa chiamare la coca al telefono. Così, verso la fine del 2008, i due gruppi decidono di stringere un'alleanza commerciale. L'uomo che ha procurato quel contatto prezioso per le famiglie di San Luca e di Rosarno si chiama Bruno Fuduli.

Bruno viene arrestato per narcotraffico e condannato a diciotto anni di reclusione il 16 maggio 2012. Com'è possibile? Com'è possibile che la foglia destinata a marcire per terra torni a infilarsi tra i rami dell'albero? Com'è possibile che in una trasmissione mandata in onda a fine ottobre del 2008 si fosse dichiarato certo che lo avrebbero rintracciato e ucciso e, poco dopo, riprende contatto con vecchi conoscenti colombiani e clienti della 'ndrangheta? I magistrati non gli hanno concesso nessuno sconto per quanto si fosse mostrato collaborativo, sentendosi rappresentanti della giustizia tradita e dello Stato raggirato.

Ho consultato le carte processuali per cercare di capirlo. Le carte ricostruiscono i fatti, le date e le prove, dispiegano la successione in ogni dettaglio, ma non possono rivelare l'anima di una persona, tantomeno di una persona così capace di nascondere le sue intenzioni senza neanche dire il falso. Le carte dicono che Bruno è riuscito, di nuovo, a farsi beffa della 'ndrangheta. Si è incontrato con l'intermediario dei narcos, lo ha ospitato persino nella sua casa nativa in Calabria, lo ha accompagnato vicino agli appuntamenti con Pizzata o Francesco Strangio, quasi sempre nei pressi della Stazione Centrale di Milano. Sotto protezione lo hanno mandato a vivere a Fiorenzuola d'Arda nel Piacentino, non lontano. Però gli uomini di San Luca e di Rosarno non lo vedranno mai. Diventa regista e organizzatore occulto. Valuta costi e rotte, pensa ai sistemi di trasporto, appiana, tranquillizza. Gli occorre un'unica persona disposta ad agire da interfaccia con gli acquirenti. Anche in quel caso, probabilmente, una vecchia conoscenza: Joseph Bruzzese, che di mestiere fa il marmista, però possiede anche un curriculum criminale che lo qualifica presso le famiglie calabresi. È stato lui a proporre la nuova "strada" a un luogotenente dei Bellocco. Così il meccanismo escogitato da Fuduli si è messo in moto.

Dell'incredibile evoluzione della storia di Bruno Fuduli non si accorge nessuno, salvo alcuni giornali calabresi. Parlano di un "ritorno al vecchio amore, il crimine", "alla sua originaria passione: la cocaina". Sono prodighi di virgolette per parole come "infiltrato", "canterino", "gola profonda", "infame". Con il loro linguaggio collaudato, pieno di ironie ambigue, trasudano contentezza perché il "superpentito è ancora in carcere. In isolamento". Si ammantano persino d'indignazione per l'infedeltà di un uomo che si era consegnato allo Stato, per annacquare la ragione vera dello scandalo: l'infiltrato era riuscito a insinuarsi negli affari della 'ndrangheta che conta. Sono gli stessi giornali che avevano invece dato grande risalto a un altro episodio, l'unico documentabile della vita di Fuduli tra la fine del processo e l'inizio del ritorno al narcotraffico.

La mattina del 21 maggio 2007 un corteo antimafia sfila per il centro di Vibo Valentia. Il giorno è stato scelto perché coincide con l'inaugurazione del nuovo negozio di ottica di Nello Ruello, che dopo dieci anni di estorsioni e strozzinaggio ha deciso di denunciare i suoi aguzzini diventando testimone di giustizia. Sul palco, fra le altre autorità, ci sono il sindaco e il prefetto, un sottosegretario agli Interni, il presidente della Commissione antimafia Francesco Forgione e il fondatore di Libera don Luigi Ciotti. Sotto, un centinaio di studenti, militanti dei sindacati e delle associazioni antimafia, pochi cittadini vibonesi e commercianti ancor di meno. Una manifestazione purtroppo tipica per le terre di mafia. Però durante i comizi finali, accade un piccolo incidente. Un uomo sale sulle transenne che recintano piazza Municipio e si mette a gridare. "Dove sono i miei soldi, dove sono i miei cinquemila chili di cocaina?" I giornali locali lo hanno fotografato. Pubblicano l'immagine di Bruno che urla alzando in segno di sfida il braccio sinistro, mentre viene fermato dagli agenti di polizia. Indossa di nuovo un completo di lino chiaro, stavolta con la giacca, e ha giusto gli occhi coperti da un paio di occhiali da sole. Più tardi lo intervistano.

Fuduli dice che le pratiche per accedere ai fondi previsti per le vittime del racket e dell'usura, chieste per avviare una nuova attività, le ha aperte da due anni ma non ha ancora visto un soldo. Racconta di essere venuto a Vibo solo con la madre e il fratello perché ha scelto di uscire dal programma di protezione. C'è un'intervista in particolare che è agghiacciante sin dal titolo: "Non collaborate con la giustizia, vi fregano". Poi l'esordio con le parole di Fuduli: "Ho fatto andare in galera centoquaranta persone, scoprire cinque tonnellate di cocaina e il traffico tra Calabria e Colombia, ma adesso li ho mandati affanc...".

Anche il resto del discorso è inequivocabile. Lo Stato gli ha rovinato la vita, dice Fuduli, lasciandolo con oboli da fame, meno di mille euro. Ha uno sfratto in corso, una sorella che soffre gravemente di una malattia da stress, una madre anziana. È disperato al punto da aver deciso di esporsi nel pieno centro di Vibo Valentia. Alla domanda se avesse mai pensato di passare dall'altra parte, risponde: "Ci ho pensato e mi sono pentito di non averlo fatto, visti i risultati a cui mi ha portato la mia collaborazione con la magistratura". Nel giro di dieci giorni gli vengono concessi sia gli aiuti economici chiesti, sia un mutuo per la nuova attività economica. Ma forse è già troppo tardi. Bruno, con il suo gesto deliberato per farsi vedere e sentire da quella piazza, non ha soltanto cacciato fuori la sua disperazione e la sua rabbia. Ha anche pronunciato parole inequivocabili per quelle terre. Sarebbe bastata un'abiura più morbida e convenzionale, una semplice lamentela di essere stato lasciato solo dallo Stato. Invece le sue intenzioni di tradimento, l'ex doppio agente le ha annunciate a chiare lettere. A Bruno Fuduli non è mai mancata la determinazione né il coraggio. È giusto che paghi la sua scelta.

C'è un dialogo intercettato nell'ambito della successiva inchiesta della Dda di Milano, in cui Pizzata evoca un episodio dei suoi viaggi in Colombia. Racconta che un narco soprannominato "Lo Zio" avrebbe tagliato le mani a qualcuno che aveva rubato il materiale. "Mamma mia," risponde il cognato Francesco Strangio, "noi siamo flessibili su queste cose. Ma quando è successo un fatto del genere nelle nostre zone, mai. Piuttosto una fucilata. Ma no quelle torture."

Bruno Fuduli forse ha posto il suo azzardo anche sul raggio di possibilità che potevano aprirsi tra quella flessibilità auspicata e la fucilata già messa in conto. Forse il suo gioco non puntava solo sui narcodollari, ma molto più in alto: dimostrarsi, alla lunga, così capace e affidabile nei grandi traffici come si era già rivelato una volta. A quel punto, magari, avrebbe persino potuto arrischiare di uscire allo scoperto. Fuduli forse ha cercato di riscattare la propria vita con la coca, ma non sapremo mai se ci sarebbe riuscito.

Coca # 5

È il quesito di matematica più complicato che possa capitarti di risolvere. È più difficile della Congettura dei numeri primi gemelli o dei Problemi di Landau. È più misterioso dei cerchi nel grano. Ha più variabili di un'equazione differenziale alle derivate parziali. In fondo, quello che ti viene chiesto è un semplice rapporto: cocaina sequestrata/cocaina prodotta. È una frazione. Roba da elementari. Raccogliamo i dati, potresti dire. Va bene. Da dove partiamo? Da quelli del World Drug Report del 2012? Ok, leggi la tabella. Lo scarto di tonnellate di coca sequestrata tra il 2010 e il 2009 è pari a 38: 694 contro 732. Una montagna di coca sostanzialmente irrilevante nell'oceano di droga mondiale. Puoi evincere allora che i sequestri negli ultimi anni non hanno avuto uno scarto significativo. Vai più indietro. Vai agli anni tra il 2001 e il 2005. Vedi che i sequestri si impennano fino a raggiungere l'apice nel 2005? Dato interessante, vero? Potrebbe voler dire che dopo il 2005 è successo qualcosa. Forse i trafficanti si sono fatti più furbi, forse hanno sviluppato nuove metodologie per esportare coca proprio sotto il tuo naso. Forse. Ma è probabile che tu non abbia preso in considerazione un'altra variabile. Negli ultimi anni la purezza della droga è diminuita. Sempre secondo il World Drug Report in quattro anni – dal 2006 al 2010 – la coca sequestrata negli Stati Uniti è passata da una percentuale di purezza dell'85 al 73. La gente tira tonnellate di schifezze. Ma questa è una considerazione che non intacca i tuoi calcoli. La coca prodotta è pura al 100 per cento, quella che finisce sulle strade sotto casa tua molto meno. E allora come fai a paragonare questi due dati? Come fai a mettere a numeratore un dato che si riferisce a una cosa e a denominatore un dato che si riferisce a un'altra? Non ti sembra di sentire quella vecchia frase che la tua maestra non faceva altro che ripeterti? "Non si sommano le pere con le mele!", ovvero: "Non si compara coca purissima con coca tagliata!". E poi, a quanto ammonta il dato sulla cocaina prodotta? Continua a leggere il rapporto. Il range varia da 788 a 1060 tonnellate. Un po' ampio, non trovi? Considerato poi che la differenza corrisponde alla produzione totale di un paese, non ti sembra di camminare sulle sabbie mobili? A meno che tu non voglia trovare un minimo denominatore di purezza, allora hai un bel problema. Potrei anche dirti che mica è scontato che dopo un sequestro venga dichiarata la percentuale di purezza e potrei instillarti il dubbio che alcuni di questi dati potrebbero essere doppi, magari frutto di sequestri condotti da più polizie impegnate in un'unica campagna e contabilizzati come singoli. Se te la senti di ignorare queste ultime variabili e ti spingi a effettuare il calcolo, ecco che mettendo a numeratore 694 tonnellate di cocaina sequestrata (sulla cui purezza non si sa nulla) e a denominatore un valore oscillante tra i 788 e le 1060 tonnellate (sulla cui purezza non si discute), ecco che avrai una percentuale tra il 65 e l'88. Un po' eccessivo lo scarto di 23 punti perché sia un risultato attendibile? Sono d'accordo. Non che prima di te non ci abbia provato nessuno a fare questo calcolo. Lo stesso World Drug Report – questa volta, però, del 2011 – ha fatto un tentativo. Il risultato? 46-60 per cento. "Solo" quattordici punti di incertezza! Ma due anni prima ancora ecco che la percentuale ha finalmente due gambe su cui reggersi ed ecco un numero. 41,5 per cento. Come l'hanno calcolato, chiedi? Inventando un indice della purezza media della cocaina su strada, pari al 58 per cento. C'è da fidarsi? Forse sì. O forse no, come sostengono in molti, tra cui "Libera", che prende un anno – il 2004 – e si mette a fare un po' di calcoli, non dissimili da quelli che stai facendo tu in questo momento. La coca prodotta nel mondo per quell'anno risulta corrispondere a 937 tonnellate, a cui vanno sottratte le tonnellate sequestrate (490) e consumate (450) nelle Americhe. Al risultato vanno sottratte 99 tonnellate, equivalenti ai sequestri nel resto del mondo. Il risultato? Un numero negativo: -102 tonnellate. Ma non è finita, perché la coca la sniffano – e tanto – anche gli europei, in una quota pari all'incirca a 300 tonnellate. Insomma, rispolverando un po' di aritmetica risulta che secondo i dati nel 2004 mancano all'appello poco più di 400 tonnellate. Scomparse senza lasciar traccia. Uno dei tanti misteri dell'umanità insieme al mostro di Loch Ness. Un buco nero immenso che a seconda delle tabelle prese in considerazione può arrivare a 700 tonnellate, se ci si fida dei dati della Dea, per esempio.

Ecco, ora sai quello che bisogna sapere. Adesso tocca a te armarti di santa pazienza e di una calcolatrice. Sono sicuro che riuscirai a venirne a capo.

Cosa?

Ti gira la testa?

Anche a me.

10.

Il peso dei soldi

Esistono due tipi di ricchezze. Quelle che contano i soldi e quelle che pesano i soldi. Se non ti appartiene il secondo tipo di ricchezza, non sai cos'è davvero il potere. Questo l'ho imparato dai narcotrafficanti. Ho imparato anche che la cittadinanza dei narcotrafficanti si declina nel mondo, ma che i gesti, i movimenti, i pensieri, quegli stessi uomini li articolano ovunque essi si trovino come se non fossero mai usciti dai loro paesi. Vivi ovunque, fosse anche il centro di Wall Street, ma non abbandonare le regole del tuo paese. Regole antiche, che aiutano a stare nel mondo moderno senza perdersi. È la regola che permette alle organizzazioni italiane di trattare da potenti con i narcos sudamericani e con i cartelli messicani e comprare tonnellate di droga sulla parola.

I colletti bianchi del narcotraffico hanno smesso i panni dei pastori dell'Aspromonte e grazie a una illimitata disponibilità di danaro stanno colonizzando il mercato della droga. Ma le regole d'Aspromonte, le regole di sangue e terra, continuano a essere le loro coordinate morali, la loro guida nell'azione. Conoscono ormai però anche le regole dell'economia e sanno muoversi nel mondo, come è indispensabile per garantire un fatturato annuo di miliardi di euro. Per questo è complicato cercare di descrivere gli uomini che governano il narcotraffico mondiale. Se si mette la materia in mano a degli sceneggiatori, ne escono personaggi che passano dal gessato al dialetto, dai palazzi di marmo al puzzo della strada, personaggi con il fascino dell'ambiguità e con l'inquietudine delle proprie contraddizioni. Ma questa è fiction: nella realtà la borghesia del narcotraffico è in genere più solida e serena della media delle famiglie borghesi industriali. Le famiglie mafiose sono abituate a far quadrato, a subire e reagire ai contraccolpi, assenza e lontananza rappresentano la norma. Coprire e occultare ciò che non bisogna far sapere non equivale a un perbenismo facilmente sgretolabile, ma a una necessità primaria. Sono pronti al dolore, alla perdita, al tradimento: per questo sono più forti. Non nascondono a se stessi la ferocia di vivere in questo mondo. E di voler vincere, tutto.

Quando mi chiedo chi potrebbe essere l'archetipo del manager della coca emergono due nomi che sono come i poli opposti di uno stesso campo magnetico. Il Nord e il Sud. L'uomo del Nord è il prototipo dell'imprenditore che si è costruito da solo, facendo affidamento solo sulle proprie forze e sul proprio senso degli affari. L'uomo del Sud è un borghese della capitale che ha saggiato la possibilità di andare oltre una vita sicura come impiegato di una grande azienda dello Stato e l'ha afferrata. Entrambi sono trasversali a ogni pensiero politico e morale. Se c'è da esser democratici e trasgressivi, sanno esserlo. Se è più utile presentarsi come rigidi conservatori, si trovano ugualmente a loro agio. Uomini d'affari capaci di tentare persone di solida morale sfruttando microscopiche fessure, debolezze impercettibili. Corrompono senza far mai sentire nel peccato il corrotto, riuscendo a far passare la corruzione come una prassi sbrigativa e senza peso, qualcosa che in fondo fanno tutti.

L'uomo del Nord trasmette in primo luogo solidità e determinazione, l'uomo del Sud ha modi più brillanti e mondani, però entrambi si presentano come signori di mezz'età e di ricchezza media. Così appare anche il modo in cui hanno scelto di farsi chiamare: banale, persino un po' ridicolo. Insospettabile. Bebè e Mario.

Il più giovane è nato sessantuno anni fa in un paesino lombardo, Almenno San Bartolomeo. Bergamo dista di poco, ma ci vuole ancora meno ad attraversare il Brembo e cominciare a salire nella valle che per gli stessi lombardi sintetizza l'arretratezza della provincia, la Val Brembana. Lo battezzano Pasquale, probabilmente in memoria di un nonno brindisino, poi Claudio perché il bambino abbia anche un nome più moderno. Di cognome fa Locatelli, più o meno come tutti da quelle parti. Più tardi diventa Mario, un'altra volta come tutti.

Pasquale Locatelli è un ragazzo di vent'anni quando comincia a farsi le ossa con incursioni nella Lombardia ricca, tra Milano e Verona, per rubare macchine di grossa cilindrata. Lavora con gente di Milano, gente cresciuta nella *ligèra*, la vecchia mala di cui sono ancora popolarissime le canzoni in dialetto, ma il Bar del Giambellino e il Palo della Banda dell'Ortica appartengono ormai a un nostalgico passato. La città è divenuta zona di guerra, eversione politica e criminalità comune si confondono e talvolta si intrecciano, sale vertiginosamente la frequenza delle rapine a mano armata e dei sequestri di persona, i morti ammazzati sono in media centocinquanta all'anno. Chi non assurge a star del crimine come Renato Vallanzasca, Francis Turatello "Faccia d'Angelo" e il suo ex vice Angelo Epaminonda, chi non va incontro a ergastoli per omicidio e altri reati gravi può continuare tranquillamente per la sua strada.

Locatelli lo capisce, capisce che il crimine che paga non è quello degli esaltati degli anni settanta. Passa a concentrarsi su tutti i "servizi" di cui ha bisogno chi rivende automobili rubate, allaccia una rete di contatti che vanno dall'Austria alla Francia, impara lingue straniere di cui finirà per padro-

neggiarne quattro. Ragiona già come imprenditore proietta-
to su uno scenario internazionale. Gli affari illegali sono affari come altri, contano affidabilità e preveggenza. Su Milano
sta calando una pace ingannevole, al tempo stesso frizzante e
pannosa come i cibi e le bevande in voga. L'uomo che si
spaccerà per Mario ma verrà anche chiamato "Diabolik" capisce che laddove ci sono sempre più soldi e una voglia smi-
surata di divertirsi, lì si sta aprendo un nuovo mercato. Ci
sono la moda e il design, ci sono le tv private, imprenditori
emergenti e tanti figli di papà gonfi di quattrini. Nella città e
nella regione più ricca d'Italia la coca rappresenta un vizio
che possono permettersi più persone che dalle altre parti. Locatelli si butta sulla merce che una volta acquistata ne chiede
altra, in anticipo sui tempi. Per i suoi traffici passati ha subìto
una condanna tradotta in regime di libertà vigilata, e sono le
restrizioni al suo raggio di movimento che lo inducono a cominciare la vita del latitante. Cerca di allargare la sua fortuna
laddove sa di poter trovare facilmente i suoi prossimi clienti,
in Costa Azzurra. Si stabilisce in una villa a Saint-Raphaël,
località più esclusiva e tranquilla della vicina Saint-Tropez.
Gli altri lo conoscono come Italo Salomone e si fanno i fatti
propri, come è consuetudine tra proprietari molto agiati.
Non sanno che la polizia francese lo sta braccando da quando ha sequestrato all'aeroporto di Nizza una valigia proveniente dalla Colombia zeppa di coca nascosta in un doppiofondo. Pasquale Locatelli è persino già stato condannato a
venti e dieci anni per traffico di droga da due tribunali della
regione, ma le sentenze sono state pronunciate in assenza
dell'imputato. Italo Salomone rimane un italiano come tanti
che si gode il clima e la vita spensierata. Fino a quando, dopo
tre anni di ricerche, i *flic* riescono ad arrestarlo nella sua villa,
dove trovano anche una provvista di quarantun chili di coca
colombiana.

È il 1989.

Nello stesso periodo Bebè sta risistemando una vecchia cascina a Valsecca, ai piedi delle Alpi bergamasche, a mezz'ora di distanza da Brembate di Sopra, l'ultima residenza in Italia di Locatelli. Non fu scelta per desiderio di tranquillità e buona aria di montagna. Fu scelta per trasformarla in una raffineria di eroina bianca, la più pregiata e rara, che conserva un mercato di nicchia negli Stati Uniti, e poi usarla come merce di scambio con i narcos. Secondo il pentito Saverio Morabito, ex boss di spicco della 'ndrangheta a Milano, alla fine degli anni ottanta questi offrivano venticinque chili di purissima coca colombiana per un chilo d'eroina bianca bergamasca.

Bebè è Roberto Pannunzi, romano di madre calabrese, oggi ultrasessantenne, ex dipendente Alitalia emigrato da giovane in Canada come molti meridionali in quegli anni. I calabresi lì lavoravano sodo: edilizia, trasporti, rifiuti, ristorazione. Ma la massiccia presenza di immigrati venne sfruttata anche dai potenti signori di Siderno. "U Zi'" Antonio Macrì era riuscito in breve tempo a controllare il traffico di droga in Canada, instaurando ottimi rapporti anche con Cosa Nostra americana. Con la sua uccisione in Calabria nel 1975 si scatena la prima guerra di 'ndrangheta, ma l'impero imprenditoriale costruito oltreoceano non ne viene intaccato. Macrì ha creato e comprato attività commerciali d'ogni genere, soprattutto di import-export, cosa che l'ha aiutato a stabilire ottimi contatti nei porti più importanti. Negli anni ottanta la polizia canadese considera l'organizzazione che ha lasciato ai suoi eredi la presenza 'ndranghetista più forte di tutto il Canada. A Toronto Roberto Pannunzi riscopre le proprie origini materne proprio grazie ad Antonio Macrì. A Zi' 'Ntoni piace quel ragazzo dai folti capelli neri, con il viso tondo e lo sguardo fiero. È rispettoso, Roberto, e soprattutto è fedele. Gli sta vicino e impara. Ambizioso, obbedisce non come un servo ma come chi confida che obbedendo può imparare. Resta in silenzio e china la testa perché vuole crescere per comandare. Sempre in quel periodo a Toronto conosce Salvatore Miceli, siciliano, punto di riferimento di Cosa Nostra per il traffico degli stupefacenti. I due diventano amici e poi "compari".

Attraverso Miceli, Pannunzi ottiene da Cosa Nostra eroina raffinata a Palermo, la fa trasportare a Siderno, da dove il carico parte in nave nascosto tra piastrelle di ceramica alla volta di Toronto. Qui ad aspettarla ci sono i fratelli Vincenzo e Salvatore Macrì, nipoti di Zi' 'Ntoni.

Pannunzi diventa abile. Non si accontenta della roba che i suoi primi contatti gli procacciano. Vuole il migliore rapporto qualità-prezzo e riesce a ottenerlo, ecco perché il ragazzo piace. Sfrutta le amicizie di Antonio Macrì per incontrare i maggiori fornitori che dietro quel cognome percepiscono affidabilità e sicurezza. Da solo non avrebbe mai potuto avvicinare il gotha dell'eroina, ma impara a utilizzare i contatti di Macrì nei porti di mezzo mondo. Se un gruppo non riesce a trovare un aggancio, Roberto glielo procura. Si mette a disposizione di tutti, organizza spedizioni, fa giungere i carichi in zone del mondo dove l'eroina non arrivava. E quando i gruppi gli chiedono sostanze migliori a prezzo più basso, lui contatta specialisti in grado di risolvere il problema. È lui che fa incontrare la cosca siciliana degli Alberti con i Marsigliesi, i quali inviano a Palermo un loro chimico per allestire una raffineria di eroina.

È sempre lui che quando Pasquale Marando, il boss di Platì incaricato dei traffici di droga nel Nord Italia, dovrà darsi alla latitanza, si offrirà come tramite tra le famiglie di Marina di Gioiosa Jonica e quelle di Platì, cuore della 'ndrangheta dell'Aspromonte. Lui unisce, non divide. È questo l'obiettivo di Pannunzi.

Per saldarsi ancora di più ai suoi finanziatori, una volta rimesso piede in Italia Bebè sposa Adriana Diano, che fa parte di una delle famiglie più in vista di Siderno. Anche se si separeranno presto, sposarsi, mischiare il sangue, è sempre qualcosa di molto più vincolante di un semplice contratto. A Roma gestisce ufficialmente un negozio d'abbigliamento. Ha anche il senso dell'ironia, Roberto: il negozio lo chiama "il Papavero", in omaggio alla sua collaborazione con i più importanti trafficanti d'eroina turchi. In realtà è a disposizione delle cosche calabresi. Dopo aver sfruttato i contatti di Antonio Macrì, Bebè si affranca, cresce. I soldi che la 'ndrangheta ha raccolto con i sequestri, ora devono lievitare attraverso il narcotraffico. Roberto è pronto. Ha capito dove conviene investire.

L'uomo del Sud e l'uomo del Nord viaggiano su linee spazio-temporali parallele senza mai incrociarsi. O forse sì, ma non esiste prova di un loro contatto. Locatelli è leggermente avanti non tanto perché ha avviato la sua carriera da un punto più vicino a Milano, sino a oggi la migliore piazza per lo smercio di cocaina. La geografia spicciola conta poco quando ci si muove su uno scacchiere planetario. No, il maggior tempismo del bergamasco si spiega piuttosto con il fatto che è lui il padrone della propria impresa, libero di stabilire ogni nuovo investimento, unico responsabile dei rischi che si accolla. Pannunzi invece somiglia più al top manager ingaggiato da una grande holding. La conquista di un nuovo mercato va avviata con prudenza; senza perdere quote del vecchio mercato di riferimento, senza mettere a repentaglio un centesimo del gigantesco fatturato. L'idea di spingere la commercializzazione della coca a partire da un guadagno in cui la competenza calabrese sull'eroina può essere sfruttata al massimo è la tipica trovata con cui un ottimo manager sa convincere i suoi referenti. Poi Pannunzi passa alla messa in pratica: per trovare la cascina contatta Morabito e soprattutto una 'ndrina molto radicata in Lombardia, i Sergi di Platì; e infine importa dalla Francia i migliori chimici, ancora due uomini dei Marsigliesi che già avevano lavorato per Cosa Nostra, che sanno garantire l'eccellenza.

Mentre Pannunzi getta le basi per la gestione di una joint venture della coca, Locatelli sta subendo un processo per narcotraffico internazionale che lo conduce nel carcere di Grasse a scontare una pena di dieci anni. In prigione vede giusto un ritaglio dell'ameno paesaggio che si estende sotto la collina dell'antica cittadina denominata "la capitale mondiale dei profumi", il mare davanti a Cannes può solo intuirlo. Ma non gli serve: Diabolik è un uomo di pensiero e d'azione rapida. Si rompe un braccio. Bisogna ricoverarlo, però i francesi non sono sprovveduti, sospettano che quell'incidente possa non essere casuale. Per precauzione non lo mandano a Nizza, ma a Lione, lontano dalla costa che ha battuto palmo a palmo, a quasi cinquecento chilometri di distanza. Il detenuto scende dal cellulare e si avvia verso l'ospedale. Dopo qualche passo si materializzano tre uomini armati e mascherati che disarmano gli agenti della scorta e spariscono in un lampo assieme al prigioniero. È finita un'epoca. Locatelli fa perdere le sue tracce e varca il confine con la Spagna. Diventa Mario, Mario di Madrid: l'uomo di riferimento dei narcos colombiani in Europa, il proprietario di una flotta navale per il traffico internazionale di cocaina.

L'imprenditore e il manager convergono. Sono i pionieri, gli uomini che creano dal nulla una figura che non esisteva nell'economia del narcotraffico: il broker. Mettono in comunicazione gli angoli del mondo. Istanbul, Atene, Malaga, Madrid, Amsterdam, Zagabria, Cipro, Stati Uniti, Canada, Colombia, Venezuela, Bolivia, Australia, Africa, Milano, Roma, Sicilia, Puglia, Calabria. Creano un moto perpetuo e tessono una rete intricata e fittissima, un garbuglio caotico che solo a uno sguardo più attento rivela l'inafferrabile mobilità della loro merce. Diventano ricchissimi. E fanno arricchire anche chi si rivolge a loro. Sempre in movimento, hanno bisogno di trovare continuamente nuovi canali. La loro vita somiglia sempre più al gioco enigmistico in cui bisogna unire i puntini, quello che da bambini riuscivamo a fare nei rari momenti in cui i genitori si allontanavano dal cruciverba e ci lasciavano la penna: il disegno potevi ammirarlo solo alla fine, quando li avevi collegati tutti. Con Pasquale Locatelli e Roberto Pannunzi avviene la stessa cosa. I loro traffici si appalesano soltanto dopo aver unito i punti che loro sono stati in grado di connettere. Perché chi fa muovere la droga ridisegna il mondo.

Il mondo viene ridisegnato a partire da una differenza che nessuno ha stabilito a tavolino, un'innovazione che se fosse stata proposta in astratto sarebbe stata rifiutata. Nessuna organizzazione criminale si sarebbe detta disposta a condividere una parte cospicua dei profitti e concedere un ruolo non subalterno e non marginale a chi non ne fa parte. Il percorso è graduale, il salto di qualità si compie semplicemente perché accade. Anzi, a un certo punto, è già accaduto.

Mario di Madrid si è guadagnato la fiducia dei colombiani quando sono ancora all'apice della loro forza. Gira con una guardia del corpo e una segretaria personale, ha imparato da Pablo Escobar a non dormire mai più di due notti nello stesso posto, cambia cellulari con la frequenza con cui le persone normali si cambiano i calzini. Ma non è un uomo del cartello di Medellín né del cartello di Cali. E questo si rivela un vantaggio non solo per lui stesso, ma anche per i monopolisti della coca che in Colombia cominciano a farsi la guerra spietata che segnerà il loro lento declino.

Bebè Pannunzi si è legato alle famiglie di Siderno e di Platì, l'ha fatto persino attraverso il sangue e la discendenza, ma non si affilia mai a una cosca. Non è uno 'ndranghetista, non è un camorrista, non è un mafioso. Amalgama gruppi diversi in un'unica società di investimento. Calabresi, siciliani, gruppi basati nel Salento e altri ancora. Crea una joint venture della droga, capace di incrementare i contatti e la forza contrattuale rispetto a quanto poteva ottenere un clan singolo. Un'organizzazione stratificata con un vincolo associativo saldo e una netta divisione tra posizioni di comando e subalterne. È un broker abile, che riesce a costruire con facilità operazioni finanziarie enormi e a spostare quantità di droga ingestibili per una sola cosca. Senza questa nuova figura, l'acquisto di coca avrebbe continuato a funzionare alla vecchia maniera: la famiglia mafiosa manda un uomo di fiducia in Sudamerica, paga in anticipo una parte del carico, lascia il suo uomo come pegno nelle mani dei narcos, rischiando di farlo ammazzare se qualcosa va storto e impedisce il pagamento. Poi contatta un intermediario che si occupi del trasporto.

Pannunzi cambia tutte le carte in tavola. Si trasferisce in Colombia. Ha imparato quel che c'era da imparare a stretto contatto con le 'ndrine, sa che è giunta l'ora di passare l'esempio e l'insegnamento. Introduce nel mestiere il figlio Alessandro, che si sposa con la figlia di un boss di Medellín. Al telefono lo chiama "Miguel" e gli parla in spagnolo per disorientare eventuali ascoltatori indesiderati. La figlia Simona si fidanza con Francesco Bumbaca, che per il suocero diventerà la persona su cui contare. Francesco lo soprannomineranno "Joe Pesci" o "Il Finocchietto". Nei primi anni novanta, Pannunzi sfrutta la potenza dei cartelli colombiani, che hanno trasformato la giungla del loro paese in un territorio punteggiato di aeroporti privati. Alla 'ndrangheta farebbe comodo un aereo cargo per i viaggi intercontinentali, e Bebè glielo procura.

Lui può permettersi una flotta aerea per spostare la merce bianca. Raccoglie milioni e milioni di euro da diverse organizzazioni. Fa da garante ai cartelli in prima persona, ottenendo in questo modo sconti enormi sulle quantità. Garantisce per il trasporto e l'arrivo dei carichi nei porti. Sa anche chi se ne occuperà una volta che la coca è giunta a destinazione. Più sono gli azionisti, meno costosa è la merce al chilo. Distribuisce le perdite derivanti dai sequestri. Può permettersi perfino un monitoraggio della qualità. Viaggia, crea contatti, incontra clienti. Ovunque. Cerca finanziatori, capitali: poi ci penserà lui a decidere dove e come comprare di volta in volta. Cerca bravi trasportatori, coste sicure, città-deposito.

Locatelli agisce specularmente. Lui, che è più vicino ai fornitori, mantiene la sua base in Europa per offrire più agilità nel contatto con i clienti. Tratta con tutti: le famiglie di Bagheria e di Gela, le 'ndrine di San Luca e di Platì, i clan più potenti dell'area nord di Napoli. E tratta di tutto, fedele al suo istinto imprenditoriale: il core business sono la coca e sempre più anche il riciclaggio, ma sarebbe stupido non sfruttare appieno la vicinanza del Nordafrica trasportando hashish oltre lo Stretto di Gibilterra, una delle basi della sua potenza navale. In più attinge a vecchi rapporti ed esperienze per mettere in piedi una rete internazionale di commercio di auto rubate. Ma sono gli accadimenti in un paese più remoto dalla Penisola Iberica che permettono a Mario di Madrid di compiere un ulteriore salto. È lui uno dei primi a captare le immense possibilità che comportano le tensioni e poi le guerre nell'ex Jugoslavia. Droga, armi, danaro: su questi tre elementi può creare una triangolazione degli affari, farli rimbalzare dalla Spagna all'America, dall'America ai Balcani, con rifrazioni in Italia, scali in Africa e così via.

Anche il bergamasco struttura il suo business come un'azienda di famiglia, impresa allargata a pochi collaboratori fidatissimi. Famiglia stretta e uomini a libro paga da tenere sotto perenne pressione e controllo, gerarchie blindate, omertà. L'impresa bergamasca, pur senza avere alla base alcun legame storico, va sempre più assumendo i tratti dell'organizzazione mafiosa e con questo ne acquista anche la vincente impermeabilità. Ma il modello di funzionamento delle mafie non è altro che una declinazione particolare del modello aziendale dominante in Italia. Come per i mafiosi a pieno titolo, l'intreccio di affetti e affari rischia perciò di diventare il tallone d'Achille. Nel 1991 i carabinieri scoprono che Locatelli, quando è in Italia, vive dalla sua compagna, Loredana Ferraro, a Nigoline di Corte Franca, un paesino del Bresciano. Sono pronti a far scattare la trappola, ma Diabolik raggiunge un'automobile e parte a tutta velocità, trasformando i vigneti della Franciacorta in un inedito scenario da inseguimento hollywoodiano e sfuggendo alla cattura. Loredana resta la sua compagna e, come i due figli, ne condivide gli interessi e il destino: un decennio più tardi sarà arrestata anche lei in Spagna, ultima della rete di Mario a finire nelle mani della giustizia.

Uomini come Bebè e Mario, ma anche gli stessi boss che con il latte materno hanno succhiato le ancestrali regole della famiglia, si sono spesso rivelati vulnerabili proprio a causa di una relazione femminile. A comprometterli non sono le donne che possono comprarsi per una notte, merce come un'altra di cui sono in grado di permettersi la qualità migliore. Sono quelle a cui si legano, con cui intrecciano un rapporto di fiducia. La pedina che, in un certo momento, sembra poter condurre a Pannunzi si chiama Caterina. Non è una ragazza qualsiasi, suscettibile al fascino e al potere del maturo uomo d'affari, né mai Bebè avrebbe avuto la disponibilità a condividere la sostanza reale della propria vita, se la partner non avesse presentato tutte le garanzie per diventare una vera complice. Caterina Palermo ha un pedigree rassicurante: è sorella di un mafioso della stessa cosca di Miceli. Gli inquirenti scoprono che ha prenotato un volo Madrid-Caracas e si mettono a seguirla. Una volta atterrata nella capitale venezuelana, Caterina raggiunge una località sul confine con la Colombia, paese dove il suo compagno si è stabilito in quel periodo. L'appuntamento amoroso era fissato lì, però, avvisato da chissà quali informatori, Pannunzi non arriva. La donna e i poliziotti tornano in Italia condividendo per una volta lo stesso sentimento: la delusione.

Il broker del Nord e il broker del Sud sono il Copernico e il Galileo del commercio di cocaina. Con loro cambia il modello di rotazione degli affari. Prima era la coca che ruotava intorno al danaro. Ora è il danaro che è entrato nell'orbita della coca, risucchiato dal suo campo gravitazionale. Quando seguo le loro tracce, mi sembra di sfogliare un manuale che coincide con il raggio d'azione di due singole persone. Mario e Bebè assommano in loro tutte le caratteristiche del broker vincente. In primo luogo, una disponibilità illimitata di danaro, prerequisito per poter dettare le condizioni di un affare. Formidabili capacità organizzative. Visione ampia unita a precisione nel definire ogni dettaglio. Eccellono nella mediazione e hanno imparato a risolvere problemi. Garantiscono rifornimenti a tutti coloro che possono pagare e riescono a entrare nelle loro grazie. Sanno che è meglio tenersi lontani da scelte politiche, ordini di morte, ricorso alla violenza. Vogliono solo movimentare materia bianca e per farlo hanno soltanto bisogno di soldi e buoni rapporti. I gruppi criminali, gruppi anche rivali, concedono questa libertà perché loro li fanno guadagnare.

E infine hanno intuito, una qualità che non compri e non impari e che per questo non ha prezzo. Ci nasci, e loro sono nati con una dose di intuito assai superiore alla media. L'intuito è innanzitutto empatia, sapersi mettere nei panni di chi ti sta davanti, fiutarne abitudini, punti deboli, resistenze. Per Bebè e Mario il cliente è un libro aperto. Sanno dove colpirlo, sanno come convincerlo. Sanno che se esita, è arrivato il momento di spingere; se si dimostra troppo sicuro, allora bisogna fargli capire chi tiene i cordoni della borsa. Passano disinvolti da una lingua all'altra, da una cultura all'altra, sanno essere una spugna, trasformarsi, sentirsi cittadini della parte di mondo in cui si trovano. Sanno porsi come umili intermediari o sprigionare autorevolezza, fascino, simpatia. Questo è l'intuito: conoscere la natura degli uomini e saperla manipolare.

Ma l'intuito è anche preveggenza. Se i broker finanziari avessero imparato dai broker della coca, probabilmente non avrebbero impattato contro il muro di cemento della crisi. Pannunzi e Locatelli hanno intuìto che l'eroina come mercato di massa stava finendo. L'hanno capito mentre il mondo ne consumava ancora a tonnellate e mentre le mafie italiane investivano ancora tutto in eroina. La cocaina invaderà il mondo e sarà più pervasiva, più difficile da arginare: e loro c'erano, c'erano prima degli altri.

In un paio di occasioni la polizia riesce ad acciuffarli, ma i due broker trovano sempre il modo per risolvere anche quel problema. Non ordinano omicidi. Hanno molto danaro, sanno difendersi, sanno come non lasciare prove. Non attirano l'attenzione mediatica, pochi giornalisti li conoscono, solo un gruppo ristretto di addetti ai lavori sa chi sono e quanto contano davvero. E se vengono scarcerati, l'opinione pubblica non si indigna.

Il 1994 potrebbe essere il loro *annus horribilis*, invece il ciclone che li investe non ha la forza per sradicarli. A gennaio Pannunzi viene arrestato a Medellín, dove vive da quattro anni. E non basta il milione di dollari che Bebè offre ai poliziotti per lasciarlo andare. Loro scandalosamente non ci stanno. Bebè resta in una prigione colombiana in attesa dell'estradizione in Italia, dove viene trasferito a dicembre.

Nel frattempo sta maturando l'ultima fase di una maxi-operazione coordinata tra le polizie internazionali, inclusa la Dea statunitense e l'Fbi, che porta il nome univoco di Operation Dinero. L'operazione, durata due anni, secondo i documenti della Dea portò all'arresto di centosedici persone in Italia, Spagna, Stati Uniti e Canada. Alla fine dei conteggi, tra un continente e l'altro, sono stati sequestrati circa novanta milioni di dollari in contanti e una quantità incredibile di cocaina: nove tonnellate. Il 6 settembre 1994 Locatelli sta cenando in un rinomato ristorante, Adriano, della capitale iberica, circondato dalla cerchia dei più intimi: la segretaria svizzera Heidi, che come lui gira con documenti falsi, e il suo braccio destro in Italia, l'avvocato pugliese Pasquale Ciola. A tavola c'è anche il sostituto procuratore di Brindisi Domenico Catenacci. Poco tempo prima aveva pensato di candidarsi in politica, ma all'ultimo ci rinuncia e si trasferisce a Como. Nel capoluogo lariano succede una cosa mai vista: i due magistrati chiamati a ricoprire l'incarico finiscono uno dopo l'altro accusati di associazione a delinquere. Catenacci subisce la sospensione dalle sue funzioni, ma nel processo sarà in grado di dimostrare di non aver avuto idea di chi fosse Pasquale Locatelli e verrà prosciolto. Mario viene tratto in arresto e condotto in una prigione madrilena. Oltre alla libertà perde anche quattro navi della sua flotta, già pronte per raggiungere le coste della Croazia cariche di droga e di armi, e molti altri pezzi del suo impero.

Operation Dinero è un successo clamoroso, di cui in conferenza stampa si vantano congiuntamente da una sponda dell'oceano il capo della Dea e dall'altra il ministro dell'Interno italiano. Due anni di indagini e di operazioni segretissime. Agenti infiltrati in due continenti e, come esca centrale, una banca aperta ad hoc in un'isola offshore dei Caraibi, Anguilla, per ripulire i narcodollari. Una banca vera, registrata come si deve, con un'elegante sede, dipendenti qualificati che sanno accogliere i clienti in molte lingue e con competenza esemplare. Ma controllata integralmente dalla Dea. La Rhm Trust Bank offre tassi d'interesse da sogno, soprattutto ai clienti più facoltosi. I colombiani si fanno ingolosire. Un consulente finanziario della Dea riesce a entrare in rapporto con Carlos Alberto Mejía detto "Pipe", un narcotrafficante legato al cartello di Cali che organizza le forniture verso gli Stati Uniti e l'Europa, mostrandogli le credenziali della Rhm Trust Bank. La banca è situata in un paradiso fiscale britannico, garanzia di serietà, comoda da raggiungere e molto vantaggiosa. I narcos sono abituati a una vita di lusso e ai soldi che vanno e vengono come le piogge tropicali. Mejía, in particolare, ama spenderli per una passione antica della sua terra: i cavalli. I Paso fino sono una razza autoctona della Colombia che rimanda all'arrivo degli spagnoli in sella agli ignoti animali giganteschi che agli occhi sconvolti degli indios li facevano apparire come degli dèi. All'epoca in cui regnano i re della cocaina, il più bello e famoso si chiama Terremoto de Manizales, il sauro del fratello di Pablo Escobar. Ma proprio nel periodo in cui l'infiltrato della Dea avvicinava Carlos Alberto Mejía, un gruppo nemico rapisce Terremoto ammazzando il suo fantino. Lo abbandonano qualche giorno dopo in una stradina di Medellín, castrato per vendetta. Sapevano che la menomazione sarebbe stata un dolore più atroce della morte di tanti uomini e un duro colpo all'immagine degli Escobar. Non abbastanza però. Terremoto, dice una leggenda che circola in Colombia, sarebbe servito per far nascere, sedici anni dopo la sua castrazione, un cavallo identico, clonato da un'azienda specializzata negli Stati Uniti.

Anche Mejía possiede una scuderia di pregiati Paso fino e in più una collezione d'arte a cui però sembra essere meno affezionato. Tre dipinti decide di affidarli agli intermediari della banca: un Picasso, un Rubens e un quadro del pittore inglese settecentesco Joshua Reynolds. Gli esperti che potranno ammirarli dopo il sequestro ne stimeranno il valore in quindici milioni di dollari. Ma l'affare vero è il riciclaggio. Ci sarebbero, per cominciare, quasi due milioni e mezzo di dollari provenienti dal narcotraffico in Italia da reinvestire, soldi che arriveranno da un uomo di fiducia del socio italiano di Mejía che opera in Spagna e in Italia.

È così che gli agenti della Dea si trovano all'improvviso e senza averlo messo in conto sulle tracce di Pasquale Locatelli. L'obiettivo era colpire l'organizzazione di narcotraffico al momento più potente al mondo, il cartello di Cali. Mario di Madrid salta fuori quasi dal nulla. Eppure lui e la sua organizzazione si rivelano incredibilmente difficili da agganciare. Mai una chiamata da un telefono rintracciabile. Schemi di riciclaggio così veloci che non si riesce a seguirne i passaggi. Proprio a causa del "socio italiano" le indagini toccano un punto morto. Gli inquirenti decidono allora di mettergli alle costole un agente *undercover*, un agente assai particolare. È ispettore del Servizio centrale operativo della polizia italiana. Ha una formazione finanziaria affinata in anni di indagini, però non ha mai svolto una missione sotto copertura. È giovane, nemmeno ventisette anni, ma di presenza impeccabile. Parla fluidamente diverse lingue. Conosce i metodi più sofisticati del riciclaggio. È una donna.

Sembra la trovata di un film d'azione prodotto a Hollywood, molto più che la fuga per le stradine della pacifica Franciacorta con i carabinieri alle calcagna. Là fuori nel mondo reale, le ragazze belle e giovani, in più capaci di assumere una nuova identità senza una sbavatura, raramente esistono. Lo pensano all'inizio proprio i colleghi americani e anche gli italiani hanno qualche dubbio, ma alla fine tutti si convincono dei vantaggi che può offrire l'infiltrata. Così, dopo un corso accelerato e personalizzato della Dea, nasce Maria Monti, un'esperta di finanza internazionale con un enorme desiderio di farsi largo in mezzo alla spietata concorrenza maschile. Maria Monti trasmette una femminilità vitale, un'ambizione tanto famelica quanto quasi innocente. Come tante ragazze di oggi risulta brava, più brava dei maschi, e ha una gran voglia di mettersi alla prova. Lavorarci assieme è un piacere in tutti i sensi per coloro con cui entrerà in contatto.

Esiste una regola basilare per dare vita a una finzione perfetta o avvicinarsi il più possibile a quella perfezione: fare leva su ciò che appartiene realmente alla persona che deve trasformarsi in un'altra. Maria Monti somiglia alla poliziotta che si è conquistata la fiducia e il rispetto dei colleghi quasi ne rappresentasse il doppio oscuro. Le qualità fondamentali e le risorse di una persona restano le stesse, indipendentemente da quale uso voglia farne. Poi c'è la scelta. Quasi mai si compie in un momento lucido, preciso. Però avviene. La scelta segna tutto, pompa in circolo gli zuccheri del desiderio, alimenta il sangue, diviene metabolismo. Qui tutto questo è solo per finta. Il cuore nascosto sotto le giacche aderenti dei tailleur firmati continua a ospitare il tipo più pericoloso di coraggio: quello nutrito dalla curiosità, dall'indomabile voglia di conoscere che non si perde d'animo dinanzi all'imprevisto o all'ignoto.

Maria viene catapultata in un vortice di voli in business class, trasferimenti in taxi o macchine di lusso, alberghi e ristoranti per pochi eletti. La dimensione di irrealtà le attenua l'ansia. Il rischio è che vi indugi troppo, che abbassi la guardia distratta dall'eccesso di novità e di lusso che invece deve gestire con l'indifferenza di chi ci ha fatto il callo. Ma questo non accade. L'infiltrata non dimentica per un secondo di essere solo l'avanguardia di una squadra che segue i suoi segnali attraverso il Gps nascosto nella sua ventiquattrore d'ordinanza, pronta nel raggio minimo a venire in suo aiuto in caso di bisogno. Il pericolo che sta correndo però resta assai reale. I primi che deve agganciare sono i narcos, gente abituata a far uso impunemente della violenza. Eppure la lontananza dalla sua vita e dai suoi legami, persino la necessità di servirsi di inglese e spagnolo le rendono in parte più facile entrare nel ruolo.

Miami ha un porto immenso, lo chiamano la "Capitale mondiale delle crociere". All'ombra delle navi a sette piani della Royal Caribbean e della Carnival, ormeggiano anche degli yacht che solo la stazza dei mostri galleggianti riesce a ridimensionare. Maria avrebbe dovuto concludere il suo affare in un luogo più affollato, ma i suoi clienti sudamericani non arrivano. Allora qualcuno la accompagna al porto, la fa salire su uno yacht e leva l'ancora. È in mezzo all'oceano con uomini che cercano di fare colpo su di lei grazie al loro transatlantico privato, l'agente che l'aspetta sulla banchina non può più aiutarla, può contare solo su se stessa. Tutto fantastico, concede, ma io sono venuta *for business, not for fun*, scusate se l'umore non si ripiglia.

Locatelli è di un'altra pasta. Anche Mario di Madrid la prima volta riceve Maria su uno yacht al largo della Costa del Sol, vicino a Marbella, dove si è stabilito con Loredana, ma la sua natura pragmatica punta tanto sul potere seduttivo o intimidatorio dell'ostentazione quanto sulla privacy assoluta che gli concede il suo mezzo natante. L'esperto broker vuole studiarsela con calma quella ragazza entrata comprensibilmente nelle grazie dei suoi partner colombiani. Maria lo capisce, per un attimo si sente nuda, poi tira fuori tutta la competenza e disinvoltura di cui è capace. Parla di tassi d'interesse, azioni, fondi d'investimento. Discute le potenzialità e i rischi di puntare sulla new economy, propone un paio di transazioni per guadagnare sui cambi valutari. È fatta. Il capo si è convinto che è un'interlocutrice valida, le consegne di danaro da reinvestire attraverso la banca nelle Antille possono continuare a ritmo serrato.

Eppure i momenti di paura non sono finiti affatto. Il giorno in cui riceve una valigetta con due milioni di dollari,

Maria si accorge che qualcuno la sta seguendo. Non può correre il rischio di farsi rapinare o, peggio ancora, farsi scoprire mentre sale nella macchina di un collega, come è stato concordato. Non ha idea se l'uomo alle sue spalle sia un malintenzionato ignaro oppure un'ombra mandata a monitorarla. Allora ferma un taxi e gira, gira per ore e ore attraversando in lungo e in largo la città.

È in Italia che paradossalmente ha più paura. A Roma gli incontri vengono fissati in posti molto frequentati: l'Hotel Jolly, il Bar Palombini all'Eur. Se per disgrazia qualcuno la riconoscesse, le facesse cenno, pronunciasse il suo vero nome? L'hanno preparata anche a quell'evenienza: occorre reagire come se si trattasse di uno sbaglio. Uno sguardo fermo, rapido, la perplessità di un attimo, e basta. Però Maria non è certa di saper mantenere tutta la freddezza necessaria. A volte serpeggia anche un'ansia più subdola: non è del tutto da escludere che tra i suoi contatti possa trapelare qualche informazione sul suo conto. Il "fattorino" chiamato "Polifemo" è un milanese dall'aria dimessa d'impiegato che all'anagrafe risponde al nome di Mario Di Giacomo. Ma lei deve trattare con l'uomo di fiducia dell'organizzazione di Locatelli sulla piazza romana, Roberto Severa, elemento di spicco della Banda della Magliana, l'uomo al quale Locatelli ha affidato cospicui reinvestimenti in una catena di supermercati e in alcune attività della capitale. È lui che la inonda di danaro da lavare al più presto nei Caraibi: 671.800.000 lire più cinquantamila dollari, poi ancora due tranche da 398.350.000 e 369.450.000 lire, tutto nel giro di un mese e mezzo.

Il vero perno degli affari di Locatelli in Italia è però un personaggio dall'aspetto rassicurante dell'avvocato di provincia, Pasquale Ciola. Come Bebè Pannunzi, anche Mario di Madrid ha riscoperto chissà quando le proprie origini materne e i suoi vantaggi. Grazie a Ciola, che siede nel Cda, riesce a servirsi di un'intera banca, la Cassa rurale e artigiana di Ostuni. E, dati i suoi crescenti interessi nei Balcani, sempre tramite il legale brindisino sta perfezionando l'acquisto anche di una banca a Zagabria, la Acp. La Puglia è la parte d'Italia più vicina all'altra sponda dell'Adriatico. Pasquale Ciola ha imparato a fare tutto con la massima prudenza. Per raggiungere Locatelli in Spagna trasforma il viaggio in un'innocente vacanza di famiglia. Carica sulla Mercedes il figlio e la ex moglie, si ferma nei migliori alberghi lungo il tragitto, attraversa la Penisola Iberica aggiungendo tappa su tappa di un itinerario "turistico": Malaga, Costa del Sol, Alicante. Solo dopo quattro giorni imbocca l'autostrada per Madrid e arriva in orario per la cena al ristorante Adriano.

Qui finisce la missione di Maria e dei colleghi che sono stati alle costole dell'avvocato fino al momento lungamente atteso. È lo stesso Locatelli a presentarsi con una borsa con dentro centotrenta milioni di lire in contanti. Eppure, passato il giorno in cui vengono celebrati come eroi da tutti i notiziari, non appena l'adrenalina cede alla stanchezza e si torna alla normalità e nell'oblio, i poliziotti italiani si domandano quanto decisivo sia stato il colpo che sono riusciti a infliggere a Locatelli. Sanno che possiede ancora almeno cinque grandi navi in Croazia, a Gibilterra e a Cipro, beni che si sono rivelati intoccabili. Incalcolabile rimane il suo patrimonio. Dalla prigione madrilena ha continuato a telefonare a destra e a manca, mandando avanti tranquillamente i suoi affari e facendo onore alla battuta del boss di Camorra Maurizio Prestieri, che a proposito di un altro carcere spagnolo disse che "sembrava un villaggio Valtur". L'unica cosa che possa forse far sgretolare il suo impero è un regime di reclusione che lo tagli fuori per davvero.

Di nuovo, le vite di Locatelli e di Pannunzi sembrano replicarsi come in un gioco di specchi o un teatrino d'ombre cinesi. Per ironia della sorte, entrambi riusciranno a sottrarsi al carcere più rigido che esista in Europa per mafiosi o narco-trafficanti: quello italiano. Bebè, dopo che è stato trasferito in Italia, finisce scarcerato: decorrenza dei termini. Nel 1999 subisce un altro arresto per associazione mafiosa e, durante un periodo di arresti domiciliari ottenuti per motivi di salu-te, fa come Diabolik dieci anni prima: fugge da una clinica romana ma senza alcun bisogno di un commando armato. Come Mario, sceglie la Spagna per trascorrervi la latitanza: la Spagna che in quel periodo è iń pieno boom immobiliare, il luogo ideale dove narcotrafficanti di tutto il mondo pos-sono ritrovarsi e comprare, comprare, comprare mattone e tonnellate di coca.

In Italia mantiene una fitta rete che nella capitale orbita intorno a Stefano De Pascale, uomo legato in passato alla banda della Magliana come l'appoggio romano di Locatelli. Ogni volta che passo per via Nazionale mi torna in mente perché proprio qui, nell'agenzia Top Rate Change, un fian-cheggiatore dell'organizzazione cambiava in dollari e altre valute centinaia di milioni di lire che De Pascale amministra-va per Pannunzi. De Pascale era il consigliere di Pannunzi, non si limitava a eseguire i suoi ordini ma gli forniva anche pareri e suggerimenti, oltre a tenerne la contabilità e a coor-dinare i rapporti con clienti e fornitori. L'uomo che conosce-vo soprattutto col soprannome di Spaghetto era la *longa manus* di Bebè a Roma, a cui le cosche calabresi in affari con Pannunzi si potevano rivolgere per qualsiasi cosa.

Nel gennaio del 2001, braccato da un mandato di cattura internazionale, Bebè torna in Colombia, dove acquista una villa dotata di ogni comfort. Scelta tipica: non è solo ostenta-zione di ricchezza, è la dimostrazione che si è arrivati nella società degli uomini che possono permettersi i beni di mag-gior prestigio e raffinatezza. Contatta i narcotrafficanti e si avventura nelle campagne dove si coltiva la coca, raggiunge i luoghi della raffinazione. Il moto perpetuo privo d'intoppi non gli fa abbassare la guardia, anche in Colombia seleziona con la massima oculatezza i suoi collaboratori. Sa per esperienza che il mondo ormai è unico e in nessun luogo ci si può lasciar andare alla minima imprudenza.

La forza di Pannunzi sta nell'assoluta impossibilità di penetrare nel suo sistema. Tutta la sua rete criminale opera usando codici e accortezze che fanno sbattere gli inquirenti contro un muro. Come si legge nelle carte dell'inchiesta Igres, della Dda di Reggio Calabria, Bebè non commette "mai un errore, mai un 'passo falso', mai un nome di battesimo, un indirizzo, un luogo d'incontro pronunciato con chiarezza nel corso delle numerosissime conversazioni; sempre giri di parole, metafore, similitudini, nomi in codice per indicare amici, orari e appuntamenti. Grandissima prudenza e attenzione, soprattutto, nello scambio vicendevole delle utenze telefoniche, indispensabili per il prosieguo dei contatti: veri e propri codici segreti 'a chiave' escogitati dagli indagati a tale scopo, mai un numero di cellulare dettato 'in chiaro', sempre cifre apparentemente incomprensibili".

Per conoscere Roberto Pannunzi bisogna immergersi nella matassa inestricabile del suo linguaggio. I nomi dei suoi uomini sono sempre solo soprannomi di copertura: il Giovanottino, il Biondo, il Ragioniere, il Nipote, Lupin, il Lungo, l'Orologiaio, il Vecchietto, il Cagnolino Cagnolone, il Tintore, Coppolettone, il Topino, lo Zio, il Parente dello Zio, il Fratello del Parente, la Zia, lo Scemo, il Compare, Sangue, Alberto Sordi, la Ragazza, i fratelli Rotoloni, il Ragazzo, Miguel, l'Amico, il Gozzo, il Signore, il Piccoletto, il Geometra. Specchietti che riflettono pezzi di realtà distorta. Sapendo di essere intercettato, comunica indirizzi, nomi e numeri di telefono nel modo più criptico possibile.

"21.14 – 8.22.81.33 – 73.7.15. Sono iniziali, tre iniziali, hai capito?"

"Poi a capo, trattino: 18.11.33. – K 8.22.22.16 – 7.22.42.81.22. K.11.9.14.22.23. – : 18.81.33.9.22.8.23.25.14.11.11.25 – (+6) (+6) è il numero."

"Poi ancora 11.21.23.25.22.14.9.11.21.11. Questa è la città."

"Poi, a capo, il numero dell'ufficio: +1,−2, (non so se ci vuole lo zero o meno) −3, −7, =, −7, +6, −3, +5, +3, +4."

L'estrema prudenza a volte rende difficile la comprensione dei messaggi agli stessi associati. Ma è una precauzione indispensabile. Ben sei latitanti sono collegati da questa rete: Roberto Pannunzi, suo figlio Alessandro, Pasquale Marando, Stefano De Pascale detto "lo Spaghetto", Tonino Montalto, e infine Salvatore Miceli, il compare trapanese.

I numeri di telefono vengono comunicati applicando sequenze alfanumeriche prestabilite, le chiamate effettuate da cabine telefoniche o con schede telefoniche sempre diverse. Non ci si presenta mai agli appuntamenti con un'auto intestata a se stessi. La coca è qualificata come "documenti bancari", "assegni", "fatture", "prestiti", "mobiletti", "leone in gabbia". E per sapere quanti chili sono stati ordinati? Basta parlare di "ore di lavoro". Il mondo segreto e umbratile di Pannunzi è smisurato. È un gorgo in cui è facile venire risucchiati. Non ci sono appigli, e quei pochi che sembrano emergere si sbriciolano subito, sostituiti da altri ancora più criptici. Solo una perturbazione anomala può dare forma all'informe, un errore che permetta di diradare questa nebbia quel tanto che basta per scorgere una presa concreta. Una volta scoperta, bisogna aggrapparvisi e non mollarla.

La perturbazione arriva con il nome del Piccoletto, all'anagrafe Paolo Sergi, esponente di spicco delle 'ndrine di Platì. Il Piccoletto commette una piccola leggerezza: usa il suo cellulare, che è intercettato dagli investigatori. Una disattenzione fatale, perché è da lì che gli uomini del Gruppo operativo antidroga della guardia di finanza di Catanzaro riescono a entrare nella rete. Paolo Sergi diventa un passepartout e sarà proprio lui a dare il nome all'inchiesta Igres dell'Antimafia italiana, che altro non è se non "Sergi" letto al contrario.

Grazie alla leggerezza commessa dal Piccoletto, la nebbia si dirada. Lo scorcio che si apre rivela un sistema logico, i vicoli ciechi e le cortine fumogene nelle quali si erano dibattuti gli inquirenti si palesano per quel che sono: fumo negli occhi. Frammenti distorti di realtà cominciano a ricomporsi in immagini sensate. Quello che emerge è una forza economica gigantesca. Dalle intercettazioni, gli investigatori riescono a tracciare il quadro complessivo: un'organizzazione complessa divisa in due tronconi principali, uno calabrese e uno siciliano, in cui ognuno dei membri ha compiti precisi e diversi. Pannunzi, definito dagli inquirenti "carismatico e mai da contraddire", si occupa di tutto, dall'acquisto alla distribuzione e procura ingenti quantitativi di coca da introdurre in Italia. Il suo principale fornitore in Colombia è il narcotrafficante conosciuto con il nome di "Barba", che riesce a procurargli enormi partite di cocaina. Tra il Barba e Pannunzi è un accordo tra gentiluomini. Cosa che ha dell'incredibile, dato che la prassi prevede garanzie in carne e ossa da aggiungersi a quelle pecuniarie. Ma a Bogotá Pannunzi è stimato e rispettato e la 'ndrina per cui lavora rappresenta una garanzia. La disponibilità dei Marando-Trimboli è talmente ingente che nelle telefonate intercettate talvolta lo stesso Pannunzi si meraviglia delle cifre che i boss della Locride riescono costantemente a tirar fuori per finanziare i loro affari.

Dalla Colombia, Roberto impartisce direttive a suo figlio Alessandro. Salvatore Miceli e gli uomini della cosca di Mariano Agate predispongono il trasferimento dal Sudamerica alla Sicilia e il trasbordo al largo delle Egadi, dove alcune imbarcazioni di Mazara del Vallo, avvantaggiate dal potersi confondere con il resto dei pescherecci, sono pronte a recuperare il carico. La presenza dei siciliani garantisce l'avallo della mafia locale allo sbarco della droga sulle coste di propria competenza, quelle trapanesi. Lo stesso Miceli riconosce la bravura dei Pannunzi padre e figlio nel narcotraffico, tanto che in una conversazione con i suoi compari siciliani dice: "Senza offesa per noi presenti, di questo mestiere a noi ci possono insegnare...".

Rosario Marando e Rocco Trimboli si occupano invece della distribuzione sulle piazze di Roma e Milano. Contattano gli acquirenti telefonicamente e stabiliscono i termini della compravendita attraverso un linguaggio ricco di metafore calcistiche. Al telefono i due boss di Platì chiedono ai loro interlocutori se vogliono "prenotare un campo per una partita di calcetto". A volte l'acquirente risponde che vuole "giocare", ma che "tutti gli altri giocatori sono fuori Roma": vale a dire che tutti quelli che di solito acquistano la droga assieme a lui al momento sono fuori città. Allora chiede se si può spostare la "partita di calcetto" al lunedì successivo, ossia se la consegna può essere rimandata a quel giorno.

Ogni dieci giorni Rocco Trimboli organizza un viaggio in macchina verso la destinazione di vendita, una specie di "consegna a domicilio". La coca, di solito una decina di chili a viaggio, viene suddivisa in panetti e occultata nel doppiofondo dell'automobile. Francesco e Giuseppe Piromalli, detti i "fratelli Rotoloni", che operano come "rappresentanti" a Roma, sono così potenti da potersi permettere di restituire la merce in caso non si riveli all'altezza delle aspettative. Una volta Francesco Piromalli si lamenta con Rosario Marando che "la pasta aveva troppo sugo", c'era "troppo olio nei sottaceti": metafore per dire che la coca conteneva troppa sostanza da taglio. Piromalli restituisce la merce non trattenendo un commento sprezzante. Se avesse voluto roba napoletana, dice, se la sarebbe andata a comprare a due passi, non in Calabria. La roba napoletana è quella che si trova a Scampia, la coca che i cartelli camorristici importano nella più grande piazza di spaccio d'Europa. Ma è coca di qualità inferiore rispetto a quella che trattano i calabresi. A Scampia la vendono all'ingrosso già tagliata, è l'unico posto dove questo accade senza bisogno di un mediatore. In qualsiasi altro luogo vai, ordini e puoi portar via anche un chilo di coca di discreto valore a buon prezzo. Libera distribuzione. In qualsiasi altro luogo, per quantità superiori a singole dosi o poco più, c'è bisogno di un contatto ai vertici della struttura dello spaccio, se non della dirigenza criminale.

A parte questi piccoli inconvenienti, l'organizzazione di acquisto, trasporto, ripartizione e distribuzione finale della coca è una macchina perfettamente oliata, rigida nella gerarchia ma flessibilissima quando si tratta di adattarsi agli imprevisti.

Come nella rocambolesca vicenda della *Mirage II*. Serve una nave per attraversare l'oceano con a bordo il carico di cocaina colombiana. Serve un armatore. Ne trovano uno che è anche capitano di lungo corso, Antonios Gofas. Viene chiamato "il Gentiluomo", un nome che sembra una garanzia. È una garanzia anche il suo curriculum, visto che negli anni ottanta trasportava eroina da raffinare in Sicilia. Ora anche il Gentiluomo è passato alla cocaina. L'armatore possiede un mercantile, il *Muzak*, ma per i siciliani costa troppo. I calabresi, invece, non ci pensano su due volte prima di scucire due miliardi e mezzo di lire. Ora l'organizzazione ha la nave che cerca. Però le cambiano il nome: il *Muzak* diventa la *Mirage II*, nome che suona più melodico alle orecchie italiane. Gofas è bravo e ha un equipaggio affidabile.

La *Mirage II* deve approdare in Colombia e caricare la coca, circumnavigare il continente sudamericano per evitare le rigide ispezioni del Canale di Panama e poi dirigersi verso la Sicilia, dove il carico andrebbe consegnato ad alcuni pescherecci al largo di Trapani. Una nave enorme che solca gli oceani, porti che attendono container: tutto deciso il 2 marzo 2001 in un albergo vicino Roma, a Fiumicino, un albergo che si chiama proprio Hotel Roma. Qui viene stabilito ogni dettaglio: la rotta da seguire dalla Colombia, il preciso tratto di mare dove la merce sarebbe stata recuperata, le modalità di trasbordo tra la nave-madre e i pescherecci di Mazara, i nomi in codice e la frequenza radio utilizzata. Dopo circa un anno e mezzo di trattative e preparativi, finalmente la *Mirage II* può prendere il largo.

Ma prima di approdare in Colombia la nave va in avaria e si inabissa al largo di Paita, in Perú. Il capitano racconta la tragedia, si danna l'anima per il guasto al motore, non sa cosa fare. Pannunzi, che segue da lontano le operazioni, ne sente subito il puzzo: il greco ha provocato l'affondamento. Non si fida della sua versione, fiuta una truffa. Non crede alla fatalità o alla tragedia. Per lui, se ci sono l'impegno e il danaro, il caso non può avere alcun ruolo. Il caso si affronta.

Il problema è che Gofas, il Gentiluomo, prestando all'apparenza fede al suo soprannome, ha inviato ai fornitori un proprio uomo come garanzia. È l'ostaggio dei narcos. In più la nave è affondata *prima* che il carico prezioso potesse riempire la sua stiva. Ma tali elementi, che deporrebbero a favore di un'incolpevole sventura, non fanno che acuire i dubbi di Pannunzi. Sospetta che il capitano abbia calcolato con cinica furbizia i rischi a cui va incontro truffando i suoi temibili committenti pur di intascarsi la polizza che è stata stipulata sulla *Mirage II*. Il greco in Colombia sarebbe sacrificabile di fronte al guadagno da conseguire. Se così fosse, Pannunzi è certo che riuscirà a scoprirlo. Il che, per un armatore impegnato nel settore della cocaina, significherebbe andare incontro alla fine della carriera, arresti certi, morte probabile.

Ma al momento bisogna far buon viso per portare nelle casse dei finanziatori il bottino assicurativo e contemporaneamente organizzare subito un nuovo viaggio. I siciliani, rappresentati da Miceli, incaricano un turco, Paul Edward Waridel, detto "il Turco", che ai tempi di Pizza Connection si occupava di far arrivare l'eroina dalla Turchia in Sicilia. Waridel ha buoni contatti anche in Grecia, conosce chi può occuparsi del trasporto via mare di qualunque tipo di merce. Ora, come dicono i malavitosi, "la pratica è divisa in tre": tre container inviati da Barranquilla con scalo in Venezuela e destinazione Atene. Circa novecento chili nascosti tra la merce di copertura, sacchi di riso: quantitativo sufficiente per appianare la perdita della *Mirage II* e assicurarsi un ragguardevole profitto. Così fanno i narcotrafficanti se un carico va male: compensano la perdita con uno più cospicuo successivo.

Ma al Pireo la polizia greca intercetta uno dei tre container appena giunto e sequestra duecentoventi chili di coca purissima nascosta in mezzo al riso. Degli altri due misteriosamente non si accorge, restano da sdoganare nel porto greco. I fornitori colombiani nel frattempo si ritrovano ancora senza un centesimo, perché la droga di norma andrebbe pagata al momento della consegna ai calabresi. Non basta avere come ostaggio l'uomo di fiducia di Gofas, capiscono che forse la sua vita non vale nulla. Sequestrano allora Salvatore Miceli, il rappresentante di Cosa Nostra responsabile del trasporto e della consegna finale alle 'ndrine. Barba, il colombiano che ha trattato con Pannunzi, avanza un credito di diversi milioni di dollari. Salvatore Miceli comincia a temere il peggio. Chiede al figlio Mario di vendere alcuni terreni e beni mobili della famiglia, ma soprattutto di parlare immediatamente con Epifanio Agate, figlio del boss Mariano Agate, in carcere all'Aquila, affinché faccia pressione su Waridel.

Cosa Nostra è in difficoltà. L'organizzazione criminale più osservata al mondo, quella più raccontata, sembra non riuscire a gestire la situazione. I trapanesi non hanno i soldi. Il faccendiere turco ha fatto sapere che per sdoganare i due container e trasportare la merce fino in Italia servono quattrocentomila dollari. Interviene Pannunzi. Si muove subito per salvare il suo compare e per sbloccare la partita. Manda due esponenti del suo gruppo a Lugano per consegnare la somma nelle mani di Waridel, che a sua volta deve portarla ad Atene. Ma il turco, come prima di lui l'armatore greco, sta giocando un tiro mancino. Forse vuole appropriarsi anche della coca, forse solo tenersi i soldi destinati a sdoganare i container. Dopo averli intascati, dice che i restanti chili di merce sono spariti dal Pireo e ora si troverebbero in una località imprecisata del territorio africano, ben custoditi da un suo connazionale, un uomo di fiducia. Al telefono, per indicare l'Africa gli esce un'espressione involontariamente poetica: "dalla parte opposta dei tori", cioè di fronte alla Spagna.

Calabresi e siciliani capiscono che Waridel li sta truffando. La vendetta però deve aspettare, prima viene il business. Organizzano l'ennesimo viaggio, questa volta dalla Namibia alla Sicilia. Alla fine di settembre del 2002 la nave che trasporta la droga è al largo delle isole Egadi, ma dei pescherecci siciliani che avrebbero dovuto recuperare il carico non si vede l'ombra. Passa il primo giorno e il comandante non riceve alcun segnale di risposta. Passa anche la seconda notte e tutto tace ancora. Il comandante aspetta fino alla terza notte. Cerca di mettersi in contatto seguendo le procedure concordate, ma nulla. Alla fine salta fuori l'incredibile: i trapanesi hanno usato un canale radio diverso. Avevano capito male. Pannunzi non può verificare ogni passaggio uomo per uomo. Non è un capomafia, è solo un broker: e quando sbaglia come broker, questo accade soltanto perché qualcun altro ha sbagliato negli aspetti operativi.

Salvatore Miceli ha paura. I colombiani non si fidano più. Le scuse degli italiani ormai valgono meno di zero. Miceli torna finalmente libero quando Pannunzi si fa garante della transazione. Ma Bebè è deluso dall'amico che ha messo a repentaglio anche la sua reputazione. I boss della 'ndrangheta sono ancora più furiosi. Ritengono il siciliano corresponsabile del pasticcio che minaccia di mandare all'aria l'enorme operazione e dal quale in più hanno dovuto trarlo fuori a suon di milioni di dollari. A questo punto i siciliani vengono estromessi. Fuori Cosa Nostra. A prendere in mano la situazione ora è il solo Pannunzi, che decide che sarà la Spagna ad accogliere il carico. Non è un problema: anche lì ha i suoi agganci e lì ha Massimiliano Avesani, chiamato "il Principe". Il Principe è un ricco romano legato a Pannunzi e alle 'ndrine calabresi. Da diversi anni è il rispettato proprietario di un cantiere navale a Malaga. Pannunzi ha capito che le polizie di mezzo mondo sono riuscite a intercettare la spedizione e cercano di seguirne il percorso. Ma stavolta i calabresi e i loro complici non commettono errori, usano un linguaggio altamente criptico e cambiano di frequente i numeri di telefono. Gli inquirenti perdono ogni traccia. Il 15 ottobre 2002 la nave arriva in Spagna e il viaggio travagliato della coca termina nelle mani sicure di Avesani.

Nel frattempo i finanzieri di Catanzaro hanno scoperto un altro possibile appiglio. Mentre la prudenza nelle comunicazioni telefoniche in Italia e in Colombia è stata maniacale, hanno rintracciato diverse chiamate riconducibili a un numero fisso sempre uguale. Ma è registrato in Olanda. Risulta appartenere allo studio di Leon Van Kleef, avvocato di Amsterdam. Lui e i suoi soci sono talmente famosi da meritarsi un ritratto patinato nel popolare settimanale "Nieuwe Revu". Al solito, l'aggancio è Pannunzi che si accredita attraverso amicizie in comune, nonché il savoir-faire dell'uomo d'affari e di mondo. Così, negli uffici tappezzati di arte contemporanea situati in un quartiere altolocato di Amsterdam, convengono mafiosi, 'ndranghetisti e narcos colombiani per discutere serenamente dei loro affari. Nell'inchiesta si parla di una partita di circa seicento chili, cocaina di una qualità che a detta di Pannunzi è "una cosa mai vista, una cosa da sogno". Battezzano l'impresa l'Affare dei fiori, in omaggio al prodotto d'esportazione olandese più conosciuto. Ma nel caso fosse stato Bebè a trovare il nome in codice, potrebbe averlo scelto per il gusto supplementare di alludere alla febbre dei tulipani che si scatenò nell'Olanda del Seicento, la prima bolla speculativa della storia. La coca è divenuta quel moltiplicatore esponenziale di danaro che allora erano stati i bulbi dei tulipani, e sembra coerente che venga contrattata sulla stessa piazza. Paolo Sergi e il siciliano Francesco Palermo fanno la spola tra l'Italia e Amsterdam per condurre le trattative, sempre più difficili. La partita viene ridotta a duecento chili, ma Alessandro Pannunzi al telefono con il padre è preoccupato che non riescano a coprire l'intero acquisto con la liquidità a disposizione e che debbano dimezzare ancora. Alla fine l'Affare dei fiori salta per un banale inghippo. I Marando, pur disponendo della cifra necessaria, non fanno in tempo a cambiarla in dollari. Gli "olandesi" non accettano altre valute e, non mancando gli interessati a quella merce di eccezionale pregio, la cedono a qualcun altro.

Leon Van Kleef è stato indagato invano dall'Antimafia italiana e si è difeso affermando che in un luogo frequentato da una clientela internazionale un legale non è tenuto a sapere di cosa parlano le persone confluite in anticamera. Ha pure un nome da difendere, la reputazione ventennale di uno studio penalista che il magazine olandese definisce "quello preferito da molti criminali di primissimo piano". Gli stessi avvocati si presentano sul loro elegante sito tenendo a far sapere che si occupano in particolare di omicidio, omicidio colposo, estorsione, frode e riciclaggio e che non sono disposti a rappresentare testimoni di giustizia e informatori. L'avvocato Van Kleef, specializzato nella clientela ispanofona, ha deciso di stare sino in fondo dalla parte dell'imputato. Ma la giustizia olandese non prevede reati come l'appoggio esterno a un'organizzazione criminale. Anche la Dda di Reggio Calabria ha infine deciso di non procedere nei suoi confronti, forse rassicurando chi nei Paesi Bassi aveva trovato "kafkiana" la sua vicenda.

Quasi una parodia del romanzo di Franz Kafka sembrano invece le vicissitudini di un avvocato assai meno rampante e rinomato. Dopo la cena infelice al ristorante Adriano di Madrid, Pasquale Ciola per diciassette anni ha continuato a vivere serenamente nella sua casa di Ostuni, impugnando sentenza dopo sentenza e confidando nella lentezza della macchina giudiziaria italiana. Solo a febbraio del 2011 arriva il verdetto definitivo della Cassazione che lo condanna a sette anni e due mesi. L'avvocato, ormai quasi ottantenne, prepara la valigia e si fa condurre al carcere del capoluogo.

Mario di Madrid resiste invece ad anni di galera come un capo mafioso di antica stirpe. Dalla Spagna passa alla prigione di Grasse, la stessa da cui era riuscito a evadere quasi un decennio prima. Ora i francesi sono attentissimi, ma nel 2004 devono estradarlo a Napoli per uno dei numerosi processi a suo carico. È proprio in Italia che Locatelli viene scarcerato per una sentenza della Corte di cassazione. Lui non perde un minuto prima di scomparire nuovamente nella "terra dei tori". Lì viene arrestato nel 2006 con passaporto e carte di credito intestati a un cittadino sloveno più settantasettemila euro in contanti. Ma i giudici spagnoli decidono di rilasciarlo per un vizio di forma concedendogli la libertà vigilata, copione che si ripete a soli due mesi di distanza, con la sola differenza che l'uomo arrestato invano ora si spaccia per cittadino bulgaro.

Locatelli trova sempre nuovi modi per riprendersi dagli incidenti di percorso grandi o piccoli, battere nuove strade, continuare a espandere il suo business. I suoi due figli rimasti in Italia sono ormai uomini formati, capaci di portare avanti gli interessi di un'impresa così grande e dinamica. La copertura migliore perché possano rendersi sempre più utili è contribuire a fare soldi sporchi mentre fanno ufficialmente soldi puliti, possibilmente a palate. Patrizio e Massimiliano Locatelli sono i titolari della Lopav Spa che produce pavimentazioni a Ponte San Pietro, a pochi chilometri da Brembate di Sopra. L'azienda gode delle migliori credenziali, si è allargata molto grazie alla sua competitività e competenza, contribuisce nel modo più esemplare alla ricchezza del territorio. Non è colpa dei figli, che rimboccandosi le maniche danno un lavoro onesto a molti, se il padre sparito quando erano bambini è diventato un poco di buono. Così ragiona la gente da quelle parti: sia le persone semplici, che quelle che contano qualcosa. Non si chiedono dove due ragazzi di trent'anni abbiano trovato i finanziamenti necessari per imporre in meno di un decennio la loro impresa come dominante nel settore a livello nazionale. Sono intraprendenti, sono bravi, e basta. Tutti si vedono confermati quando la Lopav vince regolarmente un appalto da cinquecentomila euro per costruire i sottofondi e i pavimenti esterni delle case antisismiche all'Aquila e anche quello per la pavimentazione del nuovo centro commerciale di Mapello. A Brembate e Ponte San Pietro c'è anzi di che essere orgogliosi quando sul sito ufficiale dell'azienda si legge che "i terremotati dell'Aquila cammineranno su 'terra bergamasca'".

Ma quasi in contemporanea con l'inizio dei lavori in Abruzzo, la Dda di Napoli fa spiccare un mandato di cattura internazionale nei confronti di Pasquale Locatelli, imputato nuovamente di associazione finalizzata al narcotraffico internazionale. Stavolta l'aggancio sono i suoi clienti in Campania, il clan Mazzarella, che per suo tramite si è rifornito di cocaina e hashish. Attraverso l'operazione coordinata dalla guardia di finanza napoletana, con la collaborazione dell'Interpol e della polizia spagnola, riescono ad arrestarlo all'aeroporto di Madrid a maggio del 2010, dopo un pedinamento sulle orme del figlio che lo stava raggiungendo in Spagna. Ma ancora maggiore è lo sconcerto quando cinque mesi dopo anche Patrizio e Massimiliano vengono condotti in carcere, con l'accusa, fondata su diverse intercettazioni, di aver avuto una parte molto attiva sia nel riciclaggio che nei pagamenti stratosferici consegnati nelle mani dei trafficanti.

Poi avviene la tragica scomparsa di Yara Gambirasio. Le affannose ricerche della tredicenne di Brembate di Sopra, le piste false, i ritardi, il buio angosciante di tre mesi. Uno dei luoghi che gli inquirenti mettono più volte a soqquadro è proprio il cantiere del centro commerciale non lontano dalla palestra in cui la ragazzina è stata vista per l'ultima volta. Un giorno al quotidiano locale, "L'Eco di Bergamo", arriva una lettera anonima, composta da ritagli di giornale appiccicati su uno sfondo nero: "Yara è nel cantiere di Mapello. Ho paura".

Un popolare programma televisivo segue quella traccia, imbattendosi anche nella vicenda della famiglia Locatelli: i pavimenti della Lopav per il centro commerciale, gli arresti per imputazioni pesantissime che hanno colpito sia i figli che il padre. Viene scoperto inoltre che il geometra Fulvio Gambirasio ha deposto come testimone in un processo contro Pasquale Locatelli. Ma lui stesso si dice convinto che non vi sia alcun nesso con la scomparsa di sua figlia e anche gli inquirenti presto ritengono non vi sia motivo per approfondire ulteriormente quella pista.

Yara è morta da oltre due anni e ancora nessuno sa chi sia stato a ucciderla. Quel che rimane sconcertante, oltre al mistero del suo assassinio, è ritrovarsi a pensare che la massima attenzione mediatica Locatelli l'abbia forse ottenuta in un momento in cui l'opinione pubblica cercava disperatamente un colpevole, disposta a individuarlo nel mostro della porta accanto. Il nome di un trafficante di droga e armi invece non lo ricorda mai nessuno.

Sembra ormai impossibile, ma il 5 aprile 2004 la polizia italiana scova Roberto Pannunzi in un elegante quartiere di Madrid insieme al figlio Alessandro e al genero Francesco Bumbaca. Viene di nuovo tratto in carcere in Italia. E qui riesce in una sua magia tipica. Per motivi di salute il 21 febbraio 2009 viene trasferito nel centro clinico del carcere di Parma, in regime di sorveglianza speciale. Poi una "cardiopatia ischemica postinfartuale" gli fa ottenere gli arresti domiciliari per un anno. Il tribunale indica come luogo idoneo alle cure del detenuto il Policlinico di Tor Vergata. Pannunzi, invece, dopo aver trascorso qualche mese in una clinica a Nemi, in provincia di Roma, sceglie la clinica privata della capitale Villa Sandra. I media non lo tengono d'occhio, l'opinione pubblica non lo conosce e quindi non lo considera un pericolo. La politica italiana è distratta da tutt'altro. Così, un paio di mesi prima che scadano i domiciliari, Pannunzi riesce per la seconda volta a fuggire da una clinica e disperdere le sue tracce. Quel che però è ancora più incredibile è che la sua fuga viene scoperta solo per caso. Il 15 marzo 2010 i carabinieri effettuano il loro controllo periodico: Pannunzi non c'è più. La sua stanza non era piantonata, nessuno sa con certezza quando sia fuggito: doveva scontare una pena di sedici anni e mezzo, in primo grado era stato già condannato ad altri diciotto anni. Un uomo condannato al carcere duro, ma che non era neanche piantonato, che scappa con tranquillità, che riesce a comprarsi silenzi e voli intercontinentali. È ancora libero. Migliaia di arresti di piccoli pusher, trafficanti, poliziotti corrotti non valgono la sua cattura. Lo Stato italiano non dovrebbe consentire la degenza in cliniche private a uomini dalle disponibilità economiche illimitate come Pannunzi. Il sospetto è che, subito dopo la sua evasione, sia volato all'estero. Come dice Nicola Gratteri, il magistrato che lo segue da anni, Roberto Pannunzi "fa parte di quella schiera di persone dove i soldi non si contano, si pesano". Se conti i soldi, non ne hai o non ne hai abbastanza. Solo se sei in grado di pesarli, puoi essere a tua volta certo del tuo peso. Questo lo sanno i trafficanti.

Un giorno vorrei incontrare Roberto Pannunzi. Guardarlo negli occhi, non chiedergli nulla perché nulla mi direbbe, o solo chiacchiere per imbeccare un giornalista di fatterelli senza polpa. Vorrei capire una cosa, soprattutto: come fa a procurarsi la serenità che ha dentro. Si vede che non pare tormentato. Non uccide. Non distrugge vite. Da bravo broker del narcotraffico sposta solo capitali e coca senza neanche toccarla. Come altri fanno con la plastica o il petrolio. Non generano anche loro incidenti stradali, inquinamento irreversibile del pianeta, persino guerre che si trascinano per decenni? I petrolieri perdono forse il sonno? Perdono il sonno i produttori di plastica? Perdono il sonno gli amministratori delegati delle multinazionali informatiche sapendo come vengono assemblati i loro prodotti o che l'accaparramento del Coltan è alla radice dei massacri che si susseguono nel Congo? Ecco: Pannunzi, ne sono certo, ragiona così. Ma io vorrei sentire quali giustificazioni addurrebbe, una per una. Che cosa si racconta per potersi dire: "Sono solo un broker. Dammi i soldi, io ti do la merce. Come tutti". Tutto qui. Né peggio né meglio dei suoi simili.

11.

Operazione riciclaggio

Che cosa provi quando per entrare nella banca di cui sei cliente devi passare dalla porta blindata che si apre solo per una persona alla volta? Quali pensieri ti passano per la testa quando stai in fila allo sportello per eseguire un bonifico, versare un assegno, cambiare in spiccioli i soldi che servono per poter dare il resto a chi frequenta il tuo bar o si serve nel tuo negozio? Quando vuoi attivare un mutuo per la casa e devi fornire come garanzia lo stipendio di tuo padre perché sia tu che tua moglie vivete di lavori a termine? Che cosa hai imparato ad associare a parole come *spread* e *rating*, crisi di liquidità e disavanzo? Quali parole conosci tra *hedge fund*, *subprime*, *credit crunch*, *swap*, *blind trust* e di quali sapresti spiegare il significato? Sei convinto anche tu, che sai di appartenere al 99 per cento che detiene la stessa ricchezza del restante 1 per cento, che la tua fatica sempre maggiore per sbarcare il lunario sia principalmente colpa del capitalismo finanziario? Credi anche tu che le banche, capaci di farsi regalare miliardi dagli Stati, ossia alla fine da te stesso, e che a te però non rinnovano il credito, siano un moloch colossale dominato da una cricca invisibile e intoccabile di speculatori e alti dirigenti ricompensati più delle massime star del cinema e del calcio? In parte ti sbagli. Non esiste nessun potere occulto che ti schiaccia, nessuna Spectre laureata nelle migliori università, dai costumi di una ricchezza mai troppo esibita, dai modi sobri e pacati.

Ho già raccontato alcune storie che cercano di mostrarlo. Come la vicenda di un mafioso di media grandezza che forse voleva rilevare una banca per quindici miserabili milioni di euro, milioni composti da banconote impregnate di muffa, da incamerare dopo averle tirate fuori dal trolley e contate una per una. Ho accennato ad alcuni narcos che hanno avuto la sfortuna di rivolgersi all'istituto di credito sbagliato non solo per far fruttare il ricavato dei loro traffici, ma anche per vendere capolavori d'arte: un Reynolds, un Rubens e un Picasso. Su un caso come il loro, restano tutti gli altri trafficanti che invece non sbagliano nello scegliere la banca offshore o quella situata nel centro delle maggiori piazze finanziarie.

Le banche e il potere delle banche sono fatti da uomini, come tutto il resto. Se quel potere si è rivelato tanto distruttivo, la colpa non è solo del broker pippato e avido o del singolo funzionario corruttibile, ma di tutti: dal trader con licenza di manovre ad alto rischio e dal team di specialisti che acquista sul mercato globale i titoli che andranno a confluire nei fondi offerti dall'istituto stesso, sino al funzionario che te ne propone qualcuno per mettere al sicuro i tuoi risparmi, fin giù allo sportellista. Sono loro, tutti assieme, che eseguono le direttive delle banche, e sono quasi sempre persone oneste. Oneste non soltanto come chi non commette illeciti, ma come chi crede di agire per il bene della banca senza per questo adoperarsi per il male del cliente. Talvolta giusto un po' meno oneste, però non perché lo decidano da sole per un proprio tornaconto, ma perché fanno come si è sempre fatto, eseguendo direttive tacite, sempre nell'interesse della banca. Anche questo avviene sia in alto che in basso, anche questo fa sistema. Così si arriva a quel meccanismo planetario che può sembrarti una specie di complotto e che invece funziona molto di più secondo le modalità definite come "banalità del male".

Ma se l'ingranaggio è fatto da tantissimi uomini ligi e banali, quello stesso meccanismo può anche cominciare a incepparsi grazie a qualche granello. Per esempio l'uomo che, se non ci fosse stato l'11 settembre, sarebbe sempre rimasto dentro l'umida stanza di un commissariato londinese. Le Torri sono appena crollate e gli Stati Uniti si stanno riprendendo. George W. Bush ha promulgato il Patriot Act, che tra i suoi scopi ha quello di prevenire, individuare e perseguire il riciclaggio internazionale di danaro e il finanziamento del terrorismo. Con questa legge vengono stabilite una serie di misure speciali che le banche negli Stati Uniti devono adottare nei confronti di giurisdizioni, istituti o conti bancari sospettati di essere coinvolti nel riciclaggio di danaro sporco. Maggiore trasparenza nelle attività finanziarie e nella loro rendicontazione, limitazione delle operazioni interbancarie e pene inasprite contro i trasgressori. La politica antiterrorismo americana passa anche da qui.

Quattro anni più tardi un inglese dall'impertinente ciuffo biondo varca la soglia di uno dei colossi del sistema creditizio americano, la Wachovia Bank. Il suo nome è Martin Woods e lo hanno appena assunto come agente senior antiriciclaggio negli uffici di Londra. È un tipo puntiglioso e preciso, quasi maniacale nella sua passione per l'ordine. È la persona giusta per una banca che vuole attenersi scrupolosamente al protocollo antiriciclaggio. Ma Martin non è solo uno zelante funzionario capace di far di conto e amante della partita doppia. Martin è un ex agente della Squadra anticrimine britannica. Questo gli offre un vantaggio enorme sui suoi omologhi nelle banche di tutto il mondo: Martin conosce gli uomini. Sa parlare con loro, sa interpretarne i segni, sa valutare le sfumature degli umori. La sua personale griglia di valutazione delle persone è composta da gradazioni di colore dove il danaro è solo una delle tante variabili in gioco. Il colore del vero e del falso, più il colore dei dollari. È perfetto, Martin, e pericoloso.

Sul palcoscenico di questa storia sono già entrati tre attori. Un paese ferito che reagisce; un provvedimento che vuole soffocare le minacce combattendole sul versante del danaro; un uomo che vuole fare il proprio lavoro. Manca un quarto e imprescindibile attore: un DC-9. L'aereo atterra a Ciudad del Carmen, stato di Campeche, ad attenderlo ci sono i soldati messicani che a bordo trovano centoventotto valigie nere di cocaina corrispondenti a cinque tonnellate e mezza, per un valore di circa cento milioni di dollari. Un sequestro stratosferico, un diretto che colpisce al volto il narcotraffico. Ma gli inquirenti rimangono davvero a bocca aperta quando scoprono che quel DC-9, di proprietà del cartello di Sinaloa, è stato comprato con i soldi riciclati in una delle più grandi banche degli Stati Uniti: la Wachovia, appunto.

Mentre gli investigatori scavano nel passato del DC-9 atterrato in Messico, Martin sta già spulciando i documenti dei clienti della Wachovia. È questo che deve fare un investigatore e anche un funzionario con le mansioni per cui lo hanno assunto. Ficcare il naso nelle carte e intossicarsi con numeri e date, poi mettere tutto insieme e verificare che non ci siano discrepanze. Martin scopre che c'è qualcosa che non va in numerosi traveller's cheque usati in Messico. Un turista non può certo avere bisogno di così tanto danaro. Poi gli occhi gli cadono sui numeri di serie stranamente sequenziali. E le firme, poi, perché si assomigliano così tanto? Segnala i casi sospetti ai suoi superiori; molti riguardano le *casas de cambio*, le agenzie di cambio messicane. Martin è incollato al telefono, manda mail, chiede incontri e riunioni per discutere dei report che invia con ostinata determinazione. Sente puzza di bruciato e le notizie che arrivano dal Messico e dagli Stati Uniti non fanno che confermarglielo. I continui controlli delle autorità americane sulla sua attività spingono Wachovia a troncare i rapporti con alcune *casas de cambio* e quelle che sopravvivono a questa sforbiciata decidono di fare un passo indietro. Sotto il fuoco esterno, il colosso bancario vacilla e reagisce con una operazione di pulizia. All'interno, però, tutto tace. Il silenzio e l'emarginazione sono le forme più temibili di mobbing. Martin, da parte sua, scrive nuovi *Suspicious Activity Reports*, relazioni sulle attività sospette. E a chi gli fa notare che non otterrà mai risposte e che se continua così finirà per mettersi nei guai, ribatte nel suo stile: abbassando gli occhi e sorridendo. Dopo l'ennesimo report caduto nel vuoto, riceve una comunicazione: l'ultima relazione inviata è irregolare perché il raggio d'azione di Martin non può spingersi fino agli Stati Uniti e al Messico. È l'inizio della fine del suo lavoro: i bastoni fra le ruote si moltiplicano, la vita in ufficio è impossibile, Martin non può più accedere ai file importanti. Wachovia è passata al contrattacco, il silenzio non è più efficace e bisogna fare qualcosa per zittire quell'inguaribile ficcanaso.

Oltre Atlantico gli investigatori che stanno indagando sul DC-9 scoprono che dal 2004 diversi miliardi di dollari sono passati dalle "casse" del cartello di Sinaloa ai conti bancari di Wachovia. Emerge che per tre anni la banca non ha rispettato il protocollo antiriciclaggio nel trasferimento di 378,4 miliardi di dollari. Di questi almeno centodieci milioni erano proventi del narcotraffico, entrati così nei circuiti bancari internazionali. Era così. Il danaro proveniva dalle *casas de cambio*. Il cartello più ricco al mondo inviava soldi come se fosse un esercito di *mamacitas* che scuciono dalla fodera i risparmi o di nonni che vendono un pezzetto di terreno per mantenere i ragazzi negli Stati Uniti. Poi quelle stesse agenzie aprivano dei conti che venivano gestiti dalla filiale Wachovia di Miami. Così in Messico si depositavano milioni di dollari in contanti che in seguito erano girati con trasferimenti telematici su conti Wachovia negli Stati Uniti, per acquistare titoli o beni. In numerose occasioni a depositare i soldi nelle *casas de cambio* erano gli stessi cartelli del narcotraffico. Circa tredici milioni di dollari sono stati per esempio depositati e trasferiti su conti bancari Wachovia per comprare aerei da usare nel traffico di droga. Su questi aerei sono state sequestrate più di venti tonnellate di cocaina.

In inglese esiste una bella espressione per dire "denunciare", *blow the whistle*, letteralmente "soffiare il fischietto". Martin nel suo fischietto ha buttato tutto il fiato che aveva in corpo e Wachovia a un certo punto capisce che per zittire il pifferaio bisogna strozzarlo. Il mobbing in azienda lo stringe in una morsa mortale, Martin ha un esaurimento nervoso e viene sottoposto a trattamento psichiatrico. È fuori gioco, ma con le forze che gli restano fa un ultimo tentativo. Ha saputo che a Scotland Yard si terrà un incontro dove spera ci saranno colleghi abbastanza aperti di mente per stare ad ascoltarlo. Al suo tavolo si siede un rappresentante della Dea americana, un tipo gioviale e dallo sguardo curioso. Martin non ci pensa su due volte e lo investe con la sua storia. Si affida totalmente a uno sconosciuto, spinge un sasso giù dalla scarpata auspicando che si generi una valanga. E il sasso rotola. Rotola fino al 16 marzo 2010, quando il vicepresidente di Wachovia pone la firma sul documento di patteggiamento in cui la banca ammette di aver fornito servizi bancari a ventidue *casas de cambio* in Messico, dalle quali ha accettato danaro attraverso bonifici e traveller's cheque.

Praticamente ciò che aveva denunciato Martin Woods quattro anni prima, a suo discapito. Durante gli anni più duri, Martin aveva accusato Wachovia di mobbing: il massimo che era riuscito a ottenere era stata un'indennità di licenziamento dietro l'impegno di non divulgare i termini dell'accordo. Un triste epilogo, almeno fino al marzo 2010, pochi giorni dopo la firma del patteggiamento della Wachovia. È lì che Martin ha finalmente la sua rivincita. Riceve una lettera da John Dugan, Comptroller of the Currency degli Stati Uniti, che si occupa della vigilanza sulle banche per conto del dipartimento del Tesoro. "Non solo le informazioni che lei ci ha fornito," scrive Dugan, "hanno aiutato le nostre indagini, ma denunciandole lei ha dimostrato anche grande coraggio e integrità. Senza gli sforzi di persone come lei, azioni come questa intrapresa contro Wachovia non sarebbero possibili."

Le autorità concedono a Wachovia Bank una *deferred prosecution*, cioè l'imputazione viene differita alla fine di un periodo in cui la banca viene messa alla prova: se si fosse attenuta alla legge per un anno e avesse soddisfatto tutti gli obblighi previsti dal patteggiamento, le accuse sarebbero cadute. Pensano probabilmente di agire con senso di responsabilità. In quel periodo delicato, con il paese che si sta faticosamente riprendendo dalla più grave crisi finanziaria dopo il 1929, non si può rischiare che collassi di nuovo una grande banca e ricominci da capo il disastro. Il periodo di "prova" termina a marzo 2011: da quel momento la Wachovia è di nuovo pulita, a posto. Ha dovuto pagare allo Stato centodieci milioni di dollari, in confisca, per aver consentito, violando le norme antiriciclaggio, transazioni collegate al traffico di droga, più una multa di cinquanta milioni di dollari. Una cifra enorme, ma ridicola se paragonata ai guadagni di una banca come Wachovia, che nel 2009 si aggiravano attorno ai 12,3 miliardi di dollari. Riciclare conviene. Nessun funzionario o dirigente che abbia dovuto vedere dall'interno un carcere per un solo giorno. Nessun colpevole, nessun responsabile. Solo uno scandalo presto caduto nel dimenticatoio.

Bisogna però leggere fra le righe e tornare alla storia di Martin, che con la sua coraggiosa testardaggine è riuscito a ottenere ben più di quello che contiene una sentenza. La reticenza delle autorità ha dimostrato che tra le banche e i settantamila morti della narcoguerra messicana esiste un legame strettissimo. Ma c'è di più. Martin ha rimestato nel torbido, si è sporcato le mani con i numeri per riattivare le difese del sistema bancario statunitense. È stato solo un lampo in un cielo sereno. Ma sullo sfondo si stanno scatenando tuoni e fulmini. Dopo l'11 settembre, i controlli si sono fatti molto rigidi ma,, con la grande crisi finanziaria che esplode proprio nel corso delle indagini di Martin, il clima è cambiato. Ne seguiranno il verdetto che ha inflitto al megatruffatore Bernard Madoff centocinquanta anni di reclusione o la sentenza contro il trader francese Jérôme Kerviel che, oltre a una pena di cinque anni, dovrebbe restituire a Société Générale una somma di quasi cinque miliardi di euro, l'importo che ha bruciato. Tuttavia loro, che spesso si dichiarano capri espiatori del sistema, hanno causato danni enormi a persone fisiche, società e alla collettività nel suo insieme. I narcodollari che fluiscono nelle casse almeno all'apparenza sembrano non produrre danni, anzi: hanno immesso quell'ossigeno vitale che viene chiamato liquidità. Tanto che nel dicembre del 2009 l'allora responsabile dell'Ufficio droga e crimine dell'Onu, Antonio Maria Costa, ha rilasciato una dichiarazione scioccante. Ha potuto appurare, ha detto, che i guadagni delle organizzazioni criminali sono stati l'unico capitale d'investimento liquido a disposizione di alcune banche per schivare il fallimento. I dati del Fondo monetario internazionale sono impietosi: tra gennaio 2007 e settembre 2009 l'ammontare dei titoli tossici e dei prestiti inesigibili delle banche statunitensi ed europee è di mille miliardi di dollari. E accanto a queste perdite c'erano stati fallimenti e commissariamenti di istituti di credito. Nella seconda metà del 2008 la liquidità era diventata il problema principale del sistema bancario. Come ha sottolineato Antonio Maria Costa, "era il periodo in cui il sistema appariva praticamente paralizzato, a causa della riluttanza delle banche a concedere prestiti". Solo le organizzazioni criminali sembravano avere enormi quantità di danaro contante da investire, da riciclare.

Sento già che a questo punto qualcuno comincerà a pensare che sono un fissato. Il problema, mi si potrebbe obiettare, non sono tanto i soldi delle mafie quanto il sistema finanziario. Il danaro si dilata come materia gassosa. Basta che scoppi quella bolla e nel giro di pochissimo svanisce una nebulosa di grandezza talmente siderale da far impallidire i narcodollari in entrata. Come è successo, appunto, il 15 settembre 2008, con la valanga messa in moto dalla bancarotta di Lehman Brothers, valanga che solo miliardi di soldi pubblici sono riusciti a fermare. Ma per l'inghippo del quale sto parlando, quell'accadimento nato tra i grattacieli di Wall Street e quindi all'apparenza lontanissimo dai paesini spogli della Calabria, dalla giungla colombiana e persino dalle città cadenti e perennemente insanguinate della frontiera messicana, in realtà non lo è affatto. Come è noto, Lehman Brothers aveva investito somme ingenti in quei subprime che non erano nient'altro se non la trovata per rivendere come redditizi titoli d'investimento i mutui immobiliari che moltissimi sottoscrittori non riuscivano a onorare. Profitto fatto sul debito. Quando il gioco ha spezzato la corda, un sacco di persone che si erano comprate casa in quel modo finiscono sul lastrico. E soprattutto, per quella volta, si è deciso che poteva fallire anche la banca gonfiata di aria fritta. Non appena si scatenano le conseguenze catastrofiche di quella decisione, tocca correre al salvataggio di tutte le altre banche e società assicurative che hanno agito, chi più chi meno, come Lehman Brothers. Però anche il soccorso degli Stati non è che un tampone d'emergenza per un sistema che si regge su quelle dinamiche. Il nodo è che per produrre la loro immensa ricchezza gonfiandosi la pancia, le banche avrebbero bisogno di ingerire una quantità sufficiente di cibo solido, di cui possono essere in grado di liberarsi nel momento in cui qualcuno, sotto qualsiasi forma, i soldi glieli chiede. È il problema della liquidità. L'alchimia della finanza contemporanea si basa sulla transustanziazione del danaro dallo stato solido a quello liquido e gassoso. Ma quella solido-liquido continua sistematicamente a non essere abbastanza. Nell'Occidente avanzato hanno chiuso le fabbriche e i consumi sono stati alimentati grazie a forme di indebitamento come carte di credito, leasing, rateizzazioni e finanziamenti. Chi possiede invece i maggiori profitti ricavati da una merce che bisogna pagare tutta e subito? I narcotrafficanti. Non solo loro, certo. Ma i soldi veri delle mafie possono fare la differenza perché il sistema finanziario continui a reggersi in piedi. Questo è il pericolo.

Una recente inchiesta di due economisti dell'Università di Bogotá, Alejandro Gaviria e Daniel Mejía, ha rivelato che il 97,4 per cento degli introiti provenienti dal narcotraffico in Colombia viene puntualmente riciclato da circuiti bancari di Stati Uniti ed Europa attraverso varie operazioni finanziarie. Centinaia di miliardi di dollari. Il riciclaggio avviene attraverso un sistema di pacchetti azionari, un meccanismo di scatole cinesi per cui i soldi contanti vengono trasformati in titoli elettronici e fatti passare da un paese all'altro. Quando arrivano in un altro continente sono pressoché puliti, e soprattutto irrintracciabili. Così i prestiti interbancari sono stati sistematicamente finanziati con i soldi provenienti dal traffico di droga e da altre attività illecite. Alcune banche si sono salvate solo grazie a questi soldi. Gran parte degli stimati trecentocinquantadue miliardi di narcodollari è stata assorbita dal sistema economico legale, perfettamente riciclata.

Trecentocinquantadue miliardi di dollari: i guadagni del narcotraffico sono superiori a un terzo della perdita del sistema bancario denunciato dal Fondo monetario internazionale nel 2009 e non sono che la punta emersa o intuibile dell'iceberg verso il quale ci stiamo dirigendo. Le banche, divenute padrone dell'esistenza di moltissimi, capaci di condizionare i governi degli Stati anche più ricchi e democratici, si trovano a loro volta sotto ricatto. Nuovamente il problema non è più lontano, in paesi disgraziati come il Messico e la Colombia, non sta più in un Sud complice e vittima del suo sfacelo, giù in Sicilia, Campania e Calabria. Vorrei gridarlo forte perché si sappia, perché si cerchi di prevederne le conseguenze.

Come ha fatto Martin, il *whistleblower* di Wachovia, a cui gli elogi delle autorità statunitensi non hanno reso la vita più facile nell'ambiente finanziario. Ha dovuto mettersi in proprio aprendo due società di consulenza in materia di antiriciclaggio: la Woods M5 Associates e poi la Hermes Forensic Solutions. Ma lui voleva di nuovo lavorare per un istituto di credito importante. Così è entrato in contatto con la Royal Bank of Scotland, che era stata una delle dieci maggiori al mondo, la seconda del Regno Unito: prima della crisi finanziaria del 2008 quando diventa uno dei colossi da salvare a tutti i costi. Il governo britannico ne ha detenuto temporaneamente quasi il 70 per cento, e quindi la banca scozzese doveva fare di tutto per riconquistare la fiducia degli investitori. Magari, verrebbe da pensare, anche dimostrando con l'assunzione di un uomo come Martin Woods che è intenzionata a rispettare ogni norma di correttezza nel modo più rigoroso. Però nel luglio del 2012 Royal Bank of Scotland ritira all'improvviso l'offerta già contrattualizzata. Avrebbe scoperto solo da poco le denunce di Martin contro Wachovia. Giusto qualche giorno dopo scoppia lo scandalo Libor, che rivela come alcune delle maggiori banche, tra le quali Royal Bank of Scotland, avrebbero per anni manipolato il London Interbank Offered Rate, il tasso di riferimento europeo per i prestiti interbancari.

Martin, ancora una volta, non si arrende e fa causa. Ne esce nuovamente sconfitto. Il giudice britannico ha deciso di respingere la causa per un cavillo legale: un rapporto di lavoro, così come sosteneva la banca, non era mai stato avviato e quindi Woods non aveva diritto a rivolgersi al tribunale del lavoro per far valere i suoi diritti. Martin, nel frattempo, ha cominciato a prestare consulenza nell'ambito del crimine finanziario presso il colosso dell'informazione Thomson Reuters. Nessuna banca però sinora se l'è sentita di assumerlo.

Sono New York e Londra oggi le due più grandi lavanderie di danaro sporco del mondo. Non più i paradisi fiscali, le Cayman Islands o la Isle of Man. Ma la City di Londra e Wall Street. Secondo le parole del capo della Sezione riciclaggio del Dipartimento di giustizia degli Stati Uniti, Jennifer Shasky Calvery, durante una seduta del Congresso americano nel febbraio 2012: "Le banche negli Stati Uniti sono usate per accogliere grandi quantità di capitali illeciti occultati nei bilioni di dollari che vengono trasferiti da banca a banca ogni giorno". I centri del potere finanziario mondiale sono rimasti a galla con i soldi della coca.

Lucy Edwards è una brillante donna in carriera. È vicepresidente della Bank of New York a Londra ed è sposata con Peter Berlin, il direttore della Benex Worldwide, una società britannica. Lucy è stata invitata a una conferenza di due giorni sui servizi finanziari per i clienti scandinavi, dell'Europa dell'Est e russi. Lei è perfetta perché, come suo marito, è nata nell'ex Unione Sovietica per poi naturalizzarsi nel contesto anglosassone in cui si è stabilita. Non ha dubbi sul contenuto della sua relazione, che si intitola *Riciclaggio: sviluppi recenti e regolamentazioni*. Mentre Lucy parla a una platea sempre più rapita, le autorità inglesi, da anni impegnate nelle indagini sulle organizzazioni criminali russe, stanno informando le autorità americane che la Benex utilizza un conto alla Bank of New York come canale per trasferire ingenti quantità di danaro. Non è tutto. La Benex è collegata alla Ybm Magnex, una società di comodo di proprietà di uno dei più potenti boss della mafia russa: Semën Mogilevič.

L'Fbi scopre che Mogilevič "lava" miliardi di dollari sporchi attraverso la Bank of New York. Un flusso costante e velocissimo di danaro in entrata e in uscita, che però non turbò particolarmente la banca, che si limitò a produrre un *rapporto di attività sospetta*. Un fiume di danaro, che tornò utile anche per irrorare le campagne elettorali di alcuni politici russi. I procuratori di New York arrivano alla conclusione che il giro di riciclaggio riguardava trasferimenti illeciti per sette miliardi di dollari che dalla Russia passavano attraverso conti americani per poi essere spostati su altri conti in giro per il mondo usando una serie di società di copertura.

Nel caso Bank of New York, l'unica persona a finire in carcere, per due settimane, è Svetlana Kudriavceva, un'impiegata della banca che aveva mentito a un agente dell'Fbi su una ricompensa di cinquecento dollari al mese che le veniva pagata da Peter Berlin e da sua moglie. La banca se la cava con una multa di trentotto milioni di dollari e l'impegno che in futuro rispetterà le pratiche antiriciclaggio.

La tecnica di Mogilevič e dei suoi sodali è facilmente replicabile in diversi contesti, come l'Italia, per esempio. È il 1999 e la procura di Rimini tiene sotto controllo i conti correnti di due ucraini e un russo che erano alla testa, come si legge nell'inchiesta, "di una organizzazione criminale che opera per garantirsi il controllo del territorio dell'Emilia Romagna e delle Marche". Benex International-Bank of New York-Banca di Roma e Banca di credito cooperativo di Ospedaletto, in Emilia Romagna. Più di un milione di dollari sono transitati su questi conti. Un milione di dollari fruscianti e pronti per essere utilizzati dalla mafia russa in Italia.

Lucy Edwards sa rendere accattivante anche un argomento noioso come quello della regolamentazione antiriciclaggio. È un'ottima oratrice e sa dosare confidenza e serietà. In più di un'occasione riesce a strappare anche qualche risata. Lucy ha appena finito di parlare. Dopo gli applausi, molti la aspettano sotto il palchetto da dove ha intrattenuto una folta rappresentanza dei clienti più importanti della Bank of New York. Vogliono stringerle la mano e farle i complimenti. È stata davvero brava.

Rimangono due mesi a Lucy Edwards, poi la sua banca dovrà licenziarla. Insieme al marito Peter Berlin, ha contribuito a riciclare tonnellate di soldi. Anche lei se la caverà con una semplice multa di ventimila dollari e sei mesi di domiciliari dopo essersi dichiarata colpevole di riciclaggio di danaro, frode e altri gravi reati federali. La donna che girava il mondo raccontando come contrastare il riciclaggio, in segreto riciclava. Mi sono spesso chiesto come si sentisse alla fine di ogni discorso e se, una volta scoperta, abbia provato a giustificarsi, a trovare un senso al suo doppio gioco.

Chissà se tiene ancora conferenze sulla prevenzione del riciclaggio, perché di vicende da raccontare ne avrebbe tante, Lucy. I sistemi di controllo fanno acqua da tutte le parti. Nei mesi distratti dell'estate 2012, quando Martin si è trovato chiuso in faccia il portone della Royal Bank of Scotland, negli Stati Uniti sono finite nel mirino diverse tra le maggiori banche americane ed europee, di cui una in particolare, Bank of America, che, secondo l'Fbi, sarebbe stata usata dagli Zetas per riciclare i loro narcodollari. Il 12 giugno 2012, gli agenti federali arrestano sette persone, tra le quali c'è un pezzo grosso. José Treviño Morales è il fratello di Miguel, l'attuale capo del cartello più feroce del Messico, ma negli Stati Uniti figura come imprenditore dedito a un'attività molto apprezzata negli stati del Sud: alleva cavalli da corsa e li fa partecipare, e spesso vincere, alle gare più importanti. È così che nasconde e reinveste soldi sporchi. Per arrivare a tale remunerativa e gratificante forma di riciclaggio, stimato intorno al milione di dollari al mese di finanziamenti, bisognava però far giungere il danaro su qualche conto statunitense. Bank of America si mostra disponibile a collaborare con gli inquirenti e non viene accusata di alcun illecito. Sinora non le è successo nulla.

È difficilissimo portare alla luce un caso di riciclaggio, e anche stabilirne l'entità e il grado di negligenza normativa. Quasi sempre è come voler stringere in mano una manciata di sabbia: i granelli sfuggono comunque. E quando almeno uno resta nel pugno, questo accade più per caso che per volontà. Così è stato per un improvvido truffatore di nome Barton Adams, ufficialmente medico specialista nella terapia del dolore in West Virginia. Viene scoperto mentre sposta centinaia di migliaia di dollari, frutto di frodi al sistema sanitario ed evasione fiscale, tra i conti della banca Hsbc negli Stati Uniti e le sue filiali in Canada, Hong Kong e Filippine. Hsbc è un colosso: la quinta banca al mondo in termini di valore di mercato, con sportelli aperti in ogni piccolo comune del Regno Unito e presenza in ottantacinque paesi esteri. Come Martin con il caso Wachovia, anche Barton fa rotolare un sasso. Questa volta, però, involontariamente. Il 16 luglio 2012 una Commissione permanente del Senato americano conferma le indiscrezioni che giravano ormai da mesi: la Hsbc e la sua branca americana, la Hbus, hanno esposto il sistema finanziario statunitense a un'ampia serie di rischi di riciclaggio, finanziamento del narcotraffico e del terrorismo. Secondo il report della Commissione, la Hsbc avrebbe usato la Hbus per collegare con gli Stati Uniti le sue filiali sparse per il mondo, fornendo ai loro clienti servizi in dollari, movimento di capitali, cambi di valuta e altri strumenti monetari, senza rispettare pienamente le leggi bancarie statunitensi. A causa degli insufficienti controlli, la Hbus avrebbe consentito ai soldi del narcotraffico messicano e del terrorismo di entrare in territorio americano. Considerando che la Hbus fornisce milleduecento conti ad altre banche, tra cui più di ottanta filiali Hsbc, è facile capire che senza politiche antiriciclaggio adeguate questi servizi possono diventare una enorme autostrada per l'ingresso di capitali illeciti negli Stati Uniti.

Dalle indagini della Commissione del Senato è emerso che la Hbus ha offerto servizi bancari (*correspondent banking services*) alla Hsbc Mexico, trattandola come un cliente a basso rischio, nonostante la sua collocazione in un paese con grossi problemi di riciclaggio e di traffico di droga. Tra il

2007 e il 2008 la filiale messicana ha trasferito sette miliardi di dollari in contanti alla Hbus, superando tutte le altre banche messicane e generando numerosi sospetti che tra questi dollari ci fossero proventi della vendita di droga negli Stati Uniti. Alla fine del 2012, dichiarandosi molto dispiaciuta per l'accaduto, la banca ha accettato di pagare una sanzione di quasi due miliardi di dollari: sempre meno di un terzo di quelli provenienti soltanto dai cartelli messicani.

Non sono esclusivamente le banche con sede a Wall Street o nella City di Londra a intrattenere rapporti privilegiati con i baroni del narcotraffico. Le banche del riciclaggio figurano sparse per tutto il pianeta e talvolta hanno sede in luoghi piuttosto inquietanti. È il caso del Libano, attraverso il quale, secondo i magistrati di Catanzaro, anche l'australiano Nicola Ciconte avrebbe fatto transitare i soldi dei vibonesi. Una delle maggiori banche è la Lebanese Canadian Bank di Beirut: filiali sparse per tutto il Libano, un ufficio di rappresentanza a Montreal, in Canada, e oltre seicento dipendenti. Offre un'ampia gamma di servizi finanziari e conti corrispondenti in banche di tutto il mondo. Il 17 febbraio 2011 il dipartimento del Tesoro americano ha dichiarato che esistono validi motivi per considerare la Lebanese Canadian Bank coinvolta in attività di riciclaggio di danaro per il gruppo sciita Hezbollah, e quindi suscettibile delle misure restrittive previste dal Patriot Act. Secondo il Tesoro, la banca libanese avrebbe favorito, per carenza di controlli e complicità aziendale, le attività di riciclaggio di una rete criminale che trafficava droghe dal Sudamerica all'Europa e al Medioriente, via Africa occidentale, e riciclava duecento milioni di dollari al mese attraverso conti presso la Lebanese Canadian Bank. Sono stati individuati diversi manager conniventi che eseguivano le operazioni. Secondo i procuratori di Manhattan e la Dea, la Lebanese Canadian Bank avrebbe partecipato a uno schema in cui tra il gennaio del 2007 e l'inizio del 2011 almeno duecentoquarantotto milioni di dollari venivano trasferiti negli Stati Uniti. I soldi derivavano dal narcotraffico e dalle altre attività criminali del gruppo del barone della droga Ayman Joumaa in Libano e venivano utilizzati per comprare macchine usate in America. Queste macchine venivano poi vendute in Africa occidentale dichiarando introiti molto gonfiati per mascherare i soldi sporchi dei cartelli colombiani e messicani che si univano ai proventi delle auto. Tutto questo danaro finiva incanalato verso alcuni uffici di cambio a Beirut e da qui sui conti della Lcb, nonché, in parte, su conti di Hezbollah, organizzazione che gli Stati Uniti considerano terroristica e sempre più coinvolta nel narcotraffico.

I soldi della droga e del riciclaggio non hanno solo siglato alleanze sempre più strette tra organizzazioni terroristiche e criminali, ma rappresentano anche una saldatura ancora più complessa e pervasiva e forse persino più pericolosa: il legame con la corruzione che si situa a ogni livello e per questo risulta tra i più sfuggenti. C'è un caso in particolare che mostra in maniera clamorosa le difficoltà che si spalancano in questo ambito; il fatto che si sia trascinato per ben oltre un decennio non fa che renderlo più evidente. Il 15 novembre 1995 un'elegante signora messicana, Paulina Castañon, vuole accedere alla sua cassetta di sicurezza in una delle più antiche banche private di Ginevra, la Pictet Cie. Purtroppo c'è un guasto al sistema di sicurezza del caveau, le dicono gli impeccabili impiegati. È un modo di prendere tempo per far arrivare gli agenti elvetici che hanno avuto una segnalazione dalla Dea e portano con sé un ordine d'arresto. La cliente è infatti moglie di Raúl Salinas de Gortari, fratello dell'ex presidente della Repubblica del Messico, del quale la cassetta contiene un passaporto falso. In Messico circolano voci insistenti sul fatto che Raúl avesse tenuto i contatti con tutto il gotha del narcotraffico messicano e colombiano. Su quelle tracce si trovano a indagare prima la Dea e poi anche il procuratore generale elvetico Carla Del Ponte, una donna che in passato ha rischiato di finire uccisa a Palermo insieme a Giovanni Falcone con cui stava collaborando all'inchiesta Pizza Connection. L'accusa è che Raúl Salinas avrebbe intascato salatissime tasse di transito sulla coca un po' da tutti: dal cartello di Medellín al cartello di Cali, sino ai cartelli messicani emersi dalla divisione territoriale decisa dal Padrino, e forse in particolare dal cartello del Golfo. Le stime si aggirano sui cinquecento milioni di dollari in totale, di cui trecento finiti tra il 1992 e il 1994 su conti esteri e circa novanta-cento milioni in Svizzera. In particolare, i fondi erano stati trasferiti attraverso Citibank Mexico su conti private banking nelle filiali di Londra e Zurigo e nelle più prestigiose banche elvetiche come Sbc, Ubs, Banque Privée Edmond de Rothschild, Crédit Suisse, Julius Baer. Il colosso americano avrebbe assistito Salinas nelle transazioni confondendo la tracciabilità del danaro. In che modo? Prima di tutto attivando un conto nella filiale di New York a nome di Salinas. Attraverso Cititrust, una sua fiduciaria registrata nelle isole Cayman, Citibank aveva messo in piedi la società di investimento Trocca con sede sempre nel paradiso fiscale, in cui tenere il patrimonio di Salinas. Per occultare ulteriormente il nome di Salinas, Citibank creò un'altra società, la Tyler, che risultava principale azionista di Trocca e, a nome di quest'ultima, aprì due conti di investimento presso Citibank London e Citibank Switzerland. In più, avrebbe non solo rinunciato ai riferimenti bancari del cliente e alla compilazione di un profilo *know your customer*, ma permesso pure che Raúl Salinas usasse un altro nome per eseguire i trasferimenti. Nessun documento statunitense lo identificava come proprietario o beneficiario della Trocca, né legava Salinas ai soldi Trocca transitati dal Messico a New York sino a Londra e in Svizzera.

A effettuare periodicamente i trasferimenti dal Messico era Paulina, la quale era stata presentata dal vicepresidente della divisione Messico di Citibank ai suoi colleghi messicani con il nome falso di Patricia Ríos. Sotto quell'identità la signora Salinas versava sul conto a Citibank Mexico assegni ritirati in almeno cinque banche messicane, affinché fossero convertiti in dollari americani e trasferiti alla sede di New York. Qui i soldi finivano su un cosiddetto *concentration account*, cioè un conto deposito su cui confluiscono capitali di vari clienti e filiali della banca, per poter essere smistati verso le diverse destinazioni finali.

Sembra piuttosto ironico che il colpo fosse giunto proprio dal paese più rinomato per l'antica tradizione del segreto bancario, la Svizzera, dove i procedimenti giudiziari a carico di Salinas sono proseguiti per molti anni. Continuarono anche dopo che Carla Del Ponte era diventata procuratore del Tribunale internazionale per l'ex Jugoslavia all'Aja, dedicandosi ai crimini di Slobodan Milošević, e terminarono in un processo dove il giudice elvetico sentenziò che le strutture dello Stato messicano proteggevano il narcotraffico e che il danaro non poteva avere origini lecite. Infatti il danaro rimase congelato nelle banche svizzere in attesa che la giustizia messicana si pronunciasse a sua volta sui legami tra Salinas e i cartelli. Ma su quel punto cruciale le prove non risultano sufficienti e il reato di riciclaggio cade in prescrizione. Così, nel 2008, la Confederazione elvetica decide di consegnare allo Stato messicano settantaquattro milioni dei dollari intanto lievitati a un totale di centotrenta e di restituire un'altra percentuale a terzi che avevano affidato il danaro a Raúl Salinas.

Il problema che emerge da questa interminabile vicenda è la mancanza sia di strumenti, sia spesso di interesse a colpire il danaro sporco anche quando chi finisce accusato non è un membro conclamato di un'organizzazione criminale, ma un esponente di quell'élite e di quell'apparato istituzionale che serve per far funzionare la macchina del profitto bianco. I soldi della cocaina prima si comprano politici e funzionari. Poi, tramite quelli, il riparo delle banche.

12.

Gli zar alla conquista del mondo

"Costiera amalfitana, Sardegna, Costa del Sol, Toscana, Malta, Ibiza. Qui è tutta Russia!" Chi parla è un uomo che conosce bene la differenza tra il freddo penetrante di Mosca e il caldo corroborante della costa italiana. Un russo come tanti, uno di quelli che invade il nostro paese quando l'estate reclama il costume da bagno e le creme doposole. I russi sono ovunque, li guardi e parte come un riflesso automatico: russi, mafiosi russi... Come se qualsiasi russo ricco fosse un criminale. Ma la mafia russa, la mafia con la "j", è una presenza tanto forte quanto complessa, difficile da capire e da conoscere. La conosciamo per luoghi comuni, per il racconto di avanzi di galera ricoperti di barbarici tatuaggi, ex pugili dal naso rotto, ex *specnaz* brutali, teppisti dello spaccio con gli occhi iniettati di vodka e roba scadente. La Mafija è ben altra cosa. Per orientarsi bisogna guardare le famiglie potenti, osservare la loro forza. Sono famiglie legate non da sangue ma dal comune interesse dell'organizzazione. E come tutte le famiglie possiedono un album fotografico. Dentro c'è tutto: il colore del passato, i volti dei parenti lontani, le istantanee dei momenti importanti, i luoghi del cuore.

Anche la Mafija russa è da sfogliare, e io ho spesso provato a sfogliare la vita di "The Brainy Don", il boss dal cervello fino. È lui che più di tutti mostra come oggi non sia pensabile comandare senza sparare, ma altrettanto inconcepibile sparare senza saper investire. È lui che provo a capire sin nel dettaglio, per dimostrare soprattutto a me stesso come il grande business si leghi alla grande criminalità e come ogni altra strada oggi sembri perdente, inutile, quasi impossibile. Nelle allucinazioni dovute all'ossessione di seguirne le orme mi è parso infinite volte di vederlo ai bar sul lungomare costiero o a tavola ubriaco assieme ad altri affiliati. Allucinazioni. Ma le allucinazioni a volte vanno assecondate e allora mi calo nella storia. Ho con me una raccolta di foto dei protagonisti, una specie di album che ho messo insieme in tutti questi anni; devo partire da qualcosa che si può toccare. The Brainy Don. Non sembra mafioso, sembra russo, questo sì, però potrebbe passare anche per americano, tedesco, spagnolo, ungherese. A prima vista è soltanto un signore obeso attempato, ma questa è già una maschera, una perfetta copertura fatta di grasso. Tendiamo a pensare che le persone così poco agili nel corpo lo siano anche nella mente. Inoffensive. Innocue. Non è così, bisogna guardare meglio. Nella sua foto più famosa tiene in mano una sigaretta che accarezza con le dita paffute. Non guarda l'obiettivo, ma un punto sopra la testa del fotografo. La camicia e il gilet di ottima fattura contengono a malapena i suoi centotrenta chili, che spingono sotto il tessuto creando pieghe e solchi. Dietro di lui un caminetto incorniciato da una fila di piastrelline in marmo, davanti un computer portatile ed eleganti occhiali da presbite dalla finissima montatura. Completano il quadro una poltrona da ufficio e un posacenere trasparente da cui si intuisce che la sigaretta che sta stringendo non è la prima della giornata. È un uomo d'affari, un uomo potente e ricco, a capo di numerose aziende che operano nei più svariati settori. È un uomo sicuro di sé, autoritario e dedito al lavoro. Ha migliaia di impiegati a cui dare ordini, bilanci da siglare e controllare, decisioni importanti da prendere. The

Brainy Don si chiama Semën Judkovič Mogilevič. Il 20 gennaio 2011 il magazine "Time" lo ha posto in cima alla classifica dei primi dieci boss mafiosi di tutti i tempi, con Al Capone, Lucky Luciano, Pablo Escobar e Totò Riina a seguire. Dalle agenzie di sicurezza americane ed europee è considerato uno dei capi fondamentali della Mafija, il perno della piovra russa nel mondo, uno dei vertici assoluti della criminalità organizzata.

Ricostruire il suo profilo consente di capire come i reati più violenti – estorsioni, omicidi, traffico di armi e di droga, giri di prostituzione – si sposino perfettamente con i crimini degli imprenditori, dei politici, dei finanzieri. Ma c'è di più: tracciare l'irresistibile ascesa di Don Semën o Don Seva, come viene anche chiamato, permette di fotografare il mondo in cui tutte le frontiere sono cadute e tutte le energie criminali all'ultimo si intrecciano convergendo verso il fine unico del massimo profitto.

Mogilevič nasce a Kiev il 30 giugno 1946 in una famiglia ebrea ucraina che si suppone abbastanza tipica per l'epoca sovietica: non religiosa, borghese in senso lato. Si laurea in Economia all'Università di Leopoli, una delle più antiche dell'Est Europa, poi dall'Ucraina si trasferisce a Mosca. Qui organizza funerali. Le pompe funebri sono un'impresa sicura. Non si smetterà mai di morire, e le mafie di tutto il mondo mettono le mani sulle pompe funebri. Sono un ottimo strumento di riciclaggio e un'eccellente pietra angolare per costruire fortune. Le mafie non rinunciano mai alla concretezza. Alla materia. Terra acqua cemento ospedali morte. Negli anni settanta, Mogilevič entra a far parte di un gruppo criminale che si dedica a contraffazioni, piccole frodi e furti di poco conto. Piccolezze rispetto a quello che diventerà in seguito, ma i meccanismi di strada sono un fondamentale addestramento per imparare a comandare, sopravvivere, costruirsi fiducia. Passa il suo tempo negli aeroporti e nelle stazioni a scambiare rubli per dollari, a piazzare profumi e borse alle signore che vogliono imitare gli stili occidentali e vodka "nera" ai mariti fedeli alle tradizioni russe. Di lì a poco viene arrestato per un reato comunissimo: traffico illecito di valuta. Finisce in carcere due volte per un totale di sette anni. È la sua fortuna. In prigione stringe rapporti con alcuni potenti criminali russi, amicizie che lo accompagneranno per tutta la vita. La sua carriera criminale ha una svolta quando il governo dell'Urss permette a oltre centocinquantamila ebrei sovietici di emigrare in Israele. Per le famiglie ebree è una corsa contro il tempo. Possono partire ma devono farlo subito: i preziosi cimeli e collane e orecchini tramandati di generazione in generazione devono essere lasciati indietro. Mogilevič comprende che un'occasione così non capita due volte. Si occuperà lui della vendita delle proprietà degli ebrei migranti, impegnandosi a spedire il ricavato in contanti ai proprietari al loro nuovo indirizzo. Gli credono in molti e gli affidano i propri averi. Ma quei soldi non arriveranno mai ai legittimi destinatari: la fortuna accumulata diventerà la base finanziaria della sua carriera criminale.

Seconda pagina dell'album, un'altra foto famosa. Un uomo di tre quarti che fissa l'obiettivo con aria di sfida. È a petto nudo e ha l'espressione sorpresa: la bocca leggermente aperta, le sopracciglia quasi invisibili alzate e gli occhi come due mandorle schiacciate. I tratti sono vagamente asiatici e profonde rughe solcano la fronte da una tempia all'altra. Ma quello che colpisce di più sono due tatuaggi identici che spiccano all'altezza delle clavicole. Sono due stelle a otto punte, con un occhio al centro. È il simbolo dell'autorità, del potere. La foto è di Vjačeslav Kirillovič Ivan'kov, detto "Japončik", "il Giapponesino". Nasce nel 1940 in Georgia, ma i suoi genitori russi decidono presto di trasferirsi a Mosca. Nel 1982 viene arrestato per possesso illegale di armi da fuoco, rapina e traffico di droga e condannato a quattordici anni di carcere in Siberia. Anni in cui è assurto a *vor*, proprio nel momento in cui il regime che li aveva visti nascere stava per decadere. *Vor* sta per *vor v zakone*, letteralmente "ladro nella legge", cioè un criminale che si è guadagnato l'onore di comandare secondo le regole. Sarebbe dovuto rimanere in prigione fino al 1995, ma i tentacoli della Mafija sono ovunque e in qualsiasi settore, dalla politica allo sport, dalle istituzioni allo spettacolo. Nel 1990 due personaggi popolari, un cantante considerato il Frank Sinatra russo, e con altrettante pericolose frequentazioni, e un ex campione russo di lotta greco-romana che sta usando un'associazione di atleti in pensione come copertura d'interessi mafiosi, mettono in piedi una campagna appoggiata da numerose personalità del mondo della politica, della cultura e dello sport: Ivan'kov ha sufficientemente espiato le sue colpe, è ora di liberarlo. Arriva infine anche la pesante mano amica di Semën Mogilevič: riempie di soldi il giudice che si occupa del caso e coinvolge un alto funzionario sovietico. Il Giapponesino esce di prigione nel 1991.

La Cortina di ferro è caduta, l'Unione Sovietica crolla, cambia la Russia, cambia la sua capitale. Scoppiano le faide: russi contro ceceni. Il sangue non si arresta, ma scorre più per interesse che per odio etnico. Ivan'kov è un *vor* all'antica, uno che non delega, e quando c'è da sporcarsi le mani non si tira indietro. Quindi comincia a far fuori i ceceni e i loro amici in affari uno per uno. Ma è una regola elementare che più ne ammazzi, più sale la probabilità che prima o poi qualcuno riesca a ricambiarti il servizio. Non solo. Tutta quella morte e tutto quel trambusto per provocarla cominciano a dare fastidio alla "cupola" della Mafija, che decide di spedire Ivan'kov negli Stati Uniti. Due piccioni con una fava: relativa tranquillità in casa e un business da costruire negli States. Con le frontiere aperte ormai è facile. Basta chiedere all'ambasciata statunitense a Mosca un visto valido per due settimane. Vjačeslav Ivan'kov si imbarca come consulente cinematografico di una società facente capo a un magnate russo residente da anni a New York, con il suo vero passaporto, a poco più di un anno dalla scarcerazione nella sua patria da poco tornata ufficialmente a far parte del mondo libero. L'Unione Sovietica si è dissolta da appena due mesi e mezzo.

A New York, dove arriva Ivan'kov, è tutto predisposto. A cominciare dai soldi, che il Giapponesino investe immediatamente per costruirsi la sua nuova vita. Con appena quindicimila dollari Ivan'kov compra un matrimonio di facciata, con una cantante russa residente negli Stati Uniti. Si stabilisce nel quartiere di Brighton Beach a Brooklyn, dove moltissimi ebrei dell'Unione Sovietica hanno cominciato ad approdare dagli anni settanta e che per questo viene chiamato "Little Odessa". C'è il mare e ci sono le spiagge, ma chi pensa a un crogiolo ravvivato da violini e balalaiche è fuori strada. La cosa più tipica che gli immigrati hanno portato con sé nei caseggiati di mattone lerci di scarichi è la mafia, la Mafija con la "j".

La terza foto dell'album di famiglia è la foto di un altro quartiere. Chi l'ha scattata è stato molto bravo, è riuscito ad addolcire lo squallore con un gioco di rimandi cromatici tra il cielo incendiato dal crepuscolo e il laghetto gelido che lambisce il quartiere. Ma anche l'artista più dotato non può niente contro la spavalda irruenza dei casermoni che occupano violentemente la linea dell'orizzonte. Spuntano improvvisi alla periferia occidentale di Mosca, al centro di un parco immenso violentato da una strada a quattro corsie che lo taglia da parte a parte. Da lontano, sembrano tante conigliere per giganti, anonime nel loro finto candore macchiato dallo smog e patetiche nel loro tentativo di darsi un'aria da centro direzionale. È Solncevo, un quartiere operaio che le autorità sovietiche decisero di costruire nel 1938. Avevano il senso dell'umorismo, le autorità. *Solnce* in russo significa "sole", ma a Solncevo (che si pronuncia "Solnzieva") la luce va a cozzare contro i palazzi ed è l'ombra che regna incontrastata. È qui che è nata la Solncevskaja bratva, la fratellanza di Solncevo.

Sudore e corpi che impattano gli uni contro gli altri. Ecco la linfa della Solncevskaja bratva ed ecco il nome del suo fondatore: Sergej Michajlov, detto "Michas", nativo del quartiere. Con un passato diviso tra lavoretti e piccole frodi che gli fanno sfiorare il carcere, negli anni ottanta Michas sfrutta il suo amore per la lotta e chiama a raccolta tutti quelli che condividono questa passione. È l'inizio di una organizzazione sportiva? O è il nucleo di un esercito in divenire?

Nel frattempo Michas viene arrestato due volte: una per estorsione e un'altra per l'assassinio del proprietario di un casinò. Ma, causa assenza di prove, non viene mai condannato. Intanto la Solncevskaja bratva, come viene battezzato il manipolo di fedeli a Michas, si espande. Sudore e lotta. Violenza e forza. L'organizzazione attira i propri simili. Lottatori, teppisti, uomini pronti a tutto. Bisogna unirsi se ci si deve difendere da altre gang, bisogna allenare i muscoli se si vuole sopravvivere. Ci sono fusioni con altre organizzazioni – come la Orechovskaja – e nel giro di pochi anni la Solncevskaja bratva diventa una potenza capace di estendere la sua influenza oltre i confini del quartiere, arrivando a mettere le mani su finanza e imprese.

Il core business è la "protezione", che negli anni novanta assume proporzioni che non hanno più nulla a che fare con il pizzo nostrano. Secondo l'Fbi la catena austriaca Julius Meinl deve pagare cinquantamila dollari al mese per gestire i suoi supermercati in Russia. La Coca-Cola risponde che cedere ai ricatti non è la sua politica e riceve l'indomani una visita con mitra e lanciagranate alle porte della sua nuova fabbrica vicino a Mosca, assalto in cui vengono ferite gravemente due guardie giurate. L'azienda presentò denuncia alle autorità russe ma il caso rimase irrisolto. Secondo l'Interpol altre multinazionali bersagliate sono Ibm, Philip Morris, e curiosamente Cadbury, Mars e Hershey's, come se ci fosse un gusto particolarmente dolce nel guadagno estorto alle fabbriche di cioccolato.

La mafia russa è emersa grazie a uomini che hanno saputo sfruttare con intelligenza e ferocia le nuove opportunità, ma anche perché ha alle spalle una storia fatta di strutture e di regole con cui dominare nel Grande Disordine. In anni di navigazione nelle fogne criminali del mondo ho potuto constatare che è sempre questo ciò che fa crescere le mafie: il vuoto di potere, la debolezza, il marcio di uno Stato a raffronto con un'organizzazione che offre e rappresenta ordine. Le somiglianze tra le mafie più lontane sono spesso sbalorditive. Le organizzazioni russe sono state temprate dalla repressione staliniana, che ammassò nei gulag migliaia di delinquenti e dissidenti politici. È lì che nasce la società dei *Vory v zakone*, che in pochi anni arrivarono a gestire i gulag di tutta l'Urss. Un'origine che quindi non ha niente in comune con le organizzazioni italiane, eppure la caratteristica principale che ha permesso loro di sopravvivere e prosperare è la stessa: la regola. La regola ha tante declinazioni e si esplicita in riti e mitologie, si concretizza in precetti da seguire alla lettera per essere considerati un degno affiliato dell'organizzazione e stabilisce come entrare a farne parte. Tutto è codificato e tutto vive dentro la regola. L'onore e la fedeltà accomunano il camorrista e il *vor*, così come la sacralità di alcuni gesti e l'amministrazione della giustizia interna. Anche i riti si assomigliano, e poco importa se questi avvengono in momenti diversi nelle rispettive organizzazioni. Ciò che fonda il rituale, e cioè il passaggio da uno stato all'altro, è comune, perché comune è la volontà di creare una realtà altra, con codici diversi ma altrettanto coerenti. Il camorrista e il *vor* vengono battezzati, subiscono punizioni se sgarrano, vengono premiati se ottengono un risultato. Sono vite parallele che spesso si sovrappongono. Simile è anche l'evoluzione del comportamento e l'apertura alla modernità. Se un tempo un *vor* era un asceta che rifuggiva ogni godimento terreno e ogni imposizione, al punto da farsi fare dei tatuaggi sulle ginocchia a significare che mai si sarebbe inginocchiato davanti alle autorità, oggi il lusso e l'ostentazione sono concessi. Risiedere in Costa Azzurra non è più un peccato.

I boss russi sono griffati dalle mutande alle valigie, godono di protezioni politiche, hanno il controllo di nomine e assunzioni pubbliche, celebrano feste megagalattiche senza che la polizia intervenga. I gruppi sono sempre più organizzati: ogni clan ha un *obščak*, una cassa comune in cui confluisce una percentuale dei proventi dei crimini, come estorsioni e rapine, che verrà utilizzata per coprire le spese dei *vory* che finiscono in carcere o per pagare mazzette a politici e poliziotti corrotti. Alle loro dipendenze hanno soldati, eserciti di avvocati e abilissimi broker.

In epoca comunista i *vory* lavoravano fianco a fianco con l'élite dell'Unione Sovietica esercitando la loro influenza su ogni angolo dell'apparato statale. Durante l'epoca Brežnev sfruttarono la pesante stagnazione dell'economia comunista e crearono un impressionante mercato nero: la Mafija poteva esaudire tutti i desideri di chi poteva permetterseli. I direttori di ristoranti e negozi, i dirigenti delle aziende statali, i funzionari del governo e i politici: tutti trafficavano. Dal cibo alle medicine, ogni bene era trattato sul mercato nero. I *vory* reperivano ciò che era vietato al popolo in nome del socialismo e portavano nelle case dei dirigenti del Partito i beni dello "sporco capitalismo". Così si è stretta un'alleanza tra nomenklatura e criminalità destinata ad avere enormi conseguenze.

La caduta del comunismo lasciò un abisso economico, morale e sociale che la Mafija fu pronta a riempire. Generazioni di persone senza lavoro, senza soldi, alla fame spesso in senso letterale: le organizzazioni russe potevano arruolare manovalanza a legioni. Poliziotti, militari, veterani della guerra afghana si offrirono senza riserve. Ex membri del Kgb e funzionari del governo sovietico misero i loro conti bancari e i loro contatti al servizio delle attività del crimine organizzato, inclusi traffico di droga e di armi. La transizione al capitalismo non si era munita di leggi né di infrastrutture adeguate. Le fratellanze, invece, avevano soldi, agilità rapace, capacità di intimidazione: chi poteva contrastarle? I cosiddetti "nuovi russi", coloro che con l'apertura dei mercati stavano riuscendo ad arricchirsi a un ritmo vertiginoso, trovarono conveniente versare una "tassa" con cui assicuravano alle loro imprese protezione da altri gruppi, nonché all'occorrenza qualche aiuto per risolvere questioni con i debitori e i concorrenti. I pesci piccoli non potevano che chinar la testa: tra gli estorsori c'era chi andava in giro con un paio di forbici e un dito mozzato: "Se non paghi, lo faccio anche a te". L'Occidente coglieva solo qualche eco di violenza esagerata, per il resto era distratto e illuso. Persino le donazioni degli Stati Uniti e dei paesi europei per rafforzare la società civile post-sovietica contribuirono indirettamente a ingrassare la Mafija. Venivano devolute preferibilmente a organizzazioni non governative, nel timore che altrimenti sarebbero potute finire nelle tasche degli ex comunisti e ridare forza al vecchio regime e ai vecchi burocrati. Ma in questo modo molti aiuti vennero intercettati dai gruppi criminali e non arrivarono mai a destinazione.

Con l'entrata in vigore di una nuova legge nel settore bancario, nuove banche spuntarono come funghi. Per i mafiosi non occorreva più corrompere i dirigenti dei vecchi istituti. Con i soldi che non mancavano e qualche prestanome potevano aprire una banca, sistemandovi amici e parenti, inclusa gente da poco uscita da un carcere. Infine ci fu il grande piano di privatizzazione che doveva dare a tutti i cittadini una quota di partecipazione delle imprese sovietiche, dai colossi energetici agli hotel di Mosca. Il valore delle azioni distribuite era basso per chi danaro e potere già li aveva, enorme per chi non sapeva come procurarsi il necessario per sbarcare il lunario. La povera gente le rivendeva anche a un prezzo inferiore al loro valore a chi poteva farne incetta, rafforzando l'élite di manager e burocrati ex sovietici e mafiosi. Quello tra Mafija e governo era un rapporto simbiotico che durò a lungo e che funzionava: le bustarelle facevano comodo a tutti perché tutti avevano bisogno di soldi per sopravvivere. La Mafija era ovunque. La Mafija era diventata lo Stato.

Nel 1993 soltanto a Mosca ci furono millequattrocento omicidi legati alla criminalità organizzata, oltre a un aumento impressionante del tasso di rapimenti ed esplosioni. Mosca fu paragonata alla Chicago degli anni venti. Imprenditori, cronisti, le famiglie dei malavitosi. Nessuno era al sicuro. Si combatteva per il controllo delle fabbriche, delle miniere, del territorio. Aziende e società erano costrette a trovare un'intesa con la malavita, altrimenti venivano fatte fuori. Per l'ex agente dell'Fbi Robert Levinson, che nella sua carriera si è occupato di mafia italoamericana, siciliana, colombiana e russa, quest'ultima è la più violenta che abbia conosciuto. Eppure c'è una novità: i russi sono spesso laureati, parlano molte lingue, si presentano come ingegneri, economisti, scienziati, colletti bianchi. Sono sanguinari istruiti e quando all'estero si comincia a capirlo è troppo tardi. La Mafija non ha soltanto colmato il vuoto di potere in Russia. I suoi uomini più temibili sono già altrove e stanno realizzando a modo loro l'idea di un nuovo mondo.

"La morte ti segue sempre," ama ripetere Sergej, uno dei sodali più vicini a Mogilevič. Sergej è un ometto dall'aspetto insignificante, vestito come uno straccione e per questo abilissimo nel rendersi invisibile. Don Semën lo disprezza ma gli è utile, perché per essere intoccabili non si deve essere minacciabili. E Sergej non lo è. Tutti, in città, sanno che gira con una valigetta. In pochi ne conoscono il contenuto. Lo stesso Mogilevič non ne parla, neanche con la moglie. Una volta Sergej viene rapito da un concorrente di Mogilevič, un imprenditore in lizza per ottenere gli appalti pubblici del comune di Mosca. Sergej non oppone resistenza e si fa trascinare nello scantinato buio di un anonimo palazzone della periferia moscovita. Non una supplica, non una preghiera di lasciarlo andare, non un accenno alle ritorsioni del suo potente padrino. Gli basta aprire la valigetta, e il giorno dopo – il solito abito sgualcito, l'aria stralunata e indifferente – bussa alla porta di Mogilevič. "Come hai fatto?" gli chiede il suo capo, che per l'occasione si concede di alzare occhi e mani dal portatile. Sergej si avvicina alla scrivania, sulla quale deposita la valigetta. *Tlac, tlac*, e con un rapido movimento del polso la gira di centottanta gradi. Mogilevič non batte ciglio quando si rivede insieme allo stesso Sergej in una delle rare vacanze sul Mar Nero. Non ricorda che Sergej avesse scattato quel quadretto balneare dall'apparenza innocua che garantisce al fotografo che nessuno può torcergli un capello. Sorride, chiude la valigetta e la fa girare di altri centottanta gradi.

Potrebbe essere stato il rapimento di Sergej o la pericolosità di Mosca, attanagliata dalla guerra tra gang, a suggerire a Mogilevič che è preferibile lasciare la città. I soldi non gli mancano, ha già accumulato diversi milioni di dollari, e in buona parte li ha fatti grazie alla sua arma più pericolosa: l'acume per gli affari finanziari. Non appena la *perestrojka* ha aperto le porte all'impresa privata, si è precipitato a formare diverse società, ufficialmente di import-export di carburanti, registrate ben lontano dalle guglie della piazza Rossa: una delle isole offshore nel canale della Manica. Una si chiama

Arigon Ltd, l'altra Arbat International: quest'ultima è per metà controllata da Mogilevič, l'altra è divisa tra il Giapponesino e i capi della Solncevo, Michajlov e Averin. Con gli ottimi rapporti d'amicizia fissati sulla carta, a Mogilevič non resta che fare le valigie. Nel 1990 decide di trasferirsi in Israele assieme ai suoi uomini più fidati. Sono l'avanguardia della seconda ondata di immigrazione ebraica dall'Unione Sovietica, che è anche la seconda ondata d'importazione di mafiosi, dopo quella degli anni settanta di cui seppe approfittarsi lo stesso Mogilevič. Allora a partire non furono solo innocenti discriminati, ma anche migliaia di criminali di cui il Kgb era ben lieto di sbarazzarsi. Molti di questi approdarono negli Stati Uniti, colonizzando "Little Odessa" dove nel 1992 giungerà Ivan'kov, o finirono in parti del mondo ancora differenti. Ma tra di loro mantennero buoni rapporti, come in una grande rete mondiale, una rete in cui Don Semën e il Giapponesino non dovevano far altro che inserirsi, senza perdere i contatti con le fratellanze russe.

Mogilevič diventa cittadino dello Stato d'Israele e stringe rapporti con gruppi emergenti russi e israeliani che intuiscono il suo talento nel gestire i complessi meccanismi finanziari internazionali. Il suo impero si espande grazie ai profitti delle attività illegali – droga, armi, prostituzione. Ma cresce anche reinvestendo il danaro sporco in attività legali come discoteche, gallerie d'arte, fabbriche e aziende di vario tipo, compreso un servizio di catering kosher internazionale. Secondo un documento dell'Fbi, possiede una banca israeliana con filiali a Tel Aviv, Mosca e Cipro, che ricicla danaro per i gruppi criminali colombiani e russi.

Però la Terra promessa va stretta a Don Semën: già l'anno dopo sposa una ragazza ungherese, Katalin Papp, aggiunge il passaporto ungherese a quello ucraino, russo e israeliano e si trasferisce a Budapest. Lavora ufficialmente come commerciante di grano e frumento, ma in realtà fonda un'organizzazione criminale che porta il suo nome, con circa due-centocinquanta membri e una struttura gerarchica sul modello delle mafie italiane, tanto che molti degli affiliati sono suoi parenti. Budapest si rivela un rifugio sicuro, e con la protezione di politici e poliziotti corrotti, gli affari possono prosperare senza troppo disturbo. Mogilevič sa che la tranquillità ha sempre un prezzo, prezzo che talvolta non va nemmeno corrisposto in danaro.

Nel 1995 due colonnelli del Servizio di sicurezza del presidente russo lo raggiungono sotto copertura in Ungheria, dove per prudenza c'è solo un socio israeliano di Mogilevič a fornire ciò che sono venuti a cercare: informazioni riservate da utilizzare per la campagna elettorale. Le parole dell'Fbi sono più eloquenti di qualsiasi immagine: "Mogilevič riesce a ingraziarsi la polizia fornendo informazioni sulle attività di altri gruppi criminali russi, dando l'impressione di essere così un buon cittadino collaborativo".

Ci sono altri accorgimenti nel modo di agire di Don Semën che lo tengono lontano dai problemi. Il Don non partecipa mai alle operazioni quotidiane del suo gruppo, non si sporca mai le mani, rendendo così estremamente difficile il lavoro delle forze dell'ordine e della giustizia che tentano di incastrarlo. Inoltre paga ex poliziotti ungheresi affinché lo tengano informato delle indagini della polizia nei suoi confronti. Grazie alle sue qualità manageriali, alle sue competenze finanziarie, ai suoi soci estremamente talentuosi e addestrati e all'uso di una tecnologia all'avanguardia, Mogilevič diventa uno dei boss più potenti al mondo. Riesce addirittura a crearsi un esercito privato, composto prevalentemente da veterani *specnaz* ed ex combattenti in Afghanistan, famosi per la loro brutalità. Per il business della prostituzione utilizza come copertura una catena di nightclub, i Black and White Clubs, che gestisce in collaborazione con la Solncevskaja e l'Uralmaševskaja, un altro dei grandi gruppi criminali russi. Nel 1992 Mogilevič organizza una riunione strategica con i principali capi russi della prostituzione all'Atrium Hotel di Budapest e fa una proposta: investire quattro milioni di dollari guadagnati con il business della prostituzione aprendo altri locali Black and White nell'Est Europa. Don Semën recluta ragazze dell'ex Unione Sovietica, procura loro dei lavori di copertura e le fa lavorare in questi club. Si occupa anche della loro protezione attraverso un gruppo di bodyguard. Il business funziona: le ragazze sono belle e fanno un sacco di soldi. Nello stesso periodo Mogilevič entra in contatto con le organizzazioni latinoamericane: le sue ragazze sono perfette per lo spaccio. Sono loro che abbracciano i ricchi signori dell'Est e dell'Ovest, sono loro che li spogliano e li fanno godere. E Don Semën, che viene anche chiamato "Pàpa", si sente davvero come un padre. Per lui farle prostituire è una sorta di welfare: le ragazze non cadono in mano a uomini alcolizzati e magari riescono anche a mettere via qualcosa per il futuro.

Talvolta, però, Papà è costretto ad arrabbiarsi. C'è un altro russo, Nikolaj Širokov, che gli contende la piazza della prostituzione di Budapest e gira per la città protetto dai suoi scagnozzi. Però ha un debole. Le donne per lui non sono solo un business, non può mai averne abbastanza. Bisogna trovarne una di classe, di una bellezza irresistibile, mettergliela sotto il naso come un gioiello troppo prezioso per cederlo subito ai clienti, e aspettare che indichi la meta. Alla fine del 1993 Mogilevič colpisce. Širokov viene eliminato a Budapest insieme a un paio delle sue guardie del corpo. Fine della concorrenza nella capitale sul Danubio.

Mogilevič, però, non ama servirsi di queste maniere brutali e cede volentieri il compito a qualche gruppo con cui si è associato. The Brainy Don preferisce speculare. Vi si lancia non appena il Muro di Berlino dà segni di cedimento, cambiando i rubli in una moneta forte, il marco tedesco.

Nel 1994 Mogilevič riesce a infiltrarsi nella Inkombank, colosso bancario russo con una rete di conti nelle maggiori banche del mondo (Bank of New York, Bank of China, Ubs e Deutsche Bank), e a prenderne il controllo: ciò gli permette di accedere direttamente al sistema finanziario mondiale e di riciclare senza fatica i proventi dei suoi affari illeciti. Nel 1998 la Inkombank verrà smantellata proprio per condotta scorretta dei suoi dirigenti, violazione delle leggi bancarie e per mancato rispetto degli obblighi nei confronti dei suoi creditori. Gli affari stanno crescendo e Mogilevič comincia a essere oggetto di diverse inchieste in giro per il mondo, dalla Russia fino al Canada. Ma il *vor* ricicla la sua identità come fa con i soldi. Seva Moguilevich, Semon Yudkovich Palagnyuk, Semen Yukovich Telesh, Simeon Mogilevitch, Semjon Mogilevcs, Shimon Makelwitsh, Shimon Makhelwitsch, Sergei Yurevich Schnaider, o semplicemente "Don Seva". È un fantasma con il dono dell'ubiquità e con il senso dell'ironia.

Come nel caso della truffa delle uova Fabergé.

All'inizio del 1995, sempre in società con la Solncevo, acquista negozi di gioielli a Mosca e Budapest come attività di facciata per trafficare in preziosi, antichità e opere d'arte rubate da chiese e musei russi, compreso l'Ermitage di San Pietroburgo. Ma il progetto è molto più ambizioso e sofisticato, al punto da utilizzare la più blasonata casa d'aste al mondo: Sotheby's. Mogilevič e i suoi soci comprano un capannone alle porte di Budapest, lo riempiono di modernissimi macchinari per restaurare gioielli antichi e incastonare pietre preziose. Fuori dal capannone, le braccia poggiate sulla pancia prominente, Mogilevič assiste all'allestimento. Ora bisogna trovare degli artisti capaci di mettere a disposizione il loro talento per replicare le uova d'oro più famose di tutti i tempi: le Fabergé. Don Semën attiva la sua rete di contatti e nel giro di una settimana ingaggia due scultori russi di fama internazionale. Promette loro tanti soldi e un lavoro sicuro. Certo, dovranno starsene in un capannone alle porte di Budapest per i prossimi mesi, ma sempre meglio di quello che riescono a trovare in patria. Le uova originali da restaurare, affidate da collezionisti o musei di tutta l'area ex sovietica, arrivano alla fabbrica di Budapest, i due scultori ne producono copie perfette che vengono rispedite in Russia. Nel frattempo le vere uova trovano i canali per giungere a Londra e vengono piazzate dai battitori di Sotheby's, ignari di essere l'ultimo anello esecutivo di un piano tanto criminale quanto beffardo.

Da sempre Mogilevič ha talento per le truffe e ne ha messe a segno alcune di proporzioni gigantesche come quella con cui ha rubato miliardi di dollari dalle casse pubbliche di tre Stati dell'Europa centrale – Repubblica Ceca, Ungheria e Slovacchia – vendendo loro benzina camuffata come combustibile per il riscaldamento, evitando quindi in questo modo di pagare la salatissima tassa sui carburanti per autovetture che questi Stati imponevano. Così, i soldi al posto di finire nelle casse di questi paesi, finivano nelle tasche di Don Seva e della sua organizzazione. Quando un malavitoso ungherese coinvolto in quell'affare comincia a collaborare con gli inquirenti e a fare il nome di "Don Seva", la risposta è inequivocabile. Nel pieno centro di Budapest esplode un'autobomba che uccide lui, il suo avvocato e due passanti, ferisce una ventina di persone, riducendo la via frequentata da turisti a uno scenario di devastazione bellica. Un attentato inedito per violenza indiscriminata, un avviso esemplare che scuote l'opinione pubblica. Si dice che siano stati i russi, ma non il compassato *biznesman* da oltre un quintale.

Mogilevič decide di rimanere a Budapest anche dopo la morte della moglie nel 1994. Come per tutta la Mafija, uno dei pilastri della sua fortuna è stato il traffico d'armi. Ma ora compie un salto clamoroso. Ottiene una licenza per comprarle e venderle legalmente e, attraverso il controllo della fabbrica di armi ungherese Army Co-Op, acquista altre due fabbriche: la Magnex 2000, che produce magneti, e la Digep General Machine Works, una fabbrica statale privatizzata che produce proiettili, mortai e armi da fuoco. Di fatto controlla l'industria bellica ungherese. Vende armi all'Afghanistan, all'Iraq, al Pakistan. Fornisce all'Iran materiale trafugato dai magazzini della Germania dell'Est per svariati milioni di dollari. Mogilevič è il signore della guerra.

Un'altra foto dall'album russo. Ivan'kov, il Giapponesino, appare invecchiato. Stempiato, barba e capelli incanutiti, leggermente ingobbito. Ha messo su qualche chilo e sembra affaticato. Ma gli occhi, le due fessure che gli sono valse il soprannome, sono sempre gli stessi. E gli occhiali azzurrati non riescono a nasconderne la furia. Mentre Mogilevič fa affari, anche lui non sta perdendo tempo. Con le sue conoscenze, la sua reputazione e la sua esperienza ha messo in piedi operazioni internazionali di traffico d'armi, gioco d'azzardo, prostituzione, estorsione, frode e riciclaggio, usando metodi più sofisticati e moderni rispetto a quelli a cui erano abituati i russi di New York. Ha stabilito legami con la mafia italiana e i cartelli della droga colombiani. E per assicurarsi protezione, potenza di fuoco e capacità intimidatoria ha costituito un esercito di quasi trecento uomini, la maggior parte dei quali ha alle spalle la guerra in Afghanistan. In breve tempo ha preso il controllo della mafia ebrea russa a New York, trasformandola da piccolo gruppo di estorsori di quartiere a impresa criminale multimiliardaria. E i gangster della vecchia guardia, spaventati da lui e dalla sua reputazione, devono accettarlo. Secondo le autorità americane è il più potente mafioso russo negli Stati Uniti. È lui ad ampliare il business della Mafija a Miami, dove fornisce eroina e servizi di riciclaggio al cartello di Cali in cambio di cocaina che poi spedisce in Russia. L'ex Unione Sovietica comincia ad aver fame di polvere bianca e il Giapponesino vuole quel mercato. E per farlo non esita a usare qualunque tipo di arma. Fino a quel momento la coca in Russia è affare di due criminali dell'ex Unione Sovietica: il *vor* georgiano Valeri "Globus" Glugech's e Sergej "Sylvester" Timofeev. Il primo è un pioniere dell'importazione di droga a Mosca; il secondo, dopo un breve interludio nella Solncevo, già collabora con Ivan'kov. Il Giapponesino vuole le loro fette di mercato e non ha intenzione di fermarsi davanti a niente. Non rinuncia a convincere Globus e Sylvester che da lì in poi sarebbe stato lui, il Giapponesino, a prendere in mano il commercio della coca. Ma alla fine sarà costretto a ucciderli entrambi: Globus freddato nei pressi di uno dei suoi locali a Mosca, Sylvester invece finirà in mille pezzi dopo aver avviato il motore della sua macchina.

La concorrenza è finita, Ivan'kov ha vinto. La sua attività attira presto l'attenzione dell'Fbi, fino ad allora abituata a occuparsi principalmente della mafia italoamericana e ancora poco attrezzata per avere a che fare con i russi. Nel 1995 Ivan'kov ha per le mani un'estorsione, o meglio un "recupero crediti", da tre milioni e mezzo di dollari. Due uomini d'affari russi dal passato poco chiaro che lavoravano a Wall Street, Aleksandr Volkov e Vladimir Vološin, hanno fondato una società di investimento a New York, la Summit International, in cui ha investito anche la Banca Chara di Mosca, tre milioni e mezzo di dollari appunto. Ma la società di investimento di Volkov e Vološin altro non è che un gigantesco schema di Ponzi: i due promettono un tasso di interesse del 120 per cento annuo ai creditori, prevalentemente emigrati russi, ma in realtà non investono nulla e spendono i soldi in donne, viaggi e casinò. Quando il presidente della Banca Chara chiede la restituzione del danaro investito, i due manager si rifiutano. Allora la banca moscovita chiede aiuto a Ivan'kov, che si incarica della questione. In giugno Ivan'kov e due suoi scagnozzi sequestrano i due trader al bar dell'Hotel Hilton di New York e li portano al ristorante russo Troyka nel New Jersey. Qui li minacciano dicendo che se non accettano di firmare le carte con cui si impegnano a restituire i tre milioni e mezzo non usciranno vivi da quel ristorante. I trader accettano, non possono fare altro e così salvano la pelle. Il Giapponesino ha vinto di nuovo, o così crede, perché ancora non sa che una volta rilasciati i due sequestrati hanno avvertito l'Fbi. Ivan'kov viene arrestato a Brighton Beach qualche giorno più tardi, all'alba dell'8 giugno 1995, mentre dorme con la sua amante. Quello stesso giorno vengono fermati numerosi uomini della sua organizzazione, tra cui il suo braccio destro. Anche con le manette ai polsi, anche circondato da agenti dell'Fbi, il Giapponesino fa sfoggio della sua arroganza e della sua spavalderia. Urla, impreca, tira calci. Lancia minacce e frasi a effetto: "Mangio i miei nemici per cena".

Viene condannato per estorsione a nove anni e otto mesi nella prigione federale di Lewisburg (Pennsylvania). Passano quattro anni e appare evidente che quel carcere non è sufficiente per uno come il Giapponesino, che non ha problemi a farsi recapitare la droga e, secondo l'Fbi, a impartire ordini ai suoi scagnozzi all'esterno. Ad attendere Ivan'kov ci sono le sbarre del penitenziario di massima sicurezza di Allenwood.

Circa nello stesso periodo in cui Ivan'kov viene arrestato negli Stati Uniti, anche nel Vecchio continente le forze dell'ordine cominciano a darsi da fare per fermare l'esuberanza dei russi espatriati. La sera del 31 maggio 1995 una fila interminabile di avventori varca la soglia del ristorante U Holubů a Praga per una serata speciale. Nessuno si accorge che all'esterno del locale sono parcheggiati due grandi camion frigoriferi. Sono completamente bianchi e privi di scritte, e a uno sguardo più attento chiunque si accorgerebbe che i copertoni non presentano segni di usura. Forse gli invitati hanno fretta di entrare. C'è una cena in onore di un amico e il cabarettista russo pare sia davvero esilarante. Qualche ora prima, nel centro operativo della Squadra speciale contro il crimine organizzato della Repubblica Ceca, un solerte funzionario ha esposto un'idea un po' stravagante.

"Mi servirebbero un paio di camion frigoriferi. E mi servono in fretta."

"Si può sapere per che cosa?"

"Pulizia. Molto discreta."

Nonostante la squadra navighi in acque finanziariamente burrascose, la proposta viene accettata. Così il funzionario si attiva e telefona a un cugino proprietario di una concessionaria di furgoni. All'interno del locale lo show ha inizio. Duecento persone ridono sguaiate a una barzelletta del cabarettista che lascia il proscenio tra gli applausi. È il turno della cantante russa. Nell'attesa, il pubblico chiacchiera allegro e fa tintinnare i calici sollevati in ripetuti brindisi. Le luci in sala si spengono e cala il silenzio. I riflettori illuminano corde calate dall'alto, qualcuno si sfrega le mani pregustando seducenti acrobazie. Il primo a scendere sul palco è un nerboruto agente della squadra speciale. Ha il mitra spianato e rimane a bocca aperta quando trova il momento di far correre gli occhi sulla platea e rendersi conto che la sala è piena di pezzi da novanta. Appena si riprende, e dopo essere stato raggiunto dai suoi colleghi, urla a pieni polmoni di non muoversi, anche se ormai si aspetta che nel prossimo istante il ristorante si trasformerà in un mattatoio. Il pubblico, invece, non spara, non fiata, non batte ciglio. Gli arrestati sfilano fuori dal locale in ordine e composti, sempre in silenzio. Tra di loro ci sono anche le ragazze del nightclub Black and White. Solo allora qualcuno nota quei due grossi camion frigoriferi, ancora più splendenti nel loro candore acceso dalla luna piena. A bordo gli agenti della Squadra speciale contro il crimine organizzato tirano un sospiro di sollievo. Ci sono i capi della Solncevo e altre figure del gotha della Mafija che, non portando armi, verranno rilasciati l'indomani; però manca Mogilevič. "Il mio aereo era in ritardo," risponde con l'impassibilità di un tricheco a un intervistatore. Questi non si fa intimidire e gli chiede se le ragazze dei suoi club andavano a letto con i clienti. Mogilevič lo fissa come si guarda un bambino scemo: "Non c'erano letti. Solo tavoli. Era uno di quei locali dove si sta in piedi".

The Brainy Don opera ormai incontrastato in Ucraina, Regno Unito, Israele, Russia, Europa e Stati Uniti, e mantiene rapporti anche con organizzazioni in Nuova Zelanda, Giappone, Sudamerica e Pakistan. L'aeroporto internazionale Sheremetyevo di Mosca è sotto il suo totale controllo. I suoi affari non hanno limiti: da un report dell'Fbi risulta addirittura che uno dei suoi luogotenenti di stanza a Los Angeles si è incontrato con due russi di New York legati alla famiglia Genovese per mettere in piedi un piano per sversare i rifiuti tossici medicali americani in Ucraina, nella zona di Černobyl, probabilmente pagando delle tangenti alle autorità locali per la decontaminazione. La fantasia del Don non ha limiti. È il 1997 e Mogilevič ha tra le mani diverse tonnellate di uranio arricchito, a quanto pare uno dei tanti regali della caduta del Muro. I depositi sono pieni di armi e basta trovare il modo di accaparrarsele per primi. The Brainy Don organizza un meeting nella località termale di Karlovy Vary, lui adora quel posto. All'altro lato del tavolo siedono i compratori, dei distinti uomini mediorientali. Tutto sembra filare liscio, ma le autorità ceche mandano a monte l'affare.

Nel 1998 un report dell'Fbi identifica nel riciclaggio la principale attività di Don Semën negli Stati Uniti e rivela gli interessi suoi e della Solncevo nella Ybm Magnex International, una società con sede in Pennsylvania e ramificazioni in Ungheria e Gran Bretagna, che ufficialmente produceva magneti industriali. Valutata circa un miliardo di dollari e quotata alla Borsa di Toronto, la società annoverava tra i suoi maggiori azionisti due donne di nome Ljudmila: la moglie di Sergej Michajlov e la moglie di Viktor Averin, i due capi della fratellanza moscovita. Mogilevič e i suoi sodali avevano scoperto che la Borsa canadese era scarsamente regolamentata: una società quotata a Toronto sarebbe stata quindi una copertura perfetta per far entrare e nascondere capitali illeciti della Mafija nei mercati nordamericani. Nel giro di soli due anni il valore delle azioni della Ybm Magnex salì da pochi centesimi a più di venti dollari. Sulla carta gli investitori stavano guadagnando tantissimo e la società venne addirittura inclusa nell'indice dei trecento titoli più importanti scambiati alla Borsa di Toronto. Ma nel maggio del 1998 l'Fbi fa una visita agli uffici Ybm a Newtown, Pennsylvania, e sequestra tutto: hard disk, fax, fatture, ricevute di spedizione. Il prezzo delle azioni crolla nel giro di pochissime ore, Mogilevič viene accusato di truffa ai danni degli investitori americani e canadesi. In pratica l'azienda faceva affari con società di facciata, "scatole dentro scatole", entità vuote utili solo per far girare dei soldi. A confermare i sospetti delle forze dell'ordine fu la stessa sede della Ybm a Newtown: un'azienda che dichiarava un fatturato di venti milioni di dollari e più di centocinquanta dipendenti non poteva avere come sede una piccola ala di un ex edificio scolastico. La gigantesca truffa è costata agli investitori oltre centocinquanta milioni di dollari.

La Ybm Magnex aveva ricevuto svariati milioni di dollari dalla Arigon Ltd, che tra le varie attività si occupava di vendere carburanti alla società ferroviaria statale ucraina. Mogilevič è in ottimi rapporti con il ministro dell'Energia ucraino e con le società energetiche del suo paese d'origine. Fra l'altro, era la Arigon a possedere il nightclub Black and White di Mogilevič a Praga. Attraverso l'Operazione Sword lanciata dalla National Criminal Intelligence britannica, emerge che la Arigon Ltd è in realtà una società offshore registrata su un'isola della Manica, nonché il perno delle operazioni finanziarie di Mogilevič. Secondo gli inquirenti il meccanismo è questo: i soldi sporchi realizzati da lui e da altri boss russi attraverso le loro attività illegali nell'Europa dell'Est confluiscono in società come la Arbat International (di proprietà del Giapponesino, della Solncevo e di Mogilevič) e da qui vengono trasferiti alla Arigon, a volte passando per le società di Mogilevič a Budapest. La Arigon a sua volta si serve di un certo numero di conti correnti a Stoccolma, Londra, New York e Ginevra da cui partono trasferimenti bancari verso proprietari di società di facciata in giro per il mondo, anche a Los Angeles e San Diego, intestate a collaboratori di Mogilevič. Attraverso la Arigon i soldi vengono quindi ripuliti ed entrano nel mercato legale, confluendo in altri progetti. Grazie all'Operazione Sword sappiamo che degli oltre trenta milioni di sterline che hanno irrorato le banche londinesi, due sono stati depositati alla Royal Bank of Scotland. Erano destinati alla Arigon e vantavano una non meglio precisata origine russa. Alla fine l'Operazione Sword si conclude però in un nulla di fatto perché la polizia russa non è riuscita o non ha voluto fornire a Scotland Yard la prova che quei soldi erano frutto di attività criminali. Così le accuse di riciclaggio sono cadute ma un colpo di coda c'è stato. Posso solo immaginare la sorpresa di Mogilevič quando poco dopo questi fatti ha aperto una busta proveniente dall'ufficio degli Affari interni e ha letto che la sua presenza nel Regno Unito non era più gradita.

Man mano che gli affari di Mogilevič si sono estesi, però, nuove ramificazioni e filiali della Arigon sono state aperte in giro per il mondo. Praga, Budapest, Stati Uniti, Canada: sono efficientissime lavatrici di danaro sporco.

"Perché ha aperto delle società sulle isole della Manica?" chiese un intervistatore a Mogilevič.

"Il problema è che non conoscevo altre isole. A scuola quando ci hanno insegnato la geografia, quel giorno lì io ero malato."

Quella della Russia è una storia di uomini che hanno saputo approfittare della transizione dopo la caduta del comunismo. Uomini che hanno navigato a vista durante gli anni novanta. Uomini come Tarzan. Capelli lunghi, sguardo fiero, massiccio. Nella foto che ho davanti sprizza energia da tutti i pori e dimostra quanto il suo soprannome sia azzeccato, anche se la sua origine risale a un episodio di qualche anno prima. Da ragazzino, per attirare l'attenzione, si lanciò dal quarto piano del palazzo dove abitava con la sua famiglia trasferitasi dall'Ucraina in Israele negli anni settanta. Sopravvisse, ma quel giorno Ludwig Fainberg divenne Tarzan.

In Israele presta servizio militare in marina, ma i suoi centottantasei centimetri di altezza e i suoi muscoli pompati non bastano per passare l'esame per diventare ufficiale, suo grande sogno.

Nel 1980 si trasferisce a Berlino Est. Ha un contatto che può procurargli un diploma di laurea in Medicina che può ingannare chiunque. Tarzan si accontenta di un diploma da odontotecnico, ma per fare dentiere e apparecchi non basta quel foglio di carta e viene licenziato da sette centri dentistici di fila. A quel punto a Tarzan non rimane che aggregarsi ai connazionali mafiosi e sceglie la branca truffe e contraffazioni. Poi si sposta a Brooklyn, dove apre un videonoleggio a Brighton Beach. Qui si sposa con una ragazza di "puro sangue mafioso", come dicono in Russia: il nonno in Russia era mafioso e lo era anche l'uomo con cui si era sposata in prime nozze. Sempre negli Stati Uniti, Tarzan aiuta il suo amico d'infanzia Griša Roizis detto "il Cannibale", boss di un gruppo di russi a Brooklyn, a gestire alcuni negozi di mobili che in realtà sono la copertura per un traffico internazionale di eroina che coinvolge anche le famiglie italoamericane Gambino e Genovese. Diventa amico di alcuni pezzi grossi della famiglia Colombo. Ma quando la situazione a Brighton Beach si fa troppo incerta e molti dei suoi amici vengono uccisi, Tarzan decide di andarsene. Nel 1990 si sposta a Miami, la seconda città per numero di mafiosi russi in America. Qui fin dagli anni settanta i tassisti russi sono coinvolti in giri di estorsione, droga, gioco d'azzardo, prostituzione, traffico di gioielli e frodi bancarie. In Florida, Tarzan apre varie attività, tra cui il Porky's, uno stripclub il cui slogan è "*Get lost in the land of love*", perditi nella terra dell'amore. In realtà di amore nel locale ne circola ben poco: mentre l'Fbi lo tiene sotto osservazione dal tetto di un edificio dall'altra parte della strada, viene immortalato in alcuni video nei quali picchia alcune ballerine fuori dal locale. Una addirittura la getta per terra e le fa mangiare la ghiaia.

Le ballerine non hanno uno stipendio fisso, vivono di mance e di commissioni sui drink, che vengono progressivamente ridimensionate. Tarzan si vanta addirittura che gli basta indicare con un dito una qualsiasi ragazza di un qualsiasi giornale per adulti per farla chiamare dal suo agente, portarla al club e "scoparsela fino all'esaurimento".

Tra una bevuta di vodka e uno spogliarello, al Porky's hanno luogo le riunioni tra i russi e i narcos colombiani o i loro mediatori. Fra i tanti amici di Tarzan, infatti, vi sono personaggi come Fernando Birbragher, un colombiano in ottimi rapporti con il cartello di Cali, per il quale nei primi anni ottanta ha riciclato oltre cinquanta milioni di dollari, e con Pablo Escobar, per il quale ha comprato yacht e auto sportive. Oppure Juan Almeida, uno dei maggiori trafficanti di cocaina colombiana in Florida, che tiene i contatti con i cartelli colombiani tramite un negozio di autonoleggio di macchine di lusso a Miami e altre attività di copertura. Insieme Almeida e Tarzan si godono la vita a bordo dei loro yacht e a volte a pranzo, di punto in bianco, decidono di andare a mangiare un bel piatto di *mariscos* a Cancún, in Messico, a bordo di un elicottero.

Donne, successo, soldi. Tarzan ha tutto, ma c'è il richiamo del mare, il mare che sin dall'infanzia a Odessa è per lui lo spazio infinito, la possibilità illimitata. Gli brucia ancora che non l'avessero ammesso in marina, e quindi se il mare non lo vuole, allora sarà lui a conquistarsi il mare. Il piano è semplice: procurare ai narcos colombiani un sottomarino sovietico classe Tango. Tarzan è un ammiratore di questi vecchi sottomarini. Ne ha seguito da lontano la costruzione e sa che le migliorie che hanno introdotto sono davvero strabilianti: più potenza di fuoco, capacità di operare in oceano aperto. Certo, con il tempo anche questi sottomarini modernissimi sono stati superati. Ma Tarzan ne è innamorato e al cuore non si comanda. Il problema è che Tarzan è un gran chiacchierone vanaglorioso. Un giorno al Babuška, un altro ristorante di sua proprietà a Miami, il suo amico Griša Roizis gli presenta Aleksandr Jasevič, un trafficante di armi e spacciatore di eroina che in realtà altro non è che un agente della Dea sotto copertura. Tarzan non sa che anche il suo amico sta collaborando con la Dea. Dopo un paio di portate e qualche vodka, ha già raccontato dei suoi legami con i colombiani e di quali affari sta concludendo per i narcos, incluso quello del sottomarino.

Qualche tempo dopo Roizis, detto il "Cannibale", sarebbe diventato un punto di riferimento per le giovani coppie squattrinate italiane. Vicino Napoli, dove si trasferirà dopo la sua collaborazione con la Dea, aprirà un negozio di mobili la cui forza saranno i prezzi bassissimi. Cucine complete e pareti attrezzate alla portata di tutte le tasche. Ci sarà la fila fuori dal suo negozio: fidanzati pronti al grande passo che per arredare il futuro nido d'amore contribuiranno inconsapevolmente a riciclare con i loro acquisti il danaro sporco del Cannibale, il quale con una mano stringerà accordi con la mafia italiana e con l'altra continuerà la collaborazione con la Dea. Al Cannibale l'odore di segatura è sempre piaciuto, tanto da installare il proprio ufficio a pochi metri dal ricevimento merci, dove i russi che ha portato con sé scaricano notte e giorno mobili ed elettrodomestici. Si è addirittura fatto costruire una scrivania con poche semplici assi di compensato. Chi ha a che fare con lui resta affascinato dal suo tic: sfregare voluttuosamente il palmo contro la superficie del legno e poi portarsi le dita al naso. Ai fedelissimi dice che l'inebriante aroma gli ricorda l'infanzia. Un'altra cosa che lo fa godere è fregare i connazionali onesti che operano sul territorio italiano. Tanti imprenditori russi subiranno da lui estorsioni, fino a quando la polizia italiana riuscirà a ricostruire i suoi movimenti e ad acciuffarlo a Bologna, incriminandolo per associazione mafiosa.

Ma tornando all'affare del sottomarino, l'avvocato di Tarzan sostiene che il suo cliente è solo un millantatore che amava vantarsi di cose che in realtà non poteva fare o offrire. Per gli investigatori il caso era invece l'ennesima prova di un'alleanza ormai stretta fra il crimine organizzato dell'ex Unione Sovietica e i narcos colombiani, in virtù della quale i narcos fornivano ai russi cocaina da trasportare e distribuire in Europa, mentre i russi in cambio garantivano armi ai colombiani e riciclavano per loro narcodollari, soprattutto tra Miami, New York e Portorico. Con la sua attività Tarzan ha contribuito in modo decisivo a creare un legame tra la Mafija e i cartelli colombiani. Anche se l'affare del sottomarino non venne mai concluso, altri andarono in porto in quegli stessi anni. Affari come il quintale di cocaina nascosto nelle casse di gamberi liofilizzati provenienti dall'Ecuador e diretti a San Pietroburgo o come quella partita di elicotteri M18 dell'esercito sovietico tanto voluti da Juan Almeida: Tarzan lo aiutò ad acquistarli alla modica cifra di un milione di dollari l'uno. "Su questi voleranno gli uomini di Escobar," pare che raccontasse in giro Tarzan, "addirittura abbiamo dovuto sventrare l'interno, togliere i sedili e trovare mille modi per farci stare più droga possibile."

Le sue attività criminali in Florida, inoltre, non si fermavano al Porky's. Possedeva immensi campi di cannabis nelle Everglades, in mezzo ai quali c'era anche una pista aerea usata per far atterrare carichi di marijuana giamaicana.

Tarzan è stato imputato di trenta diversi capi d'accusa, tra cui associazione a delinquere, traffico d'armi e frode telematica. Rischiava di passare la vita in prigione, ma decise di trattare con la giustizia americana. In cambio della sua testimonianza contro Almeida e informazioni su alcuni pezzi grossi della Mafija, vennero fatte cadere tutte le accuse tranne quella di estorsione. Alla fine fu condannato a soli trentatré mesi al termine dei quali fu estradato in Israele. Possedeva soltanto poche centinaia di dollari, un pallido miraggio della fortuna che si era costruito in quasi due decenni di vita americana.

Intervistato dopo il suo rilascio da History Channel per un documentario sulla Mafija, dichiarò: "Noi andiamo in cerca di affari, andiamo in cerca di ricchezza: ce l'abbiamo nel sangue di andare a fare soldi e a volte non ci preoccupiamo del modo in cui li facciamo".

La storia di Tarzan è la punta dell'iceberg che rivela il crescente interesse della Mafija per il traffico di droga. Prima della transizione l'Unione Sovietica aveva un ruolo marginalissimo lungo la filiera della distribuzione e del consumo di droghe. Ma negli anni che seguirono la transizione la domanda di droghe in Russia conobbe una crescita consistente. Quello che stupisce è anzi proprio la velocità di crescita del fenomeno, soprattutto tra i giovani. Per i suoi prezzi relativamente accessibili, nell'Europa occidentale il consumo di eroina era sempre stato legato a condizioni di emarginazione. In Russia cominciò invece a essere usata da giovani di ogni classe sociale, non particolarmente disagiati o poveri. Era un'onda inarrestabile, che dilatò i confini del mercato, facendogli raggiungere le parti più remote del paese. Anche la varietà di droghe aumentò: per sballarsi o dimenticare i loro problemi, i consumatori russi potevano accedere a qualsiasi sostanza, come qualsiasi ragazzo americano o europeo.

Nell'era sovietica la maggior parte delle droghe presenti in Russia era costituita da derivati della cannabis e dell'oppio di produzione locale, prodotti dirottati dalle fabbriche farmaceutiche sul mercato illecito degli stupefacenti. Addirittura in alcune parti del paese non ci si poteva stordire se non sniffando sostanze tossiche come colla, acetone e benzina. Oppure si usavano potenti anestetici con effetti allucinogeni. Con la caduta del regime, le droghe d'importazione cominciarono a proliferare e i prezzi a scendere, e infine fecero il loro ingresso anche ecstasy e cocaina, le droghe dell'Occidente. Quest'ultima, almeno all'inizio, rimase limitata a chi poteva permettersi di pagare l'equivalente di tre stipendi mensili russi. Fu un'invasione di sostanze, che trovò terreno fertile anche grazie alla disgregazione degli Stati confinanti. Guerre, frontiere aperte e un esercito di immigrati clandestini, incapaci però di trovare lavoro nell'economia legale. Per molti – come in tutto il mondo – spacciare divenne l'unico modo per guadagnarsi da vivere. Ma il passaggio decisivo è stata l'apertura verso i paesi dell'emisfero occidentale, dapprima Stati Uniti e Canada, poi America Latina e Caraibi. Quell'area del mondo aveva un'alta domanda di armi e la Russia una notevole offerta di strumentazione bellica sovietica. Quell'area del mondo aveva una massiccia offerta di droga e di expertise di riciclaggio e la Russia una consistente domanda di sostanze e di sbocchi per i capitali sporchi. Il gioco era fatto. All'inizio era solo una convergenza, uno scambio simmetrico tra le due sponde dell'oceano: gli arsenali sovietici resero sempre più ricca e potente la criminalità organizzata dell'ex impero sovietico, la polvere bianca i cartelli centro e sudamericani. Ma i contatti d'affari con i narcos e l'aumento esponenziale dei profitti con le sue necessità comuni di reinvestimento e riciclaggio rinsaldarono i legami. In America Latina e nei Caraibi, in particolare, i russi hanno trovato le stesse condizioni di debolezza statale che avevano favorito la crescita della Mafija: corruzione, illegalità diffusa, sistema bancario poroso, giudici accondiscendenti. A ciò si aggiunge la facilità con cui i boss russi potevano ottenere la cittadinanza grazie ad alcuni Stati compiacenti.

Le organizzazioni russe sono risultate utili ai narcos per trovare reti e metodi di riciclaggio meno rischiosi, servizio per il quale si sono prese fino al 30 per cento dei guadagni. Prostituzione, estorsioni, usura, sequestri, truffe di ogni tipo, contraffazione, pornografia infantile e furti d'auto sono stati gli altri campi privilegiati d'attività dei mafiosi russi in America Latina. Solncevskaja, Izamailovskaja, Poldolskaja, Tambovskaja e Mazukinskaja sono di casa in Messico, così come cellule mafiose di paesi che facevano parte del Blocco sovietico: Lituania, Polonia, Romania, Albania, Armenia, Georgia, Croazia, Serbia, Cecenia.

Il multimiliardario Mogilevič è stato dichiarato presenza non gradita in Ungheria, nel Regno Unito, nella Repubblica Ceca e in altri paesi occidentali. Ma con quella decisione gli

Stati occidentali non possono disfare quel che lui e i suoi sodali sono riusciti a creare nei pochi, decisivi anni di libertà indisturbata. Non cambia molto che sia tornato in Russia, come pure il Giapponesino che, uscito dal penitenziario statunitense, era stato estradato per un processo riguardante l'uccisione di due turchi compiuta alla vigilia della sua partenza per l'America. Ma dopo il processo, che lo scagionò per assenza di prove, Ivan'kov poté rituffarsi nelle strade di Mosca: tutti i testimoni sostennero di non aver mai visto i suoi occhi sbiechi. Visse così, senza dar notizia di sé fino a quando a luglio del 2009 un killer non lo freddò davanti a un ristorante thailandese. Era scoppiata una nuova faida, lui si era schierato e questa volta non l'aveva fatta franca. In un cimitero, all'esterno blindato dalle forze dell'ordine per timore di ritorsioni del gruppo rivale, un migliaio di persone si riunì nei canti e nelle preghiere ortodosse. Vennero deposte corone offerte dalle confraternite provenienti da tutta l'ex Unione Sovietica, dalla Georgia al Kazakistan, i *vory* di tutto il paese giunsero per dare l'estremo saluto a uno di loro, uno degli ultimi capi della vecchia guardia. Mancava Mogilevič che, rilasciato da poco di prigione, forse preferì tenersi lontano dai vecchi amici.

Perché dopo anni di vita talmente indisturbata da avergli consentito di farsi addirittura intervistare dalla Bbc Mogilevič sia stato arrestato nel 2008 con l'accusa di evasione fiscale, perpetrata grazie a una catena di negozi di cosmetici, è un mistero. Forse anche uno scherzo involontario, uno scherzo che rispecchia l'umorismo russo amante del grottesco e dell'assurdo: come nel capolavoro di Nikolaj Gogol' dove il consigliere di collegio Čičikov escogita una truffa macabra comprando *Le anime morte*, ossia i servi della gleba che pur essendo passati a miglior vita non sono stati ancora depennati dai registri. Il piccolo Semën era probabilmente preparatissimo il giorno in cui a scuola lo interrogarono su quel romanzo fondamentale della letteratura russa. La beffa, questa volta, riguarda "il gendarme del mondo", ossia gli americani che, come è noto, erano riusciti ad arrestare Al Capone proprio per problemi con il fisco. Nel 2009 l'Fbi inserisce Mogilevič nella lista dei dieci criminali più ricercati, accanto a killer dei cartelli messicani, pedofili, sterminatori di famiglie. Ci sono accuse ben più gravi, come l'associazione a delinquere, ma quella a cui viene dato più rilievo è la truffa della Ybm Magnex. Non importa con che cosa lo si incastri, basta avere un capo d'imputazione che regga ai riscontri giudiziari. È la tecnica collaudata sin dai tempi di Chicago, che ha sempre continuato a dare frutti, perché il regime implacabile delle carceri statunitensi è temuto talvolta più della morte: i cartelli colombiani hanno cominciato a sgretolarsi da quando i narcos sono stati estradati negli Usa. Ora Mogilevič è già detenuto a Mosca, però gli Stati Uniti non hanno un trattato di estradizione con la Russia. Alla fine viene rilasciato su cauzione, ossia pagando per una volta alla luce del sole e della legge. La portavoce del ministero dell'Interno dichiara inoltre che l'accusa non è in fondo così grave da rendere necessario il prolungamento degli arresti. Circa due anni dopo, i giudici decidono addirittura di lasciar cadere tutte le accuse. Perché allora Semën Mogilevič è stato trattenuto in un carcere moscovita per un anno e mezzo? Le illazioni che circolano sono tantissime. Quella più delicata riguarda la disputa tra Russia e Ucraina sulle forniture di gas, dove accanto a Gazprom e Naftogaz Ukrainy, i colossi controllati dai rispettivi Stati, opera una terza azienda registrata in Svizzera: la RosUkrEnergo di cui il 50 per cento è sempre della Gazprom, l'altra metà fa capo a un oligarca ucraino, Dmitro Firtaš. La RosUkrEnergo è anzi il jolly che consente di porre fine alle ostilità che nel 2006 avevano prodotto una breve chiusura dei rubinetti dalla Russia all'Ucraina con danni enormi per il resto d'Europa visto che l'approvvigionamento energetico passa per le condutture ucraine. La RosUkrEnergo paga il prezzo richiesto alla Gazprom e rivende a un terzo in Ucraina, ma riesce a sostenere tale squilibrio perché si rifornisce anche di gas turkmeno, meno costoso, ma soprattutto perché ha la licenza di vendere senza vincoli di prezzo sul mercato mondiale. Nel 2008, Julija Timošenko, la cui ascesa a primo ministro è legata al suo ruolo nella Rivoluzione arancione, inizia un braccio di ferro con Vladimir Putin. Uno degli obiettivi su cui la Timošenko non vuole cedere è l'esclusione della RosUkrEnergo, in quanto non ci sarebbe alcun bisogno di intermediari tra la Gazprom e la Naftogaz. Ma la crisi non ha ancora toccato il suo apice. Ai primi di gennaio del 2009, a causa dei debiti della società energetica ucraina nei confronti di Gazprom e RosUkrEnergo, la Russia cessa di nuovo le forniture di gas verso l'Ucraina e le riduce drasticamente verso il resto dell'Europa, minacciando di mettere in ginocchio l'intera economia del continente e di lasciare i suoi cittadini al gelo in pieno inverno. In Slovacchia viene proclamato lo stato d'emergenza. La crisi, in ogni caso, dura oltre due settimane e comincia a farsi preoccupante anche per i paesi che riescono a tamponare la falla attraverso altri canali d'approvvigionamento. Il 17 gennaio, dopo trattative sempre più convulse a Mosca che vedono coinvolti i vertici dell'Unione Europea, finalmente i primi ministri di Russia e Ucraina trovano un accordo decennale, nel quale è fissata anche l'esclusione della RosUkrEnergo. Ma è proprio per quell'accordo strappato con tanta determinazione che Julija Timošenko verrà processata nel 2011 e condannata infine a sette anni di reclusione, pena che sta scontando a tutt'oggi e che coincide con la sua uscita dalla scena politica. L'attuale presidente Janukovič, che sconfisse Timošenko nelle elezioni del 2010, è stato invece premuroso nel far partire un risarcimento miliardario per le forniture perse negli accordi precedenti, ottenuto in tribunale dalla RosUkrEnergo.

Don Semën è in prigione per quasi tutto il periodo in cui la guerra del gas russo-ucraina attraversa le sue fasi più drammatiche. Ma che c'entra? Julija Timošenko aveva già dichiarato alla Bbc nel 2006: "Non abbiamo alcun dubbio che la persona di nome Mogilevič è dietro tutta l'operazione Ros UkrEnergo". La sua è una delle voci più udibili tra le tante accuse che da anni cadono nel vuoto, fino a quando salta fuori un documento che giunge agli occhi dell'opinione pubblica occidentale. È uno dei file segreti pubblicati da WikiLeaks, un testo cablato da Kiev in data 10 dicembre 2008 dall'ambasciatore statunitense William Taylor. Riferisce di un incontro con Dmitro Firtaš, l'oligarca ucraino della RosUkr Energo, in cui questi lo metteva sull'avviso che Timošenko intendeva far fuori la sua azienda per una logica di interesse personale e di lotta politica interna, scopo per il quale sarebbe stata disposta a fare concessioni a Putin rafforzandone l'influenza sull'Europa. Ma in seguito, come per togliere preventivamente ogni arma di discredito all'avversario, il magnate del gas aggiunge qualcos'altro. "Egli ammise i propri legami con il personaggio del crimine organizzato russo Semën Mogilevič, affermando che aveva avuto bisogno dell'aiuto di Mogilevič per entrare in affari. Dichiarò categoricamente di non aver commesso un singolo crimine costruendo il proprio impero economico e sostenne che gli osservatori esterni non erano ancora in grado di comprendere il periodo di anarchia che regnava in Ucraina dopo il collasso dell'Unione Sovietica." C'è un altro cablogramma, precedente all'incontro, che parla dei legami tra Firtaš e Mogilevič suggeriti dalle compartecipazioni di entrambi alle stesse società offshore e dall'incarico conferito allo stesso avvocato. Tali legami erano già stati riscontrati per una precedente azienda del gas intermediaria, la Eural Trans Gas. Ma è proprio quel legale che muove causa al "Guardian" quando pubblica i documenti diffusi da Julian Assange corredandoli con un articolo dal titolo *WikiLeaks collega il boss della mafia russa alle forniture di gas all'UE*. Nella rettifica che il quotidiano londinese è costretto a pubblicare il 9 dicembre 2010 "per chiarire ogni malinteso o errore di traduzione occorso durante l'incontro con l'ambasciatore", Firtaš smentisce ogni legame con Mogilevič diverso da una semplice conoscenza.

L'affare del gas è un affare che riguarda gli interessi vitali di un continente intero. Gli utili della RosUkrEnergo dei soli anni 2005-2006 raggiungono quasi i milleseicento milioni di dollari, di cui poco meno della metà finisce in tasca a Firtaš e a chiunque partecipi del suo guadagno. Cosa c'entra il gas naturale con la coca? Niente, a prima vista. Salvo per un fattore essenziale: la dipendenza. La coca crea dipendenza, il gas che serve per riscaldare le nostre case non ha nemmeno bisogno di crearla. Il business su cui punta chi ha fatto i soldi veri, i soldi che si possono pesare, sfogliare, annusare è sempre in origine legato ai bisogni irrinunciabili. Persino The Brainy Don, l'uomo delle frodi e scatole cinesi finanziarie, lo sa benissimo.

Peter Kowenhoven è un agente speciale e supervisore dell'Fbi scelto per rispondere in tv alla domanda perché avrebbero inserito Mogilevič tra i dieci criminali più pericolosi, visto che non è un assassino o un serial killer psicopatico.

"Ha un potere d'accesso così grande," dichiara lapidario, "che con una sola telefonata, un solo ordine può influire sull'economia globale."

Coca # 6

Il Miglio Quadrato di Londra è un polmone che si gonfia e si sgonfia. Come un mantice pompa fuori persone durante il giorno, da lunedì a venerdì, quando gli uffici e la Borsa sono aperti. Un brulichio di vite fasciate in gessati costosissimi o tailleur Armani. Poi arriva la sera e le formiche che durante il giorno hanno invaso il centro di Londra si trasferiscono all'esterno del polmone. Lo lasciano rattrappito e svuotato, come un pallone da calcio bucato.

È l'economia che inspira ed espira. È l'economia che respira e lo fa a grandi boccate. Per lunghe ore sta in apnea e poi lascia andare il fiato e quando scocca l'ora del pranzo ecco che le formichine, qualche ora prima al sicuro negli uffici, invadono le strade in cerca di cibo. Ristoranti all'ultima moda, cubicoli anonimi ammobiliati con sedie e tavoli di plastica trasparente. Oppure sushi bar tirati a lucido, o pub che emanano un pungente profumo di quercia. Tutti vengono presi d'assalto. L'economia ha bisogno di carboidrati, e ha bisogno di carburante; si parla tanto di spersonalizzazione, ma il turbocapitalismo è gestito ancora da uomini e donne in carne e ossa. Uomini e donne che devono nutrirsi. Insalata se sai che poi nel pomeriggio devi lavorare, altrimenti non rendi. Una pasta o una zuppa perché sai che per gestire i soldi del mondo bisogna incamerare tanta, tanta energia. Oppure vai sulla pizza, perché la giornata è lunga e c'è tempo per un pasto come si deve. Sei parte di un esercito che tra le 13 e le

14 invade il Leadenhall Market, così poco somigliante ai tanti film a cui ha fatto da sfondo. Un esercito che si muove velocemente e con precisione. Entri in un bar, trovi posto a sedere con i tuoi colleghi e afferri uno dei menu sul tavolo. Spulci la lista che ormai conosci a memoria, ti soffermi sulle portate che hai provato mille volte e poi salti direttamente alla carta dei vini. Ce ne sono di costosissimi, di importazione, molti italiani. Punti l'indice sul primo nome della lista e scendi velocemente; lo fai con perizia, come se cercassi qualcosa in particolare, poi risali con il dito, ti soffermi su un Sauvignon, esiti e infine chiudi la carta con un colpo secco. Hai deciso. Chiami il cameriere e dici il nome di un vino. Che non è sulla lista. Che non è mai stato sulla lista. Ma il cameriere annuisce e si ritira silenzioso. Non è un errore, e non è un'allucinazione. È un codice. Un vino che non esiste sulla lista è un grammo di cocaina. Devi nutrirti se lavori nel mondo della finanza, devi essere rapido ed efficace, saper prendere le decisioni giuste in un lampo. Così, giorno dopo giorno, da lunedì a venerdì, dalle 13 alle 14, nel luogo dove lo spaccio e il consumo di cocaina sono diventati endemici. La City. Il cuore della finanza mondiale, dove si vive e si muore di tassi di cambio, indici, quotazioni. Tra un panino con la mozzarella e una pizza quattro stagioni, grammi di cocaina che passano indisturbati e diventano chili e chili di polvere bianca che puoi spararti più tardi, nel bagno dell'ufficio o direttamente in quelli del bar dove hai mangiato. Il pomeriggio è lungo. La sera è lunga. Da quando è scoppiata la crisi il consumo è anche aumentato. Prevedibile. Ogni giorno le notizie che arrivano sono solo brutte notizie. Come fai a reggere? Il pranzo è finito. Bello carico, pronto ad affrontare la seconda parte della giornata con spirito rinnovato e ottimismo alle stelle, chiedi il conto. Tutto è regolarmente fatturato. La niçoise, il riso alla cantonese, la pizza di farro, e il vino che non esiste sul menu. Perché non dovresti farlo? È un pranzo di lavoro. È giusto scaricare le spese.

13.

Rotte

Mi manca il mare. Le spiagge dove trascorrevo le mie estati, troppo affollate e sporche, rintronanti delle grida degli ambulanti che vendevano cocco, taralli, mozzarelle, bibite, granite. Le madri che strillavano per richiamare i figli, le radio a manetta che trasmettevano la partita e le canzoni dei neomelodici, i palloni che atterravano sull'asciugamano, imbrattandolo di sabbia, o centravano in testa la persona più sbagliata. Galleggiare nell'acqua torbida, ormai calda come nella vasca da bagno, starsene a mollo per secoli. Persino la pelle ustionata mi manca, il contatto con le lenzuola, ignorare i brividi, non riuscire a chiudere occhio fino a tardi. La nostalgia gioca di questi scherzi, ti fa rimpiangere ciò che nel dettaglio non vorresti mai più rivivere.

Mi manca ancora di più il mare che più tardi ho solcato su piccoli gozzi. Mi piaceva guadagnarmi un po' di soldi in quel modo, il respiro mi cambiava ogni volta che la costa si allontanava e non c'era più nient'altro che la distesa azzurra, l'odore salmastro, il puzzo delle reti e della nafta. Se il mare si ingrossava, cominciavo a star male, vomitavo spesso. Ma ora anche questo è un ricordo preziosissimo, dimostrazione che io per mare ci sono andato davvero, prova che porto ancora nello stomaco.

Sono cresciuto a libri di mare. Mi affascinava il catalogo delle navi dell'*Iliade* e l'*Odissea* d'istinto la percepivo sin da ragazzo come esplorazione del perimetro dello scibile umano. Un uomo scaltro e coraggioso, uno per tutti, l'aveva circoscritto in origine. Ho scoperto e non ho mai smesso di amare i tifoni e le bonacce che mettono alla prova i capitani di Joseph Conrad, mi sono perso dietro alla caccia ossessiva a Moby Dick, demone dell'animo umano incarnato in un capodoglio. Allora tifavo per il grande cetaceo o mi sentivo Ishmael, l'unico sopravvissuto al naufragio del *Pequod* per assolvere il compito di raccontare. Adesso so di avere la stessa ossessione del capitano Achab. È la coca, la mia Balena Bianca. Anch'essa è inafferrabile e anch'essa solca tutti gli oceani.

Il 60 per cento della cocaina sequestrata negli ultimi dieci anni è stata intercettata in mare o in porto. Lo dice un rapporto Onu dal titolo secco ma evocativo: *Il mercato transatlantico della cocaina*. Il 60 per cento è tanto, tantissimo. Perché anche tutte le altre vie di trasporto sono battute, sempre. È un colabrodo il confine tra Messico e Stati Uniti, il maggior consumatore al mondo della sostanza bianca. Non c'è attimo che qualcuno non l'attraversi con la coca nei pannolini del poppante o nella torta portata dalla nonna ai nipotini. Circa venti milioni di persone vi passano ogni anno, più di qualsiasi altra frontiera del pianeta. Gli statunitensi riescono a controllare al massimo un terzo degli oltre tremila chilometri, pur con cinquecento chilometri di recinzione, elicotteri, sistemi a infrarossi. Tutto questo non ferma nemmeno il flusso dei clandestini che rischiano la morte nei deserti e ingrassano i *coyotes*, i contrabbandieri di esseri umani controllati dai cartelli messicani. Ha anzi creato una doppia fonte di guadagno: se non hai i millecinquecento-duemila dollari per pagare il *coyote,* puoi sdebitarti infilando la coca nel bagaglio.

Impossibile controllare tutte le persone, le auto, le moto, i camion, i pullman gran turismo che fanno la coda ai quarantacinque varchi ufficiali. Passano vetture preparate nei modi più sofisticati e semplici barattoli di caffè o provviste di peperoncino capaci con il loro odore forte di ingannare i cani. I narcos attaccano la coca con delle calamite sotto le macchine che si sono guadagnate la licenza di attraversare il confine su una corsia rapida, convinti che il miglior corriere sia colui che non sa di esserlo. Una volta varcato il confine, trovano il modo per recuperarla. La catapultano dal deserto di Sonora nel deserto dell'Arizona scavalcando la recinzione grazie a macchine leonardesche rivisitate. La fanno volare di notte su deltaplani tinti di nero come pipistrelli da incubo o Batmobili: duemila dollari al pilota e rischio di morte se il carico da far cadere oltrefrontiera si sgancia male, sbilanciando il velivolo. Hanno trovato un uomo sfracellato in un campo d'insalata vicino a Yuma, in Arizona. La metà della cocaina che trasportava, rimasta attaccata nella sua gabbia metallica a una delle ali, ha chiarito che non s'è trattato di un incidente da sport estremo.

Lo stesso vale per il trasporto aereo. In tutto il mondo, in ogni momento, c'è qualche mulo che sale su un volo di linea. E nello stesso istante dozzine e dozzine di contenitori contrassegnati per tutt'altra merce vengono stivati nel ventre di un aereo cargo.

Eppure tutto questo moto perpetuo, questa frenesia ubiqua e pulviscolare, non riesce nemmeno ad avvicinarsi alla quantità di coca spostata via mare. Per l'Europa la percentuale sale ancora: il 77 per cento dal 2008 al 2010. E il mercato europeo della cocaina sta quasi raggiungendo quello degli Stati Uniti. Il mare è il mare. Gli oceani costituiscono più della metà della superficie terrestre, un altro mondo. Se vuoi lavorare in mare, ti devi sottomettere alla sua legge e alla legge degli uomini di mare. "Pe' mare nun ce stanno taverne," si dice dalle mie parti. Nemmeno cellulari che prendono, stazioni di polizia, reparti di pronto soccorso. O mogli gelose, genitori ansiosi, fidanzate di cui non vorresti mai deludere le aspettative. Nessuno. Se vuoi evitare di divenire complice, impari a guardare dall'altra parte.

Questo lo sanno bene coloro che organizzano i trasporti di droga per mare. E sanno pure che tra i marittimi ci sono quelli retribuiti bene e che vogliono guadagnare meglio, ma anche un numero sempre più alto di persone che lavorano in nero, sottopagate. Eppure non è questa la prima ragione per cui la coca continua a viaggiare prevalentemente attraversando le acque dell'Atlantico. Per spostarla in quantità enormi, sino a una decina o più di tonnellate per singolo carico, ci vuole per forza una grande nave. Questo rende più conveniente l'acquisto e abbatte i costi di trasporto ammortizzandoli, come avviene in ogni altro settore di import-export, per quanto faccia aumentare anche il rischio d'impresa. Trasportare oltreoceano il carico nel modo più sicuro: questa è la sola regola del narcotraffico via mare. Un assioma tanto semplice nella teoria quanto nella pratica genera la ricerca incessante di nuovi mezzi, nuove rotte, nuovi metodi per sbarcare le partite, nuovi carichi di copertura per occultarle.

Tutto cambia, tutto deve adattarsi velocemente. Il mondo è come un corpo unico da irrorare costantemente con il flusso di cocaina. Se un'arteria viene ostruita da maggiori controlli, occorre subito trovarne un'altra. Così, se un tempo la coca partiva soprattutto dalla Colombia, negli ultimi anni più della metà delle navi dirette in Europa è salpata dal Venezuela; poi dai Caraibi o dall'Africa occidentale e dal Brasile. Il paese che deteneva il narcomonopolio è ora scivolato al quinto posto della classifica.

La Spagna resta il punto d'ingresso per eccellenza; lì era diretta quasi la metà della cocaina sequestrata nel 2009. L'Olanda è stata superata di poco dalla Francia. Ma il dato statistico si rivela stravagante se raffrontato con una cartina geografica. Si basa infatti su sequestri avvenuti per gran parte in mare, al largo delle Antille francesi o nel corso di uno scalo davanti alle coste africane. In ogni caso, da quando le rotte verso la tradizionale roccaforte nordeuropea hanno cominciato a essere monitorate meglio, le reazioni dei narcotrafficanti non si sono fatte attendere. Dal porto di Rotterdam i carichi hanno deviato su quello di Anversa, conducendo al raddoppio dei sequestri belgi. In Italia, dal porto di Gioia Tauro, ora più controllato, si è ripiegato su quelli di Vado Ligure, Genova e Livorno, oppure si è traslocato da Napoli a Salerno. Il trasporto della coca somiglia a un domino. Se devi spostare una tessera, poi anche le altre sono da risistemare. Tutto si modifica, ma a partire da una logica ferrea, da un disegno perfettamente razionale.

La storia di un viaggio della coca si scrive a partire dalla fine. È la destinazione che determina i dettagli e l'ordito. Cambia molto se l'approdo sul continente può avvenire attraverso il trasbordo dalla nave-madre su imbarcazioni più piccole e agili, capaci di attraccare ovunque, o se la nave deve liberarsi del suo frutto segreto in un porto, dopo essere stata sottoposta ai controlli doganali. Nel secondo caso è indispensabile nascondere perfettamente la merce dentro un'altra, nel primo si può scegliere un carico di copertura meno sofisticato, o addirittura farne a meno. Nave-madre: il narcotraffico riattiva la forza metaforica del lessico marittimo. Così accade anche per *tripulantes*, parola equivalente a "equipaggio" ma derivata dal verbo "tripular", che in origine significa "condurre" o "guidare". I *tripulantes* della cocaina sono coloro che devono condurre in salvo il suo viaggio. A volte sono marinai corrotti o altre persone dell'equipaggio, a volte uomini dei cartelli che salgono a bordo di una nave non compromessa per fare da guardiani del carico occulto.

La nave-madre può essere stata comprata dai trafficanti, come nel caso della *Mirage II*, o presa a nolo comprando solo la complicità dei *tripulantes*. Può però anche coincidere con un cargo di linea come quelli della Maersk Sealand usati da Fuduli o con una nave da crociera, dove la società di navigazione e le aziende che esportano legalmente – spesso grandi multinazionali – sono del tutto ignare del prezioso parassita ospitato dentro i container stivati a bordo. In quel caso si parla di "carico cieco".

Il trasbordo al largo offre diversi vantaggi: maggiore flessibilità, pianificazione meno complessa e spesso meno costosa, quindi più rapida da organizzare. Prima la coca verrà messa in commercio, prima l'investimento si trasformerà in profitto. Sembra che rimanga questo il metodo più diffuso per far giungere la cocaina in Europa, stando ai sequestri di carichi destinati in Spagna o effettuati davanti alle coste dell'Africa occidentale. C'è però da tener conto che si tratta in genere di transiti un po' meno ermeticamente occultati, e dunque più facili da intercettare.

I cartelli messicani hanno creato una variante del trasbordo che rispecchia il loro gusto barocco per lo spreco distruttivo, ma rappresenta anche una tattica astuta e funzionale. Il narcoammaraggio, tanto per cominciare, è un modo veloce per imbarcare cocaina evitando di passare per i porti controllati. Prendono un veicolo, lo imbottiscono di coca, gli fanno fare l'ultimo viaggio fino in cima a una scogliera, aprono i finestrini, lo spingono giù per il dirupo. Può essere un pick up o un gippone dei modelli prediletti dagli stessi narcos, tipo Grand Marquis o Cherokee. Entrambi si mantengono a galla quanto occorre per recuperare il carico rimasto dentro l'abitacolo. La maggior parte dei pacchi sigillati dentro il cellophane può essere raccolta con più agio mentre affiora in superficie. Gli uomini arrivati su un gommone o motoscafo poi sbarcano la coca direttamente a destinazione o la trasbordano su una nave più grande. Ma tutto questo deve accadere senza intoppi. Allora i narcos ricorrono a una delle loro tecniche di blocco per chiudere l'accesso alla zona dove sta avvenendo il narcoammaraggio. Il *narcobloqueo* è un'azione di violenza spettacolare che in genere coincide con una ritorsione, un agguato, un qualsiasi atto di guerra. Diversi commandi armati agiscono in vari punti della stessa strada o persino dell'intera rete stradale, sequestrando tir o costringendo la gente a scendere da un autobus. Mettono i mezzi di traverso alla carreggiata, crivellano le gomme, annaffiano con taniche di benzina e danno fuoco. Ottengono due scopi: poter raggiungere l'obiettivo senza interferenze delle forze dell'ordine o del gruppo rivale, e seminare terrore.

Per recuperare il carico ammarato spesso basta molto meno. Basta anche un blocco mobile, con auto che schizzano in contromano creando incidenti o ingorgando in altri modi il traffico sulle arterie prossime a dove si sta svolgendo il trasbordo, la stessa tattica usata per favorire la fuga di un boss. In entrambi i casi, il *narcobloqueo* funge anche da diversivo perché la polizia dovrà cercare di accorrere dove c'è il blocco: e intanto anche gli ultimi pacchi di coca verranno a galla indisturbati e potranno essere tirati a bordo.

I cartelli messicani e colombiani dimostrano il proprio potere sconfinato attraverso una tipologia di nave-madre che solo loro adottano ormai in maniera sistematica: il sottomarino. Ogni aspetto del loro potere è riassunto e simboleggiato in quelle imbarcazioni tanto fantasmagoriche quanto efficaci: potere economico, militare, perfino potere di controllo geopolitico. Oggi nelle acque dell'oceano Pacifico tra la Colombia e il Messico, e ormai anche sulle rotte più battute del Mar dei Caraibi fino al largo della Florida, circola una quantità difficilmente immaginabile di sommergibili e semi-

sommergibili farciti di coca a tonnellate. Questi ultimi emergono in superficie per circa settanta centimetri, esponendo giusto un metro quadrato della loro stazza, e prendono aria da un boccaglio per alimentare il motore diesel. Possono percorrere fino a cinquemila chilometri. I sottomarini veri e propri viaggiano per tutto il tragitto fino a trenta metri di profondità, affiorando solo di notte per ricaricare le batterie del motore. Basta un equipaggio che va da un minimo di due uomini a un massimo di una dozzina per guidare un sommergibile o semisommergibile, ma è un compito che richiede molto più di un apposito addestramento. Li chiamano bare, infatti. Dentro sono così bassi e angusti che bisogna manovrarli coricati, patendo un caldo che suggerirebbe altri nomignoli, tipo "lettino abbronzante senza spegnimento". Ma soprattutto non è improbabile che si trasformino in bare per nulla metaforiche. Nessuno può sapere quanti ne sono sprofondati negli abissi insieme al loro carico e a una manciata di uomini compianti giusto da qualche donna di marinaio sudamericano che conta meno di zero. In compenso, la coca che vi si riesce a stivare può raggiungere le dieci tonnellate. È per questo che le autorità statunitensi sono sempre più in ansia. I sottomarini non lasciano quasi tracce, se non una scia sugli schermi radar, un evento mai chiaramente attribuibile a un'imbarcazione che viaggia sott'acqua. Inoltre, i tradizionali mezzi di trasporto dei narcos – motoscafi, pescherecci, navi veloci – possiedono solo un decimo della capienza di carico dei sottomarini.

I servizi antidroga e d'intelligence temono stia accadendo qualcosa di simile a quando le compagnie aeree hanno dismesso i vecchi Boeing per passare agli Airbus, un tempo velivoli all'avanguardia dai costi insostenibili per il traffico normale. I sottomarini stanno diventando economicamente accessibili per i cartelli e stanno quindi diventando flotta. Dal 2005 al 2007 ne sono stati sequestrati dalla marina colombiana sulle coste del Pacifico diciotto, identificati quasi trenta e stimati circa un centinaio. Ma la loro diffusione non deve essere ricondotta a una semplice questione di costi. L'aspetto più interessante è che per i narcosommergibili si sta ripetendo il copione sempre uguale del progresso tecnologico. Il pioniere non poteva essere che Pablo Escobar in persona. Lui stesso si vantava di possedere due sottomarini all'interno della sua immensa flotta navale. L'innovazione finisce per essere spronata anche dall'irrazionale desiderio di emulazione di un esempio leggendario, dalla voglia di dimostrare di essere all'altezza perché si è capaci di eguagliarne o superarne la potenza e ricchezza. Le occasioni più concrete però giunsero quando i mafiosi russi cominciarono a insediarsi a Miami e a offrire i pezzi forti degli arsenali sovietici ai colombiani.

Per quasi un decennio i sommergibili dei narcos rimasero per tutte le forze americane impegnate nella "guerra alla droga" come l'Olandese Volante: fantasmi di cui rincorri la scia evanescente senza riuscire ad acciuffarli. Al punto di sospettare che fossero appunto nient'altro che leggende, nuove superstizioni marinare, miti del mare. Ma nel 2004 sferrano il colpo decisivo al cartello del Norte del Valle, l'organizzazione che in Colombia ha preso il sopravvento dopo il declino dei cartelli di Medellín e Cali. Ne arrestano un centinaio di membri, di cui saranno estradati negli Stati Uniti i pezzi da novanta a partire dal padrino Diego Montoya, detto "il Ciclista". Sequestrano milioni in contanti, lingotti d'oro, beni di lusso e proprietà per un valore di cento milioni di dollari. E finalmente mettono mano su un sottomarino: un sommergibile in fibra di vetro costruito dagli stessi narcos, uno di quelli con cui erano in grado di arrivare fino alle coste californiane. Non è del tutto chiaro se gli uomini del cartello fossero riusciti a decrittare i codici della marina statunitense o se per sfuggire alle intercettazioni avessero ricevuto le dritte da un ammiraglio colombiano a loro disposizione, ipotesi più probabile.

Ancora oggi i narcosommergibili vengono costruiti in cantieri nascosti nella giungla sudamericana. Nessuno sa quanti sottomarini i narcos abbiano fabbricato, né chi e quanti siano coloro che li assemblano e collaudano, né quali affluenti del Rio delle Amazzoni o quali affluenti degli affluenti vengano imboccati per condurli verso il mare, o quanti siano sprofondati nell'oceano insieme all'equipaggio. Nessuno sa quanti siano stati affondati per evitare il sequestro, quanti invece abbiano portato a termine il loro viaggio. Ma c'è un altro aspetto incredibile. Tutto questo dispendio di forze, mezzi e danaro viene profuso per la costruzione di qualcosa che spesso svolge la funzione di una confezione usa e getta manovrabile. O forse è meglio dire che i narcosommergibili più modesti somigliano a quelle specie animali la cui vita coincide con pochissimi cicli riproduttivi. Sgravati del loro carico più di qualche volta, vengono lasciati inabissare. L'equipaggio rimpatria in aereo. Milioni e milioni di dollari letteralmente buttati a mare.

Ne valeva circa due milioni il semisommergibile scoperto nell'estate del 2008 dalla marina messicana nelle acque del Pacifico all'altezza di Salina Cruz, nello stato di Oaxaca. La strana chiazza verde avvistata si rivelò un'imbarcazione affusolata lunga dieci metri, zeppa di quasi sei tonnellate di cocaina. Colombiana era la merce, colombiani i quattro marinai che scesero a terra consegnandosi senza opporre resistenza. Ma il destinatario della merce era messicano. Alberto Sánchez Hinojosa, chiamato "El Tony", uno dei luogotenenti del cartello del Golfo dopo la cattura di Osiel Cárdenas Guillén, fu arrestato circa due mesi dopo nello stato meridionale di Tabasco.

I modelli più recenti e sofisticati sono invece sommergibili a pieno titolo, di dimensioni leggermente più grandi e capaci di arrivare senza problemi dall'America Centrale fino alla California. Finora ne sono stati catturati solo tre, ma quei tre intercettati in poco tempo fanno pensare che molti di più ne siano entrati in servizio.

L'unico tentativo d'esportazione nel Mar Mediterraneo sinora noto ha avuto un esito tragicomico. Due faccendieri spagnoli mettono i soldi, un "ingegnere" mette un capanno in cui costruisce un semisommergibile senza troppe pretese, lungo nove metri e guidato da una sola persona. Il tutto accade nel 2006 in Galizia, l'approdo più gettonato per i trasbordi di coca in Europa. I tre riescono a contattare la gente giusta, persone di cui hanno un timore reverenziale: i colombiani. Cedono la loro creazione fatta in casa per la modica cifra di centomila euro. I narcos vorrebbero usarla nello svuotamento di una nave-madre e "l'ingegnere" deve consegnare il suo gioiello direttamente alla fine del viaggio di collaudo. Ma il sottomarino comincia a imbizzarrirsi e l'apprendista stregone entra nel panico. Ha tanta paura di morire asfissiato nell'Atlantico quanta degli acquirenti cui ha venduto un bidone. Allora pensa che l'unico modo per farla franca sia quello di salvarsi la pelle e poi consegnare subito il sommergibile nelle mani del nemico, in modo da poter raccontare ai narcos che è stata la polizia a intercettarlo. Nemmeno quella però cade nel suo tranello. Gli inquirenti aspettano che "l'ingegnere" e i suoi soci organizzino l'arrivo di una partita di hashish per appianare i debiti presso i colombiani e li arrestano. Imitare i maestri si è rivelato nient'affatto semplice e i tre spagnoli che ci hanno provato hanno dovuto scoprire la propria inferiorità rispetto agli abitanti delle loro ex colonie.

Perché è così: il mondo e i suoi equilibri di potere sono cambiati anche grazie al traffico di coca. Troppo facile cedere alla tentazione di considerare l'episodio solo una notizia di cronaca curiosa, altrettanto errato prenderlo come prova semiseria che nella Vecchia Europa il dominio feroce dei cartelli sudamericani sarà sempre inconcepibile. Non è vero.

Già oggi l'Europa ha prodotto una nuova specie di uomini di mare che non somigliano più ai piloti dei motoscafi pieni di sigarette degli anni ottanta e novanta, semplici braccia al soldo della Sacra corona unita o della Camorra. Il tipo più comune di imbarcazione sul quale negli ultimi anni sono stati trovati carichi di coca non è né il vecchio mercantile, né la nave container, il peschereccio o il motoscafo. È il veliero. Grandi catamarani, yacht in legno, barche a vela capaci di competere con quella di Giovanni Soldini. Barche da sogno, ormeggiate ai Caraibi, pronte a portarti in crociera di isola in isola, da una spiaggia bianca all'altra, però più adatte agli autentici amanti del mare che vogliono sperimentare l'avventura di una traversata oceanica. Ma le persone che offrono di più per lasciar seguire agli skipper la loro vera vocazione, dando prova della loro antica conoscenza delle correnti e dei venti favorevoli, non sono interessate a salire a bordo. Sono i broker del narcotraffico e gli emissari delle organizzazioni criminali. Però non solo: sono anche gli amici dell'estate, la borghesia privilegiata che vuole cimentarsi con il passaggio dal consumo facile al facile guadagno, spremendo soldi, coca e adrenalina da un'unica impresa eccitante.

Il *Blaus VII* oggi è una nave scuola della Marina militare portoghese. Un veliero splendido, un due alberi della lunghezza di ventitré metri, interamente in legno, verniciato all'esterno di un elegante blu profondo. Venne intercettato a febbraio del 2007 a cento miglia a nord-ovest dell'arcipelago di Madeira, che appartiene al Portogallo ma si trova più vicino alle coste del Nordafrica. I portoghesi – uomini della marina e della Polizia giudiziaria – trovarono a bordo due tonnellate di cocaina salpata dal Venezuela, già trasbordata sul veliero per l'approdo in Europa. Fermarono i *tripulantes* che questa volta coincidevano con l'equipaggio intero: tutti greci salvo lo skipper Mattia Voltan, di Padova. Non aveva ancora compiuto ventotto anni ma il *Blaus VII*, che vale intorno agli ottocentocinquantamila euro, era registrato a suo nome. Un coetaneo, Andrea, l'aveva accompagnato in macchina a Venezia a prendere un volo per Barcellona e da lì raggiungere la nave e l'equipaggio che lo aspettavano in Portogallo. Prima che partissero, il padre dell'altro ragazzo li aveva riempiti di raccomandazioni. "Guardatevi intorno prima di andare in giro," ammonisce al telefono da Dubrovnik, dove risiede con il figlio più piccolo, Alessandro, occupandosi di due società aperte in Croazia. Un imprenditore italiano migrato verso Est come tanti altri. In più vuole sapere se Mattia si presenta bene e Andrea, con l'insofferenza tipica per i genitori troppo apprensivi, lo rassicura. "Si è fatto la barba e gli ho tagliato i capelli. Sono andato personalmente a casa a prendere la *raspa*."

Le preoccupazioni del padre di Andrea, Antonio Melato, nei confronti dello skipper giovanissimo che ha ingaggiato sono comprensibili, ma non è colpa di Mattia se il *Blaus* VII viene fermato. Dopo il suo rilascio, il ragazzo torna a Padova cercando di riprendere la vita spensierata. Andrea dice al padre di aver visto in giro il loro amico Mattia, che è uno stupido. "Ma stai scherzando!", sbotta il padre. E taglia corto: "Quella persona per noi non è a posto". Ma è inutile che se la prenda tanto con un altro: perché il telefono sotto controllo è proprio il suo.

Melato è solo uno dei tasselli di un'indagine condotta dai Ros e coordinata dalla Dda di Milano che coinvolge mezz'Europa, i Caraibi e la Georgia. A giugno del 2012 viene arrestato assieme ai figli e gli altri componenti di una rete sparsi tra Bulgaria, Spagna, Olanda, Slovenia, Romania, Croazia, Finlandia e, in Italia, tra Veneto, Piemonte e Lombardia. Una trentina di persone prese in custodia, sei tonnellate di cocaina sequestrate, sette anni di lavoro. Il nome dell'operazione, Magna Charta, si concede una buona dose d'ironia. La grafia arcaica del documento firmato da re Giovanni Senzaterra ora allude alla flotta di imbarcazioni *charter* ingaggiate per il narcotraffico.

Ma tutto era partito lontanissimo dal mare, con le questioni più ordinarie di lotta alla mafia. Nel 2005 i carabinieri di Torino scoprirono che la 'ndrina Bellocco e le altre famiglie di Rosarno rifornivano il Piemonte attraverso un insolito canale bulgaro. Capeggiati da Evelin Banev, per gli amici "Brendo", un quarantenne *biznesmen* rampante divenuto milionario con la speculazione finanziaria, i bulgari si erano fatti broker. Il compito di trovare gli skipper e le navi a doppio fondo per traghettare la coca dai Caraibi o prenderla in consegna tra l'Africa e la Spagna l'avevano però affidato a diversi italiani: Antonio Melato e figli e, ancora più centrali, Fabio e Lucio Cattelan, originari anche loro di Padova ma residenti tra Torino e Milano. Sono loro ad aver ingaggiato l'equipaggio dell'*Oct Challenger*, il cargo sequestrato lo stesso giorno della *Blaus* VII dalla dogana spagnola con a bordo altre tre tonnellate di cocaina. E sempre i fratelli Cattelan avevano contattato due esperti skipper, Guido Massolino e Antonio d'Ercole, partiti da Torino per un porto croato dove li attendeva la barca a vela da far tornare carica di coca. I due fecero tappa lungo la rotta, la stessa percorsa da Mattia: prima sosta alle Baleari, poi Madeira. Da lì dovevano raggiungere la navemadre. Ma quella attese invano in mezzo all'oceano. Sono spariti. Probabilmente travolti da una tempesta, macinati dalle onde insieme alla loro imbarcazione troppo fragile. Forse rinunciarono a mandare un sos per non farsi scoprire in un punto improbabile dell'Atlantico, oppure speravano di cavarsela, aspettando fino a quando è stato troppo tardi.

I due torinesi, naufragati senza traccia, avevano entrambi più di sessant'anni. In genere non sono mai alle prime armi gli skipper della coca. Per i broker l'esperienza è una maggiore garanzia, ma anche gli uomini che hanno scelto di vivere per mare sembrano divenire più abbordabili man mano che l'età avanza. Bisogno di mettere da parte i soldi per ritirarsi in bellezza in qualsiasi momento, desiderio di poter sempre competere con lo stile di vita delle persone frequentate, gusto per l'avventura di farsi importatori della merce che già consumano, come tutti. Che male c'è, in fondo?

Gli skipper di imbarcazioni a vela e a motore sono una forza crescente a disposizione del narcotraffico e chi li ingaggia sa fare bene i propri calcoli. Pochi uomini per condurre barche insospettabili, capaci di infilarsi in qualsiasi porticciolo turistico, rappresentano una risorsa conveniente anche se i compensi sono altissimi e persino se gli skipper possono rivelarsi più vulnerabili dei *tripulantes* di più modeste pretese o abitudini.

Trasportavano in totale oltre una tonnellata di coca la *Mariposa*, la *Linnet*, e la *Kololo II*, le ultime due intercettate al largo della Sardegna e poi scortate nel porto di Alghero. Crolla sotto il peso dei quasi trecento chili trovati nella sua barca, lo skipper e proprietario della *Kololo II*, un quarantenne romano che aveva alzato le vele alle Antille francesi per arrivare dritto nei porti più vicini a Roma. Per ottenere qualche sgravio sul peso della condanna, si mette a collaborare. Sulla base delle sue accuse e autoaccuse, a luglio del 2012 la Dda di Roma chiede l'arresto di altri cinque complici, tutti residenti intorno alla capitale. Qualcuno ha qualche precedente, nessuno è un mafioso.

Spuntano in ogni angolo del continente, ma soprattutto nelle zone sprovviste di organizzazioni criminali originarie: italiani come i due bolognesi e il livornese arrestati nel 1995 perché sul *Sirio*, *Mas que nada* e una barca a vela dal nome sarcastico *Overdose* importavano cocaina dal Brasile via Guadalupe e Canarie per un giro di ragazzi della Bologna bene; croati come lo skipper residente a Civitanova Marche fermato nel maggio del 2012 al largo della Martinica da Dea, polizia francese, croata e italiana con duecento chili di coca a bordo di un'altra barca a vela; francesi come il pilota dello *Sheldan*, uno yacht di lusso di ventitré metri modello Falcon intercettato a settembre del 2012 tra Varazze e Imperia con tre tonnellate e mezzo di hashish; oppure lo skipper bretone Stéphane Colas rimesso in libertà nel 2011 dopo due anni di detenzione in Spagna, visto che i serbatoi d'acqua potabile per la traversata dal Venezuela contenevano quattrocento litri di cocaina liquida. Non importa la nazionalità, ma è preferibile che il curriculum, la provenienza di classe, l'origine geografica parlino a favore degli appassionati della vela, convincendo i loro eventuali giudici che sono divenuti per sbaglio corrieri del narcotraffico. Il quadro probatorio è spesso debole per reggere in contesti giuridici privi di una specifica legislazione e l'opinione pubblica dei paesi d'origine – come nel caso dello skipper bretone – si schiera con le professioni d'innocenza dell'accusato. L'albo segreto dei *tripulantes* si sta gonfiando più delle loro vele esposte ai venti sull'Atlantico.

Eppure quando penso alla coca, la prima cosa che vedo dinanzi a me non sono agili barche erranti per gli oceani. È qualcosa di più compatto, onnipresente, elementare. È la merce, la merce per eccellenza che attira come una calamita ogni altra. Frutto di altri frutti, unico parassita che moltiplica per mille il valore delle carni in cui si è incistato, vettore proteiforme del profitto di ogni commercio. Rivedo la distesa dei container nel porto di Napoli, il giallo della Msc, il grigio della Cosco, il logo azzurro della Maersk, il verde della Evergreen, il rosso della "K" Line, e tutti gli altri enormi mattoncini Lego smontati e rimontati dalle pinze dei gruisti in architetture mobili. La pura geometria, il cromatismo elementare che cela e racchiude tutto ciò che può essere venduto, comprato e consumato. E tutto o quasi tutto può fungere da ospite involontario o complice della sostanza bianca.

Sembra paradossale, ma anche la merce più occulta non può più fare a meno di un proprio logo. Il branding prende origine dai capi di bestiame marchiati a fuoco per distinguerli da quelli di altre mandrie. Così i panetti di cocaina vengono contrassegnati per certificarne l'origine, ma anche per smistare ogni partita verso l'acquirente giusto quando i grandi broker organizzano megaspedizioni indirizzate a diversi destinatari. Il logo per la cocaina è in primo luogo simbolo di qualità. Non si tratta di un vuoto slogan pubblicitario, ma di una funzione fondamentale: il marchio tutela l'integrità di ogni singolo panetto e con esso i narcos garantiscono di esportare esclusivamente sostanza trattata in purezza. Il buon nome del cartello è prioritario. Appare molto più importante del rischio di essere facilmente rintracciati qualora il carico finisca nelle mani sbagliate, rischio d'impresa come un altro. In più non è casuale che i trafficanti scelgano spesso di adottare i simboli delle marche più richieste e popolari. La loro merce anonima, in fondo, è il prodotto di consumo voluttuario per eccellenza; e vale quanto, messi insieme, tutti i brand che le persone di tutto il mondo acquistano o sognano di acquistare.

Uno scorpione o una dama erano impressi in rilievo nei panetti che nell'agosto del 2011 la guardia di finanza di La Spezia ha estratto dal doppiofondo di dieci auto in un paesino frazione di Aulla, in provincia di Massa Carrara. Il più grande sequestro mai avvenuto in Italia, il quarto per dimensioni in tutta Europa. I finanzieri cominciano a insospettirsi durante i controlli di alcuni container arrivati da Santo Domingo alla dogana del porto di La Spezia. Scoprono in uno solo una controparete che cela settecentocinquanta panetti, però decidono di richiudere e lasciar passare il container esca. Sono gli stessi simboli a suggerire che si tratta soltanto di una piccola porzione di un carico ben più grosso: lo scorpione indica la parte destinata al Nord Europa, la dama ne instrada un'altra verso l'Europa centrale. Per questo, ovvero perché non rappresenta la firma del mittente ma quasi un codice postale del destinatario, lo scorpione è uno dei simboli più comuni trovato oggi sui panetti di cocaina. L'affare stesso non soltanto è immenso, ma risulterebbe contratto da una partnership tra le più antiche e collaudate: il colombiano cartello del Norte del Valle e le famiglie di Gioia Tauro. I calabresi non si rassegnano alla perdita di una fornitura così importante e individuano il luogo dove il carico viene tenuto in custodia. I finanzieri lo vengono a sapere grazie a una soffiata. La coca non può rimanere lì dov'è a lungo. Con un corteo di quindici pattuglie delle Fiamme Gialle e dei Baschi Verdi di La Spezia viene scortata fino in provincia di Pisa, a Ospedaletto, dove si trova il più vicino inceneritore. L'impianto resta sorvegliato giorno e notte sino a quando l'ultimo scorpione e l'ultima dama non si sono dissolti nelle fiamme.

I logo cominciano a entrare in uso negli anni settanta per iniziativa di un grande trafficante peruviano, si diffondono poi nel decennio successivo grazie ai cartelli colombiani e messicani. E poi lievitano, continuando a moltiplicarsi senza limite insieme al consumo di polvere bianca. Un computo recente, commissionato dall'Unione Europea nel 2005, ne ha contato una varietà di duemiladuecento. C'è chi si accontenta di sobrie lettere aziendali, chi rende omaggio alla propria squadra di calcio, chi preferisce animali o fiori, chi ama i simboli esoterici o geometrici, chi griffa con marche di automobili di lusso, chi addirittura gioca con i personaggi dei cartoni animati. Impossibile elencarli tutti. Ma vale la pena compilare un piccolo campionario, raccolto per tipi e per temi.

Tatuaggi: lo scorpione, la dama, il delfino, l'ancora, l'unicorno, il serpente, il cavallo, la rosa, l'uomo a cavallo e altri motivi simili a quelli dei più diffusi tatuaggi tradizionali si trovano sui panetti pressati con l'applicazione di un calco di metallo e rappresentano il contrassegno più comune insieme alle forme geometriche più elementari. Possono indicare sia il mittente sia il destinatario della merce.

Bandiere: tricolore francese, Union Jack britannico, persino svastica nazista. Non più impressi nel panetto, ma stampati a colori su pezzi di carta infilati sotto il cellophane che ne avvolge ciascuno. Nei primi casi si tratta di probabili indicazioni di recapito; nell'ultimo, rinvenuto su una partita di pasta di coca inviata per la raffinazione in una zona della Bolivia di confine con il Brasile, si può ipotizzare la simpatia ideologica dei coinvolti.

Supereroi (e affini): la "S" di Superman, l'effigie di Capitan America, l'orologio da polso speciale di James Bond, impressi o stampati sui biglietti. Per sfida e per gioco i narcos si appropriano delle icone di fantasia hollywoodiane.

Cartoni: cosa vedono in tv i narcotrafficanti? È già sorprendente trovare Homer Simpson ben avvolto in cima a ogni panetto di coca, o i classici personaggi di Walt Disney. Ma è davvero incredibile incontrare pure i Teletubbies o Hello Kitty, la gattina giapponese amata da tutte le bambine del mondo.

Ideogrammi: il 6 luglio 2012, a Hong Kong vengono sequestrati oltre seicento chili di coca in un container arrivato dall'Ecuador e destinato all'emergente mercato del Sudest asiatico o della Cina continentale. Tutti i panetti erano decorati con l'ideogramma cinese 平, ossia "Ping", che insieme a un altro forma la parola "pace", ma può avere anche il significato di "piano", "piatto" o "liscio". Un omaggio benaugurante agli acquirenti.

Brand: la coniglietta di Playboy, le ali della Nike, il felino balzante della Puma, il coccodrillo della Lacoste, la scritta Porsche, il simbolo della Formula 1 o della Ducati. Sono i contrassegni più diffusi, insieme ai motivi tradizionali "da tatuaggio".

Ma in fondo quasi tutti i simboli prescelti dai trafficanti, dagli ideogrammi orientali ai cartoni animati, oggi si trovano incisi nella pelle delle persone. I narcos scelgono di comunicare attraverso il linguaggio universale della cultura pop contemporanea, di cui la loro merce fa parte quanto i marchi di cui si appropriano. Evitano invece di ricorrere ai loro simboli più tipici, per esempio ai teschi, alle croci o all'immagine della Santa Muerte con cui i membri dei cartelli messicani o ancora più delle Maras centroamericane si fanno spesso tatuare. Il culto è una cosa interna, il brand è un'altra. Gli stessi cartelli fanno anche un uso interno di loghi celebri, contrassegnandovi le auto degli affiliati, magliette, cappellini, portachiavi. Los Zetas oggi si identificano con il cavallino della Ferrari, il cartello del Golfo con il cervo della John Deere, la più grande produttrice di trattori a livello mondiale. Sono adesivi o gadget comunemente reperibili, non appariscenti. I marchi stranoti si trasformano così in segreti distintivi militari.

L'infinita selva di simboli in cui il commercio di cocaina si è tramutato rimanda al mutevole intrico delle rotte, degli scambi, delle diramazioni da stabilire prima di far partire ogni carico. Trae la sua origine dalla continua ricerca di imbarcazioni grandi e piccole e dei loro equipaggi, container da distinguere tra centinaia, tutti uguali, stivati sulla stessa nave-madre, legioni di persone da corrompere nelle società di navigazione o spedizione, nelle dogane e nei porti, nelle forze dell'ordine e militari in generale, nella politica locale o nazionale. Tutte le coltivazioni sparse per la Colombia, il Perú e la Bolivia, tutte le centinaia di migliaia di contadini che raccolgono la coca nelle foreste della regione andina, tutti gli operai e chimici impegnati nei passaggi di lavorazione dalle foglie sino ai panetti o alla cocaina liquida non sono che una parte marginale dell'intero business. Il resto è trasporto.

Il trasporto ha permesso ai cartelli messicani di diventare più potenti di quelli colombiani. La disponibilità del porto di Gioia Tauro ha dato fondamento alla forza e al prestigio transnazionale della 'ndrangheta e in particolare della famiglia Piromalli con i suoi alleati, divenuta secondo la Dia la più grande cosca dell'intera Europa occidentale. E poiché la maggior parte degli investimenti e dei profitti del narcotraffico si gioca nel trasporto via mare, questo è divenuto un problema così complesso da aver generato una nuova figura professionale specializzata e ricompensata a peso d'oro: il manager della logistica, qualcuno lo chiama sistemista, qualcun altro Doctor Travel. Può essere più importante e guadagnare più del broker, soprattutto se il broker non è un uomo dalla potenza economica e organizzativa di un Pannunzi o di un Locatelli, ma qualcuno dei molti intermediari minori che in primo luogo contrattano la fornitura e poi ne seguono il tragitto nelle fasi principali di imbarco, scali maggiori e arrivo a destinazione.

Il manager della logistica, il sistemista, deve pensare a tutto il resto. A ogni tappa e trasbordo secondario, alle modalità minute del trasporto, ai passaggi doganali, ai carichi di copertura. Deve anche sviluppare delle strategie di risoluzione o tamponamento dei problemi e delle ipotesi di minor danno se qualcosa va storto. Deve pianificare ogni dettaglio, tenere a mente ogni passaggio, risalire in anticipo tutti i canali in cui strada facendo si divide il viaggio della coca. Deve rendere i transiti non più uno scorrimento fluido, ma un progetto tanto differenziato quanto stabile: un sistema.

Sviluppare un sistema di trasporto per un grande carico di cocaina impegna mesi di lavoro. E una volta che è stato elaborato, testato e utilizzato un paio di volte, è già ora di modificarlo o escogitarne uno nuovo. I sistemisti lavorano sullo spazio di tutto il globo terracqueo ma contro il tempo. Si trovano in una corsa continua contro la capacità degli inquirenti di intuire i passaggi della coca. I loro servizi per questo sono molto costosi, abbordabili solo per le maggiori organizzazioni del narcotraffico o per i più grandi broker. I cartelli più ricchi e potenti possono persino permettersi di testare le nuove rotte inviando prima dei "carichi puliti", privi di droga, come fase di collaudo di ogni sistema.

Aveva fatto così il cartello di Sinaloa, senza sapere di essere già nell'occhio dell'Fbi di Boston e della polizia spagnola, unite nell'Operazione Dark Waters: un'inchiesta chiave nella storia del narcotraffico perché ha rivelato l'interesse dei cartelli messicani a rifornire direttamente di cocaina il mercato europeo, finora dominato dai colombiani. Il 10 agosto 2012, agenti della polizia spagnola arrestano nel centro di Madrid quattro membri dell'organizzazione messicana, tra cui il cugino di Joaquín Guzmán Loera, il boss più ricercato e potente al mondo, il leggendario Chapo. Manolo Gutiérrez Guzmán vi si era trasferito con un consulente legale e altri due uomini fidati per mettere le basi ai nuovi progetti che prevedevano il consueto ingresso dei carichi attraverso la porta spagnola.

Tutto comincia anni prima, quando l'Fbi si imbatte in qualcosa di più prezioso di un sottomarino zeppo di tonnellate di cocaina: una fonte che ha accesso alle gerarchie più alte del cartello di Sinaloa. Decide così di approfondire le informazioni ottenute mediante una grande operazione sotto copertura. A partire dai primi mesi del 2010, gli infiltrati avvicinano il cugino del Chapo e altri uomini influenti, fingendosi affiliati di un'organizzazione italiana già ben introdotta negli Stati Uniti e in Europa. Sono alla ricerca di nuovi fornitori e vantano ottimi contatti presso il porto andaluso di Algeciras. I messicani sono entusiasti della proposta e aprono le contrattazioni: l'intenzione è quella di fornire una tonnellata di cocaina al mese, spedita dal Sudamerica via nave container. Ai "partner italiani" sarebbe andato il 20 per cento di ogni carico come ricompensa per aver fatto passare la coca dal porto di Algeciras, mentre il resto i messicani l'avrebbero smerciato direttamente in tutta Europa attraverso una nuova rete di cellule operative. Nell'agosto del 2011 tutto è pronto. Prima però di mettere a repentaglio così ingenti quantitativi di cocaina, il cartello di Sinaloa decide di compiere alcuni test sulla sicurezza della rotta: per ben quattro volte consecutive fa spedire ad alcune società ecuadoreñe sotto suo controllo container riempiti di sola frutta. Una volta testato il sistema, i narcos fanno sapere di essere pronti a inviare il loro primo carico, interamente nascosto in un container in partenza dal porto di Santos, in Brasile: trecentotré chili destinati a vari punti del mercato europeo. Una partita piuttosto esigua che doveva servire a rompere il ghiaccio con la prudenza, buona regola d'affari anche per la più grande holding. Non abbastanza, però, in questo caso. Il 28 luglio 2012 le autorità intercettano il carico nel porto di Alcegiras e, quasi contemporaneamente, fermano i messicani mentre si presentano all'appuntamento con i loro fasulli partner per discutere di nuove spedizioni. Il danno maggiore per il cartello di Sinaloa deriva proprio dall'aver scoperto e posto temporaneamente in scacco le sue mire espansionistiche verso l'Europa. Il resto – il sequestro di qualche carico, persino l'arresto di alcuni uomini di rilievo come un cugino del boss medesimo – rappresenta le perdite ineluttabili messe in conto da un'organizzazione così forte e radicata.

Chi invece fatica invano, anche in circostanze meno drammatiche per i narcotrafficanti, sono gli specialisti cui viene affidata la progettazione di tutta l'impresa. I Doctor Travel, i sistemisti, guadagnano secondo il modello in vigore per molte libere professioni. Un anticipo per coprire le spese per sviluppare e realizzare il sistema, la retribuzione effettiva quando il carico è giunto a destinazione. Il pagamento può anche essere corrisposto in una percentuale della merce trasportata, variabile dal 20 al 50 per cento del totale, al netto dei costi del trasporto. Tutto si determina a partire dalla destinazione del viaggio, persino i costi di trasporto e il compenso stesso del sistemista. Più la destinazione finale è a rischio, più il sistema deve essere elaborato alla perfezione. L'approdo nella Penisola Iberica è meno costoso che in Italia, la quale anzi rappresenta una delle mete più difficili e quindi esose in tutta Europa.

C'è una sede che stabilisce ogni quotazione in gioco nel mercato della cocaina, incluse le tariffe di trasporto. Come per la Borsa di diamanti ad Anversa poi traslocata a New York, anche la Borsa mondiale della coca si svolge nella maggiore piazza di importazione: prima Amsterdam, ora Madrid. Un tempo i valori medi dei costi e dei prezzi si stabilivano in Olanda, ma da quando la Penisola Iberica è diventata destinazione di sbarco privilegiata e luogo dove confluiscono i maggiori acquirenti – prima di tutti le mafie italiane – le contrattazioni si sono trasferite in Spagna.

Il ruolo del sistemista e la parte cospicua di guadagno che i narcotrafficanti sono disposti a cedergli non si spiegano tuttavia bene senza guardare più da vicino due problemi cruciali di cui tale figura si occupa: i porti e i carichi di copertura. I grandi porti – così come i grandi aeroporti – più a rischio si sono dotati di apparecchiature a raggi gamma o termosensibili in grado di rilevare all'interno dei container sostanze indesiderate come droghe o esplosivi. Il container passa quindi sotto questo enorme "metal detector", praticamente viene scannerizzato. I diversi materiali all'interno risultano sul monitor di colori diversi. La cocaina è gialla. Ma così come all'aeroporto di Amsterdam il "100 per cento custom control" viene effettuato solo su aerei provenienti da determinati paesi, quali le Antille Olandesi, il Suriname e il Venezuela, così anche nei grandi porti europei risulta impossibile monitorare integralmente tutti i carichi in entrata. Il porto di Rotterdam, per esempio, non è solo il più grande d'Europa ma anche uno dei meglio equipaggiati di strumenti di controllo. Tuttavia con una capacità di stoccaggio di undici milioni di container non è possibile far altro se non cercare di estendere al massimo le procedure di screening mirato o a campione. Il controllo inoltre richiede tempo. Lo sa chiunque abbia dovuto sottoporsi in un giorno di grandi partenze alle interminabili serpentine del security check di un aeroporto, rischiando magari di perdere il volo. Nessuno risarcisce il passeggero sfortunato, invece per le merci il tempo è danaro, danaro di cui un'azienda può rivalersi nei confronti delle autorità doganali. Se viene trattenuto troppo a lungo un carico deperibile, che una volta monitorato si rivela composto solo di frutta o fiori o pesce surgelato, l'azienda a cui è destinato – per esempio una grande catena di supermercati – può esigere il rimborso del danno che ha subìto. Ciò significa che o si riesce a controllarli subito, o si sarà più facilmente portati a sdoganarli senza screening.

Doctor Travel fa proprio questo: studia i sistemi di controllo e le sue falle per trarne vantaggio. Detector di ultima generazione? Basta attrezzarsi con carta carbone. Piazzata davanti al carico lo fa sparire dal monitor.

Il lavoro di un sistemista deve valutare una quantità altissima di variabili complesse. Prendiamo per appurata la convenienza di far viaggiare la coca nascosta tra le merci deperibili. Aggiungiamo la regola elementare per cui il carico di copertura deve corrispondere a un prodotto tipico d'esportazione della zona d'origine: allora perché non inserire quasi sempre i panetti in partenza dal Sudamerica in mezzo alle cassette di banane? Le banane, in effetti, sono una merce di copertura ricorrente per le ragioni sopra elencate, a cui va aggiunta quella di avere un mercato ampissimo, costante per tutto l'anno. Proprio per questo, però, può esserci una maggiore attenzione ai carichi di banane. Inoltre – ancora più complicato – il tal porto di destinazione può aver avuto un calo delle entrate che non riguarda nello specifico gli arrivi di banane, ma altre tipologie di prodotti: è ciò che si sta delineando con la crisi. Se dunque la dogana risulta meno ingorgata, il calcolo di probabilità di far passare velocemente le banane si fa più azzardato. Tocca quindi cambiare programma, puntando non più sulla velocità del transito doganale, ma sull'originalità e perfezione certosina del camuffamento. Il sistemista, in pratica, dovrebbe essere costantemente aggiornato sulla situazione di tutti i porti e sull'andamento di tutti i mercati delle singole merci utilizzabili come copertura. Il suo è un compito da capogiro, come se dovesse lavorare contemporaneamente per tutte le società di import-export di un intero continente, anzi di due, considerando che alle spedizioni dal Sudamerica si sono aggiunte anche quelle dall'Africa occidentale. Il catalogo delle merci di copertura, così come quello dei simboli impressi sui panetti, sarebbe di una varietà impressionante. Impossibile mappare tutte le merci di copertura utilizzate nei trasporti. E ancor più sapere qualcosa su quelle dove la coca non è stata mai scoperta.

Pollicino: l'eroe a misura del più grande dito di una mano deve cavarsela senza aiutanti o doni magici, con nessun'altra risorsa se non la sua mente vigile. È lui la figura più adatta a simboleggiare la disparità di forze di chi conduce la lotta al traffico mondiale di cocaina. Sono anni ormai che anch'io mi sento simile, che seguo con costanza il suo esempio. Provo a racimolare ogni mollica sparsa nel fitto della boscaglia, a raccattare ogni briciola di conoscenza che possa aiutarmi ad attraversarla. Eppure più cerco di fissare da vicino il narcotraffico, rasentando lo sfinimento dell'ossessione, più avverto qualcosa che mi sfugge, o meglio qualcosa che continua a sopravanzare la mia immaginazione. Sapere, conoscere non basta. Occorre afferrare una dimensione più profonda, imprimervi ogni organo, metabolizzare la massa di nozioni sino a quando non divengono percezione naturale, seconda vista. Altrimenti come è possibile comprendere che si spediscono otto tonnellate di cocaina in un solo container di banane e al tempo stesso si fanno confezionare valigie di fibra di vetro, resina e cocaina, da cui, al termine dei procedimenti di recupero, si ricavano solo quindici chili? La prima risposta è che chi ha perduto quel carico stratosferico, la stessa operazione altre volte l'avrà condotta a buon fine. Non è detto che non siano gli stessi che hanno fatto sviluppare i nuovi modelli in stile Samsonite per le rifornire veloci via aereo e come investimento di ricerca per il futuro. Perché dietro tutto questo c'è una logica, una sola: vendere vendere vendere. Vendere in qualsiasi modo, con qualsiasi sistema, meglio tanto che poco. Però anche se è meno, molto meno, lo stesso non ci si può rinunciare. Qualsiasi business è sempre un business che non va perso. Nessuna impresa è così dinamica, così costantemente innovativa, così devota al puro spirito del libero mercato, quanto l'impresa mondiale della cocaina.

È per questo che la coca è diventata la merce per eccellenza in un momento in cui i mercati hanno cominciato a essere dominati da titoli gonfi di vuoti numeri o da valori anch'essi immateriali come quelli spinti dalla new economy, che vendevano comunicazione e immaginario. La coca invece resta materia. La coca usa l'immaginario, lo piega, lo invade, lo riempie di se stessa. Ogni limite che sembrava invalicabile sta per cadere. E la nuova mutazione è già arrivata e si chiama cocaina liquida. La coca liquida può insinuarsi in qualsiasi oggetto cavo o impregnare qualsiasi materiale imbibibile, può fondersi con ogni bevanda e ogni prodotto di consistenza cremosa o liquida quasi senza scarti di peso che la tradiscano. In un litro d'acqua può essere dissolto mezzo chilo di cocaina. L'hanno trovata nello shampoo e nelle lozioni per il corpo, bombolette di schiuma da barba, spray per lavare i vetri e per stirare, flaconi di pesticidi, soluzione per lenti a contatto, sciroppo per la tosse. Ha viaggiato insieme ad ananas in scatola, nelle lattine di latte di cocco, in quasi cinque tonnellate di barili di petrolio e in due tonnellate di polpa di frutta surgelata, intrisa nei vestiti, stoffe d'arredamento, partite di jeans, tele di quadri, diplomi di una scuola di immersioni subacquee. È stata inviata via posta come set per il bagno e come ciucciotti per bambini. Ha valicato le frontiere in bottiglie di vino e birra e bibite varie, di tequila messicana per il cocktail Margarita, cachaça brasiliana per la Caipirinha, ma soprattutto bottiglie integre di rum come quello colombiano sequestrato a meno di un mese sia a Bologna che a Milano: invecchiato di tre anni, marca Medellín. E se non basta la coca-e-rum, che contiene molto più coca che alcol, l'hanno trovata persino nelle bottiglie di Coca-Cola. Perché la cocaina più diventare tutto. Ma resta sempre uguale.

14.

L'Africa è bianca

L'isola di Curaçao, nelle ex Antille olandesi, e ora alle dirette dipendenze dei Paesi Bassi, è perfetta per il turismo. Oltre a offrire le spiagge incontaminate e i mari smeraldo tipici dei Caraibi, garantisce parecchi mesi di bel tempo all'anno perché è fuori dalle rotte cicloniche. Un paradiso, insomma. Anche il Donald Duck Snackbar, nel sobborgo di Fuik, nella parte meridionale dell'isola, è un paradiso. Ma per i narcotrafficanti. Fra un tramezzino e una Caipirinha, si parla di affari. Ultimamente i discorsi vertono più che altro sulle modalità di trasporto della coca. I controlli si sono inaspriti e la fantasia deve crearne di nuove. È così quando passi anni sulle tracce dei narcotrafficanti, a studiarne i movimenti: finisci per vedere le cose non più per quello che sono, ma per quello che potrebbero farci loro. Non riesco più a guardare una carta del mondo senza vedere rotte di trasporto, strategie di distribuzione. Non vedo più la bellezza di una piazza in città, ma mi chiedo se può essere una buona base per lo smercio al dettaglio. Non vedo più la spiaggia dorata di sabbia finissima, ma mi domando se può essere un buon approdo per un carico importante. Non viaggio più in aereo, ma mi guardo intorno e calcolo quanti muli possono esserci a bordo, con lo stomaco carico di ovuli di coca. Così ragionano i boss del narcotraffico, e così ho finito per ragionare anch'io cercando di capirli.

Succede anche con i pannolini. Che c'è di più innocente di un pannolino per bambini? Eppure a me fa venire in mente la donna delle Antille che nel 2009 è stata fermata all'aeroporto di Amsterdam-Schiphol dopo che la polizia ha trovato più di un chilo di droga nascosta nel pannolino della sua bambina di due anni. Ci sono gang organizzatissime che utilizzano i propri figli per il traffico di coca, inserendo palloncini di cocaina liquida all'interno dei pannolini. Facile da trasportare e da nascondere, perché più difficile da rilevare ai raggi X. Ha però i suoi contro: se è vero che la coca è molto solubile, è altrettanto vero che il processo di cristallizzazione per renderla vendibile è un costo aggiuntivo non trascurabile. Anche le persone diversamente abili sono ben accette. Chi mai si sognerebbe di perquisire un uomo privo di gambe su una sedia a rotelle? Nessuno, a meno che il cane antidroga non riveli la presenza di coca nel telaio della sedia, come è accaduto a un giovane dominicano nel settembre 2011. Esempi di questo tipo si possono replicare all'infinito. Coca nelle custodie delle chitarre. Coca sotto le vesti talari di un finto prete. Coca nello stomaco di due labrador. Coca in una partita di duecento scatole di rose rosse. Coca nascosta all'interno di insospettabili sigari. Caramelle e biscotti ripieni di coca. Coca sciolta in sacchetti contenenti prodotti alimentari. Coca liquida in profilattici chiusi con un nodo artigianale.

Esiste una scuola a Curaçao. Vengono da tutto il mondo gli aspiranti muli. I narcotrafficanti insegnano come impacchettare e ingerire gli ovuli senza farsi del male; useranno il loro stomaco come deposito per le traversate aeree. Durante le prime fasi dell'addestramento, i muli ingoiano grossi acini d'uva, pezzi di carote o banane, poi profilattici pieni di zucchero a velo. Quando mancano due settimane alla partenza, il mulo deve cominciare una dieta che regolarizzi il ciclo digestivo. Il menu deve essere leggero. D'altronde per tenere giù ovuli delle dimensioni dei bussolotti che contengono le sorprese negli ovetti Kinder, bisogna affidarsi a frutta e verdura. Un mulo ci mette due ore a deglutire e piazzare gli ovuli in fondo allo stomaco. Fa male, molto male. Allora il mulo passeggia, si palpa la pancia per farli scendere, si aiuta con un po' di vaselina, al massimo dello yogurt. Lo stomaco è un contenitore da ottimizzare e anche mezzo bicchiere d'acqua porterebbe via spazio. Un principiante riesce a ingerire dai trenta ai quaranta ovuli, un professionista navigato arriva fino a centoventi, ma il record pare essere di un uomo fermato all'aeroporto di Amsterdam-Schiphol nel 2009 con 2,2 chili di cocaina nascosti in duecentodiciotto ovuli.

Ogni ovulo contiene da cinque a dieci grammi di coca. Se anche solo uno degli ovuli si rompe durante il volo, il mulo morirà di overdose fra dolori atroci. Ma se arriva a destinazione, quella cocaina, pagata circa tremila euro al chilo alle Antille, verrà venduta dai quaranta ai sessantamila euro al chilo a seconda del paese europeo di smercio. Sulla strada arriverà anche a centotrenta euro al grammo. Per questo i corrieri devono seguire rigide regole: prima di ingerire gli ovuli prendono farmaci come antiemetici, anticolinergici e antidiarroici; e anche in volo il menu deve essere rigoroso: latte, succo, riso. Dal momento della deglutizione il mulo avrà a disposizione trentasei ore al massimo prima di espellerli e finalmente, come dicono i colombiani, *coronar*: in altre parole, il carico è andato a buon fine. È un termine che proviene dal gioco della dama, e precisamente dalla fase in cui una pedina raggiunge la linea di base dell'avversario e viene per questo "incoronata" diventando una "dama".

L'Europa ha bisogno di coca, molta coca. Non è mai abbastanza. Il Vecchio continente è diventato la nuova frontiera dei narcos. Dal 20 al 30 per cento della produzione mondiale di cocaina pura finisce da noi. Di colpo la cocaina ha attirato una nuova clientela. Se fino al 2000 il suo utilizzo si limitava quasi esclusivamente a strati privilegiati di popolazione, ora si è democratizzata. Gli adolescenti, prima lontani da questo tipo di consumo, oggi sono la fetta di mercato più appetibile. Ai narcos è bastato, semplicemente, diversificare l'offerta e inondare il mercato europeo di cocaina abbassandone il prezzo. Oggi un grammo di cocaina costa intorno ai sessanta euro sulle strade di Parigi, contro i cento di una quindicina di anni fa. Secondo l'Osservatorio europeo delle droghe e delle tossicodipendenze, circa tredici milioni di europei hanno sniffato coca almeno una volta nella vita. Tra questi, sette milioni e mezzo hanno un'età compresa tra i quindici e i trentaquattro anni. Nel Regno Unito il numero di consumatori di cocaina è quadruplicato in dieci anni. In Francia l'Ufficio centrale per la repressione del traffico illecito di stupefacenti stima che il numero di consumatori sia raddoppiato tra il 2002 e il 2006. Il mercato si è ormai stabilizzato, ha i suoi consumatori e le sue abitudini. L'anima del commercio non è la pubblicità, è l'abitudine. È la creazione di bisogni, insediati a tal punto nelle coscienze da non essere più considerati bisogni. Con l'abitudine alla coca, in Europa è nato un esercito silenzioso che marcia a ranghi serrati, incurante e rassegnato, con una dipendenza che si è fatta consuetudine, tradizione quasi. L'Europa vuole la coca, e i narcos trovano ogni strada per fargliela arrivare.

Sto seduto davanti a Mamadu, un ragazzo africano dal viso gentile ma deciso. Mi racconta che in realtà doveva chiamarsi "Hope", speranza, ma poi i suoi genitori scoprirono che quel nome, in altre parti del mondo, era riservato alle bambine. È nato quando il suo paese, la Guinea-Bissau, sperimentava per la prima volta le elezioni multipartitiche. All'orizzonte si profilava un futuro incerto ma carico di aspettative dopo le ferite della guerra civile e i ripetuti golpe. Originaria di Bissorã, la sua famiglia si era trasferita a Bissau, la capitale. La storia si ripete, il progresso impone di sacrificare le proprie radici, la città diventa l'Eden che tutti sognano. Ma la speranza con cui i genitori di Mamadu volevano benedire l'avvenire del figlio viene tradita un'altra volta: guerra civile, golpe, attentati e povertà endemica impantanano il paese in una immobilità mortale. Mamadu impara l'arte di arrangiarsi, che dalla notte dei tempi è la professione con il maggior numero di occupati, e comincia a sviluppare la caratteristica che molti burocrati internazionali associano ai suoi connazionali: la rassegnazione.

Ma da un po' di tempo qualcosa è cambiato. Il suo continente è diventato bianco. È diventato un approdo importante per i narcotrafficanti.

"Oggi il tuo paese si trova al centro del mondo," gli dico. Mamadu ride e scuote il capo con simmetrica lentezza.

"Ma sì," insisto, "il tuo paese commercia uno dei prodotti più richiesti."

"Perché mi prendi in giro, amico?" risponde questa volta serio Mamadu. "Quali risorse? L'anacardo, forse? O le locuste?"

In realtà la Guinea-Bissau, al pari dei paesi con cui confina, è quello che i narcotrafficanti cercano. L'Africa è fragile. L'Africa è assenza di regole. I narcos si insinuano in questi enormi vuoti sfruttando istituzioni traballanti e inefficaci controlli ai posti di frontiera. È facile far nascere un'economia parallela e trasformare un paese povero in un immenso magazzino. Un magazzino per un'Europa sempre più dipendente dalla polvere bianca. Se a ciò si aggiunge il fatto che ai cittadini della Guinea-Bissau, in virtù del suo passato coloniale, è concesso di entrare in territorio portoghese senza visto, allora il paese di Mamadu è davvero al centro del mondo.

Mamadu mi racconta di quel giorno del 2009 in cui si è trovato a passare per caso davanti alla residenza del presidente della Repubblica, João Bernardo Vieira. All'inizio gli spari li aveva scambiati per petardi, lui che ne era da sempre spaventato, e si era girato nella direzione del rumore per guardare in faccia i piccoli dinamitardi. Ma c'era solo la calca di gente che si apriva disordinatamente e due macchine che sgommando facevano lo slalom tra i passanti terrorizzati. A terra il corpo crivellato di un uomo sconosciuto. Solo il giorno dopo, sbirciando i titoli dei giornali, Mamadu ha scoperto che si trattava del presidente della Repubblica. In molti videro nell'esecuzione del presidente la vendetta, a opera dei militari, per l'uccisione del giorno prima del capo di stato maggiore Batista Tagme Na Waie. Altri lessero l'attentato come ritorsione dei trafficanti colombiani radicati nel paese per la destituzione del contrammiraglio Bubó Na Tchuto, capo della Marina nazionale, sospettato di complicità coi cartelli della droga. Per Mamadu, più semplicemente, è stata un'altra ferita.

Nel 2007 la rivista "Time" ha definito la Guinea-Bissau: piattaforma girevole, un'immagine che le calza a pennello. Uno Stato non Stato che accoglie i narcotrafficanti e ne distribuisce la merce. È facile se al largo hai un arcipelago formato da ottantotto isole dove far atterrare piccoli velivoli carichi di droga. Una zona franca a uso e consumo dei cartelli. Un paradiso terrestre praticamente disabitato e coperto da una vegetazione lussureggiante, bordato da spiagge bianchissime e sfregiato da piste di atterraggio improvvisate. È su una di queste piste che arriva il Cessna che cambia la vita di Mamadu. I Cessna sono perfetti per questo compito: sono agili e volano a un'altitudine massima di duemila metri, evitando di essere identificati dai radar. A bordo la droga è stipata in casse di frutta impilate una sull'altra e fra gli interstizi delle lamiere dell'aereo. I narcos non hanno paura dei controlli, quasi assenti. Piuttosto, da buoni imprenditori, cercano di ottimizzare ogni carico. La merce viene scaricata e trasportata sulla terraferma, da dove prende la via dell'Europa seguendo tre grandi rotte: una via terrestre, che passa dalla costa atlantica della Mauritania e dal Marocco, oppure attraverso i sentieri sahariani prima di salire per la Turchia e raggiungere i Balcani; la classica e più battuta via marittima, tramite flotte commerciali di navi container private su cui vengono spediti i grandi quantitativi di cocaina; e infine il traffico aereo, in particolare attraverso corrieri o muli che ingeriscono gli ovuli pieni di droga.

"Il mulo?" aveva chiesto Mamadu a Johnny.

"Il mulo, Mamadu. Ti fai un viaggetto a Lisbona e poi torni. Non sei contento?"

Chi gli parla, ricorda Mamadu, è un nigeriano palestrato che da venticinque anni fa la spola tra Abuja (Nigeria) e Bissau. Si fa chiamare Johnny ed è un vecchio amico di suo padre, dice che può dargli una mano. I genitori di Mamadu sono tornati al villaggio: se bisogna crepare di fame, tanto vale farlo accanto alla propria famiglia, nel posto dove si è nati. Johnny se ne sta in piedi nel suo completo Alexander McQueen taroccato e mentre parla continua a toccare Mamadu: le spalle, le braccia, il petto. È un venditore, e sa che per piazzare la sua merce non basta essere convincenti, bisogna costruire un contatto. Mamadu è ipnotizzato.

"Lisbona?"

"Lisbona, Mamadu. Un volo di qualche ora, poi ti fai un giro per la città vecchia, rimorchi qualche turista e prendi il volo di rientro."

Portare la droga in Europa è più semplice di quanto si pensi. Basta un volo di linea, un passeggero e una quantità indefinita di cocaina al sicuro in speciali involucri sul fondo dello stomaco. Certo, è capitato che in volo gli involucri scoppiassero e che il mulo passasse ore di straziante agonia prima di atterrare a Lisbona cadavere. Ma la maggior parte dei trasporti va a buon fine, anche perché gli ovuli moderni sono resistenti ai succhi gastrici, al punto che per aprirli, dopo essere stati espulsi, è necessario inciderli, con un coltello. Una volta si usavano i preservativi, ma quella è preistoria.

"Devo volare?"

"E come ci arrivi in Europa, Mamadu? A nuoto?"

Per i narcotrafficanti risolvere i problemi di trasporto è la sfida imprenditoriale più pressante. Per far arrivare la cocaina sulla costa occidentale africana hanno investito parecchi milioni di dollari nella costruzione di una vera e propria autostrada, la A10, chiamata così perché la rotta marittima viaggia precisamente sul parallelo terrestre numero 10. Sulla A10 il traffico è sempre intenso, un costante andirivieni di cui si vede solo la punta dell'iceberg grazie ai sequestri più spettacolari. Come quello del *South Sea*, un cargo intercettato dalla marina spagnola con 7,5 tonnellate di cocaina a bordo. O come il *Master Endeavour*, la grossa nave mercantile intercettata dalla marina francese con 1,8 tonnellate di cocaina: i trafficanti avevano prosciugato il pozzetto adibito alla riserva di acqua potabile, situato nella parte posteriore della nave, per nascondere la preziosa merce. A volte invece i cargo o le navi da pesca ormeggiano al largo delle coste africane in attesa che imbarcazioni più piccole, come velieri, piroghe o cabotiere, facciano la spola per portare la coca a riva. Rotte commerciali battute giorno e notte, che il rafforzamento della sorveglianza marittima e la moltiplicazione delle confische record hanno messo in crisi, al punto da costringere i narcotrafficanti ad alzare il tiro, optando per agili aerei. Il caso più eclatante è quello del Boeing 727-200 atterrato su una pista di fortuna in pieno deserto maliano e incendiato sul posto per non lasciare tracce. Le indagini condotte a seguito del ritrovamento della carlinga dell'aereo hanno portato a ipotizzare che i narcotrafficanti stessero trasportando cocaina e armi e gli islamici radicali avessero messo a disposizione le loro piste clandestine per raggiungere l'Algeria, il Marocco e l'Egitto, fornendo loro anche jeep e camion. Da lì, la droga avrebbe dovuto risalire la Grecia e i Balcani fino ad arrivare nel cuore dell'Europa. Ipotesi rafforzate da alcune scoperte fatte qualche mese più tardi: il Boeing 727-200 era stato immatricolato in Guinea-Bissau, proveniva dall'aeroporto internazionale Tocumen di Panama e doveva transitare per il Mali per rifornirsi di carburante, non aveva l'autorizzazione a volare e il suo equipaggio disponeva di documenti falsi, forse sauditi. Davanti alla carcassa in fiamme, gli inquirenti pensarono tutti la stessa cosa: se i narcos possono permettersi di sbarazzarsi di un mezzo il cui valore è stimato tra i cinquecentomila e il milione di dollari, quanta cocaina sono riusciti a introdurre? Basti pensare che un aereo di quelle dimensioni può contenere fino a dieci tonnellate di cocaina.

Diventare mulo richiede preparazione e forza d'animo. Ci sono regole da rispettare e una severa educazione da imporre al proprio corpo. Mamadu apprende i segreti della professione in un soffocante pomeriggio all'interno di un capannone abbandonato in un quartiere alla periferia di Bissau. Johnny gli ha detto di presentarsi con una valigia vuota. "Perché vuota?" ha chiesto Mamadu, senza ottenere risposta. Al centro del magazzino c'è un tavolo lungo e basso, sul quale sono allineati dei bussolotti poco più grandi di normalissime aspirine. Dietro al tavolo, come uno chef che espone le proprie creazioni, Johnny fa segno a Mamadu di avanzare, gli dice di accomodarsi sulla sedia di plastica davanti a lui e di mettersi la valigia sulle gambe.

"Aprila. E dimmi cosa contiene."

Mamadu sgrana gli occhi ed esita.

"Non avere paura. Aprila e dimmi cosa contiene," lo incalza Johnny.

"È vuota, signore."

Johnny scuote la testa.

"No," dice, "è piena. Tu sei un turista, e con te hai i vestiti di ricambio, i costumi. Se qualcuno come me è curioso di sapere cosa contiene la tua valigia, tu devi rispondere così. Questa è la prima lezione, la più importante."

Regole. Chi fa il mulo deve essere innanzitutto un buon attore. Un turista è perfetto. Ma meglio non essere in sovrappeso. Troppe capsule di droga gonfiano la pancia e gli agenti in dogana hanno affinato l'occhio: i primi a essere fermati sono uomini grassi che viaggiano da soli e con un bagaglio a mano. Poi c'è il pagamento. Solo ed esclusivamente a consegna effettuata. In passato troppi muli hanno deciso di fare la bella vita in Europa per qualche giorno con i soldi dei narcos e le capsule di droga. Infine c'è l'addestramento fisico.

"Mi stai simpatico, Mamadu. Per te solo prodotti di prima qualità. Ci teniamo alla salute dei nostri dipendenti," dice Johnny a Mamadu.

Mamadu è uno sprovveduto ma non è uno stupido, e tira un sospiro di sollievo quando scopre che dovrà solo aprire la bocca e non un altro orifizio del proprio corpo.

"Mi stai simpatico, Mamadu," ripete Johnny, "questa volta usiamo solo l'entrata principale."

L'addestramento è molto semplice: si comincia con un bussolotto e si lotta contro l'istinto di rigurgitarlo. L'operazione viene ripetuta un certo numero di volte, finché il mulo riesce a buttarne giù diverse decine e a camminare come un giovane turista africano affascinato dalla vecchia Europa. Mamadu è pronto.

L'Africa sta al Messico come un immenso supermercato sta al grossista di alimentari. La cocaina è come una delle epidemie che si sono diffuse in tutto il continente africano a spaventosa velocità.

L'Africa è bianca. Il continente nero è sepolto sotto una coltre di candida neve.

È bianco il Senegal e l'aeroporto di Dakar, il Léopold Sédar Senghor. Strategicamente è perfetto: non lontano dall'Europa, non lontano dal mondo, grazie ai suoi collegamen-

ti con le capitali del globo. La coca deve muoversi velocemente e qui, nel bianco Senegal, trova l'energia per farlo.
Spagnoli, portoghesi, sudafricani. Sono solo tre delle nazionalità cui appartenevano gli ultimi muli arrestati a bordo dei
voli in partenza o in arrivo all'aeroporto Senghor. La tecnica
è sempre la stessa, e cioè nascondere la merce nei posti più
impensabili come il doppiofondo delle valigie. Quando invece il carico è ben più consistente, allora servono delle imbarcazioni, come l'*Opnor*, che nella sua pancia di ferro custodi-
va quasi quattromila chili di cocaina destinati ai mercati europei prima di essere intercettata dalle autorità nel 2007 al
largo delle coste senegalesi. Perché anche il Senegal è una
piattaforma girevole, capace di accogliere tonnellate di coca
che poi verranno trattate, stoccate e indirizzate.

È bianca la Liberia. E si sono sporcate di bianco le mani
di Fumbah Sirleaf, figlio della presidentessa liberiana. È lui
che lavora per la Dea americana, ed è lui che contribuisce alla caduta di un'organizzazione che vede tra le sue fila boss
africani e narcos colombiani.

È bianco Capo Verde, piattaforma girevole per eccellenza. Le dieci isole che ne compongono l'arcipelago tendono
una mano all'America Latina restando ben salde al largo delle coste senegalesi. È il paradiso dei narcotrafficanti.

Bianco è il Mali. Bianchi sono i progetti di Mohamed
Ould Awainatt, un imprenditore arrestato nel 2011 a capo di
un'organizzazione che ha saputo sfruttare il deserto come
autostrada per il Nord. Jeep e coca.

È bianca la Guinea-Conakry. Sono bianchi i traffici di
Ousmane Conté, figlio del presidente che per ventiquattro
anni ha governato la Guinea, arrestato nel 2009 per narcotraffico internazionale. In un'intervista alla televisione nazionale Conté ammette tra le righe di essere implicato nel traffico della droga, ma ha negato di essere il capo del narcotraffico guineano. Viene arrestato anche il fratello, Moussa, e

due anni dopo comincia un grande processo che vede coinvolti anche decine di alti papaveri. Ma quasi tutti gli accusati, tra cui Ousmane Conté, verranno scagionati. Corruzione e istituzioni traballanti. In questi pertugi si infilano i narcos.

È bianca la Sierra Leone. Fragile, povera, ferita dalla guerra civile fino all'avvento della democrazia nel 2002. È bianco il Cessna che nel 2008 doveva trasportare aiuti medici e invece camuffava oltre mezzo quintale di cocaina.

È bianco il Sudafrica, sono bianche le sue coste e bianchi i suoi porti, dove arrivano navi dall'America Latina. Bianche sono le abitudini di questo paese, che con l'aumento della ricchezza ha visto impennarsi anche il consumo interno.

È bianca la Mauritania. Bianche sono le sue piste polverose dove atterrano piccoli velivoli stipati di coca. È la cerniera tra l'Oceano Atlantico e il Maghreb.

È bianca l'Angola perché bianco è il suo legame con il Brasile. Ex colonie portoghesi affratellate dalle spedizioni di coca transoceaniche. Qui, come nel Sud dell'Africa, buona parte del mercato della cocaina è gestito dai nigeriani, che vantano un'importante storia criminale e una tra le strutture più organizzate al mondo.

L'Africa è bianca.

Guardo Mamadu e penso a come le storie individuali possano riflettere il destino di un intero continente. Mi dice che la cosa più difficile è stata imparare a reggere lo stress. Inventare un altro se stesso, il più simile possibile ai pochi turisti visti nella sua breve vita. La consapevolezza ha bisogno di essere cristallizzata in abitudine, la routine del gesto deve soppiantare la risposta automatica dell'istinto di fronte al pericolo. Johnny gli dà appuntamento davanti alla stazione di polizia di Bissau. Non gli dice di portare una valigetta, perché questa volta è Johnny che si presenta con una elegante ventiquattrore. Quando Mamadu è a pochi passi di distanza, gliela consegna e gli dice che dentro ci sono cinquemila dollari americani.

"Sei uno qualsiasi. Sei un giovane uomo con una ventiquattrore luccicante e piena di soldi. Entri nella stazione di polizia, scambi due parole con gli agenti e poi esci, come se niente fosse."

"Ero sicuro che stesse scherzando," mi dice Mamadu, "se gli agenti mi avessero beccato con una valigetta piena di soldi, come li avrei giustificati?"

Ma Johnny non scherza affatto. È stranamente serio, anche il sorriso conciliante con cui è solito girare è nascosto dalle labbra serrate.

"Mi feci coraggio," racconta Mamadu, "pregai che fosse l'ultima prova da affrontare prima di cominciare il nuovo lavoro. Varcai la soglia della stazione di polizia."

Johnny è l'esponente perfetto dell'organizzazione criminale più efficace e affidabile del continente africano: la mala nigeriana.

La mala nigeriana è una forza internazionale che sfrutta il radicamento al territorio per svilupparsi nei quattro angoli del globo. Se da una parte sono gruppi medio-piccoli spesso costituiti a partire dalla cerchia familiare ed etnica, dall'altra le ramificazioni dei loro interessi raggiungono le piazze più importanti della droga. È un mix perfetto di tradizione e modernità, che ha permesso ai nigeriani di installarsi in tutte le capitali africane da nord a sud e di espandersi oltre il continente anche grazie all'esperienza accumulata con il commercio di eroina negli anni ottanta. I voli internazionali vengono riempiti da muli, e quando questi non bastano i trafficanti nigeriani assoldano direttamente il personale di volo. Poi arriva la cocaina e i nigeriani si lanciano nel nuovo business. L'Europa deve essere rifornita e gli africani sono pronti. Talmente pronti che cominciano a procurarsi la coca direttamente dai paesi produttori. Oggi la loro presenza in Europa è massiccia e sono richiestissimi dai narcos colombiani e messicani e dalle mafie italiane. Uno dei capostipiti è Peter Christopher Onwumere. Prima di essere arrestato in Brasile nel 1997, Onwumere aveva dato prova di essere un vero e proprio narco internazionale. Contrattava, comprava, organizzava i trasporti e, soprattutto, incassava. I nigeriani sono fenomenali subappaltatori e sanno dove trovare carne da macello, come Mamadu.

"Non dimenticherò mai il mio primo decollo," racconta Mamadu. "Lo stomaco che sprofonda, il fiato che si mozza. Il passeggero seduto accanto a me sorride paterno quando mi vede unire le mani in una preghiera, non sa che sto solo scongiurando Dio di non far esplodere uno dei sessanta bussolotti che porto in corpo. È un volo Royal Air Maroc, scalo a Casablanca, poi da lì a Lisbona. Mi dico che nel giro di poche ore sarà tutto finito. Non riesco a non pensare a quanto sarà straziante l'espulsione dei bussolotti, o a come sopravvivere un giorno intero in una sconosciuta capitale europea. Gli occhi mi si posano ansiosi sui turisti saliti a Casablanca. Se avessi un cartello al collo con scritto sopra: 'Sono un corriere della droga', penso, forse sarei meno riconoscibile tra questi uomini e donne in pantaloncini e infradito, sorridenti e scanzonati con le macchine fotografiche al collo. Poi, come un lampo, un pensiero inaspettato scaccia via la paura. Sono questi i consumatori della roba dentro di me? Sono loro i miei clienti? E allora comincio a guardare in modo diverso lo sconosciuto della fila centrale, un tizio grasso che usa la pancia per adagiarvi le braccia incrociate. La donna al suo fianco, anche lei in carne, lo sta assillando con parole che devono essere importanti, ma lui fa finta di niente, oppure si è addormentato. Mi tornano in mente le parole di Johnny sugli effetti della cocaina e immagino che devono essere quelli i due stadi principali: l'euforia e l'oblio."

Mi colpisce la consapevolezza di questo ragazzo, la sua capacità di vedere.

"Ho fatto diciannove viaggi da Bissau verso Lisbona, Madrid, Amsterdam. Si può dire che ho un lavoro a tempo indeterminato, almeno fino a quando non vengo beccato o un bussolotto più fragile degli altri si aprirà dentro di me. Ormai ho capito di essere una risorsa sacrificabile. È per questo che i capi si affidano a gente come me, anche se la quantità di merce che posso trasportare è minima. Però anche il rischio, così, è minimo. Se vengo arrestato, il giorno dopo ce n'è subito un altro pronto."

I primi soldi Mamadu li ha visti dopo tre viaggi. Ogni volta Johnny la tirava per le lunghe, diceva che non aveva contanti con sé e che, se Mamadu continuava a essere così efficiente, nel giro di poco quegli spiccioli sarebbero stati un pallido ricordo. In compenso, di tanto in tanto Johnny gli offre una striscia, giusto una sniffata, perché dice che si deve conoscere il prodotto che si commercia. Un po' di polvere bianca ti dà la carica per affrontare la dogana e gli sguardi smaliziati delle donne europee. Non che Mamadu abbia bisogno della coca, ha affinato il suo mimetismo: ormai è africano fino a Casablanca, turista per il resto del tragitto. Il turista non ha una nazionalità, è un atteggiamento, e a quel punto poco importa il colore della pelle, gli occhi arrossati, gli abiti sgualciti. La paura del primo viaggio si è dissolta nella routine. Anche le notizie dell'inasprimento dei controlli o la marea montante dei sequestri non lo sfiorano nemmeno. Eppure i paesi europei sono anni che mostrano i muscoli per fermare lo smercio continuo di coca. I governi hanno deciso di colpire al cuore il traffico illecito, l'elenco di fermi e sequestri cresce di giorno in giorno. Ma per Mamadu sono solo fatti e nomi che non lo riguardano, come non lo riguarda il nuovo metodo escogitato da alcuni muli: impregnare gli abiti di cocaina liquida. Ormai butta giù i bussolotti come se fossero biscotti. E poi non può smettere proprio ora. Johnny gli ha detto che sul suo prossimo volo opera una hostess che fa parte dell'organizzazione, si occupa di facilitare il lavoro dei muli.

"È una tipa carina," ha suggerito Johnny, "e pare che si sia appena lasciata con il suo ragazzo. Potresti invitarla a uscire."

"Ho fatto i conti," mi dice Mamadu. "Alla trentesima consegna dovrei aver messo da parte abbastanza soldi per offrirle una cena in un ristorante elegante di Lisbona."

Coca # 7

Quadri di artigianato andino
21 gennaio 2005, aeroporto di Fiumicino. Fermato cittadino del Guatemala. Nelle sue valigie trovati cinque quadri con motivi precolombiani. In ciascuno di essi una busta con un chilo di cocaina pura al 92 per cento per un valore di un milione di euro.

Pelli di vitello lavorate e semilavorate
14 settembre 2005, porto di Livorno. Sequestrata la nave *Cala Palma* partita dal porto venezuelano di La Guaira. Tra le pelli di vitello essiccate lavorate e semilavorate che trasporta trovati seicentonovantuno chili di cocaina colombiana pura al 98 per cento.

Statue della Vergine Maria
30 marzo 2006, Brooklyn, New York. La Dea arresta undici persone per contrabbando di cocaina. Avevano nascosto la preziosa merce – centonovantaquattro chili – in alcune statue della Vergine Maria destinate a chiese e cimiteri.

Porte di legno
24 febbraio 2007, Guildford, Surrey, Gran Bretagna. Paul Sneath, ragazzo inglese di buona famiglia, condannato a diciotto anni per aver introdotto diciassette chili di cocaina nel

suo paese. Aveva acquistato porte artigianali intagliate di esotici pappagalli e le aveva fatte imbottire con fogli di compensato imbevuti di cocaina liquida. La droga sul mercato avrebbe fruttato circa tre milioni di sterline.

Statua di Gesù Cristo
30 maggio 2008, frontiera di Nuevo Laredo, al confine con il Texas. Fermata una donna messicana ai controlli della dogana. Nella grande statua di Gesù Cristo che nasconde tra i bagagli, gli agenti scovano tre chili di cocaina.

Ananas fasulli
22 agosto 2008, Napoli. Il Ros, coordinato dalla Dda di Napoli, sequestra in una casa di Poggiomarino cento chili di cocaina purissima nascosta in riproduzioni di ananas in cera. Valore: quaranta milioni di euro.

Calamari
Gennaio 2009, porto di Napoli. Durante un normale controllo, la guardia di finanza rinviene tra le milleseicento scatole di calamari trasportate da una nave proveniente dal Perú quindici chili di cocaina.

Libri per bambini
9 aprile 2009, aeroporto Cristoforo Colombo di Genova. Una ragazza italiana di ventun anni viene arrestata dopo aver prelevato un pacco proveniente dal Sud America contenente libri per bambini. Al loro interno, tre etti di cocaina.

Ceiba Speciosa
30 aprile 2009, porto di Vado Ligure, Savona. La guardia di finanza di Napoli intercetta un carico di alberi tropicali della specie Ceiba Speciosa, conosciuta in America Latina con il nome di "Palo Borracho", albero ubriaco. Noti per i loro

tronchi storti e rigonfi, gli alberi nascondevano duecentocinquanta chili di cocaina.

Valigie

2 giugno 2009, aeroporto di Santiago del Cile. Una ragazza argentina di ventisei anni, Sandra Figueroa, attira l'attenzione dei doganieri. Le valigie che trascina sono troppo pesanti. Sottoposte ad analisi chimiche, risulta che il bagaglio è fatto di fibra di vetro, resina e cocaina per un totale di quindici chili di sostanza stupefacente.

Squali congelati

17 giugno 2009, porto di Progreso, stato di Yucatan, Messico. Ottocento panetti di cocaina sequestrati dalla marina messicana. Erano nascosti nelle carcasse di una ventina di squali congelati.

Container

21 giugno 2009, Padova. I carabinieri di Padova, grazie all'aiuto dei cani antidroga, scoprono circa quattrocento chili di cocaina su container di banane e ananas a bordo di un articolato.

Tronchi di legno pregiato

22 luglio 2009, Calabria. Smascherata la rete dei fratelli Maesano. Grazie alla loro società di import-export spedivano in Bolivia un container al mese con il materiale per il taglio delle foreste e lo facevano tornare indietro pieno di tronchi di legno pregiato farciti di panetti di cocaina per almeno cento chili ciascuno.

Carrelli trasportatori

15 novembre 2010, porto di Gioia Tauro. Nell'ambito dell'Operazione Meta 2010 viene ispezionato un container non

documentato proveniente dal Brasile contenente carrelli trasportatori per uso agricolo. Con l'aiuto di strumenti di controllo sofisticati si rilevano delle anomalie nel confezionamento dei tubi in metallo di cui si compongono i telai. Ne vengono estratti mille panetti, aprendo ogni tubo con la fiamma ossidrica: un carico totale di mille chili.

Cabina di comando dell'aereo
1 febbraio 2011, aeroporto di Fiumicino. Due sospetti tecnici aeroportuali, messi sotto torchio dai finanzieri insospettiti dal loro comportamento, confessano di aver voluto rubare oggetti preziosi dalla stiva dell'aereo appena atterrato da Caracas. Ma gli inquirenti, allarmati dall'agitazione dei cani antidroga, scoprono trenta panetti di coca – trentacinque chili di polvere – infilati dietro i pannelli del quadro di strumentazione.

Pesce surgelato
19 marzo 2011, porto di Gioia Tauro. Intercettato un container trasportato da un cargo proveniente dall'Ecuador. Nasconde centoquaranta chili di coca purissima tra il pesce surgelato.

Cuore di palma
8 aprile 2011, porto di Livorno. I carabinieri di Roma sequestrano un container trasportato da una nave giunta dal Cile. Nelle lattine di cuore di palma vengono rinvenuti milleduecento chili di cocaina.

Ricettario
Ottobre 2011, aeroporto di Torino. Viene sequestrato un pacco spedito dal Perú via Francoforte. Dentro vi è un ricettario, le cui pagine sono imbottite di cocaina. Pesa cinquecento grammi. Il destinatario del pacco, un italiano, viene

arrestato: nella sua abitazione vengono rinvenuti, oltre alla coca, arnesi per il confezionamento delle dosi, alcuni bilancini e una pressa per l'imballaggio dei panetti. Le indagini che sono seguite hanno portato a smascherare una rete criminale che trafficava cocaina dal Perú in Italia, passando per la Germania.

Caffè
27 ottobre 2011, porto di Barcellona. La Guardia Civil mette a segno il più grande sequestro di droga mai effettuato nel porto di Barcellona. Seicentoventicinque chili di cocaina nascosti in un container che trasporta caffè.

Asparagi in scatola
10 dicembre 2011, Lima, Perú. Cinquecento litri di cocaina liquida per un valore di venti milioni di dollari sono stati sequestrati in un'abitazione di un sobborgo di Lima. La sostanza era contenuta nella salamoia degli asparagi in scatola.

Protesi al seno e ai glutei
21 dicembre 2011, aeroporto di Fiumicino. Fermata una modella spagnola proveniente da San Paolo del Brasile. Durante la perquisizione vengono trovati due chili e mezzo di cocaina pura in cristalli inseriti nelle protesi di seno e glutei.

Fiori per San Valentino
Febbraio 2012, porto di Hull, Gran Bretagna. Sequestrati ottantaquattro chili di cocaina nascosta nelle cassette di fiori acquistati da un fiorista inglese per il giorno di San Valentino. L'uomo era andato personalmente a comprare la merce fresca in Olanda, si era imbarcato al porto di Rotterdam e stava giusto caricando il camion. Le forze dell'ordine britanniche si sono accorte che tre cassette pesavano oltre un quintuplo delle altre.

Genitali

Aprile 2012, Folcroft, Pennsylvania. Ray Woods, ventitreenne di Philadelphia, è fermato dalla polizia in una zona nota per lo spaccio. Perquisito, sotto gli slip emergono quarantotto dosi di coca infilate in una sacca legata direttamente al pene.

Legumi, alluminio, prodotti alimentari

7 giugno 2012, porto di Gioia Tauro. La guardia di finanza sequestra trecento chili di cocaina purissima a bordo del mercantile Msc *Poh Lin* partito dal Sudamerica. Si trovava in nove borsoni neri caricati in tre container, tra prodotti alimentari, legumi e scarti d'alluminio destinati ad aziende del Norditalia che di solito non importano quei prodotti.

Noccioline

8 giugno 2012, porto di Gioia Tauro. Scoperti seicentotrenta chili di cocaina in un container proveniente dal Brasile. La droga era suddivisa in cinquecentottanta panetti, infilata in sedici borsoni nascosti all'interno di un carico di noccioline.

Aiuti medici per le zone colpite dal terremoto

8 giugno 2012, porto di Genova. Nascosti fra gli strumenti medici destinati a una ditta emiliana gravemente danneggiata dal terremoto, i carabinieri scoprono un carico di cocaina del valore di oltre un milione di euro. Il container, proveniente dalla Repubblica Dominicana, ha insospettito da subito gli inquirenti perché le attrezzature mediche di solito arrivano dalla Cina.

Zucchero

15 giugno 2012, porto di Londra. Alle porte della capitale, in uno dei terminal portuali sul Tamigi, viene sequestrata una partita di cocaina da trenta chili nascosta in un carico di zuc-

chero che aveva viaggiato su una nave cargo proveniente dal Brasile.

Pellame

22 luglio 2012, Portogallo. La polizia portoghese arresta un imprenditore vicentino attivo nel settore della concia. Nel container che si è fatto spedire dal Brasile gli inquirenti trovano centoventi chili di cocaina nascosti tra le pelli.

Cacao

23 agosto 2012, porto di Anversa. A bordo di una nave container proveniente dall'Ecuador, le autorità belghe scoprono poco più di due tonnellate di cocaina infilate nei sacchi di juta contenenti semi di cacao. Destinata a un magazzino di Amsterdam, la droga avrebbe avuto un valore di mercato di cento milioni di euro.

Parquet

23 agosto 2012, porto di Cacupemí, Paraguay. Sequestrati trecentotrenta chili di coca infilati tra i tagli irregolari di legname da pavimento trasportati da una nave container pronta a salpare dal porto privato di Cacupemí, sul fiume Paraguay. Arrestato un doganiere corrotto.

Pollo arrosto

3 settembre 2012, aeroporto di Lagos, Nigeria. Appena rientrato da San Paolo del Brasile, dove aveva lavorato negli ultimi cinque anni, un ingegnere nigeriano viene fermato alla dogana. Nascosti tra gli avanzi del pollo arrosto che ha portato con sé per il viaggio, la polizia scopre due chili e mezzo di cocaina.

Capelli

26 settembre 2012, aeroporto John F. Kennedy, New York. Kiana Howell e Makeeba Graham, due ragazze di colore ar-

rivate dalla Guyana, ex colonia britannica tra Venezuela e Brasile, insospettiscono gli agenti della dogana. Perquisite, sotto l'acconciatura vengono scoperti due panetti di cocaina da circa un chilo ciascuno.

Ceci

12 ottobre 2012, porto di Gioia Tauro. Intercettato un quintale di cocaina arrivato dal Messico sulla nave *Bellavia*, infilato in diversi sacchi di ceci che ufficialmente dovevano terminare il loro viaggio in Turchia.

Palloncini

14 ottobre 2012, porto di El Limón, Costa Rica. Durante un controllo di routine su una nave cargo ancorata nel porto di El Limón che si affaccia sul Mar dei Caraibi, gli agenti antidroga scoprono centodiciannove chili di cocaina nascosti tra i variopinti palloncini solitamente usati per le feste di compleanno dei bambini.

Gamberi e banane

18 ottobre 2012, Milano. La Dda di Milano arresta una cinquantina di persone legate a una grande rete di importazione di cocaina destinata all'Italia, Belgio, Olanda, Austria e Germania. I carichi, nascosti tra gamberi surgelati o cartoni di banane, arrivavano dalla Colombia e dall'Ecuador sia in nave che in aereo, sbarcando nei porti di Amburgo e di Anversa, nonché all'aeroporto di Vienna. Il traffico veniva gestito dalle ramificazioni lombarde delle più potenti famiglie calabresi – i Pelle di San Luca, i Morabito di Africo, i Molè di Gioia Tauro.

Patate dolci

19 ottobre 2012, aeroporto di Paramaribo, Suriname. Insospettiti dal peso eccessivo di sei sacchi di patate dolci in par-

tenza dall'aeroporto Johan Adolf Pengel, il principale scalo dell'ex colonia olandese in Sudamerica, gli agenti doganali scoprono sessanta chili di cocaina all'interno dei tuberi.

Tappeti

27 novembre 2012, Milano. I carabinieri del comando provinciale arrestano cinquantatré persone, cittadini italiani e colombiani, con l'accusa di narcotraffico, detenzione illegale d'armi, ricettazione e riciclaggio. La rete basata a Cesano Boscone impregnava di cocaina liquida la lana dei tappeti importati: una volta arrivati a Milano, i tappeti venivano lavati con prodotti specifici e la sostanza riemergeva dalle fibre per essere filtrata ed essiccata.

15.

Quarantotto

Sogni. La tua vita più informe, la più profondamente tua. Danaro o sesso. I tuoi figli e i tuoi morti che nel sogno tornano vivi. Sogni di cadere all'infinito. Sogni che ti strozzano. Sogni qualcuno fuori della porta che vuole entrare o è già entrato. Sogni di essere rinchiuso, nessuno ti libera, tu non ci riesci. Sogni che vogliono arrestarti ma non hai fatto nulla.

Non c'è niente di davvero tuo nei sogni e negli incubi. Sono talmente uguali a quelli di tutti gli esseri umani che a Napoli potresti usarli per puntare sui numeri del Lotto. 'E Gguardie, la polizia, 24. 'E ccancelle, la prigione, 44. 'O mariuolo, il ladro, 79. 'A fune nganno, il cappio al collo, 39. 'A caduta, 56. 'O muorto, 47. 'O muorto che parla, 48. 'A figliolanza, 9. 'E denare, 46. Per il sesso hai l'imbarazzo della scelta. Per esempio: Chella ca guarda 'nterra, 6, la fica. 'O pate d''e criature, 29, il cazzo, 'O totaro dint' 'a chitarra, 67, quando uomo e donna si uniscono.

Li faccio anch'io, quei sogni. Quando partono bene si trasformano in incubi. Quando sono incubi sin dall'inizio, hanno pochissimo di onirico. Sono i miei giorni che si prendono anche la notte, i circa 2310 giorni da quando vivo sotto scorta. Ho imparato a dimenticare i sogni. Quando mi svegliano, al massimo mi alzo a prendere un bicchiere d'acqua.

Poi fatico a riaddormentarmi ma gli incubi li ho cacciati giù con qualche sorso. Tutti, tranne uno.

Grido, continuo a gridare, grido sempre più forte. Nessuno sembra sentirmi. La variante dell'incubo in cui vorresti urlare e non ti esce nulla. Qui non viene a mancare la voce ma per gli altri è inudibile. Lo conosci, quel sogno? Se vuoi giocartelo, non so bene quale numero consigliarti. C'è il pianto, 65, il lamento, 60, la paura che fa 90. Ma non sono previste urla nella cabala della città dove si allucca sempre. Prova a puntare magari sulla bocca, numero 80. Io non mi gioco nulla perché quel che ho appena confidato è la continuazione più immediata della realtà nel territorio sottratto alla coscienza.

Scrivo di Napoli, racconto di Napoli. Lei si tappa le orecchie. Chi sono io che occupo spazio e scena per descrivere ciò che non sto vivendo? Non posso capire, non ho diritto di parlare. Non sono più parte del corpo di una città-madre che accoglie nel suo calore morbido e splendente. Napoli va vissuta e basta. O ci stai o non ci stai. E se stai fuori, non sei più di Napoli. Come alcune città africane o sudamericane, Napoli ti dà subito cittadinanza. Una cittadinanza che però perdi quando vai via e metti una distanza tra la tua pelle e il tuo giudizio. Non ne puoi più parlare. Ti è proibito. Devi starci dentro, se no riceverai sempre e solo una risposta: "Che ne sai tu?".

Io so che a Napoli il numero più sicuro su cui puntare è sempre il 62, 'o muort' acciso. Io so che quei morti ammazzati la stessa città spesso li tratta quasi come il 48, morto che parla, che per lei mi sento diventato io. Li scorpora, li espelle. È gente che sta fuori, a Scampia, Secondigliano, negli altri comuni a nord investiti dalla faida deflagrata dopo anni di stillicidio di omicidi. Come Andrea Nollino, stroncato sul colpo dalle raffiche sparate da una moto mentre stava aprendo il suo bar a Casoria. 26 giugno 2012, ore 7.30. O

Lino Romano che il 15 ottobre del 2012 va a prendere alla stazione la sua fidanzata rientrata dal matrimonio di una cugina a Modena, tornata da quella festa che sognava di poterle offrire presto anche lui. La riaccompagna e sale in casa per salutare i genitori di Rosanna. Appena se ne è andato arriva subito il fragore degli spari, vicinissimo, proprio giù in strada. Lino è morto mentre stava mettendo in moto la sua auto per raggiungere gli amici del calcetto. Ore 21.30. Pioggia, buio serale, la sua Clio nera come ce ne sono troppe uguali. Forse ne guidi una anche tu, ma tu non sei fidanzato con una ragazza di Marianella, agglomerato di palazzoni sulla linea di fuoco tra Secondigliano e Scampia.

Ti pare un film già visto, un racconto già ascoltato. Hai letto la storia di un ragazzo dal nome quasi identico, Attilio Romanò, ammazzato nel negozio di telefonia dove lavorava. Hai visto come spacciano la coca dentro alle "Vele", come uccidono senza nessuna potenza drammatica del gesto, come si tradiscono l'un l'altro. Ti ha fatto impressione la scena dove dei bambini vengono addestrati a farsi sparare addosso. Adesso non hanno più intorno ai dieci, dodici anni. Adesso sono loro a sparare e morire.

Ma tu hai già dato, io ho già dato. Hai letto il mio libro, hai visto il film che ne hanno tratto. È colpa mia se ora continuo a gridare e ho la sensazione che nessuno sia più disposto ad ascoltarmi. Colpa mia, se gli articoli che continuo a dedicare al sangue per le piazze della coca scivolano verso il basso sul sito del giornale. Colpa mia, se sulla mia pagina Facebook gli status più cliccati e condivisi riguardano da tempo argomenti diversi dalle dinamiche che si scontrano alle porte di Napoli. Non si può mantenere accesa l'attenzione per tanti anni sullo stesso scenario, ci sono altre questioni che paiono più importanti o semplicemente nuove. Colpa mia se negano il permesso di girare sul posto la fiction tv ricavata da *Gomorra*, protestando con lo striscione "SCAMPIAmoci da

Saviano" e manifesti attaccati ovunque che urlano: "Chi specula su Napoli è colpevole di tutto!". Ho irrorato del sangue di Napoli le orecchie di mezzo mondo ma a Scampia nulla è cambiato. Quindi colpevole, colpevole di tutto. Colpevole dei nuovi killer che hanno in corpo tutta la ferocia dell'età giovanissima potenziata dalla coca per partire ad ammazzare l'ennesimo parente di un affiliato al gruppo rivale. Colpevole dei profitti milionari per cui tutte quelle vite continuano a essere cancellate. Persino delle vittime come Lino e Andrea.

Intorno a loro si è stretto tutto il quartiere e anche una parte più estesa della città. Hanno gridato in migliaia la loro innocenza, non li hanno lasciati soli, li hanno accompagnati nel viaggio estremo seguito all'estrema ingiustizia. Non è vero che le guerre di mafia generano solo paura, cinismo, omertà, indifferenza. Generano anche una speciale, primaria empatia: perché sei costretto a riconoscerti in Lino, in Andrea, in Rosanna, nei loro genitori, fratelli, amici e colleghi. O perché magari anche tu hai qualche cugino che a sua volta è cugino di qualcuno degli "scissionisti" o dei "Girati", come viene chiamato uno dei gruppi che si è staccato dal cartello vincitore della faida contro i Di Lauro. Potrebbe toccare a te la prossima volta. Poteva esserci tuo figlio o tua figlia quel 5 dicembre 2012, quando Luigi Lucenti, detto 'o Cinese, ha cercato di sottrarsi a un agguato rintanandosi nel cortile della scuola materna Eugenio Montale di Scampia, mentre i bambini stavano facendo le prove per la recita di Natale. Doveva riaprire la piazza di spaccio della "Cianfa di Cavallo" di via Ghisleri e lo hanno ammazzato. Bastava fosse capitato un po' più tardi, quando gli alunni che non si fermano a pranzo vengono presi da mamme e nonne, e la morte di qualche bambino dell'asilo sarebbe divenuta molto probabile. Potevi perderci un figlio, una moglie, una madre. Così ti è andata bene, devi solo preoccuparti degli incubi del piccolo, forse della pipì che comincia a fare a letto dopo che sei riuscito a togliergli il pannolino. Continui a dirti che grazie al cielo non è successo niente, ma non basta. E allora, quando si presenta l'occasione, riesci a trovare la forza di reagire, di raggrupparti, di urlare insieme agli altri che è scorso il sangue di chi meritava di vivere e non morire.

Quelle grida sono di Napoli, sono per Napoli. È il suo corpo che si ricompatta intorno alla ferita. Malgrado tutto, provo sollievo a sapere che questo avviene anche così, per un flusso di energia vitale pompata da una scarica di rabbia e paura, e non solo per la contrazione spastica con cui l'intruso andato di traverso finisce espettorato. Però la logica per la quale io, che ho raccontato senza risolvere, sarei colpevole non solo di qualcosa ma di tutto non appartiene a un orizzonte così distinto da quello che spinge le persone in strada a ribellarsi. È la logica del chi è dentro e chi è fuori. Quel fuori e dentro non lo stabilisce solo il certificato di residenza. Lo determina ciò che accade, ciò che in quei luoghi continua ad accadere da sempre. Lo determina l'esperienza della faida. Solo chi la vive può capire, solo chi la sperimenta viene incluso. La logica di guerra sa proteggersi facendo alzare muri di difesa inscalfibili.

Ho cercato di trovare un modo per convivere con la consapevolezza che da una parte le mie parole su Napoli risuonano con voce sempre più flebile per quanto urli, e dall'altra, quella più dolorosa che giunge dalla città stessa, sono rigettate come illegittime. Ho passato anni a studiare e inseguire altrove tutto quello che avevo conosciuto a Scampia e Casal di Principe, per ampliare la visuale, per dare alla mia ossessione tutto lo spazio del pianeta, forse tentando anche l'unica via di fuga per me possibile, la fuga in avanti.

Che cosa sono i morti ammazzati di Scampia e dintorni in confronto a quelli di Ciudad Juárez? Quanto vale l'unico supermercato a cielo aperto della droga in Europa rispetto ai traffici gestiti dalle famiglie della Locride? Forse uno 'ndranghetista non si prenderebbe nemmeno la briga di rispondere. I calabresi, come emerge da molte intercettazioni, disprezzano i napoletani. Gente che si scanna troppo spesso per troppo poco, troppo chiassosa, troppo disordinata. Boss che ostentano le macchine e le donne, sempre azzimati e griffati dalle scarpe alle magliette intime. Clan che in nemmeno otto anni hanno fatto fuori ben due generazioni di uomini che comandano.

Il più vecchio dei capi di questa nuova fase lo chiamano F4, che sta per "figlio quattro". Marco Di Lauro è subentrato a Cosimo, Vincenzo e Ciro, tutti in carcere. Da latitante si sta rivelando erede degno di suo padre Paolo; nessun errore, profilo basso, niente droghe, solo una passione per le auto truccate e per l'igiene personale. Eppure lo attende già un ergastolo che lo condanna proprio come mandante della morte di Attilio Romanò avvenuta il 24 gennaio 2005, appena tre giorni dall'arresto di suo fratello Cosimo. F4 aveva ventiquattro anni quando si è macchiato di sangue innocente.

Poi vengono Rosario Guarino, ventinove, e Antonio Mennetta, ventotto anni, i capi dei "Girati" che non possiedono nemmeno un nome di famiglia, solo quello del luogo da cui sono partiti alla conquista; via Vanella Grassi, un vicoletto cieco nel centro storico di Secondigliano.

Il primo è soprannominato Joe Banana perché un amico gli avrebbe detto: "Uà, ti stai facendo troppo chiatto. Mangi troppe banane, come a Bud Spencer nel film". Il secondo lo conoscono come "Er Nino" (in versione romanesca) o "El Niño" (in una più esotica versione spagnola) e, stando a quel che raccontano i pentiti, avrebbe fatto parte di una paranza dei Di Lauro durante la prima faida, per poi passare con gli scissionisti. Se è vero, ha cominciato a sparare subito dopo aver raggiunto l'età richiesta per la patente. Del resto, per l'omicidio di un altro boss ventisettenne dello stesso gruppo è stato arrestato un adolescente di appena diciassette anni, Alessandro, anche lui, sino a quel momento, appartenente alla Vanella Grassi. Chissà quanto gli hanno dato per uccidere, tradire, entrare in carcere con la certezza che fuori lo aspetterà qualcuno per ammazzarlo?

Dopo l'arresto di Joe Banana e di Er Nino tra la fine del 2012 e l'inizio del 2013 non è ancora certo chi abbia preso il comando. Probabile che siano ragazzi ancora più giovani come Mario Riccio, ventun anni, figlio di uno spacciatore di Mugnano, che ha fatto carriera sposando la figlia di Cesare Pagano, capo del clan omonimo che insieme agli Amato fa parte del nucleo originario degli scissionisti. Dicono che sia un sanguinario esaltato; forse è anche a causa della sua cattiva fama che, sotto la sua guida, il clan ha perso uomini e territorio. O il suo coetaneo Mariano Abete, figlio del boss Arcangelo Abete che, durante un periodo ai domiciliari, ha deciso di riprendersi le piazze degli Amato-Pagano, aumentando così la tensione all'interno del gruppo. Mariano, quando è andato a trovare il padre di nuovo in carcere, ha pianto per Ciro Abrunzo ammazzato a Barra da due killer in motorino probabilmente appartenente ai "Girati", la cui voglia di prendersi tutto ha ricompattato gli scissionisti. Arcangelo gli promette: "Lo vendichiamo". Abrunzo si era imparentato con gli scissionisti ma non aveva precedenti. Poi ammazzano Raffaele Abete, zio di Mariano, e così il ragazzo deve organizzare la vendetta. Fino a quando i carabinieri non trovano un falso muro e sua madre si rassegna: "Mariano è qui dietro. È disarmato, non fategli del male". L'appartamento dove lo hanno arrestato si trovava giusto sopra una delle piazze di spaccio che gli alleati di suo padre hanno strappato agli Amato-Pagano e ora cercano di difendere dagli assalti della Vanella Grassi.

Sento una risata che nasce in Aspromonte e, spinta dal vento verso il Tirreno, arriva fin sopra il Vesuvio e da lì cala.

"Ma guardatavi, voi che vi disgregate e riaggregate per la Cianfa di Cavallo, la Vela Celeste, le Case Celesti, le Case dei Puffi, il Rione Terzo Mondo. Siete voi il Terzo mondo, siete la Colombia e il Messico ridotti a dimensione Puffo."

E mi fa male. Mi fa male come tutto il resto, come la certezza di dovermene andare da Napoli e non poter far altro che tornarci sempre con la mente e le parole, anche se mi disprezzano più di quanto i calabresi spregiano i napoletani. Non mi sono mai mosso da Napoli. Non solo con il pensiero, ma sopportando l'odio che mi viene versato di continuo, anche accogliendo le braccia che mi stringono per darmi coraggio. Sono sempre lì. Raccontare Napoli è un po' tradirla, però in questo tradimento io trovo posto. L'unico, per ora, che mi è dato.

Per me, il dolore del sangue che colma le piazze, il dolore dei nomi che allungano gli elenchi è un dolore che non passa neanche a soffiarci su con tutto il fiato possibile. È un dolore che non guarisce neanche a medicarlo col mercurio cromo, neanche se lo suturi. Mi riguarda, come ci riguardano le cose che provocano il dolore più profondo: la nostra carne, i figli, la parte più intoccabile di noi. Come la morte, che riguarda solo te. Sino a che qualcuno o qualcosa non mi uccide, non potrò che continuare a giocarmi il mio numero.

16.

Cani

Il destino è scritto nel Dna. Così la pensava un medico napoletano che finalmente si era arreso alle richieste del figlio: gli avrebbe regalato un cane. Un cane di piccola taglia, d'espressione simpatica e di socievolezza inesauribile. Un giorno chiese al figlio di seguirlo sul balcone perché lì c'era una sorpresa che lo aspettava e mentalmente ripassò il discorso che si era preparato. Un cane è un essere delicato che bisogna rispettare ed educare, occorre essere pazienti ma severi, e soprattutto fargli capire che il capobranco è l'uomo. Libertà sì, ma con regole ferme. Premesse indispensabili, per di più se si tratta di un Jack Russell Terrier, razza usata a tutt'oggi dai cacciatori per stanare le volpi. Il temperamento coraggioso e vulcanico avrebbe costituito un impegno importante per suo figlio, obbligandolo a confrontarsi con una delle sfide cruciali per un cucciolo d'uomo: andare oltre le apparenze. Dietro agli occhietti languidi e le richieste di coccole e attenzione del buffo cagnolino, c'era un carattere straripante che andava disciplinato.

"Ci siamo capiti?"

"Certo, papà."

Le cose funzionarono. Il bambino puliva dove il cane sporcava, lo portava fuori, lo faceva giocare, gli impartiva i primi insegnamenti. "Stai!" "Seduto!" "Fermo!" Il padre era gonfio d'orgoglio, anche se il figlio starnutiva troppo spesso e aveva sempre gli occhi arrossati. È medico e sa che quei sintomi sono inequivocabili: allergia al pelo di cane. La decisione si stava facendo inevitabile. Il cane, ormai entrato a pieno diritto nella famiglia, andava allontanato. Ma per il figlio la separazione sarebbe stata un dolore straziante che rischiava di vanificare tutto ciò che insieme avevano conseguito: l'educazione di un bambino attraverso l'educazione di un animale coetaneo. D'ora in avanti, avrebbe potuto colmare il vuoto aggrappandosi al dispiacere e al ricordo di una felicità infranta. Oppure avrebbe potuto superare quello strappo, sostenendo la prova più difficile per un cucciolo d'uomo: l'abitudine alla perdita.

Oggi quel cane è al servizio del Reparto cinofili della questura di Napoli: è lì che lavora l'amico di famiglia a cui è stato affidato. Si chiama Pocho, proprio come Lavezzi, e rappresenta il terrore dei pusher di Scampia e Secondigliano, la punta di diamante dell'unità cinofila impegnata nel contrasto della Camorra. Rispetto ai suoi colleghi, il piccolo Pocho riesce a incunearsi nei passaggi più stretti e infilarsi nei pertugi più angusti. Talento innato e conformazione fisica lo hanno reso un aiuto preziosissimo, ma prima di diventarlo, ha dovuto sottoporsi a un paziente percorso di addestramento. C'è stato il gioco, tanto gioco. Perché per i cani antidroga scoprire una bustina di coca conficcata in una crepa del muro equivale a un gioco. Molto divertente, anche. Si comincia con una pallina da tennis o un asciugamano arrotolato. Si gioca al tiro alla fune. È la fase dell'"attaccamento", in cui i cani si legano all'oggetto e al proprio conduttore. La fase in cui si forma la coppia uomo-cane, affiatati e inseparabili. Nella seconda fase, l'oggetto-giocattolo viene messo a contatto con minimi quantitativi di droga o di sostanze create in laboratorio per riprodurne l'odore. È qui che si crea l'associazione tra giocattolo e droga, tra premio e ricompensa. A quel punto, il gioco è pronto per diventare lavoro. Un lavoro indispensabile e perciò ricco di gratificazioni. Però anche di pericoli.

Senza Mike, impiegato per otto anni nel Reparto cinofili dei carabinieri di Volpiano, in provincia di Torino, non si sarebbe scoperto l'abbondante chilo di cocaina interrato sotto un palo della luce. Senza Labin, la splendida femmina di pastore tedesco della guardia di finanza di Firenze, che annusando i sedili di un'auto non si è lasciata ingannare da un doppiofondo spalmato di catrame, altri dodici chili sarebbero transitati indisturbati. Ragal, suo collega di razza e di mestiere al porto di Civitavecchia, ha cominciato ad abbaiare furiosamente contro una macchina appena sbarcata da Barcellona, vanificando la sicumera del conduttore napoletano certo che i cani antidroga non avrebbero potuto fiutare i suoi undici chili di cocaina purissima nascosta in panetti nascosti all'olfatto con senape, caffè e gasolio. Ciro puntava dritto verso un tir proveniente dalla Costa del Sol, strappando imprecazioni a denti stretti al camionista di Castel Volturno. Ufa, che pattuglia l'aeroporto di Fiumicino, è saltata addosso a un portabiti sul nastro trasportatore al cui interno si trovavano due chili e mezzo di cocaina. Quasi ottocento persone arrestate non hanno fatto i conti con Eola, veterana premiata per i suoi dodici anni di carriera e gli oltre cento chili di cocaina sequestrati.

Agata invece ha avuto una vita molto più travagliata. Sin da giovanissima, ha lavorato all'aeroporto di Leticia, uno scalo merci nella giungla dell'Amazzonia colombiana che rappresenta uno snodo importante per i transiti di coca tra Brasile e Perú diretti verso gli Stati Uniti. I narcos, stanchi di veder fermare gli aerei cargo da quel labrador dall'aria docile e dal pelo dorato, hanno messo una taglia di diecimila dollari sulla testa di Agata. Da allora fino all'età della pensione, ha vissuto con una scorta ventiquattr'ore su ventiquattro e non ha mai più potuto accettare mezzo bocconcino ghiotto da uno sconosciuto. Boss, un labrador marrone di Rio de Janeiro, ha appena subìto lo stesso destino. Nove poliziotti si danno il cambio per vegliarlo, da quando è stato intercettato l'ordine di far fuori il "cioccolatino" capace di non lasciarsi ingannare da finte pareti e olezzi fognari delle favelas. Scavano con foga, abbaiano, raspano, graffiano un oggetto: è il segnale che la droga è proprio lì. Il segnale che il gioco l'hanno vinto ancora una volta, pronti per ricominciare da capo. Per altri il gioco non esiste proprio. Esiste solo l'umiliazione di essere carne e sangue. Come Pay De Limón – torta al limone – che insieme ad altre decine di suoi simili hanno subìto mutilazioni e smembramenti da parte dei narcos messicani. È utile addestrarsi su di loro prima di tagliare un dito alla vittima di un'estorsione.

Labrador, pastori tedeschi, pastori belgi, ma spesso anche meticci abbandonati, come Kristal che ha rischiato una brutta fine da randagio e ora è arrivato a diventare uno dei segugi antidroga più formidabili di Grosseto. La storia dei cani dal naso fino è assai più antica della loro specializzazione nella caccia alla polvere bianca. In Italia ha alle spalle quasi un secolo di successi, tra cui quello del 16 agosto 1924, quando il cane del brigadiere dei carabinieri Ovidio Caratelli venne attirato da un tanfo nella Macchia della Quartarella: era il corpo di Giacomo Matteotti, sequestrato due mesi prima dalle squadracce di Mussolini.

Eppure il loro naso e il loro istinto tornano utili anche a chi, come la Camorra, sta dall'altra parte. In un cortile condominiale delle Case Celesti, i clan di Scampia tenevano come guardiani tre pastori tedeschi e un rottweiler. Allevati alla brutalità in gabbie arrugginite tra bottiglie rotte e rimasugli di cibo, si curavano di avvertire i padroni-pusher dell'arrivo degli sbirri. I cani a servizio delle organizzazioni criminali non svolgono solo il ruolo di fedeli sentinelle, ma sono usati anche come muli insospettabili, capaci di trasportare ingenti quantitativi di droga da un continente all'altro. Le femmine, poi, sono perfette: difficile dire se quel rigonfiamento è dovuto a una gravidanza o a degli ovuli. Frispa e Rex, un labrador nero e l'altro mielato, vennero scaricati nel 2003 ad Amsterdam da un aereo cargo partito dalla Colombia. Uno era molto agitato e aggressivo, l'altro sembrava debole e apatico. Le autorità, insospettite, fecero un controllo. Trovarono delle cicatrici sulla pancia e i raggi X confermarono il sospetto. Undici pacchetti di cocaina lunghi come salsicciotti nello stomaco di Rex, dieci in quello di Frispa. Il cane nero dovette essere abbattuto perché qualche involucro si era rotto, mentre Rex, sottoposto a un'altra operazione e una lunga convalescenza, fu salvato. Uno per tanti, troppi amici dell'uomo sacrificati.

Nell'estate del 2012, un uomo esce per fare due passi in una bella zona di campagna vicino a Livorno. D'un tratto, avverte un tanfo fortissimo che lo porta a fare una macabra scoperta: in mezzo a un campo c'è un labrador squartato e sventrato. Pensa all'opera di un sadico, persino a un rito satanico, e avvisa la polizia. Ma non passa nemmeno una settimana che, di nuovo, sente quel puzzo di morte fresca: stavolta il cane, un incrocio tra Dogue de Bordeaux e pitbull, ha il muso sigillato dal nastro adesivo e dalla pancia aperta esce una busta di plastica. Non è un caso, non è magia nera, ma la fine che la polvere bianca fa fare comunemente ai suoi involontari corrieri a quattro zampe. Sarebbe troppo difficile far espellere i pacchetti, meglio squartarli e recuperare la mercanzia. I cani sono vittime e soldati di un impazzimento planetario che per loro resta quello che è sempre stato: una prova di fedeltà data per gioco.

17.

Chi racconta muore

Cosa si rischia a leggere? Moltissimo. Aprire un libro, sfogliare pagine, è pericoloso. Una volta aperte le pagine di Émile Zola o Varlam Šalamov non si può più tornare indietro. Lo credo profondamente. Ma il rischio di conoscere queste storie spesso è ignoto allo stesso lettore. Non se ne rende conto. Se potessi davvero quantificare il danno che ricevono i poteri dagli occhi che conoscono, dalle persone che vogliono sapere, cercherei di tracciare un diagramma. Arresti, prigioni e tribunali valgono la metà della metà rispetto al pericolo che può generare il conoscere i meccanismi, i fatti, il sentire queste storie come proprie, vicine.

Se scegli di raccontare il potere criminale, se scegli di fissare in volto i suoi segreti, se scegli di stare con lo sguardo sulla strada e sulla finanza, ci sono due modi per farlo. E uno dei due è sbagliato. Christian Poveda li conosceva bene entrambi. Conosceva le differenze e soprattutto le conseguenze. Sapeva che se decidi di essere l'estensione del tuo lavoro, una penna, un computer, un obiettivo, allora non correrai mai rischi: completerai la tua missione e te ne tornerai a casa con il bottino. Ma Christian sapeva anche un'altra cosa: se decidi che l'estensione del tuo lavoro, una penna, un computer, un obiettivo, è il mezzo e non il fine, allora cambia tutto. Improvvisamente quello che cerchi – e che trovi – non è più una strada buia e senza via d'uscita, ma una porta che dà su altre stanze e su altre porte.

"Se l'è andata a cercare." "Cosa si aspettava?" "Non lo sapeva prima?" Domande spietate, cattive, eppure giuste, legittime, sacrosante. Ciniche, forse, ma tutto sommato corrette. Purtroppo una risposta non esiste. Esistono solo i sensi di colpa perché quando hai deciso di cacciarti in quella situazione sapevi che le conseguenze sarebbero state terribili, per te e per i tuoi familiari. Lo sapevi ma l'hai fatto lo stesso. Perché? Anche qui non c'è risposta. Vedi una cosa e dietro ne vedi altre cento. Non puoi fermarti e immortalare, devi andare avanti e scavare. Forse sai quello che ti aspetta, lo sai benissimo, ma non sei un incosciente, non sei un pazzo. Agli amici sorridi, ai colleghi pure, magari confidi loro qualche preoccupazione, ma l'immagine esterna non combacia minimamente con lo strazio che hai dentro. È come se due forze contrapposte ti tirassero in due direzioni diverse. È una lotta di posizione che ha il suo campo di battaglia nello stomaco, perché è lì che senti tirare e spingere, un lavorio continuo che ti aggroviglia le budella.

Christian Poveda conosceva bene anche questa sensazione. Giramondo fin da bambino, quando nasce ad Algeri da genitori spagnoli repubblicani rifugiatisi lì durante la dittatura franchista e poi a sei anni si trasferisce con la famiglia a Parigi. Una trottola, Christian, con gli occhietti curiosi e indagatori che si muovono vorticosamente da un punto all'altro nascosti dietro gli occhiali, come se volesse scoprire il quadro sottostante, perché in fondo tutto è collegato e basta poter vedere i nodi che tengono insieme le cose per ottenere le risposte. La ricerca dei nodi gli fa abbracciare la professione della sua vita: il giornalista. Con le sue estensioni – penna, computer, obiettivo – viaggia in Algeria, Caraibi, Argentina, Cile. Lavora come reporter di guerra in Iran, Iraq, Libano. I suoi reportage sono diversi dai servizi che bisogna consegnare ai telegiornali. Altra fattura, come se non avesse un compito da realizzare, un lavoro da portare a casa. Dietro una foto o tra le righe di un articolo, respira sempre una storia che reclama ossigeno e spazio. Sotto le immagini che Christian porta con sé dai suoi viaggi in uno degli sperduti angoli del mondo, ci sono altri mondi che chiedono di essere portati alla luce. I ritratti sono animali in gabbia feroci ma innocui dietro le sbarre. Urlano a squarciagola, ma basta voltare la testa per non sentire più i loro lamenti.

Christian decide di abbandonare la professione e passa alla realizzazione di documentari. Una nuova estensione della sua curiosità, un'estensione che unisce tutte le precedenti – penna, computer, telecamera – e che finalmente gli permette di guardare l'animale allo stato brado. Il primo documentario lo realizza nel 1986, *Cile: i guerrieri dell'ombra*, sul gruppo ribelle Mapu Lautaro, che combatteva il regime fascista di Pinochet. Ma è quando incontra El Salvador che sembra aver raggiunto la terra che stava cercando. Il luogo dove essere davvero necessario, dove coincideva tutto quello che voleva e per il quale aveva addestrato se stesso a essere. El Salvador. Un paese martoriato da una lunghissima guerra civile che lo stesso Christian era riuscito a documentare nel 1980 insieme al giornalista Jean-Michel Caradec'h. Era stato il primo fotoreporter a penetrare nella guerriglia. "Se l'è andata a cercare." "Colpa sua." "Chi gioca col fuoco finisce per bruciarsi." Ancora quei commenti, ancora corretti, ancora pertinenti.

Passano gli anni, si accumulano esperienze, ci si costruisce una corazza protettiva, ma il groviglio delle budella è sempre lì. Raccontare storie impresse sulla pellicola, adesso Christian le sente dentro di sé. Con i denti e le unghie lo mordono e lo graffiano dall'interno. E quando una storia si muove dentro sono doglie per l'anima, notti di inquietudine, mai pace fino a quando non riesci a portare a termine la gestazione.

Il primo documentario sul Salvador è del 1991. Il nome di Poveda fa il giro del paese. Poi la guerra civile finisce, i trattati di pace vengono firmati. Sono gli anni di una speranza ritrovata e sono gli anni del ritorno in patria di molti salvadoregni riparati fuori dai confini. Dal Salvador, durante la guerra, sono scappati negli Stati Uniti migliaia di ragazzini senza famiglia, con genitori ammazzati o madri che li preferivano al sicuro lontano piuttosto che a rischio e in miseria in una terra che la guerra civile stava massacrando. Scappano anche disertori ed ex guerriglieri. È così che nascono le Maras, le gang salvadoregne che prendono a modello tutte le altre gang di Los Angeles, afroamericane, asiatiche e messicane. Sono loro le nuove famiglie dei ragazzi del Salvador che si formano e crescono nelle strade californiane. In origine sono bande di autodifesa per proteggersi dalle altre gang che prendono di mira i nuovi immigrati. Molti di quelli che formano le bande raccogliendo ragazzini e adolescenti sono persone che vengono dalla guerriglia, oppure sono stati paramilitari: non stupisce che la struttura di queste bande e il loro modo di operare ricordino i metodi militari. Ben presto le gang messicane sono sconfitte e poco dopo le gang salvadoregne si scindono in due grandi famiglie di *mareros*, che si differenziano per il numero di "street" che occupano: la Mara 13, meglio conosciuta come Mara Salvatrucha, e la Mara 18, nata da una branca dissidente. Poi in Salvador la guerra civile ha termine. Il paese è in ginocchio, la povertà dilaga e per le gang nasce un'opportunità: tornare in patria. Per molti è una scelta, per altri invece il rientro è deciso dal governo statunitense che si libera di quei teppisti che hanno scontato la pena nelle sue carceri.

Oggi le Maras hanno cellule presenti negli Stati Uniti, in Messico, in tutta l'America Centrale, in Europa e nelle Filippine. In Salvador si contano circa quindicimila membri, in Guatemala quattordicimila, in Honduras trentacinquemila, in Messico cinquemila. Gli Stati Uniti sono il paese con la più alta concentrazione, addirittura settantamila membri. A Los Angeles la Mara 18 è considerata la gang criminale più vasta. È stata la prima ad accettare all'interno del gruppo membri di etnie diverse e provenienti da diversi paesi. Per la maggior parte sono ragazzi tra i tredici e i diciassette anni. Questo esercito dei bambini commercia soprattutto in cocaina e marijuana sulla strada. Non gestiscono le grandi forniture, non sono ricchi, non corrompono le istituzioni. Ma in strada garantiscono soldi e potere immediati. Sono il cartello dello spaccio al dettaglio, coinvolto anche in altre attività come le estorsioni, i furti d'auto, gli omicidi. Secondo l'Fbi, le Maras sono l'organizzazione di gang di strada più pericolosa del mondo.

All'interno delle Maras tutto è codificato. I segni con le mani, i tatuaggi sul volto, la gerarchia. Tutto passa attraverso regole che strutturano e creano identità. Il risultato è un'organizzazione compatta che sa muoversi velocemente. Il termine "mara" significa "gruppo", "folla". Rimanda a qualcosa di disordinato, ma in realtà questi gruppi – grazie alle regole e alle punizioni che seguono alle infrazioni – hanno saputo costituirsi come partner affidabili per le organizzazioni criminali mondiali. L'origine del nome Mara Salvatrucha è controversa. "Salvatrucho" è il "giovane combattente salvadoregno", ma è anche il composto di "salva" – omaggio al paese d'origine, El Salvador – e "trucha", che significa scaltro. Per entrare nella gang bisogna superare prove pesantissime: i ragazzi sono sottoposti a tredici secondi di pestaggio violento e ininterrotto, pugni, calci, schiaffi e ginocchiate che lasciano spesso il nuovo adepto privo di sensi. Le ragazze devono affrontare anche uno stupro di gruppo. Le recluse sono sempre più giovani, e per loro la regola della vità è una sola: o la gang o la morte.

Christian Poveda voleva realizzare un lungometraggio

sulle Maras. Voleva capire. Vivere con loro. Scoprire perché ragazzini di dodici anni si trasformano in assassini, disposti a morire prima dei vent'anni. E loro lo accolsero. Come se finalmente avessero trovato colui che poteva raccontare le Maras. "Non poteva starsene a casa?" "Cosa ci ha guadagnato?" "Non pensa a chi gli sta vicino?" A un certo punto succede che queste domande non fanno più effetto, danno fastidio quanto una puntura di zanzara. Un po' di prurito e poi via, scomparso per sempre.

Sedici mesi durano le riprese della *Vida loca*. Per quasi un anno e mezzo Christian segue le bande criminali alla ricerca di una risposta alle sue domande. Assiste ai riti di iniziazione, studia i tatuaggi sui volti dei membri, è a fianco degli uomini e delle donne delle gang mentre si strafanno di crack e coca, mentre organizzano un omicidio, mentre partecipano al funerale di un amico. Ogni Mara opera con modalità diverse a seconda del paese in cui risiede. "Non è la stessa cosa," dice Christian, "vendere droghe al mercato centrale di San Salvador e venderle su Sunset Boulevard a Los Angeles." Sono vite fatte di sparatorie, omicidi, rappresaglie, controlli della polizia, funerali e prigione. Vite che Christian descrive senza morbosità. Racconta di "Little One", madre diciannovenne con un enorme "18" tatuato dalle sopracciglia al mento. Racconta di Moreno, venticinque anni, che vuole cambiare vita e si è messo a lavorare in una panetteria messa in piedi da un gruppo non profit chiamato Homies Unidos: ma la panetteria chiude quando il suo proprietario viene arrestato e condannato a sedici anni di prigione per omicidio. Racconta di "La Maga", un'altra giovane madre anche lei membro della gang, che ha perso un occhio in uno scontro. Christian la segue durante le visite e l'operazione per rimpiazzare il suo occhio ferito con un occhio di vetro. Un'operazione inutile però, perché viene uccisa a colpi d'arma da fuoco prima della fine delle riprese, solo uno dei tanti membri della Mara 18 uccisi durante la realizzazione del documentario.

"Un pazzo!" "Un incosciente!" "Uno scellerato!" Parole al vento che Christian Poveda combatte con altre parole. "Gran parte dei membri delle Maras è vittima della società, della nostra società," dice Poveda. Perché è la società, è lo stato che trova più facile puntare il dito su quella violenza così riconoscibile invece di offrire opportunità. Gli affiliati alle Maras hanno un aspetto da feccia, spazzatura, fanno ribrezzo. È facile considerarli i nemici pubblici numero uno. Facile sottovalutarli. Ma sono atteggiamenti che Poveda smonta uno per uno con il suo lavoro.

Ecco il senso ultimo del lavoro di Christian. Dietro la porta della violenza ostentata dalle gang lui ha visto un sentiero impervio che conduce direttamente alla fonte del problema. Per ottenere la sua firma sui giornali o il suo nome nei titoli di testa di un documentario gli sarebbe bastato fissare il male sulla pellicola, speculare un po'. Ma Christian decide di andare fino in fondo. Vuole capire davvero.

Fino al 2 settembre 2009, quando il suo corpo viene trovato accanto alla sua auto tra Soyapango e Tonacatepeque, una zona rurale a nord della capitale del Salvador, freddato da quattro colpi alla testa. La preziosa apparecchiatura che poco prima aveva usato per alcune riprese non è stata toccata e giace lì accanto. "Lo dicevo io." "Ha avuto quel che si meritava." "D'altronde, aveva esagerato." Questo dicono le solite voci davanti al suo cadavere.

Per l'omicidio di Christian Poveda nel 2011 sono state arrestate e condannate undici persone, tutti membri della Mara 18. Luis Roberto Vásquez Romero e José Alejandro Melara sono stati condannati a trent'anni per aver organizzato l'omicidio, un altro a vent'anni per averlo compiuto materialmente. Altri membri della gang devono scontare quattro anni di carcere per aver coperto il crimine.

Christian era sicuro di non rischiare nulla. Era entrato nel tessuto connettivo delle Maras, nella loro vita. Sapeva che aveva trovato un accesso sicuro, si credeva amico di molti di loro. Ma avere una sicurezza quando si raccontano le organizzazioni criminali è un ossimoro, un errore. In questo mondo ogni sicurezza è mutevole, in qualsiasi momento si può trasformare nel suo contrario.

In questa storia anche la sfortuna ci mette del suo. Pare infatti che l'ex poliziotto Juan Napoleón Espinoza, sotto l'effetto dell'alcol, abbia incontrato un membro della Mara 18 e gli abbia detto che Poveda era un informatore e che aveva consegnato i video girati alla polizia di Soyapango. La gang allora si riunisce e dopo tre lunghi meeting nella fattoria El Arbejal a Tonacatepeque decide di condannare a morte Poveda.

Le voci su quegli incontri sono moltissime, orchestre di soffiate, sinfonie di delazioni. Alcuni membri difendono Christian dicendo che si è comportato onestamente, che ha fatto bene a raccontare le Maras dal punto di vista delle Maras. Altri sono invidiosi: si arricchirà apparendo il buono contro noi cattivi. Le donne lo difendono, molto. O almeno così pare. I membri più autorevoli, quelli che avevano accettato di essere ripresi, sono spaventati dal successo del documentario. Ne parlano in troppi. È arrivato sul web. Quindi lo sbirro Espinoza forse non ha mentito, e Christian si è venduto i video alla polizia. Ma la sensazione è che si debba punire chi ha parlato troppo delle Maras. E chi delle Maras ha in un certo senso abusato.

Il 30 agosto 2009 il gruppo prende la decisione di uccidere Christian. In quei giorni sta facendo da "intermediario" per un'intervista che un giornalista francese della rivista "Elle" vorrebbe fare alle ragazze della banda. Per la prima volta i suoi contatti gli chiedono un cachet di diecimila dollari. Nonostante questa cosa non gli piaccia, Christian accetta comunque. La rivista ha i soldi e può permettersi di pagare. Christian incontra Vásquez Romero a El Rosario. Ma poco dopo mezzogiorno Vásquez Romero si mette al volante di un Nissan Pathfinder 4×4 grigio e porta il giornalista sopra al ponte del fiume Las Cañas. E qui lo uccidono. Non riesco a immaginarmi gli ultimi secondi. Ci ho provato. Almeno per un attimo Christian avrà capito che era una trappola? Avrà provato a difendersi, a spiegare che era ingiusto ucciderlo? O da codardi gli avranno sparato alla nuca? Un attimo. Avranno finto di scendere dall'auto e nell'istante in cui si tira la leva che apre lo sportello avranno sparato. Non lo so e non lo saprò mai. Ma non riesco a non farmi queste domande.

Se quel giorno l'ex poliziotto non avesse bevuto e non avesse raccontato un mucchio di balle, Christian sarebbe ancora vivo? Forse. O forse no. Forse lo avrebbero eliminato lo stesso perché alcuni membri della gang non erano contenti di come Christian li aveva dipinti nel film. Nonostante lui li avesse assicurati che il documentario non sarebbe uscito in Salvador, alcune copie circolavano in versione pirata. Forse l'avrebbero massacrato comunque perché i nuovi vertici della Mara 18 appartenevano a una generazione ancora più violenta e feroce di quella precedente, una generazione che sentiva di esistere solo uccidendo, non importa chi. Secondo Carole Solive, la sua produttrice francese, l'errore di Christian è stato quello di rimanere in Salvador anche dopo aver finito di girare il film. Forse aveva compreso i meccanismi di mediazione tra le due bande rivali, la Salvatrucha e la 18, che tentavano di venire a patti. E conoscere i meccanismi di questa mediazione l'ha condannato a morte, forse. Per quanto possa aver dato fiducia a quei ragazzi, Christian non dimenticava mai di seguire alcune misure di sicurezza di base. Per esempio aveva un telefono cellulare che usava solo per contattare i membri delle Maras. Ma non è bastato.

Christian Poveda credeva che il potere delle immagini potesse influenzare gli eventi. Per questo lavorava come fotoreporter e documentarista. Ha dedicato tutto il suo lavoro a situazioni politiche e sociali straordinarie realizzando sedici documentari apprezzati nei festival più prestigiosi del mondo. Cerco spesso *La vida loca* quando vado in libreria, o a casa delle persone guardando le pile di dvd accatastate al lato dei televisori. Non lo trovo quasi mai. Per cosa sei morto, Christian? Mi sale come una cantilena melodrammatica. Per cosa sei morto? La tua vita avrebbe avuto più senso se quel documentario fosse presente in ogni casa? Non credo. Non c'è opera che possa dar senso e giustificare una fine col metallo ficcato in testa. Le tue ultime parole sono più eloquenti di qualsiasi epitaffio: "Il governo non ha idea di che mostro si trovi davanti. Ora la Mara 18 è piena di pazzi. Sono molto preoccupato... e triste".

Triste, sì.

18.

Addicted

Scrivere di cocaina è come farne uso. Vuoi sempre più notizie, più informazioni, e quelle che trovi sono succulente, non ne puoi più fare a meno. Sei *addicted*. Anche quando sono riconducibili a uno schema generale che hai già capito, queste storie affascinano per i loro particolari. E ti si ficcano in testa, finché un'altra – incredibile, ma vera – prende il posto della precedente. Davanti vedi l'asticella dell'assuefazione che non fa che alzarsi e preghi di non andare mai in crisi di astinenza. Per questo continuo a raccoglierne fino alla nausea, più di quanto sarebbe necessario, senza riuscire a fermarmi. Proprio mentre sto per chiudere questo libro, una sera, mi arriva una telefonata dal Guatemala: sembra che El Chapo sia rimasto ucciso in uno scontro a fuoco. Alcune fonti danno il fatto per certo, altre la considerano la solita voce. Non so se crederci, non sarebbe la prima volta che si diffondono notizie false sui protagonisti del narcotraffico. Per me queste notizie sono fiammate che divampano acceanti. Assordanti pugni nello stomaco. Ma perché questo rumore lo sento solo io? Più scendo nei gironi imbiancati dalla coca, e più mi accorgo che la gente non sa. C'è un fiume che scorre sotto le grandi città, un fiume che nasce in Sudamerica, passa dall'Africa e si dirama ovunque. Uomini e donne passeggiano per via del Corso e per i boulevard parigini, si ritrovano a Times Square e camminano a testa bassa lungo i viali londinesi. Non sentono niente? Come fanno a sopportare tutto questo rumore?

Per esempio la vecchia storia di Griselda, la donna narco più spietata del narcotraffico colombiano. Da bambina ha imparato che tutti gli uomini sono dei mezzi, strumenti da manipolare per raggiungere obiettivi sempre più ambiziosi. Teoria inevitabile se si cresce con una madre rimasta incinta di un tenutario mezzo indiano guajiro, il Señor Blanco, e poi buttata in strada non appena data alla luce la sua piccola. Alcolizzata, povera, violentata e disperata, la madre di Griselda trascinava la figlia per le putride strade di Medellín e la costringeva a mendicare. Una coppia di miseri esseri umani elemosinanti che si spaiava solo quando la madre si faceva mettere incinta dall'ennesimo uomo raccattato chissà dove e poi si ricomponeva con l'aggiunta di un fratellastro o di una sorellastra destinati a infoltire la famiglia. Sono gli anni della Violencia, in Colombia. Le brutalità sono all'ordine del giorno e per sopravvivere bisogna essere altrettanto brutali. Un esercito di pupattoli sulle strade garantisce un certo introito, ma Griselda, quando compie tredici anni, comincia a prostituirsi. Gli uomini con cui va sono solo pezzi di carne che si sfogano sul suo corpo e una volta che hanno finito la pagano quanto basta per tirare fino al giorno successivo. Sulla sua pelle ambrata colleziona lividi e graffi, morsi e cicatrici, ma non le fanno male, non bruciano, sono solo scalfitture a una spessa armatura. Gli uomini sono mezzi. Nient'altro. Griselda arrotonda imparando l'arte del borseggio. È rapida con le mani e si è imposta di non derubare i clienti perché non vuole rischiare di rovinarsi il giro. Per lei l'amore coincide con una branda maleodorante su cui si sdraia nell'attesa che l'essere sudato sopra di lei faccia il suo dovere. Ma un giorno conosce Carlos. Un altro uomo, uno dei tanti, e Griselda gli riserva il solito trattamento: indifferenza. Carlos è un piccolo malvivente di Medellín, esperto di borseggi e furti e con una avviata collaborazione con Alberto Bravo, un narco. Tra i due nasce un lungo corteggiamento. Lui le porta un fiore diverso tutti i giorni, che poi lei butta poco dopo averlo accettato con falsa cortesia. Lei non lo guarda mai negli occhi, e lui, imperterrito, gira tutti i fioristi di Medellín per scovare varietà sempre diverse. Lui le insegna un po' di trucchi per sbarcare il lunario, lei finge di non ascoltarlo e intanto memorizza. La schermaglia va avanti a lungo, fino a quando la testarda perseveranza di Carlos fa breccia e Griselda capitola. Per la prima volta nella sua vita un uomo le ha dimostrato che un rapporto non è per forza di cose a scadenza, che esiste una parola che non aveva mai sentito pronunciare: fiducia. Si sposano, si amano e fanno grandi progetti. Lui le presenta Alberto Bravo e le fa capire che i veri soldi si fanno nel narcotraffico. Lei è giovane ma sveglia e non ci pensa due volte prima di accettare di entrare in quel mondo. E poi ha il suo Carlos, che risponde sempre di sì quando lei gli chiede se resteranno insieme per tutta la vita. Si trasferiscono a New York, nel Queens, dove i colombiani cominciano ad attecchire e dove il mercato della droga è assai florido. Una nuova vita. La città che non dorme mai accoglie Griselda e Carlos come una regina e un re. L'attività va a gonfie vele, e Carlos continua a rispondere di sì alla domanda di Griselda: "Resteremo insieme per tutta la vita?". Sì. Sì. Sì. E poi la vita decide che è arrivato il momento di dire no. Carlos si ammala, cirrosi epatica, e spira in ospedale. Griselda gli sta al fianco sino alla fine e quando suo marito muore lei non prova niente, come non provava niente quando tornava a casa dopo una lunga nottata di lavoro e davanti allo specchio si contava i nuovi morsi e le nuove cicatrici. Carlos non ha rispettato il loro patto di stare insieme per tutta la vita; Carlos è come tutti gli altri uomini; gli uomini sono dei mezzi. Il sillogismo riprende forza nella testa di Griselda e da quel momento non la ferma più nessuno.

Sposa Alberto Bravo, ma quando lui va in Colombia per un viaggio di lavoro e non si fa sentire per un po', Griselda infuriata lo raggiunge e lo uccide in uno scontro a fuoco. Nel 1971 Griselda ha una sua rete di narcotraffico negli Stati Uniti. La linea che unisce New York, Miami e la Colombia è il futuro e lei l'ha capito. Ha un negozio di lingerie a Medellín, dove vende i capi disegnati da lei e che poi fa indossare alle sue mule. Sono loro che nascondono sotto i vestiti due chili di coca nel viaggio Colombia-Stati Uniti. Il suo nome compare per la prima volta nei documenti della Dea nel 1973. Viene descritta come "una nuova minaccia per gli Stati Uniti". Gli affari crescono, ormai è una delle più importanti trafficanti colombiane. Nonostante sia una donna, un "handicap" non di poco peso in una società dove la parola narcotrafficante è esclusivamente declinata al maschile, Griselda dimostra ai colleghi colombiani di essere in grado di svolgere quel lavoro e di farlo con una violenza tale da terrorizzare la gente. La sua reputazione di donna malvagia e senza scrupoli la precede ovunque vada.

Nel 1975 viene accusata di traffico di droga nell'ambito di un grosso caso a New York ma riesce a rifugiarsi in Colombia. Ha già accumulato una fortuna da cinquecento milioni di dollari. Torna negli Stati Uniti quando le acque si sono calmate, qualche anno dopo, ma questa volta in Florida. Fonda i Pistoleros, il suo esercito di sicari. Tra di essi c'è Paco Sepúlveda, che sgozza le sue vittime e poi le appende a testa in giù. "Così poi i corpi sono più leggeri ed è più facile spostarli."

Le storie su di lei si moltiplicano fuori controllo: ipocondriaca, drogata, bisessuale, amante delle orge, paranoica, collezionista di oggetti di lusso. Insieme alle voci che non fanno altro che alimentare il suo mito, Griselda comincia ad accumulare i soprannomi: La Madrina, La Regina della cocaina di Miami, La Vedova Nera. Si dice che abbia tagliato la gola ad alcuni uomini con cui era stata a letto. Si sposa quattro volte e sempre con narcotrafficanti. Il matrimonio è una leva per avanzare nella gerarchia del potere e quando uno dei mariti le mette i bastoni fra le ruote, lei lo fa eliminare. Come Dario Sepúlveda, che dopo la separazione le contesta l'affidamento del loro figlio, cinematograficamente battezzato Michael Corleone, e per questo viene fatto ammazzare dai sicari. Gli uomini sono mezzi. E i mezzi obsoleti vanno sostituiti.

Con il suo impero della droga a Miami, Griselda incassa otto milioni di dollari al mese. Ha un ruolo fondamentale in quella che viene definita la Guerra della cocaina in Florida, detta anche "Guerra dei Cowboy della Cocaina". Miami è sommersa dal danaro, si calcola intorno ai dieci miliardi di dollari all'anno.

Nel 1979 è Griselda a orchestrare il massacro di Dadeland, il centro commerciale di Dade County, in cui vengono uccise due persone in un negozio di liquori: una è Germán Panesso, trafficante colombiano che fa affari con l'organizzazione di Griselda e obiettivo della sparatoria, l'altra è la guardia del corpo. Negli anni settanta gli omicidi erano un fatto privato. Sì, c'erano torture, strangolamenti, mutilazioni, decapitazioni. Ma erano regolamenti di conti. Il massacro di Dadeland segna invece l'inizio di una lunga serie di scontri a Miami, di battaglie che hanno luogo in pubblico, alla luce del sole. I cosiddetti danni collaterali non hanno più importanza. Ormai si spara alle persone per strada, nei centri commerciali, nei negozi, nei ristoranti, nei locali affollati alle ore di punta. E Griselda è responsabile della maggior parte degli omicidi commessi nel Sud della Florida in quel periodo.

La spietatezza di Griselda è ormai materia epica. La raccontano in diversi episodi. Di bocca in bocca passano come leggenda.

Griselda entra in un locale per soli uomini. Le ballerine danzano provocanti sulle pedane. Tutte le teste si voltano verso di lei. Una donna che frequenta un posto del genere? Mai visto. E poi una donna con quell'aspetto: strafatta, trascurata, gli occhi spiritati. Si siede, ordina da bere, osserva i corpi che si dimenano. Sembra quasi toccarle quelle gambe lunghe. Poi all'improvviso si alza e fa fuoco. Una dopo l'altra le ragazze cadono a terra. "Puttane!" grida, "puttane! Sapete solo sculettare per gli uomini." Per Griselda quelle donne non meritano di vivere, quelle donne sono la sua ossessione. Come è un'ossessione andare nei locali, a caccia. Perché gli uomini lei se li sceglieva e se non ci stavano erano morti. Una volta un ragazzo più giovane di lei, seduto a un paio di tavolini di distanza, attira la sua attenzione. Griselda lo vuole e gli pianta gli occhi addosso. Lui la evita ma Griselda insiste. Allora il ragazzo si dirige in bagno e lei lo segue, entrando in quello delle donne. "Aiuto!" comincia a gridare, "aiuto!" E il ragazzo accorre, forse quella donna un po' strana è stata male. Griselda lo aspetta nuda dalla vita in giù. "Leccamela," ordina, e il ragazzo indietreggia, con le spalle tocca la porta, ma Griselda estrae la pistola e ripete: "Leccamela". E lui esegue, con la canna della pistola incollata alla testa.

Ormai dipendente dalla droga, Griselda si rintana nella sua camera da letto, accudita dal suo pastore tedesco, Hitler. Droghe e polizia sono solo due dei suoi nemici. Le organizzazioni rivali tentano di ucciderla in diverse occasioni. Lei riesce sempre a salvarsi e in un'occasione prova anche a ingannare i suoi killer inscenando la propria morte: spedisce una bara vuota dagli Stati Uniti alla Colombia. Per sfuggire ai continui attacchi, nel 1984 sposta la sua base in California, a Irvine, dove vive con suo figlio più piccolo, Michael Corleone. Ma nel febbraio del 1985, proprio a Irvine, viene arrestata con l'accusa di narcotraffico dagli agenti della Dea. È condannata a dieci anni di prigione, ma anche da reclusa continua a condurre i suoi affari. La Madrina si compra una prigionia di lusso. Da dietro le sbarre può imbastire nuovi progetti, come quello – abortito grazie alle intercettazioni – di sequestrare John Fitzgerald Kennedy Jr. In carcere riceve uomini, gioielli, profumi.

Facendo pressioni su uno dei suoi uomini di fiducia, Jorge "Riverito" Ayala, che nel 1993 decide di collaborare, la procura di Miami-Dade ottiene prove sufficienti per incriminarla per pluriomicidio. È incredibile come il destino pare aver sempre aiutato Griselda. È il 1998 e la procura di Miami-Dade sta per incastrarla, ma finisce sepolta sotto uno scandalo. L'uomo che aveva spifferato tutto su Griselda è nel programma di protezione testimoni. Non ce la fa più. La vita di lusso e droghe a cui era abituato è un ricordo lontano, e adesso tutta quella disciplina lo sta uccidendo. Allora trova il modo di far arrivare parecchi soldi alle segretarie della procura. Non vuole informazioni, né coca, né un piano per la fuga. Quei soldi sono per il sesso. Telefonico, certo, ma per lui sempre sesso è. Ansimi e gemiti durano per un po', ma alla fine la hotline clandestina viene smascherata da un'inchiesta e la procura si delegittima. Lo scandalo salva Griselda, che così evita la sedia elettrica. Verrà rilasciata il 6 giugno 2004, dopo quasi vent'anni di carcere, e rimandata in Colombia.

3 settembre 2012. Griselda, ormai sessantanovenne, sta uscendo da una macelleria di Medellín insieme a un'amica. Due uomini in motocicletta si avvicinano e le sparano due colpi alla testa. La Madrina muore qualche ora dopo in ospedale, uccisa con la stessa tecnica, l'omicidio in motocicletta, che – si narra – proprio lei ha importato a Miami.

Oppure la storia di un'altra donna, questa volta messicana: Sandra Ávila Beltrán, la regina della coca. E una frase che non mi usciva dalla testa: "Il mondo fa schifo". Lei, Sandra, quella frase non la sopportava. Se poi a pronunciarla era un uomo di suo zio, nientemeno che El Padrino Miguel Ángel Félix Gallardo, allora Sandra sentiva il sangue salirle alla testa e pulsare contro le tempie. Nata in una famiglia di narcos, cresciuta a contatto con il più grande di tutti, immersa in una cultura machista fin dalla più tenera età: come poteva permettere che gli stessi uomini che davanti a suo zio millantavano conquiste femminili e barbariche uccisioni di nemici, poi tra loro usassero quella frase: "Il mondo fa schifo"? Gradassi davanti al boss, codardi quando lui voltava le spalle. E se ad ascoltare quelle parole c'era la piccola Sandra, be', poco importava, tanto era una femmina.

L'educazione spesso è una goccia che scava la roccia. Paziente e tenace, la frase degli scagnozzi del Padrino traccia un solco nella coscienza di Sandra. Quando arriva in profondità, lasciandosi dietro un vuoto, allora lei non può più liquidarla con la semplice rabbia. Deve cercare altre risposte. Deve trovare uno stile di vita che contraddica quella ineluttabile sentenza. Sandra divide il mondo in due categorie. Da una parte ci sono le persone come gli uomini di suo zio. Dall'altra chi vuole cambiare il mondo, e vincere. Lei può vantare un diritto di nascita, un curriculum genetico che la stragrande maggioranza dei narcotrafficanti si sogna. Ma è una donna, ha nel proprio corpo la macchia indelebile dell'inettitudine al comando. Tette, fianchi larghi, culo a mandolino. Non si possono cancellare, non si possono spacciare per qualcos'altro. Allora tette, fianchi larghi e culo a mandolino diventano armi da affilare e su cui fare affidamento. Unghie, scarpe, capelli, profumi, vestiti. Per Sandra tutto è necessario per far esplodere la propria femminilità, la propria sensualità, il proprio potere. Perché più sarà donna, e più dovranno darle retta. Piegherà le stesse logiche usate contro di lei per soggiogarla, e insegnerà a tutte le donne che esiste un altro modo per stare al mondo.

Gli uomini sono pedine da classificare in base alla loro utilità. Sandra si lega sentimentalmente a due comandanti della Polizia giudiziaria federale, da sempre fucina dei narcos. Poi passa a sedurre importanti boss del cartello di Sinaloa come "El Mayo" Zambada e Ignacio "Nacho" Coronel. Infine fa il colpo grosso: si fidanza con Juan Diego Espinoza Ramírez, detto "El Tigre". Diego è un narco colombiano del cartello del Norte del Valle ed è nipote del famoso narcotrafficante Diego Montoya, "Don Diego". Sandra è una principessa che di volta in volta sceglie a chi legarsi per risucchiare potere e posizione sociale. Grazie a El Tigre fa un salto di qualità che la porta a trattare direttamente con i fornitori colombiani. È lei, la nipote del Padrino, che diventa "la Reina", la regina. La Reina del Pacifico sfrutta i luoghi comuni. Una donna è debole e quindi non vale la pena minacciarla: per la Reina questo significa libertà di movimento. Una donna non sa trattare con gli uomini: la Reina sfrutta l'imbarazzo degli emissari dei cartelli davanti a quella bella donna scollata.

Ora tutti devono inginocchiarsi al suo cospetto, renderle onore. Dal suo lussuoso centro operativo a Guadalajara, coordina i carichi provenienti dalla Colombia e ricicla i guadagni che crescono di anno in anno. Tutti quei soldi servono per realizzare il suo piano più ambizioso: dare potere alle donne. Le donne, secondo la Reina, hanno bisogno di guadagnare consenso e rispetto, e il modo più veloce e sicuro per ottenerli è la bellezza. Investe i proventi della coca in cliniche di bellezza, di lusso e no, perché tutte le donne hanno diritto di tenersi amanti e mariti, posti di lavoro e una posizione sociale adeguata. È nella materia che la Reina investe. Il corpo e gli immobili. Tette e case. Culi e ville. Pelli lisce e appartamenti. È un impero che deve espandersi e rosicchiare spazio vitale. Assisa sul suo trono, la Reina governa un esercito di uomini che possono salire nella gerarchia solo fino a un certo punto, perché lassù, incontrastata, c'è lei, la regina silenziosa, che non si espone mai, non si sporca mai le mani, non permette che il suo nome compaia sui giornali o, peggio ancora, sui fascicoli della polizia.

Poi un giorno cambia tutto. Nel porto di Manzanillo, nello stato di Colima, sul Pacifico, è appena arrivato un carico molto importante. Dieci tonnellate di cocaina per un valore di oltre ottanta milioni di dollari. Le autorità lo bloccano e sequestrano la droga. Per la prima volta il nome della Regina compare sui media. Ora è un personaggio pubblico e forse non è un caso che qualche mese dopo il suo unico figlio sedicenne, José Luis Fuentes Ávila, che vive nell'esclusivo quartiere di Puerta de Hierro a Guadalajara, viene rapito e per la sua libertà viene richiesto un riscatto di cinque milioni di dollari. La Reina cade nel panico. L'unico vero uomo della sua vita è in mano a spietati assassini che minacciano di scuoiarlo vivo. Lei si rivolge alle autorità. Ma è un grave errore, perché da quel momento la polizia tiene sotto controllo i suoi telefoni e i suoi movimenti. È così che si scopre che il riscatto è stato pagato direttamente da El Mayo Zambada, perché la regina è in crisi di liquidità dopo il sequestro del carico nel porto di Manzanillo.

Mentre la Reina riabbraccia il figlio dopo diciassette giorni di prigionia, il comandante della Afi Juan Carlos Ventura Moussong dichiara di possedere le prove che il sequestro è stato una montatura per indebolire il potere della Regina. È credibile che si possa sequestrare così il figlio di uno dei boss più potenti? Per Moussong i responsabili devono essere cercati tra gli stessi uomini della Reina, desiderosi di costruire un microcartello indipendente e soprattutto di liberarsi di quella donna. Sospetti fondati, quelli del direttore della Afi, che però poco tempo dopo viene freddato da diversi colpi sparati a bruciapelo sulla strada mentre rientrava da una riunione con gli altri comandanti nel distretto federale.

Il potere che si incide sul corpo non può essere sconfitto, anche se costretto fra le mura del penitenziario femminile di Santa Martha Acatitla, nella periferia di Città del Messico. È qui che finisce la Regina del Pacifico dopo essere stata pizzicata dalla polizia mentre pranzava in un ristorante di lusso thailandese insieme al suo compagno El Tigre. Sono anni che gira in incognito e sotto falso nome. Dopo il sequestro del figlio le cose sono diventate più difficili per lei, ma non per questo rinuncia a costosissimi manicaretti o alle ultime creazioni Chanel. "Sono una casalinga che si guadagna da vivere vendendo vestiti e case." In carcere continua a fare quello che ha sempre fatto: lottare per l'emancipazione femminile. Alle compagne di cella insegna che anche lì dentro non bisogna trascurare corpo e stile. "Perso il corpo, persa l'anima. Persa l'anima, perso il potere. Perso il potere, perso tutto," ripete alle sue nuove affiliate e cerca di dare il buon esempio. Oltre alle sue compagne sembra aver contagiato anche la direttrice del carcere. Un giorno vengono beccati dei medici che hanno introdotto in carcere alcune dosi di botox. Subito le guardie pensano che siano per la detenuta ossessionata dalla bellezza, per la Reina e le sue nuove amiche. Nulla di vero: il botox è per la direttrice del carcere. La Reina ha convinto anche lei che essere sensuali viene prima di tutto. Sfila per i corridoi sfoggiando occhialoni scuri da diva e non si lamenta mai: mai una crisi di nervi, mai un pianto fuori controllo, mai una protesta che non sia per la sbobba che le guardie carcerarie spacciano per cibo. La Reina sorride della propria sventura e riserva sguardi infuocati solo alle donne che osano lamentarsi davanti a lei dell'ingiustizia del mondo. "Se ti fa così schifo, cambialo!".

10 agosto 2012. Sandra Ávila Beltrán viene estradata negli Stati Uniti dove è accusata di narcotraffico.

E poi c'è la storia di una ricetta molto particolare.

"El Teo mi portava i cadaveri. Io avevo già preparato tutto: barili, acqua, una cinquantina di chili di soda caustica. E poi guanti di lattice e maschera antigas. Preparavo i barili con duecento litri di acqua e due sacchi di soda caustica e li mettevo sul fuoco. Quando il miscuglio cominciava a bollire, spogliavo i cadaveri e li buttavo dentro. Il tempo di cottura è di circa quattordici-quindici ore. Capita che alla fine del procedimento rimangono solo i denti, ma è facile sbarazzarsi di quelli."

Il creatore di questa ricetta è Santiago Meza López, non a caso detto "El Pozolero": da *pozole*, un tipico stufato di carne messicano. Da tempo El Pozolero era nella lista dei venti maggiori ricercati dell'Fbi, ed è stato arrestato nel gennaio del 2009. Ha confessato di aver sciolto trecento corpi di una gang rivale. Il cartello di Tijuana lo pagava seicento dollari alla settimana. A effettuare la consegna dei cadaveri e il pagamento era Teodoro García Simental, "El Teo", capo di una banda sanguinaria legata al cartello di Tijuana.

"Mai una donna, però. Solo uomini," ha precisato El Pozolero alla fine dell'interrogatorio.

Storie storie storie, di cui non riesco a liberarmi. Storie di persone, carnefici o vittime. Storie di giornalisti, che vorrebbero raccontarle e a volte ci restano secchi. Come Bladimir Antuna García, che era diventato il fantasma di se stesso. Smunto, precocemente imbiancato sulle tempie e sul filo di barba che gli cresceva nel giro di mezza giornata. Aveva fatto su e giù con i chili, il suo fisico era andato in tilt: due stecchi al posto delle gambe e uno stomaco prominente. Per il resto era il prototipo del tossico. Una conseguenza del suo lavoro, perché Bladimir sapeva raccontare e sapeva fare inchiesta, un'occupazione difficile in un posto come Durango. Aveva strisciato lungo i peggiori canali che raccolgono storie reflue, storie di fogna e potere. Capita però che queste storie comincino a roderti dentro, impatti contro lo schifo e quando a questo schifo non riesci a dare risposta inciampi e cerchi un senso altrove. Whisky e coca sembravano la soluzione. Ma Bladimir aveva deciso di lasciarsi dietro tutto quanto e voleva tornare a essere considerato uno dei giornalisti più bravi di Durango. Si era ripulito, si era trovato un lavoretto come aiutocameriere in una bettola del centro. Fa di tutto. Sono lavori umili, ma non per Bladimir, che grazie alle sue storie ha scoperto quanto siano labili i confini della dignità. Nel frattempo cercava di rientrare nel mondo del giornalismo. Gli editori però non ne volevano sapere di lui, troppo imprevedibile, troppo conosciuto per i motivi sbagliati. Certo, era stato un giornalista di talento, ma se lo avessero beccato di nuovo con la testa china su un tavolo e le narici affondate in una strisciata di coca? Sei sempre un tossico e un ubriacone per chi ti ha visto così anche solo una volta. C'era però un nuovo giornale a Durango, "El Tiempo", dell'editore Víctor Garza Ayala. Il giornale in quel periodo navigava in cattive acque, e forse le storie di crimine, tanto amate dal pubblico, avrebbero potuto invertire la tendenza. Così Garza decise di assumere Bladimir perché si occupasse di crimine, ma per ogni evenienza posizionò la sezione in ultima pagina, praticamente sul retro, così da non intaccare la distinta prima pagina politica a cui teneva tanto. Funziona così in tutto il mondo. Se muore un giudice o scoppia un'autobomba, allora il crimine conquista le pagine più importanti. Altrimenti gli spettano le retrovie. A Bladimir non interessava, per lui era importante tornare a scrivere, e scrivere dei cartelli e degli Zetas. Evitando, almeno all'inizio, troppo scalpore. Ma a un certo punto gli edicolanti cominciarono a vendere il giornale esponendolo al contrario, con l'ultima pagina bene in vista. E le vendite schizzarono alle stelle.

Bladimir era instancabile, produceva decine di storie di cronaca, alcune delle quali erano esclusive ottenute grazie alle ottime fonti che aveva nell'esercito e nella polizia. Per poter pagare gli studi universitari a suo figlio maggiore, aveva trovato un secondo impiego in un altro giornale, "La Voz de Durango".

La prima telefonata di minacce arriva direttamente sul suo cellulare in piena notte. Una voce cavernosa ma chiara scandisce una semplice parola: "Smettila". La moglie finge di dormire ma ha sentito tutto, e morde il cuscino in silenzio. Nei mesi successivi le telefonate si infittiscono, sempre sul cellulare e sempre di notte, con quell'unica eloquente parola: "Smettila". A volte gli interlocutori si qualificano come membri degli Zetas. In redazione cominciano ad arrivare cartoline con spiagge tropicali e belle donne, e dietro, in caratteri infantili, il solito ordine: "Smettila".

"Sono solo parole." Così Bladimir liquidava l'escalation di intimidazioni. E per lui erano davvero solo parole. Cominciò a lavorare ancora più duro, attaccò con i suoi articoli i poliziotti corrotti dello stato di Durango, denunciò a gran voce le minacce sui media e alla procura generale di stato. Alzare il velo sulle organizzazioni criminali del Messico e fare i nomi dei complici di narcotrafficanti famosi era diventato il suo credo. Nel luglio del 2009 trovò la forza e raccontò delle chiamate in una serie di interviste al magazine di Città del Messico "Buzos". Raccontò anche del fallito attentato ai suoi danni del 28 aprile 2009, quando un uomo armato gli aveva sparato in pieno giorno e in mezzo alla strada, mancandolo. Ma quando si parla di minacce la comunità intorno a te è sempre pronta a dire che sei un paranoico, un esagerato. Bladimir denunciò le intimidazioni e l'attacco subìto alle autorità, ma queste non fecero nulla. Bladimir stava lavorando con Eliseo Barrón Hernández su alcuni poliziotti al soldo dei cartelli. Con Eliseo fecero come sempre. Aspettarono che uscisse di casa con la famiglia, lo umiliarono riempiendolo di calci e pugni davanti alle figlie e alla moglie e lo portarono via. Lo uccisero con un colpo di pistola alla testa. Il suo sgarro era stato quello di aver ficcato il naso in una storia di poliziotti corrotti. "Noi siamo qui, giornalisti. Chiedetelo a Eliseo Barrón. El Chapo e il cartello non perdonano. State attenti, soldati e giornalisti." Queste furono le parole del Chapo Guzmán che comparvero su diversi narcostriscioni appesi lungo le strade di Turreón il giorno del funerale di Eliseo. Una rivendicazione in piena regola, come fanno i terroristi. Un messaggio chiaro. E un altro messaggio arrivò poche ore dopo alla redazione di Bladimir: "Sarà lui il prossimo, quel figlio di puttana".

Bladimir usciva poco di casa. Quasi mai. Scriveva rintanato. Alcuni dei suoi colleghi dicono che si era rassegnato all'idea che sarebbe stato ucciso: dal governo non arrivava nessun aiuto, non c'erano indagini in corso sulle minacce, non gli era stata assegnata nessuna protezione. La sua più grande paura non era essere ammazzato. È così per tutti. Ma non è follia, né un recondito istinto suicida. La morte non la cerchi, saresti un idiota, ma sai che è lì.

Il 2 novembre 2009 si svolse tutto velocemente. Rapito. Torturato. Ucciso.

A niente valsero gli sforzi dei colleghi, scandalizzati dall'apatia delle forze dell'ordine, che per tutta risposta dipinsero Bladimir come un paranoico. La solita tecnica della diffamazione. Non ci furono indagini, nessuna ricerca su ciò che Bladimir aveva scoperto. Oggi il giornalismo di inchiesta a Durango si è fermato, morto con Bladimir Antuna García.

19.

000

Ho guardato nell'abisso e sono diventato un mostro. Non poteva andare diversamente. Con una mano sfiori l'origine della violenza, con l'altra accarezzi le radici della ferocia. Con un occhio osservi le fondamenta dei palazzi, con un orecchio ausculti il battito dei flussi finanziari. All'inizio è un calderone oscuro, non vedi nulla, solo un brulichio sotto la superficie, come di un verminaio che spinge per spaccare la crosta. Poi le figure si compongono ma è ancora tutto confuso, embrionale, sovrapposto. Ti spingi avanti, ti sforzi di chiamare a raccolta i talenti dei tuoi sensi, ti sporgi sull'abisso. La cronologia dei poteri acquista un senso, il sangue che prima si divideva in mille rivoli ora confluisce in un fiume, il danaro smette di fluttuare e si posa a terra e lo puoi contare. Ti sporgi un po' di più. Ti arpioni con un piede sul ciglio; ora sei quasi sospeso nel vuoto. E poi... buio. Come all'inizio ma questa volta non c'è il brulichio, c'è solo una tavola liscia e lucida, uno specchio di pece. E allora capisci che sei passato dall'altra parte, e ora è l'abisso che vuole guardare dentro di te. Frugare. Dilaniare. Sprofondare. L'abisso del narcotraffico che guarda dentro di te non è il rito tutto sommato rassicurante dell'indignazione. Non è la paura che nulla abbia senso. Sarebbe troppo semplice. Sarebbe troppo facile: hai individuato un bersaglio, ora sta a te colpire, sta a te raddrizzare la situazione. L'abisso del narcotraffico si apre su un mondo che funziona, che è efficiente, che ha delle regole. Un mondo dotato di senso. E allora non ti fidi più di nessuno. I media, la tua famiglia, i tuoi amici. Tutti raccontano una realtà che per te è fasulla. Lentamente tutto ti è estraneo e il tuo mondo si popola di nuovi protagonisti. I boss, le stragi, i processi. I massacri, le torture, i cartelli. I dividendi, le azioni, le banche. Tradimenti, sospetto, delazioni. La cocaina. Conosci solo loro e loro conoscono te, ma questo non significa che quello che prima era il tuo mondo scompaia. No. Continui a viverci in mezzo. Continui a fare quello che facevi prima, ma adesso le domande che ti poni provengono dall'abisso. L'imprenditore, il professore, il dirigente. Lo studente, il lattaio, il poliziotto. L'amico, il parente, la fidanzata. Vengono anche loro dall'abisso? E anche se sono onesti, quanto somigliano all'abisso? Non hai il sospetto che siano tutti corrotti o mafiosi, è qualcosa di peggio. Hai visto in faccia che cosa è l'uomo e vedi in tutti somiglianze con lo schifo che conosci. Vedi l'ombra di ognuno.

Sono diventato un mostro.

Quando tutto ciò che hai intorno inizia a riguardare questo tipo di riflessione. Quando inserisci tutto nell'universo di senso che hai costruito osservando i poteri del narcotraffico. Quando tutto sembra avere senso solo dall'altra parte, nell'abisso. Quando succede tutto questo, allora sei diventato un mostro. Urli, sussurri, gridi le tue verità, perché hai paura che altrimenti svaniscano. E tutto quello che hai sempre visto come felicità, passeggiare, fare l'amore, stare in fila per un concerto, nuotare, diventa superfluo. Secondario. Meno importante. Trascurabile. Ogni ora ti appare incostante e vana se non dai energie alla scoperta, allo stanare, al raccontare. Hai sacrificato tutto non solo per capire, ma per mostrare, per indicare, per descrivere l'abisso. Valeva la pena? No. Non vale mai la pena rinunciare a una qualche strada che porti alla felicità. Anche piccola. Non vale mai la pena, nonostante tu creda che il sacrificio verrà ricompensato dalla storia, dall'etica, dagli sguardi di approvazione. È solo un momento. L'unico sacrificio possibile è quello che non si aspetta ricompensa. Io non volevo sacrificio, non volevo ricompensa. Volevo capire, scrivere, raccontare. A tutti. Andare porta per porta, casa per casa, nottetempo e di mattina a condividere queste storie, a mostrare queste ferite. Fiero d'aver scelto toni e parole giuste. Questo volevo. Ma la ferita di queste storie mi ha inghiottito.

Per me è troppo tardi. Avrei dovuto mantenere distanze che non sono riuscito a tracciare. È quello che dicono spesso i giornalisti anglosassoni: non farsi coinvolgere; avere uno sguardo terso tra sé e l'oggetto. Non l'ho mai avuto. Per me è il contrario. Esattamente il contrario. Avere uno sguardo primo, dentro, contaminato. Essere cronisti non dei fatti ma della propria anima. E sull'anima, come sul pongo, come sulla plastilina, imprimere gli oggetti e le cose che si vedono, così che resti un calco profondo. Ma un calco che può essere eliminato riassemblando quella pasta. Ricompattandola. Alla fine della propria anima rimane una struttura che poteva assumere mille forme ma non ne ha presa nessuna.

Andando dietro alle storie di narcotraffico impari a riconoscere il viso delle persone. O meglio, te ne convinci. Impari a capire se uno è stato amato da bambino, se gli hanno davvero voluto bene, se è stato accudito, se è cresciuto con qualcuno a fianco, o se è dovuto scappare con la coda fra le gambe sempre. Capisci subito che vita ha avuto. Se è stato isolato, menato, buttato sulla strada. O se invece è stato viziato fino a marcire nel benessere. Impari. E così impari a prendere le misure. Ma non impari a distinguere il cattivo dal buono. Non sai chi ti sta fregando o chi ti sta rubando l'anima, chi ti sta mentendo per avere un'intervista o chi ti sta raccontando ciò che pensa tu voglia sentire per compiacerti e venire immortalato dalle tue parole. La certezza me la porto dentro senza troppe compiaciute malinconie: nessuno ti avvicina se non per ottenere un favore. Un sorriso è un modo per abbassare le tue difese, una relazione ha il fine di estorcerti danaro o una storia da raccontare a cena o una foto da presentare a qualcuno come scalpo. Finisce che ragioni come un mafioso, fai della paranoia la tua linea di condotta e ringrazi il popolo dell'abisso per averti insegnato a sospettare. Lealtà e fiducia diventano due parole sconosciute e sospette. Intorno hai nemici o approfittatori. Questo è oggi il mio vivere. Complimenti a me stesso.

È troppo facile credere in ciò in cui credevo io all'inizio di questo percorso. Credere in ciò che diceva Thoreau: "Non l'amore, non i soldi, non la fama, datemi la verità". Credevo che seguire queste strade, quei fiumi, annusare i continenti, immergere le gambe nella mota potesse servire a ottenere la verità: rinunciare a tutto per avere la verità. Non funziona così, Thoreau. Non la si trova. Più ti avvicini a pensare di aver capito come si muovono i mercati, più ti accosti alle ragioni di chi corrompe chi ti è vicino, di chi fa aprire i ristoranti e fa chiudere le banche, di chi è disposto a morire per danaro, più capisci i meccanismi e più comprendi che era tutt'altra la strada che avresti dovuto prendere. Per questo motivo non ho maggior rispetto verso di me, che vado indagando, prendendo appunti, riempiendo agende, conservando sapori. Non ho maggior rispetto verso di me alla fine di un percorso incapace di darmi felicità e di condividerla. E forse non ho neanche consapevolezza di questo. So solo che non potevo fare altro.

E se avessi fatto diversamente? Se avessi scelto la via lineare dell'arte? Una vita da scrittore che qualcuno definirebbe puro, per esempio, con le sue paturnie, le sue psicosi, la sua normalità. Racconta storie ispirate. Arrovèllati su stile e narrazione. Non l'ho saputo fare. Mi è capitata la vita del fuggiasco, del corridore di storie, del moltiplicatore di racconti. La vita del protetto, del santo eretico, del colpevole se mangia, del falso se digiuna, dell'ipocrita se si astiene. Sono un mostro, com'è mostro chiunque si è sacrificato per qualcosa che ha creduto superiore. Ma conservo ancora rispetto. Rispetto per chi legge. Per chi strappa un tempo importante della sua vita per costruire nuova vita. Nulla è più potente della lettura, nessuno è più bugiardo di chi afferma che leggere un libro è un gesto passivo. Leggere, sentire, studiare, capire è l'unico modo di costruire vita oltre alla vita, vita a fianco della vita. Leggere è un atto pericoloso perché dà forma e dimensione alle parole, le incarna e le disperde in ogni direzione. Capovolge tutto, fa cadere dalle tasche del mondo monete e biglietti e polvere. Conoscere il narcotraffico, conoscere il legame tra la razionalità del male e del danaro, squarciare il velo che ottunde la supposta consapevolezza del mondo. Conoscere è iniziare a cambiare. A chi queste storie non le butta via, non le tralascia, le sente proprie, a queste persone va il mio rispetto. Chi si sente addosso le parole, chi se le incide sulla pelle, chi si costruisce un nuovo vocabolario, sta mutando il corso del mondo perché ha capito come starci. È come spezzare le catene. Le parole sono azione, sono tessuto connettivo. Solo chi conosce queste storie può difendersi da queste storie. Solo chi le racconta al figlio, all'amico, al marito, solo chi le porta nei luoghi pubblici, nei salotti, in aula, sta articolando una possibilità di resistenza. Per chi sta da solo sull'abisso è come stare in gabbia, ma se sono in molti a decidere di affrontare l'abisso, allora le sbarre di quella cella si squagliano. E una cella senza sbarre non è più una cella.

Nell'Apocalisse di Giovanni si dice: "Presi quel piccolo libro dalla mano dell'angelo e lo mangiai: dolce come miele in bocca nelle viscere mi divenne amaro". Credo che i lettori dovrebbero fare questo con le parole. Metterle in bocca, masticarle, triturarle e infine ingoiarle, perché la chimica di cui sono composte faccia effetto dentro di noi e illumini le turbolenze insopportabili della notte, tracciando la linea che distingue la felicità dal dolore.

Hai come un senso di vuoto quando le tue parole sembrano essere valorizzate dalla minaccia che attirano, come se tutto quello che dici d'improvviso venisse ascoltato solo perché rischia di portarti alla morte. Accade questo: accade che il silenzio su questi temi non esista. Esiste il brusio: notizia d'agenzia, processi, il narco arrestato. Tutto diventa fisiologico. E quando tutto diventa fisiologico non se ne accorge più nessuno. E così qualcuno scrive: scrivendo muore, scrivendo viene minacciato, scrivendo inciampa. Quando arriva la minaccia, sembra che per un po' di tempo una parte di mondo si accorga di quello che è stato scritto. Poi dimentica. La verità è che non c'è alternativa. La coca è un carburante. La coca è energia devastante, terribile, mortale. Gli arresti sembrano non bastare mai. Le politiche di contrasto sembrano sempre sbagliare obiettivo. Per quanto possa sembrare terribile, la legalizzazione totale delle droghe potrebbe essere l'unica risposta. Forse una risposta orrenda, orribile, angosciosa. Ma l'unica possibile per bloccare tutto. Per fermare i fatturati che si gonfiano. Per fermare la guerra. O almeno è l'unica risposta che viene da dare quando alla fine di tutto ci si domanda: e ora che si fa?

Sono anni che nella mia testa ogni giorno mi lascio travolgere dalle voci. Le voci di chi grida a pieni polmoni che l'alcol è la sostanza che miete più vittime. Sono voci acute e martellanti, che di tanto in tanto vengono zittite da altre voci, che si ergono baldanzose affermando che sì, certo, l'alcol fa male, ma solo se ne abusi, se il boccale di birra del sabato sera si trasforma in un'abitudine, e che c'è una bella differenza con la coca. Poi parte il coro di quelli che pensano che la legalizzazione sia il male minore; in fondo, suggeriscono le voci, la coca legale avrebbe anche un controllo medico. E allora legalizziamo gli omicidi!, ribatte una voce portentosa, da baritono, che per un attimo zittisce tutti. Ma il silenzio dura poco perché come stilettate arrivano rincorrendosi le gracchianti reazioni di chi sostiene che chi si droga in fondo fa male solo a se stesso, che se si vieta la cocaina allora bisogna vietare il tabacco, che se si dice sì, allora lo Stato è uno Stato-pusher, uno Stato criminale. E le armi, allora? Non sono peggio? Al che un'altra voce ancora – questa pacata, con una sfumatura di saccenza che si incastra sulle consonanti – afferma che le armi servono a difendersi, il tabacco lo puoi usare con moderazione e... Ma in fondo è un problema etico, e chi siamo noi per imbrigliare con regole e decreti una scelta personale?

A questo punto le voci prendono ad accavallarsi e tutto si fa indistinto. Il guazzabuglio di voci finisce sempre così. Con il silenzio. E devo ripartire da capo. Ma sono convinto che la legalizzazione potrebbe davvero essere la soluzione. Perché va a colpire là dove la cocaina trova il suo terreno fertile, nella legge economica della domanda e dell'offerta. Prosciugando la richiesta, tutto ciò che sta a monte avvizzirebbe come un fiore privato dell'acqua. È un azzardo? È fantasia? Il delirio di un mostro? Forse. O forse no. Forse è un altro frammento dell'abisso che in pochi hanno il coraggio di affrontare.

Per me la parola "narcocapitalismo" è diventata un bolo che non fa che gonfiarsi. Non riesco a deglutirlo, ogni sforzo va nella direzione opposta, e rischio di morire soffocato. Tutte le parole che mastico si appiccicano al bolo, e la massa si espande, come un tumore. Vorrei buttarlo giù e lasciare che venga attaccato dai succhi gastrici. Vorrei fonderla, questa parola, e afferrarne il nucleo. Ma non è possibile. Ed è anche inutile perché so già che troverei un granello di polvere bianca. Un granello di cocaina. Per quanto possano esserci polizie e sequestri, la richiesta di coca sarà sempre enorme: più il mondo diventa veloce, più c'è coca; più non c'è tempo per rapporti stabili, per scambi reali, più c'è coca.

Mi calmo, mi devo calmare. Mi sdraio, guardo il soffitto. Ne ho collezionati molti in questi anni, di soffitti. Da quelli quasi vicino al naso che tocchi se solo alzi il collo a quelli lontanissimi che devi strizzare gli occhi per capire se ci sono affreschi o macchie d'umidità. Guardo il soffitto e immagino l'intero globo. Il mondo è una pasta tonda che lievita. Lievita attraverso il petrolio. Lievita attraverso il coltan. Lievita attraverso i gas. Lievita attraverso il web. Tolti questi ingredienti, rischia di afflosciarsi, decrescere. Ma c'è un ingrediente più veloce di tutti e che tutti vogliono. Ed è la coca. Un ingrediente senza il quale non potrebbe esistere nessuna pasta. Proprio come la farina. E non una farina qualsiasi. Una farina di qualità. La migliore qualità di farina: 000.

Ringraziamenti

Ringrazio Federica Campana, che ha accompagnato le ricerche con uno sguardo da analista e una passione civile infuocata. Ringrazio Helena Janeczek, che ha voluto darmi i suoi consigli sulle impalcature letterarie. Ringrazio Carlo Buga, che mi ha aiutato a tirare fuori luce da centinaia di pagine e si è immerso a capofitto in questa massa intricata di storie. Ringrazio Gianluca Foglia, editor d'acciaio e maieuta.

Ringrazio l'Arma dei Carabinieri, la Polizia, la Guardia di Finanza, i Ros, i Gico, lo Sco, la Dia e le Dda di Roma, Napoli, Milano, Reggio Calabria, Catanzaro e tutte quelle che qui ho dimenticato, per avermi permesso di studiare, leggere e in alcuni casi vivere le loro inchieste e operazioni: Alga, Box, Caucedo, Crimine-Infinito, Decollo, Decollo Bis, Decollo Ter, Decollo Money, Dinero, Dionisio, Due Torri Connection, Flowers 2, Galloway-Tiburon, Golden Jail, Green Park, Igres, Magna Charta, Maleta 2006, Meta 2010, Notte bianca, Overloading, Pollicino, Pret à porter, Puma 2007, Revolution, Solare, Tamanaco, Tiro grosso, White 2007, White City.

Ringrazio la Dea, l'Fbi, l'Interpol, la Guardia Civil, i Mossos d'Esquadra, Scotland Yard, la Gendarmerie Nationale francese, la Polícia Civil brasiliana, alcuni membri della Polícia Federal messicana, alcuni membri della Polícia Nacional de Colombia, alcuni membri della Policija russa, che mi hanno accompagnato nelle loro inchieste e operazioni: Cabana, Cornerstone, Dark Waters, Delfín blanco, Leyenda, Limpieza, Millennium, Omni Presence, Padrino, Pier Pressure, Processo 8000, Project Colisée, Project Coronado, Russiagate, Reckoning, Relentless, SharQC 2009, Sword, Xcellerator.

Ringrazio tutti i pm, antimafia e non solo, con cui ho studiato e discusso in questi anni. Senza di loro non avrei potuto scoprire molte cose: Ilda Boccassini, Alessandra Dolci, Antonello Ardituro, Federico Cafiero De Raho, Raffaele Cantone, Baltasar Garzón, Nicola Gratteri, Luis Moreno Ocampo, Giuseppe Pignatone, Michele Prestipino, Franco Roberti, Paolo Storari.

Ringrazio i vertici dell'Arma dei Carabinieri, il comandante generale Gallitelli, il capo della Polizia di Stato Antonio Manganelli, e il comandante generale Capolupo della Guardia di Finanza. Ringrazio in particolare il generale dei Carabinieri Gaetano Maruccia, il comandante dei Ros Mario Parente, il generale della GdF Giuseppe Bottillo, che hanno seguito la crescita di questo libro.

Ringrazio le amiche Lydia Cacho e Anabel Hernández, che mi hanno reso in questi anni "messicano". Ringrazio Glenda Martínez, Malcolm Beith, Christophe Champin, Yoani Sánchez per il confronto e il loro impegno. Ringrazio lo sguardo di Robert Friedman, l'intelligenza di Misha Glenny e il talento analitico di Ricardo Ravelo. Ringrazio Peppe D'Avanzo, con cui avevo iniziato a discutere queste pagine e il maledetto destino non permetterà di farlo ancora.

Ringrazio nell'Arma dei Carabinieri coloro che gestiscono la mia vita: il colonnello Gabriele Degrandi, il capitano Giuseppe Picozzi, il capitano Alessandro Faustini.

Ringrazio Carlo Feltrinelli, che si è innamorato di questo progetto e l'ha sostenuto sin dall'inizio. Ringrazio Inge Feltrinelli, energia sempiterna.

Ringrazio per i suoi consigli puntuali e matematici Massimo Turchetta.

Ringrazio, perché c'è stato sin dal primo giorno, Gian Arturo Ferrari.

Ringrazio Ezio Mauro, Gregorio Botta e la redazione di "la Repubblica" tutta, perché hanno sempre seguito in questi anni il mio lavoro sul narcotraffico e sulle mafie. Facendomi sentire protetto.

Ringrazio Bruno Manfellotto e la redazione de "l'Espresso", che non si tirano indietro su questi temi.

Ringrazio Daniela Hamaui, lettrice attenta.

Ringrazio Fabio Fazio, mio amico. Pronto a tirarmi su nei momenti di buio e a ricordarmi che sono vivo e che questa vita merita ossigeno e sorrisi.

Ringrazio l'agente newyorkese AdN. Lui sa perché.

Ringrazio Mark Bray, Valeria Castelli e i ragazzi di Occupy Wall Street, che mi hanno insegnato moltissimo.

Ringrazio Bono Vox, per aver ascoltato queste storie quando ne ero ancora avvolto e per un perenne invito aperto ai concerti degli U2.

Ringrazio Salman Rushdie, che mi ha insegnato a essere libero anche blindato tra sette uomini armati.

Ringrazio Nouriel Rubini, che si è sorbito storie sudamericane per una serata interminabile e con cui abbiamo discusso per troppo tempo di finanza e crimine.

Ringrazio Valentina Maran, per aver curato il mio sito online. Ringrazio Gomma, per tutti i consigli digitali. Ringrazio coloro che mi seguono su Facebook e Twitter, migliaia di presenze quotidiane che hanno allontanato la sensazione di solitudine e mi hanno fatto sentire in piazza anche senza esserlo.

Ringrazio Claudia Carusi, che mi ha aiutato a scrutare le inchieste.

Ringrazio Daria Bignardi, che mi chiede di scrivere, scrivere. Ringrazio Adriano Sofri, che ora gira il mondo e prima, quando era fermo, ha ascoltato queste storie.

Ringrazio Sasha Polakow Suransky e il "New York Times", che mi hanno permesso di raccontare di come il narcotraffico influenzasse la crisi quando ovunque sembrava un argomento superfluo.

Ringrazio David Dannon, che per sei mesi mi ha fatto essere un'altra persona libera e quasi felice.

Ringrazio Vincenzo Consolo: purtroppo non ho fatto in tempo a farglielo leggere questo libro.

Ringrazio Francesco Giudici, che mi ha allenato dandomi in palestra l'addestramento e lo sfogo adatto alla mia vita.

Ringrazio Manuela De Caro, sempre con me, in ogni momento e ad ogni costo.

Ringrazio la mia famiglia, che paga un prezzo alto per mia colpa e di questo non ci si può perdonare nemmeno con queste righe di ringraziamento. Lo so.

Indice